MUNDO ORWELL

Ángel Gómez de Ágreda

MUNDO ORWELL

MANUAL DE SUPERVIVENCIA PARA UN MUNDO HIPERCONECTADO

Ariel

Primera edición: marzo de 2019
Primera edición en esta presentación: octubre de 2025

Avda. Diagonal, 662-664, 08034 Barcelona
Editorial Ariel es un sello editorial de Planeta, S. A.
www.ariel.es
www.planetadelibros.com

ISBN: 978-84-344-3977-1
Depósito legal: B. 16.267-2025

Impreso en España

«Claro, extraordinariamente documentado y muy útil.»

SALVADOR GÓMEZ VALDÉS, *La aventura del saber*

«Un libro muy interesante [...]que nos abre los ojos a realidades complejas del mundo actual, y que nos descubre riesgos insospechados, aunque empleando para ello un tono mesurado, objetivo y bien argumentado muy al margen de visiones fantásticas o catastrofistas que pueblan otras publicaciones. Un gran libro que invita, sin duda, a la reflexión.»

IGNACIO G. R. GAVILÁN

«Imprescindible reflexión sobre cómo se gesta una nueva sociedad tejida de algoritmos y datos [...]. Gómez de Ágreda desafía al lector con las preguntas más oportunas sobre un futuro incierto.»

JORGE SEGADO,
editor de *Estandarte.com*

«Más allá de una distopía, Ágreda construye directamente un manual contra los totalitarismos. Un cuaderno de bitácora para orientarnos en un mundo, donde la nueva tecnología puede caer en manos de aquellos que quieren hacernos objetos en vez de sujetos. Un acierto leerlo como un vademécum contra la nueva tiranía.»

ANTONIO MIGUEL CARMONA
Profesor de Economía y presidente ejecutivo
de Advanced Microsystem Quantum Singularity (AMQS)

«Una invitación a construir en libertad nuestros deseos.»

Fundación Telefónica

«Un libro que a buen seguro se convertirá en un soporte de consulta obligada para transitar con éxito en el universo de Internet y sobrevivir a sus peligros.»

Noticias CV

«Algunas de estas cuestiones, como la ingeniera social, la inteligencia artificial, el nuevo modelo de ciudad, las guerras en el ciberespacio, el internet de las cosas, la videovigilancia o la infoxicación, las desarrolla y trata Gómez de Ágreda de forma sencilla, didáctica y rigurosa en los ocho capítulos y un epílogo que forman su libro.»

Actualidad Nebrija

«Es la obra que todo cíber ha de tener en su hogar, donde se dejan ver las claves de un futuro que —para algunos— es ya presente.»

Amazon

Índice

Prefacio a la edición de 2025

Escribí *Mundo Orwell* hace siete años con la vista puesta en los siguientes cinco e incluso diez. Sin embargo, releyéndolo estos días, se mantiene razonablemente joven y, en lo fundamental, actualizado. Prácticamente todo lo que adelantaba en aquel momento ha ido tomando forma en estos años. Era, al fin y al cabo, la evolución natural de los acontecimientos según nos los iban adelantando algunos países —en especial China— que no estaban sujetos a algunas de las restricciones que tenemos en Europa.

Pero en estos siete años el mundo ha cambiado mucho. Y yo también.

Unos meses después de la publicación del libro ocurrió uno de esos eventos seculares que transforman el mundo o, a lo menos, lo aceleran considerablemente. La pandemia de COVID-19 pareció frenarnos en seco, pero era como ese momento en el salto en el que todo se detiene para el impulso definitivo. Se rompe el ritmo de las zancadas y el siguiente paso ya no ocurre a un metro de distancia, sino ocho más allá.

Tal es así que, al echar la vista atrás —como diría el poeta— casi no se ve la senda. El ritmo de los acontecimientos se ha acelerado desde entonces. Los hechos de aquel 2018 nos resultan ya ajenos, de otra época. Al Bashir, Buteflika,

Raúl Castro, Theresa May o Evo Morales se apearon de la Historia en aquel año.

En 2018, Trump estaba preparando su reunión con Kim Jong-un en Hanoi y su histórica visita a la frontera intercoreana de Panmunjon, pero el enemigo seguía siendo el terrorismo internacional personificado por el Estado Islámico, que no caería hasta unos meses más tarde. Ningún pronóstico habría incluido una pandemia entre sus principales riesgos, y nadie habría contemplado una invasión a gran escala de un país en Europa.

En China, Xi Jinping acababa de renovar su mandato en Zhongnanhai, la sede del gobierno chino. El consenso general era que ese sería su último quinquenio en el poder. Pero las cosas en Beijing y en Washington dejaron de funcionar del modo que entendían los expertos.

El dividendo de la paz que estuvimos cobrando —especialmente los europeos— desde el final de la guerra fría multiplicó paradójicamente las vulnerabilidades haciendo buenos dos viejos adagios: si quieres la paz, no dejes de prepararte para la guerra, y los fuertes hacen lo que quieren y los débiles sufren lo que deben.

Mi propia vida ha cambiado en estos años. La mitad de ese tiempo lo he pasado viviendo lejos de mi casa de España. Primero, tres años en Corea del Sur y en Japón; ahora, trabajando en Qatar y en todo el Golfo. El apoyo y la dedicación del profesor Claudio Feijóo me permitió, bajo su dirección, doctorarme en ingeniería por la Universidad Politécnica de Madrid. Pero, quizá más que ninguna otra circunstancia, lo que más me ha cambiado ha sido el mismo mundo Orwell y sus consecuencias. He aprendido mucho de las numerosas entrevistas, conferencias, artículos y seminarios junto a grandísimos expertos en varias disciplinas.

Sigo viviendo más de lo que vivo y lo que me cuentan los que saben que de lo que aprendo en los libros.

Ganar el Premio Knowsquare al mejor libro de empresa en español fue toda una sorpresa y una bendición. Me hizo ver mi propia obra con otros ojos. Luego, Enrique Martín (E&Q Engineering) me animó insistentemente para que remozase estas páginas. Los conceptos seguían siendo válidos, pero los ejemplos y las circunstancias históricas podían actualizarse.

Tengo que agradecer que Caterina Da Lisca, la editora jefa de Ariel, acogió con entusiasmo la idea desde el primer momento y me dio el impulso final que necesitaba.

Lo que tienes, lector, entre las manos, ha dejado de ser un libro de análisis y prospectiva. El mundo Orwell ya está aquí y el libro sirve ahora para ver cómo hemos llegado hasta él a pesar de las señales de aviso. Lo más importante del libro es lo que no está escrito. Son las reflexiones que aporte cada lector, las enseñanzas que extraiga. Estoy deseando compartirlas.

Introducción

> El verdadero problema de la humanidad es el siguiente: tenemos emociones del Paleolítico, instituciones medievales y tecnología propia de un dios. Y eso es terriblemente peligroso.
>
> Edward Osborne Wilson

Se cumplen setenta años desde que George Orwell escribió, en 1949, su famosa novela *1984*, una distopía futurista en la que el Gran Hermano manipula la información y ejerce una vigilancia masiva y represiva contra los individuos. No me atrevo a considerar *Mundo Orwell* como un homenaje a la obra ni a su autor, pero sí como un aviso de que el mundo que describía el escritor británico parece, ahora sí, haber empezado a esbozarse en muchos de los rasgos de nuestra sociedad.

En *1984*, Orwell describe un mundo gris controlado por el Gran Hermano, líder de una de las potencias que se mantienen enfrentadas entre sí en una guerra permanente. La sociedad está sometida a una vigilancia constante, la verdad oficial se revisa en función de los intereses del Estado bajo la idea de dominar la Historia para construir sobre ella el futuro. El lenguaje se ha reconstruido para transmitir el mensaje del partido y privar a los ciudadanos de un instrumento útil para la interpretación de la realidad. De hecho, el nombre se convierte en el objeto dejando a este sin identidad. La realidad se convierte en irrelevante; lo importante es el mensaje, la percepción, la narrativa.

Mundo Orwell no trata de tecnología. Ni siquiera sobre su aplicación. Es, o quiere ser, una reflexión sobre las implicaciones de la tecnología. Sobre cómo esta afecta a nuestra forma de ser, a nuestra forma de vivir, a nuestra forma de relacionarnos. Quiere integrar conocimientos y disciplinas: psicología, sociología, política, economía... e incluso tecnología. Pero sin olvidar nunca que las personas son lo que más interesa.

Después de redactar una enciclopedia de casi nueve mil páginas, *La historia completa de la civilización*, los esposos Will y Ariel Durant resumieron su contenido en otra obra con tan solo cien, *Las lecciones de la Historia.* Finalmente, comprimieron todo ese conocimiento en una única frase: «La única revolución real está en la ilustración de la mente y en la mejora del carácter; la única emancipación real es individual, y los únicos revolucionarios reales son los filósofos y los santos».

Con ese ánimo de ilustración de la mente y emancipación individual, *Mundo Orwell* pretende trazar una historia de nuestro futuro reciente, ese que está a punto de haber sucedido ya. Una historia de la gente que vivirá en ese mundo y de cómo llegaremos a él.

La Historia, el pasado, es igual que el futuro. Con la única diferencia de que ya no podemos hacer nada al respecto de lo que ocurrió, mientras que lo que está por venir depende de nosotros y de nuestras actuaciones. Los cocineros de ambos, pasado y futuro, somos los mismos, solo cambian los ingredientes con los que contamos en cada momento.

En estas páginas intento dar algunas pistas sobre cuáles son esos ingredientes y cuáles sus características. Me atrevo a apuntar algunas ideas sobre qué podemos esperar y qué podemos hacer para obtener el futuro más sabroso. Cada capítulo incluye un «manual de supervivencia», más una lista de ingredientes sobre la que improvisar, sobre la que reflexionar, que una receta para seguirla al pie de la letra.

El mundo está cambiando muy deprisa. El futuro se vuelve pasado casi sin discurrir por el presente. El ser humano no está diseñado para asimilar cambios tan rápidos y profundos. Ni tan irreversibles. Ya no sirve el método de ensayo y error, ni podemos esperar ser capaces de incorporar los avances tecnológicos al ritmo que se producen. Es un mundo de máquinas y humanos en el que los algoritmos —para simplificar, las instrucciones que siguen las máquinas en su funcionamiento— condicionan nuestras vidas en función de los datos que nosotros mismos les proporcionamos. Por este motivo es especialmente importante que sepamos decidir hacia dónde queremos avanzar y a qué ritmo deseamos hacerlo.

Y debemos decidirlo antes, preferiblemente, de que hayamos llegado a donde no queríamos ir.

Números y letras: datos e ideas

Hasta no hace mucho, se solía pensar en el ciberespacio como un mundo de unos y ceros. Bueno, en parte, lo es. Pero solo en parte. La Internet contiene números, datos concretos de todos nosotros. Incluso las letras las descompone en números —ceros y unos— para que la máquina las entienda y sepa interpretarlas.

Sin embargo, esos unos y ceros se combinan de millones de formas distintas para generar mucho más que los blancos y negros que podríamos intuir a primera vista. Igual que los píxeles de una fotografía, que no dejan de ser puntos de luz de determinados colores, esos dígitos terminan por activarse o desactivarse de tal forma que conforman una imagen con muchos más colores que los que tenían por separado. Los matices se determinan por proporciones de unos y de otros. Algo similar a lo que ocurre a nivel físico con el ojo humano.

Así, con los números en mente, nos preocupa que nos roben el de la cuenta bancaria o el de la tarjeta de crédito. Estamos, en casos más sofisticados, inquietos con la idea de que alguien pueda acceder a nuestros perfiles o a nuestros avatares, incluido el correo electrónico. En general, nos asusta que un *hacker*, mejor dicho, un pirata informático, pueda sustraer nuestros datos, nuestras ideas, nuestros contactos.

Pero el ciberespacio nos ha acogido dentro de él y nos sirve para mucho más que como repositorio de nuestros datos. Incluso llega más allá de ser la biblioteca de nuestros pensamientos y el medio más conveniente para transmitirlos. La Internet es bidireccional. Muchas veces lo olvidamos o tendemos a pensar que todo lo que pueda llegar desde fuera de nuestro ordenador o nuestro teléfono móvil no puede ser más que información o algún tipo de virus que nos infecte.

Conscientes como somos de volcar nuestras ideas en las redes o en los chats, lo somos mucho menos —o lo éramos, hasta que los últimos escándalos han ido despertándonos a esta realidad— de que también llegan ideas a través del mismo medio. Y la forma en la que llegan es mucho más potente que el mensaje que envían los medios de comunicación no interactivos.

La Red utiliza los números para funcionar, contiene datos como materia prima, pero la combinación adecuada de números termina por formar letras que, acumuladas ordenadamente, pueden constituir ideas cuando se observan con suficiente distancia y perspectiva. Y estas las carga el diablo. Mucho más peligrosas que los números y los datos son esas ideas cargadas en un entorno controlado por intereses comerciales, pero en el que nos sentimos a salvo. La falta de sentido del peligro —y de la responsabilidad— que nos asalta cuando estamos detrás de una pantalla dificulta la consciencia del riesgo a que podemos estar sometidos o del daño que podemos causar «en zapatillas y antes de la primera taza de Earl Grey», como le dice Q a 007 en la película *Skyfall* (Sam Mendes, 2012).

En el ámbito de la ciberguerra se han creado secciones dedicadas a ejecutar o controlar operaciones militares de influencia en el ciberespacio. Tal influencia depende de los vínculos que se establecen, no del número bruto de componentes de un grupo.

Tenemos unos 86.000 millones de neuronas en nuestro cerebro humano. Cada una de ellas está equipada con miles de dendritas. El conjunto es capaz de establecer trillones de conexiones. Por tanto, disponemos de una máquina impresionante que se basa en la capacidad de sus células para relacionarse entre ellas e intercambiar información.

Del mismo modo, las redes se sirven de la impresionante capacidad de la Internet para identificar personas, clasificarlas y agruparlas para generar conjuntos homogéneos, sociedades uniformizadas que se autogestionan.

1985

La distopía *1984* se colocó en el número uno de ventas en Amazon tras la primera toma de posesión del presidente Trump el 20 de enero de 2017. Las ventas se multiplicaron por 100 en Estados Unidos y se tuvieron que imprimir 75.000 ejemplares adicionales ante la fuerte demanda.

Las declaraciones de Kellyanne Conway, consejera del presidente Trump, relativas a los «hechos alternativos» que contradecían la verdad evidente —la escasa afluencia de público a la investidura— plasmada en diversas fotografías, parecían sacadas de sus páginas (véase capítulo 2). El mundo había cambiado delante de nuestros ojos y fuimos incapaces de verlo hasta que nos lo explicaron desde el atril de la Casa Blanca. A los efectos de Orwell, la investidura podría haber tenido lugar el 20 de enero de 1985.

No se trata de un hecho aislado. Ni siquiera es incongruente con el resto de la realidad en que vivimos. Algo ha cambiado desde que los monitores de los ordenadores —por algo la Internet fue inicialmente un desarrollo militar— despedían solo destellos blancos o verdes. Lo que el Ministerio de la Verdad del Gran Hermano no habría podido hacer con la burda tecnología que imaginó Orwell puede conseguirlo hoy, fácilmente, cualquier imberbe armado con un teléfono móvil... y su cargador de batería.

En la segunda toma de posesión de Donald Trump no ha habido incremento en las ventas de *1984*. La distopía está incorporada y asimilada ya. Como (visto de forma retrospectiva) era lógico y previsible, no se trataba de un accidente ni de un hecho puntual, sino del síntoma de un cambio de era.

Desde 1984 —más bien desde 1949, cuando se publicó el libro— ha cambiado la tecnología, pero este libro no habla de cómo han evolucionado bits y *bytes*, sino que se centra en cómo hemos cambiado nosotros. En cómo han cambiado las personas y cómo lo ha hecho la sociedad en su conjunto. No se hablará tanto de la inteligencia de silicio, la de las máquinas, como de la de carbono, la humana.

Ahí fuera hay miles de millones de cámaras que nos vigilan a diario. Casi todos llevamos un par de ellas en nuestro bolso o nuestro bolsillo. Una imagen captura un instante de nuestras vidas, un aspecto parcial. Miles de ellas terminan por delinear quiénes somos. La privacidad —en mi opinión, exageradamente elevada por algunos a la categoría de derecho humano— ha muerto, paradójicamente desnuda, en las celdas del Ministerio del Amor de Orwell. Ha caído cuando más importante era que siguiera viva: ahora que los ojos y los oídos del Gran Hermano realmente pueden seguirnos a todas partes. Seguirnos... y entender qué hacemos y lo que somos.

Mientras veía con el corazón encogido a unas adolescentes haciéndose selfis al borde de un acantilado en la Garganta del Salto del Tigre, en China, no podía evitar pensar en si la tecnología nos ha cambiado o, por el contrario, nos hace más genuinos. Si nos dejamos seducir por los diseños de Apple o estamos diseñando la tecnología como un marco a la mayor gloria de nuestros egos. El problema que se plantea es nuevo en la Historia. Tenemos la capacidad para cambiar el mundo: su realidad y la forma en que lo percibimos. No estamos transformando lo existente. Por primera vez, estamos creando. Estamos jugando a ser dioses en un mundo nuevo —virtual, eso sí— hecho a nuestra medida. Y estamos desnudando nuestra alma descubriendo que lo que creamos no hace sino reflejar, corregido y aumentado, al mismo ser humano al que queríamos trascender.

Refleja, quizás, incluso al mono que sigue habitando dentro de nosotros. La inteligencia perfecta de las máquinas —cuando llegue a serlo— contrasta con nuestra «capacidad» para equivocarnos. Nos obliga a añadir calificativos a cómo nos definimos para separarnos del mono no racional y de la inteligencia no viva. Nuestra creación nos aplasta y nos constriñe, empujando nuestra cara contra el espejo para encontrar nuestro lugar en el mundo.

Orwell definió los ministerios del Amor, la Paz, la Abundancia y la Verdad. Lo hizo en el lenguaje con dobles significados de la Oceanía en que ambienta su novela. Más pavoroso que el doble o triple sentido, sin embargo, es la falta absoluta de este. Más horripilante que un monstruoso enemigo al que ves es otro sigiloso que no puedes detectar. La imposición y el engaño que se describen en *1984* y *Un mundo feliz* se han transformado en confusión e indiferencia en nuestro mundo.

La llegada de las máquinas inteligentes, de los robots

industriales, va a suponer un desafío para muchos trabajadores. Pero también los algoritmos que operan desde los ordenadores y los servidores. Ya se ha visto el efecto de la digitalización en los medios de comunicación. Se aprecia ahora en los bancos y las entidades financieras. Y se hará patente en tareas relacionadas con multitud de otros trabajos.

Este desafío puede verse como un desastre que nos desaloja o bien como una oportunidad para reinventarnos, para redefinirnos como seres humanos sin ataduras. Pero, claro, eso supone salirse de la zona de confort que hemos habitado durante cientos de años.

El mundo Orwell, al contrario que el monótono ambiente de *1984*, no da respiro. Cada día, cada minuto, es una experiencia nueva. La competición es feroz. No solo con otras personas, no solo de las empresas entre sí, también de los Estados. Todos contra todos. Algunos empiezan a entender ya hoy esa realidad. En una red en la que todo está conectado, la fuerza está en los vínculos que tengas con otros nodos. Estados, empresas y ciudadanos atacan y son atacados por ciudadanos, empresas y Estados indistintamente.

Las armas que se emplean son las mismas en todos los casos. La diferencia entre una gamberrada, un delito, un acto terrorista o uno de guerra solamente está en los actores implicados, en la escala a la que se sienten los efectos y, si se quiere, en la intención del atacante. El mismo virus informático puede servir —sirve— para todas esas funciones. Las distinciones entre ámbitos, entre jurisdicciones, entre calificaciones se diluyen, nublan y oscurecen.

Por eso la guerra —como afirmó Carl von Clausewitz (1780-1831), el gran teórico bélico prusiano— deja de ser la continuación de la política por otros medios, pues todo es un proceso sin solución de continuidad. Vivimos en guerra permanente. No es una guerra que ocurra todos los días, sino que tiene lugar cada minuto. No es un conflicto que se libre entre la gente, como el terrorista, sino que se libra dentro de cada uno de nosotros. Una guerra «en» la gente. Una batalla incruenta muchas veces, inmisericorde siempre. Una lucha en la que la carcasa, la parte física de nosotros mismos, puede no recibir daños. Pero en la que nuestro interior más íntimo queda expuesto públicamente.

En las mazmorras del Ministerio del Amor, los carceleros explican a Winston Smith, el protagonista de *1984*, la filosofía y los principios de su régimen. Lo que no cuenta Orwell en su novela son los detalles de cómo se llegó hasta la situación que describe. No dice en qué momento se dio el salto cualitativo hacia el abismo. Se puede deducir que esa filosofía se gestó sobre la base de una sociedad cuyos valores habían desaparecido. Ahora nos acercamos al abismo y estamos a tiempo de saltar a él o evitarlo, pero, sobre todo, de tomar la decisión basándonos en valores y principios sólidos. Se impone un renacimiento que nos recuerde que el ser humano es la medida de todas las cosas. Por mucha tecnología que desarrollemos y por muy «inteligente» que esta pueda ser.

Me habría gustado escribir este libro en tres dimensiones. O en más. En las suficientes para que se vieran las relaciones cruzadas entre todos los aspectos de nuestras vidas. Porque, para entender el mundo, no basta con captar cada uno de sus aspectos, hay que comprender cómo se relaciona con los restantes. Atado a la exposición secuencial de cada tema, dejo a los lectores la tarea de colocar las piezas del puzle para obtener una visión de conjunto. La única que sirve.

En su día, *1984* fue una suerte de réplica a *Un mundo feliz*, la novela de Aldous Huxley. Orwell describía una sociedad en blanco y negro, en la que el Estado controla a la población con castigos y engaños. Huxley, por su parte, mostraba un mañana en color cuyos habitantes son sometidos y manipulados mediante un condicionamiento psicológico.

Palo o zanahoria. Un mundo triste y otro feliz... pero los dos carentes de libertad.

El reto que tenemos por delante es que el ansia de felicidad no nos lleve a sacrificar nuestra libertad.

Si pretendemos adentrarnos en el mundo del Gran Hermano, si vamos a vivir la distopía descrita por Orwell, necesitaremos un manual de supervivencia.

1. VIDA DIGITAL

Al igual que otros muchos niños en la generación que protagoniza la serie de televisión *Cuéntame*, ambientada en las décadas de 1960 a 1980, yo me crie como Carlitos, el hijo pequeño de la mítica familia Alcántara. Mi vida iba un tanto a caballo entre el colegio, la merienda de una rebanada de pan con chocolate (cuatro cuadradillos) y la vida en la calle o en la plaza. En realidad, salvo por el hecho de la posguerra que les tocó vivir a ellos, no había grandes diferencias con el ritmo de vida que habían llevado mis padres o, incluso, mis abuelos.

Hasta no hace mucho, la evolución de las costumbres y de las posibilidades o la movilidad social solían ser cosa de generaciones. Incluso la llegada de una tecnología tardaba años en tener un reflejo en la vida diaria del común de la población. Para mis padres, sin embargo, muchas generaciones se han concentrado a lo largo de su vida. Los cambios de los que han sido testigos son mayores que los que pudieran experimentar sus antepasados en varios siglos.

De hecho, han visto aparecer y desaparecer más tecnologías que ninguna otra generación en la Historia. Incluso series completas de tecnologías. Fueron testigos del nacimiento de los discos de vinilo y las casetes de audio, aquellas que amenizaban las excursiones en el Seat 600 o en el 850 y en las que grabábamos las canciones de *Los 40 Principales* que se oían en la radio. Años después, vieron cómo estas eran superadas por los discos compactos, los CD. Tampoco estos tuvieron una larga vida antes de ser reemplazados por los DVD, de los que acumulo centenares en casa sin ningún aparato que pueda ya reproducirlos.

De los puntos y los planos

Hace unos años —a mí no me parecen tantos— nuestra red social era nuestra pandilla. Los «colegas» —muchos siguen siéndolo— eran sagrados y dignos de cualquier esfuerzo y de toda confianza. La red que se tejía entre todos era el fruto de muchas horas de preguntarnos adónde ir esa noche para luego acabar quedando en el sitio habitual, de escaparnos a escondidas, de hacernos confidencias sobre noviazgos, y de algunas noches yendo a conciertos y fiestas.

En mi pandilla, como en todas, éramos forofos del mismo grupo musical —recuerdo como si fuera hoy descubrir a los Pink Floyd en casa de Ángel o a Jean-Michel Jarre en la de Luis—, seguidores del mismo equipo de fútbol y asiduos de los mismos cómics. Incluso, más de una vez, acabamos compartiendo los mismos amores (eso sí, ordenadamente y uno después del otro). En todas las pandillas había un líder, aunque este papel no lo desempeñaba siempre el mismo individuo, pero nunca sabré si los gustos que compartíamos tenían que ver con su personalidad o con la idiosincrasia del grupo.

Porque lo importante era la pandilla. Podía faltar uno o añadirse otro de forma circunstancial, pero el grupo era un algo homogéneo con el que todos nos identificábamos. Dicho con un símil geométrico, la pandilla era un plano que venía definido por los puntos que representábamos cada uno de nosotros. Y todos estábamos en el mismo plano y, hasta mucho después, en ninguno más. Solo había un plano porque nuestros intereses eran comunes. Eso nos daba cohesión, aunque es posible que nos privase de entrar en contacto con otros puntos de vista. Hoy vivimos una vuelta a la importancia de la identidad, del sentimiento de pertenencia que nos daban aquellas pandillas de mi juventud.

Ahora, nuestros hijos —y nosotros también— han alcanzado el colmo de la individualidad. La tecnología lo ha hecho posible. Ya no tenemos que ser borregos del rebaño. Ya podemos pensar por nuestra cuenta sin depender de la aprobación del grupo para sentirnos integrados en un colectivo. Porque tenemos todos los colectivos posibles a nuestra disposición.

Hoy, cada cual tiene su grupo de amigos en Spotify o en YouTube con los que comparte las canciones ochenteras (que, por cierto, siguen siendo lo mejor que ha dado el pop español). Todo quisque tiene su grupo en Twitter con el que sigue las noticias de su opción política, y con el que comparte puntos de vista relativos a un tema sin importar si los demás aprecian la música de Mecano o de Los Secretos, o son más de Britney Spears o de Antonio Machín.

El barrio se ha ampliado. La pandilla ya no colma nuestras necesidades de aprobación grupal porque queremos conjugarlas con las de la demostración de nuestra individualidad, de nuestra personalidad diferenciada. En el colmo del cinismo, nos lo dicen los anuncios publicitarios: tenemos que ser (se supone que todos y cada uno de los consumidores) nosotros mismos.

Entonces, cuando nos posicionamos en planos de intereses diferentes, el foco —volviendo a la imagen geométrica— pasa de estos al punto. Si un plano —la pandilla, el grupo— es definido por los varios puntos que contiene, el punto es la intersección de los infinitos planos que pasan por él. Cada plano, cada conjunto de intereses, converge sobre nosotros y nos convierte en seres únicos y perfectamente libres e independientes de ataduras. Elegimos cada plano que nos define, cada interés que tenemos, cada creencia, filia y fobia que nos marca. Y en esos distintos planos de intereses encontramos una infinidad de internautas que comparten ese aspecto concreto de nuestra personalidad y nos acompañan en la definición de ese plano, en la configuración de un sentido grupal.

Por cierto, es interesante comprobar cómo esa tendencia personal a separar ámbitos se traslada a las relaciones internacionales también. Los grandes foros en los que se tomaban las decisiones —o, al menos, se aprobaban— están cediendo su lugar a pequeños grupos de intereses concretos. Este fenómeno se ha dado en llamar «minilateralismo». Se trata de asociaciones —que no alianzas— en las que una serie de países, normalmente en torno a una potencia dominante, ponen esfuerzos en común para conseguir un objetivo compartido. Para todo lo demás, cada uno es libre de buscar socios diferentes.

Planos y puntos se siguen definiendo mutuamente, pero estos últimos —las personas— se han impuesto. El acceso universal e instantáneo a la información proporciona la posibilidad infinita de elegir y, por tanto, de ejercer la libertad como jamás antes había ocurrido en la Historia. Regresamos a un humanismo en el que el ser humano es la medida de todas las cosas. La persona vuelve a ser el centro del universo, pero esta vez con toda la información disponible para saber dónde quiere ubicarse.

Perfecto... salvo que la situación no es exactamente esa.

Atrapados en la Red

La información que nos permite ser libres para elegir tiene que ser, ante todo, veraz.[1] La única limitación a la libertad del individuo es, como escribió en 1959 el economista y filósofo político alemán Friedrich August von Hayek, la que pueda ejercer el Estado en función de su monopolio del uso de la fuerza.[2] El contrato social habilita a los poderes públicos para asegurar el orden y la convivencia ejerciendo una mínima coacción sobre las libertades individuales.

Sin embargo, incluso sin ejercer coerción alguna sobre la capacidad para elegir, tanto el Estado como un número creciente de actores están en disposición de alterar la información que cada uno de nosotros recibe para hacer que nuestra elección se base en hechos distorsionados o de muy difícil valoración. Nadie obliga a un borracho a tomar una decisión equivocada, es su propia percepción distorsionada de la realidad y su juicio disminuido lo que termina por hacer que su coche caiga por un barranco (su libertad la ejerció cuando decidió emborracharse).

La situación actual implica que nuestra capacidad para acercarnos a la verdad está muy limitada por la misma estructura que hemos elegido para acceder a ella. En Estados Unidos, más del 60 % de las personas utiliza las redes sociales para informarse en lugar de hacerlo por medios de solvencia contrastada y de tendencias diversas. Esto priva a tales ciudadanos de las «ciertas» garantías que ofrece la ética profesional de los periodistas. «Ciertas» porque —tal y como dijo Paul Sethe, fundador del prestigioso rotativo *Frankfurter Allgemeine Zeitung*, en 1965— «la libertad de prensa es la libertad de que doscientas personas ricas expresen sus opiniones».[3]

Sin embargo, cuando Sethe escribió esa frase sobre la prensa, la profesionalización, los controles establecidos y el prestigio de las publicaciones, muy restringidas en cuanto a su número, evitaban una intoxicación masiva y universal, en su alcance y en su procedencia. De alguna manera, la narrativa oficial era filtrada por una serie de profesionales que, en distintos medios, ofrecían versiones más o menos partidistas pero coherentes con una línea editorial.

La mundialización llegó hace unas décadas, cuando se generalizaron los viajes internacionales y fue posible acceder a informaciones generadas por medios extranjeros con sesgos diferentes. No había llegado todavía la globalización que todo lo uniformiza, de modo que aún se podían contrastar posturas y formarse un juicio propio sobre versiones diferentes de una misma noticia. Pocos años después, la generación de la información comenzó a concentrarse en unas pocas manos y, ya monopolizada, se dejaba a los medios la elección del titular y la contextualización del contenido. En la década de 1990, por ejemplo, aquello que no estaba en la CNN simplemente no existía.

Las redes sociales, en general, son otro de esos servicios aparentemente gratuitos que nos ofrece la Internet. No pagamos por acceder a ellas, ni por introducir nuestra información en las mismas, ni por mantenerla ahí a nuestra disposición y a la de aquellos que nosotros decidamos. Sin embargo, Facebook informó de unos ingresos superiores a los 40.000 millones de dólares en 2017. Todos sabemos que son los anunciantes los que pagan por aparecer en sus páginas, pero resulta una cantidad sorprendente (equivale a unas cuatro veces el presupuesto de Defensa español). Incluso teniendo en cuenta que las redes sociales se han «comido», literalmente, el negocio de la publicidad arrancándoselo a la prensa tradicional de las manos.

Aunque ya es un tópico, si Google o las redes sociales son los vendedores y los anunciantes son los que pagan —por tanto, el cliente—, ¿qué somos nosotros, los usuarios? Evidentemente, nos hemos convertido en el producto que se compra y se vende. Nosotros, nuestros datos, nuestro tiempo, nuestra atención. El producto es nuestro pasado y nuestro presente, y el resultado es la configuración de nuestro futuro, la decisión sobre qué va a ser de nosotros. Lo que puede resultar más triste es que ni los unos ni los otros tienen el menor interés en ese producto, en nosotros, pues únicamente les mueve el poder adquisitivo que podamos tener, el valor de nuestros votos o el de nuestras opiniones.

La razón está en los algoritmos que utilizan las redes sociales. Estos programas (o grupos de programas) informáticos están diseñados para trabajar en lo que se denomina la *economía de la atención*. Se trata, en términos simples, de sacar el máximo partido al tiempo que cada usuario pasa «enganchado» a una página web para hacerle llegar la publicidad (o la propaganda) a la que sea más sensible. Y, al mismo tiempo, conseguir que ese tiempo que se «consume» en la Internet transcurra, en lo posible, dentro de las páginas de la red social. Es decir, se trata de retener nuestra atención todo lo que sea factible, y aprovechar ese tiempo y esa dedicación para hacernos llegar los mensajes y que los veamos, algo por lo que alguien está pagando a dicha red.

Lógicamente, una fórmula así es más eficiente que la inserción de un anuncio en la página de un periódico, o que un anuncio en televisión o radio. En primer lugar, por las audiencias millonarias que van a acceder al mismo. Facebook tiene más de 2.000 millones de usuarios, ¡la cuarta parte de la población mundial![4] En segundo lugar, mucho más importante, porque los algoritmos solo mostrarán el anuncio a aquellas personas que consideren susceptibles de interesarse por él y lo harán en el momento preciso en el que sea más probable que lo tengan en cuenta.

La oportunidad en cuanto al receptor del mensaje y al momento en que lo recibe hace que la publicidad sea más eficiente —aunque los porcentajes nos parecerían despreciables— que cuando simplemente se lanza un anuncio en un medio y se espera a que alguien se interese por él. Los anunciantes pagan por ese diferencial de eficiencia en el anuncio, por esa mayor probabilidad de éxito, por «empujar» (*push*) el anuncio hacia nosotros en lugar de esperar a que seamos los lectores o los oyentes los que «tiremos» (*pull*) de él.

Aunque pensemos que esto se reduce a la publicidad comercial, que pretende mostrarnos un producto con fines meramente económicos, la propaganda —la información de carácter político— utiliza los mismos medios y con igual o mayor efectividad. Nuestra capacidad para elegir de una forma libre se ve, por tanto, mediatizada por el enorme conocimiento que el algoritmo tiene sobre nosotros en función de la información que le proporcionamos, bien de forma directa, bien a través de las acciones que llevamos a cabo en la red o en páginas asociadas a esta.

Todavía hay un segundo aspecto que tener en cuenta. Para maximizar el tiempo que pasamos en su web, las redes sociales —además de presentarnos los anuncios de los que se nutren sus arcas— aplican unos criterios economicistas respecto a las noticias que nos presentan. La información es prácticamente infinita en la Internet, pero la capacidad para acceder a ella que tiene una persona es limitada; por tanto, se hace necesario filtrar la información más relevante para sacar el máximo partido a ese tiempo y a esa atención.

Sesgos de confirmación y burbujas de filtro

Cada día de 2017 se publicaron, de media, más de 67 millones de posts en Instagram y más de 657 millones de tuits en Twitter. Ese mismo día estándar se enviaron 269.000 millones de correos electrónicos y 21.900 millones de mensajes de texto. Los algoritmos eligen, de entre toda la información disponible, aquella que mejor puede captar nuestra atención, de modo que invirtamos más tiempo en leerla... dentro de sus páginas.

Y la información que más nos puede interesar es aquella que refuerza nuestras creencias previas. La mente humana tiende a prestar una mayor atención y credibilidad a aquellas ideas que refuerzan los conceptos en los que ya cree. Y, al mismo tiempo, cuestiona todo aquello que contradice su visión del mundo. De alguna manera, es más fácil que visitemos una noticia que no nos saque de nuestra zona de confort que otra que nos lleve a replantearnos los criterios ya asentados en nuestra forma de entender el mundo. Es lo que, en psicología, se denomina *percepción selectiva*.

Lo más probable es que aquella noticia, o vídeo, que buscamos inicialmente incluya recomendaciones sobre otras noticias o vídeos de contenido similar que nos refuercen todavía más en nuestra idea inicial. ¿Cuántas veces hemos entrado a ver un vídeo en YouTube y hemos terminado visualizando docenas de vídeos que inicialmente no habíamos considerado? El algoritmo que emplea YouTube es uno de los más logrados en ese sentido. Los vídeos suelen resultar atractivos en cuanto a su relación con la primera búsqueda y, además, resultan muy sencillos de consumir al no requerir prácticamente esfuerzo alguno. Curiosamente, el atractivo de tales vídeos no es algo que YouTube haya tenido que elaborar, sino que se debe a quienes los han subido y que, a su vez, se benefician de la visibilidad que les proporciona la plataforma.

Una vuelta de tuerca más en este sentido es Douyin.[5] Esta aplicación china, propiedad de ByteDance, distribuye vídeos cortos de entre quince segundos y unos pocos minutos. Su algoritmo ofrece a cada usuario aquellos contenidos que más encajan en sus gustos en función de lo que ellos mismos expresan o de si ven los vídeos hasta el final. Su éxito adictivo sin precedentes preocupa al Gobierno de Pekín (Beijing), no por la adicción misma, sino por los contenidos que prefieren los usuarios. Ya en abril de 2018 Toutiao, también del grupo ByteDance, y Kuaishou, una página de *streaming* en directo, fueron apercibidas por el contenido obsceno o violento de muchos de sus contenidos más virales.[6]

Si el modelo de Douyin le resulta familiar al lector occidental en 2025 es porque, en 2017, ByteDance lanzó una aplicación muy similar para el mercado internacional:

TikTok. Su fusión con una plataforma llamada Musical.ly un año más tarde le permitió ser la de más rápido crecimiento de la historia. Durante los cinco primeros años de su existencia acumuló una subida media en el número de usuarios de un 37,2 % anual hasta llegar a los 1.700 millones en 2022. A partir de ahí, su crecimiento se ha desacelerado entre suspicacias y sanciones estadounidenses, que han llegado a convertirlo en un símbolo.

Servidores y contenido eran distintos para cada una de las dos plataformas. TikTok se adaptó a cada mercado nacional extranjero y sus exigencias de control y apertura dependían de la regulación local. Sus funcionalidades siempre fueron, también, más limitadas en cuanto a capacidad de transmisión de programas de vídeo y a comercio electrónico que las de su hermana mayor china. Douyin sigue los dictados del Partido y, a su manera, contribuye a la armonía social china. De lo que no cabe duda es de que su algoritmo consiguió dar con las teclas adecuadas. El interés por hacerse con él es buena prueba de ello.

Simultáneamente, estamos sometidos a lo que se denomina *burbuja de filtro* (aunque también puede encontrarse como *filtro burbuja*). Los algoritmos de los buscadores presentan en primer lugar aquellas noticias que mejor encajan con nuestro historial. El ideólogo de la Internet y político Eli Pariser —director ejecutivo de Upworthy, una web para contenido viral «significativo»— lo descubrió haciendo que dos amigos introdujeran el término «BP» en un buscador. Uno de ellos recibió información bursátil sobre la compañía energética británica; el otro, información medioambiental sobre un derrame producido recientemente. El motor de búsqueda devolvió los resultados en función del perfil que tenía asignado a cada uno de los usuarios, de los que conocía su identidad por la dirección IP desde la que estaban conectados, por el hecho de hacerlo una vez que habían iniciado una sesión como usuarios o, incluso, por sus hábitos al teclado. Al financiero le ofreció información sobre las cotizaciones, en tanto que al medioambientalista lo reforzó en sus convicciones «verdes».[7]

La burbuja de filtro, según Pariser, decide mucho más que nuestros gustos. También tiene una idea preconcebida sobre nuestro lugar en el mundo y hasta dónde podemos o debemos llegar. Con la misma «lógica» con que a un varón no le hará llegar anuncios sobre productos de higiene íntima femenina, a un habitante de barrios marginales tampoco le enviará información sobre becas o proyectos de formación superior que, supondrá, quedan fuera de su alcance y expectativas. Si una IP, la dirección que define a un equipo, está localizada en una urbanización de lujo, tiene muchas más probabilidades de recibir ofertas de productos de calidad que una situada en un suburbio de clase trabajadora.

El sesgo de los algoritmos no nos impide avanzar social o laboralmente, pero tiende a mantener el *statu quo* partiendo de datos del pasado y asumiendo que se mantendrán inalterados. Para las máquinas, en general, el mundo es tal y como se les ha definido o tal y como ellas han deducido que es. Salvo que estén entrenadas para alterar el presente, su asunción será que deben sacar el máximo partido de la situación actual y preservarla cuanto sea posible.

David Sumpter, profesor de Matemáticas Aplicadas en la Universidad de Uppsala (Suecia), cita en su libro *Outnumbered* un ejemplo muy ilustrativo y de gran actualidad a este respecto.[8] Amit Datta, doctorando entonces en la prestigiosa Universidad Carnegie Mellon de Pensilvania, y su equipo crearon 500 perfiles masculinos y 500 femeninos con los que llevaron a cabo búsquedas en Google esencialmente similares desde presuntos puestos de trabajo. A pesar de la coincidencia en todo, excepto en el sexo, los varones tenían muchas más probabilidades de recibir ofertas de empleo para directivos con sueldos superiores a los 200.000 dólares mientras que a las mujeres se les ofrecían puestos directivos medios.

Es evidente que el entrenamiento que recibió la inteligencia artificial de la empresa de cazatalentos (en este caso, The Barret Group y su web www.carreerchange.com) o del propio Google llevaba implícita una forma concreta de pensar. Del mismo modo, hay sistemas de inteligencia artificial para el reconocimiento facial que son incapaces de identificar a personas —e incluso de catalogarlas como tales— si no son de raza caucásica. El filtro de la burbuja lo establece su creador, el humano que hay detrás de él, aunque no siempre de forma consciente.

En todo caso, la burbuja es más un fenómeno sociológico que psicológico. El filtro funciona mejor dentro de ella porque atiende al sentimiento de pertenencia al grupo. El yo tribal reacciona en manada incluso cuando recibe informaciones contrarias a su forma de pensar. En los grupos digitales se funciona como en los estadios de fútbol —salvo muy honrosas excepciones—, no como en los congresos académicos. Donde no llega la manipulación individual, lo hace la presión del grupo.

En un instituto francés llevaron a cabo un experimento con ocasión de las últimas elecciones presidenciales, en las que resultó elegido Emmanuel Macron. Dividiendo la clase en varios grupos, se crearon perfiles en las redes sociales con características afines a cada uno de los candidatos, y perfiles de control. Desde el principio, el motor de búsqueda sugirió resultados distintos para cada uno de los grupos. Resultados que reforzaban su posición política simulada inicial. Para aquellos que expresaban inicialmente ideas cercanas a las de Marine Le Pen, por ejemplo, las sugerencias de noticias provenían de prensa afín al sector, los comentarios sobre temas candentes —como la migración— se alineaban siempre con las tesis de la candidata del Frente Nacional. El experimento llevó a sus desarrolladores a cuestionarse sus propias convicciones en algunos casos, a pesar de ser conscientes del entorno de simulación en el que estaban inmersos.[9]

La periodista y locutora Amandine Rosset realizó en el mismo periodo otro experimento similar creando en Facebook una página en la que fingía ser un grupo de apoyo a Le Pen. Los resultados también confirmaron la existencia de una burbuja informativa que filtra los mensajes en función de los perfiles de los usuarios.[10]

En resumen, el que ahora tengamos una capacidad casi infinita para acceder a la información y elegir entre toda ella no nos hace necesariamente más libres.

Entramos en lo que los expertos llaman una «cámara de eco», en la que todo lo que recibimos es aquello que ya hemos expresado nosotros, en la que el mundo nos responde con el mismo discurso que hemos lanzado, aunque las palabras puedan ser diferentes.

Estas cámaras de eco no se crean en el vacío. Es decir, tienen un sustrato basado en las mismas comunidades que existen en el mundo físico. Hay estudios que prueban que el acceso universal a la información y a los contactos se ve muy restringido por los sesgos de los algoritmos de búsqueda.[11] Nuestro barrio, nuestra pandilla se amplía con miembros en todo el mundo, pero no se enriquece normalmente con opiniones distintas a las que ya teníamos y que puedan favorecer el debate.

Si se añade a estos sesgos la priorización que los proveedores de servicios de la Internet —las compañías de telecomunicaciones que proporcionan la infraestructura en la cual se sustenta la Red— pretenden dar a unos contenidos sobre otros, las opciones de universalidad quedan claramente restringidas. Resulta evidente que los intereses comerciales de unos y otros parecen correr en dirección contraria a la facilidad de acceso a la totalidad de los contenidos. Sin olvidar las burbujas que crean algunos Estados, como la de la cibermuralla china, filtrando los contenidos que el Gobierno no desea que se visualicen o que considera perjudiciales para sí mismo o para la armonía social.

El periodista estadounidense Chris Hayes denuncia en Twitter (@chrislhayes) un ejemplo de la «toxicidad informativa» del algoritmo de YouTube.[12] Una búsqueda que comienza en un interés genuino por la Reserva Federal de Estados Unidos termina por redirigir nuestra atención hacia asuntos muy distintos. A su búsqueda del término «Federal Reserve», el programa responde con una primera sugerencia sobre la historia de la institución con un sugerente título: *Un siglo de esclavización: la historia de la Reserva Federal.*

Lo curioso es que, cuando concluye ese primer vídeo, YouTube sugiere otro: *Lo que se espera que sepas de la fundación de Estados Unidos.* Este segundo vídeo incluye referencias a una supuesta conspiración de los comunistas y los Illuminati en la génesis de la guerra de Secesión (1861-1865). La sugerencia inmediata que recibió Chris a continuación fue un nuevo enlace a un tercer vídeo, en el que el presidente Donald Trump explica quién creó los Illuminati, un grupo que tiene un papel protagonista en una de las novelas de Dan Brown.

Una búsqueda perfectamente lógica y aséptica ha pasado, en el trascurso de tres vídeos enlazados por un algoritmo, por dos relatos conspiratorios y una explicación más o menos surrealista. Más allá de la obviedad de que YouTube privilegia contenidos llamativos sobre los meramente informativos en relación con el banco central estadounidense, habría que saber qué historial de búsquedas tiene Chris Hayes para que el algoritmo del buscador haya decidido que esos temas le interesaban. La misma búsqueda efectuada por otra persona arrojaría resultados completamente distintos. Si no cambiamos de dirección IP o no iniciamos sesión en el ordenador, los resultados obtenidos serán distintos a si lo hacemos. El algoritmo carecerá de información en la que basarse para intentar «mejorar nuestra experiencia de producto».

El problema no son los algoritmos, sino los sesgos que introducen quienes los programan. El algoritmo de YouTube, como muchos otros, simplemente busca maximizar el beneficio económico que se obtiene al capturar la atención de los visitantes. Igual que la belleza —y el pecado— está en los ojos del que mira, también el receptor de la información influye en el resultado con los datos que aporta a la máquina. Chris Hayes, el protagonista del ejemplo anterior, no es únicamente el receptor de las sugerencias del buscador, sino también el proveedor de datos al algoritmo para que este base en ellos el resultado que proporciona.

La respuesta que los motores de búsqueda y los sistemas de algoritmos de las redes sociales dan a cada consulta está condicionada por quién la hace, desde dónde y en qué momento. La verdad, por tanto, se personaliza en función de lo que queremos escuchar y de lo que somos capaces de asimilar. Antes de catalogar las respuestas que nos dará, la máquina nos cataloga a nosotros mismos como demandantes de información. E intentará conocernos lo suficientemente bien antes de interactuar con nosotros para, así, «contar sus batallas por victorias», como ordenaba el general chino Sun Tzu (siglos VI-V a. de C.) en su célebre tratado de ciencia militar *El arte de la guerra.*

La creación de algoritmos que redactan algoritmos ha llevado a muchos a imaginar un proceso completamente autónomo en el que las máquinas mejorarán sus características lógicas a partir de su propia generación de conocimiento. Ese algoritmo maestro, el padre de todos los algoritmos, se retroalimentaría con el conocimiento generado por el comportamiento de sus creaciones hasta, teóricamente, los límites de la autonomía que le hubiera sido concedida.

Hay argumentos a favor y en contra del uso de los algoritmos por parte de las máquinas para todo tipo de procesos. Es importante tener en cuenta que nosotros mismos los utilizamos en nuestra vida diaria en cualquier toma de decisiones. Por tanto, no se trata de estar de acuerdo con el uso de los mismos, sino con el hecho de que sean las máquinas las que lo hagan y con el grado de autonomía que se les pueda conceder.

Existen numerosos ejemplos de decisiones algorítmicas que mitigan los sesgos humanos en la toma de decisiones e, incluso, reducen el grado de desigualdad que muchas veces les hemos atribuido. El experto en sistemas de información y tecnología Alex P. Miller, doctorando de la Wharton School de la Universidad de Pensilvania, expone varios casos.[13] En todos ellos, la decisión que toma la inteligencia artificial resulta menos sesgada que las que venían adoptando los humanos. Miller concluye que las personas no somos particularmente hábiles tomando decisiones. Y es difícil no estar de acuerdo.

La duda que podemos plantearnos es si queremos dejar determinadas decisiones directamente a las máquinas. Los ejemplos que expone Miller muestran que, en muchas ocasiones, ya estamos en manos de procesos automatizados cuando pedimos un préstamo, presentamos nuestra candidatura a un empleo o aspiramos a un ascenso. Pero también en decisiones judiciales sobre la concesión de la libertad condicional o, incluso, la custodia de niños.

Sin entrar todavía en cuestiones éticas, se plantea una cuestión más allá del acierto o el error en la toma de decisiones. Nos hemos acostumbrado a los errores e, incluso, a las deficiencias de juicio o de imparcialidad humanas, pero ¿estamos listos para asumir que sea una máquina la que tome decisiones que afectan a nuestra vida más íntima tras ese supuesto manto de infalibilidad? Es más, ¿queremos, nosotros, seres maravillosamente imperfectos, ser tutelados y abroncados o multados por máquinas diseñadas para ser inflexibles?

Algoritmos y «egoritmos»

El ejercicio de nuestra libertad está condicionado por la información que recibimos y la que dejamos de recibir. Nuestros intereses convergen en un «nosotros» influido por lo que percibimos. Cada red social nos presenta aquello que, según considera, maximiza el tiempo que pasamos en ella. De esta manera, una parte de la información en la que deberíamos basar nuestras decisiones sobre cómo interpretar una realidad concreta nos es hurtada por no corroborar los prejuicios que el algoritmo piensa que tenemos. No solo eso, el perfil que nos asigna la red social se corresponde con el de un grupo de personas que comparten los indicadores que la máquina ha identificado en nosotros. A partir de ese momento, nuestra pertenencia a ese grupo no solo deja de hacernos libres, sino que condiciona aún más la información por recibir.

Luego, claro está, hay que contar con la naturaleza humana y el poder del ego. Dentro de esa comunidad de personas —o de *bots*, programas informáticos o máquinas que simulan ser personas— existe tal uniformidad de criterio que la conversación sería poco atractiva. Salvo que alguien ofrezca un gramo más de ideología o de picante al grupo. Esa opinión, más provocativa y ligeramente más radical, suele ganar la aceptación del grupo en forma de *likes*, corazoncitos, pulgares levantados o cualquier otro símbolo de apoyo. Unos pocos de estos apoyos son gratificantes; un número elevado supone un reconocimiento público al originador que, además, llega de un grupo concreto cuya opinión es relevante para este.[14]

La lección para todos es que lo provocador genera apoyos y relevancia social. Por tanto, de forma casi imperceptible, los grupos tienden a escorarse y radicalizarse en función de la búsqueda de notoriedad de sus miembros más osados. La tribu digital, la pandilla, altera ligeramente su identidad para seguir siendo una referencia para el grupo de usuarios. De este modo, se establecen relaciones por oposición a los otros grupos. Después de la distorsión que introducen los algoritmos, los egos añaden confusión con afirmaciones tan guiadas por el afán de notoriedad como para prescindir de su veracidad o, incluso, de la coherencia con el propio pensamiento.

El individuo empuja al grupo y este arrastra a los individuos. Nuestra identidad, basada en la información que hemos recibido y en la forma de estructurarla, deja de pertenecernos para estar condicionada tanto por esa información parcial como por la presión social anónima a la que cada miembro del grupo contribuye.

Radicalismos, populismos, extremismos

Hay muy pocos estudios en Europa sobre los efectos de las redes sociales en nuestra identidad política o social. El semanario británico *The Economist* publicó en noviembre de 2017 uno relativo a la sociedad en Estados Unidos.[15] En él se aprecia cómo en 1994, antes de la era digital, los estadounidenses compartían un 70 % de sus valores e ideas políticas con independencia del partido político en que militasen. La sociedad era homogénea, con apenas un margen diferenciador para los más «puristas» de cada extremo político. Años después, en 2017, la tendencia del votante medio de cada partido se había escorado claramente hacia su vertiente política (aunque el cambio parecía mucho más acusado en el Partido Demócrata) y el espacio de entendimiento y de consenso se había reducido de manera notable. Las campañas del demócrata Bernie Sanders y del republicano Trump para las elecciones presidenciales de 2016 fueron un fiel reflejo de esta mayor polarización de las posturas. De hecho, poco faltó para que el enfrentamiento final por la Casa Blanca fuera entre ellos dos.

En septiembre de 2017 la periodista filipina Maria Ressa había puesto de manifiesto, durante su intervención en la Conferencia Asiática sobre la Comunicación Política, que esta polarización de las posturas entre los dos grandes partidos estadounidenses podía apreciarse en las redes sociales ya en 2011.[16] Sin embargo, pocos parecían haberse percatado de este fenómeno hasta el éxito de los dos candidatos antisistema en la campaña presidencial de 2016.

Más allá de las acusaciones de manipulación de la opinión pública que puedan haberse vertido contra terceros países, la digitalización es un factor importante a la hora de explicar los resultados obtenidos por los candidatos en las elecciones de 2016. Cuando más de la mitad de los estadounidenses se informa regularmente a través de las redes sociales, la influencia que estas pueden tener es muy significativa. Como referencia, mientras en Estados Unidos el 70 % de las visitas que se hacen en Internet utilizan el motor de búsqueda de Google para localizar el producto, en Europa ese porcentaje alcanza el 90 %. La inmensa mayoría de las conclusiones a las que llegamos o de los datos que las fundamentan están mediatizadas por los algoritmos de cuatro o cinco empresas a nivel mundial.

Esta relevancia va incluso más allá de lo aparente: el uso de las mismas redes sociales por parte de la prensa convencional como fuente de noticias o de referencias incrementa el peso específico de aquellas en el cómputo global de la influencia que tales noticias tienen sobre los votantes. Y esto incluye y arrastra el sesgo introducido por los algoritmos, trasladándolo a medios cuya credibilidad está asentada en una larga trayectoria y en el prestigio de sus profesionales.

También se aprecia que, con independencia de la igualdad de trato hacia todos los candidatos que se supone existe en los medios públicos, lo llamativo o disruptivo de los titulares que ofrece cada presidenciable también conlleva una presencia diferente en las redes. El candidato Trump destacó en este aspecto por encima del resto de los aspirantes, con o sin la colaboración de cuentas robotizadas que replicasen sus mensajes y que, por otro lado, están al alcance de cualquiera. Un vistazo al enorme salto que hay entre la cobertura mediática digital que obtuvieron los comentarios de Trump y la del resto relativiza bastante la sorpresa que supuso su victoria para algunos analistas.

Dominar el discurso

Un análisis más pormenorizado de las palabras clave asociadas a las campañas de Trump y de Hillary Clinton muestra que los asuntos cubiertos en las redes respecto de cada uno de ellos fueron enormemente distintos. Basta con agrupar en una nube de palabras —una representación visual en la que el tamaño de los términos que la forman es proporcional a su frecuencia de aparición— aquellas que más veces aparecieron en las noticias relativas a los dos candidatos. Esta nube permite visualizar los temas recurrentes con que se les asociaba y, por tanto, la imagen que tenía el espectador sobre Trump y Clinton.

En la nube correspondiente al candidato republicano aparece una multitud de temas que, en la mayor parte de los casos, él mismo puso sobre la mesa. Trump dirigía el discurso y seleccionaba los temas de los que quería que se hablara. El magnate lideró el debate desde su cuenta de Twitter, marcó las pautas y el tempo, obligó a su rival a mo-

verse en el terreno de su elección e, incluso cuando el tema era potencialmente dañino para él —como en el caso de su comportamiento con las mujeres—, maniobró para relativizar su importancia o para presentar algún aspecto que sus potenciales votantes pudieran considerar positivo. Trump fue el dueño de la escena.

Mientras tanto, en las noticias relativas a Clinton, la referencia a los correos electrónicos gestionados imprudentemente por la candidata demócrata ocupó el papel protagonista en la nube de palabras resultante. Para colmo, los siguientes temas recurrentes más destacados fueron los rumores sobre su estado de salud y las acusaciones de ser una mentirosa que Trump vertía sobre ella. Su rival tenía mucha mayor presencia mediática, pero, incluso cuando la noticia se

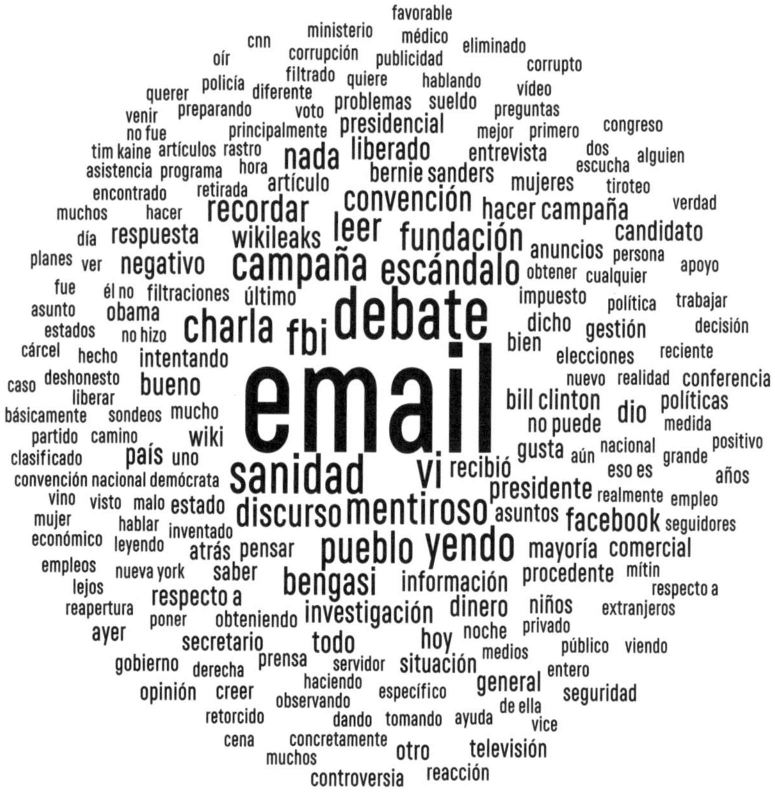

centraba en Clinton, el foco se ponía en un tema elegido por su adversario y no por su propio equipo. Una parte importante de la presencia mediática de Clinton era negativa, formaba parte del relato de Trump. De hecho, esta circunstancia obligó a Hillary a mantener una estrategia defensiva durante buena parte de la campaña, un error provocado tanto por la falta de control del discurso como por un exceso de confianza y el temor a perder una batalla que consideraba ganada por defecto.

La palabra «presidente» aparecía en un tamaño más pequeño en la nube de la demócrata que en la del republicano, una señal inequívoca de que Hillary no iba por buen camino. Toda la campaña para las elecciones del 8 de noviembre de 2016 se limitó a discutir los mensajes que Trump lanzaba sobre sus propias propuestas y sobre las deficiencias de su rival.

El control del discurso, del tema del que se habla, es fundamental para alcanzar el resultado deseado en la configuración de las narrativas. Una parte esencial del éxito mediático de los grupos terroristas es, precisamente, su presencia desproporcionada en los medios de comunicación. Si su objetivo es provocar el miedo y su vector de propagación es la prensa, el legítimo interés de los periodistas por informar y por atraer la atención hacia su noticia juega a favor de los intereses de los terroristas.

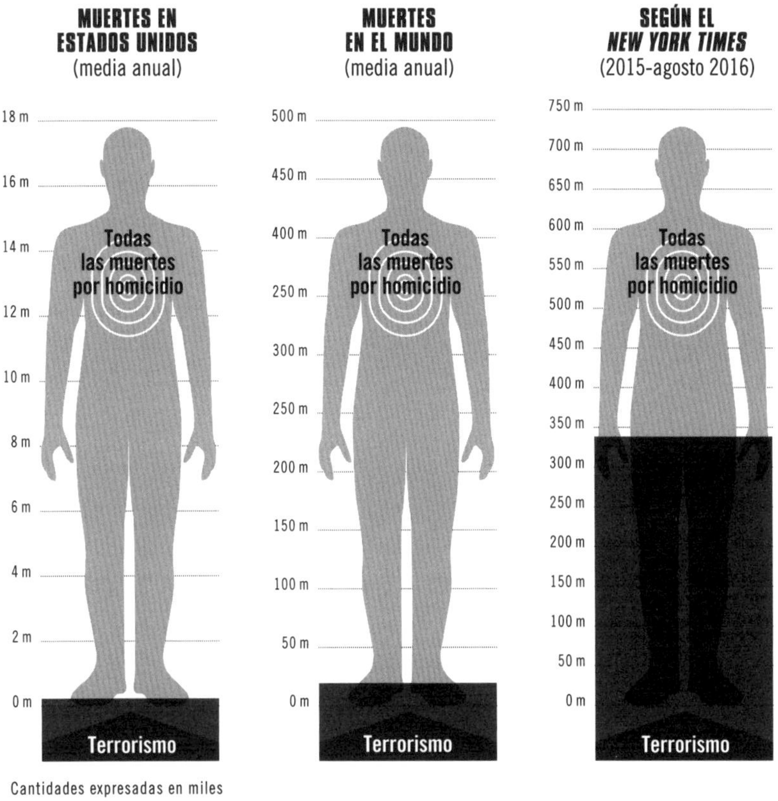

Cantidades expresadas en miles

Fuente: Consorcio Nacional para el Estudio del Terrorismo y Respuestas al Terrorismo (START) y Global Terrorism Database (GTD).

Como dato ilustrativo, en 2012 murieron 56 millones de personas en el mundo. De ellas, 620.000 tuvieron como causa la violencia ejercida por otros seres humanos. Al contrario de lo que pueda parecer, 500.000 de estas últimas se produjeron en actos criminales, mientras que las guerras fueron responsables de «solo» 120.000 bajas. Frente a estas cifras, hubo 800.000 personas que se suicidaron en todo el mundo (más, por tanto, que todos los muertos a manos de terceros) y 1,5 millones, casi el doble, fallecieron a causa de la diabetes. Sin embargo, aquello donde no está el foco mediático desaparece.

La mano que mueve el ratón[17]

Precisamente por lo expuesto en el apartado anterior, la mano que mueve el ratón es la mano que domina el mundo (parafraseando el título de la película que, en 1992, lanzó al estrellato a Rebecca De Mornay). La mano que mueve el ratón es la que domina la narrativa, el relato, el discurso en Internet. Es la que lleva la iniciativa. Los ojos siguen el puntero en la pantalla, pero el puntero obedece a la mano. El movimiento del ratón es el control de las cuerdas de la marioneta que somos todos los demás.

No existe alternativa a la presencia en el ciberespacio. Aquel que decida no «mover el ratón» se arriesga a que alguien lo mueva en su nombre, a que alguien usurpe su identidad digital y rellene el vacío dejado. De hecho, ni siquiera es necesario que exista el vacío para que puedan intentar desplazarnos del escaparate cibernético.

Cuando el almirante de la Marina estadounidense James Stavridis, comandante en jefe de las Fuerzas de Estados Unidos en Europa, abrió una cuenta de Facebook, muchos altos mandos de la Organización del Tratado del Atlántico Norte (OTAN) —también llamada Alianza Atlántica— se apresuraron a enviar una «solicitud de amistad» al entonces comandante supremo de las Fuerzas Aliadas en Europa (SACEUR, por sus siglas en inglés), es decir, la máxima autoridad militar de la OTAN en el continente.

Nada fuera de lo normal hasta aquí. Salvo que Stavridis no había abierto ese perfil en la red social por excelencia. Aparentemente, un grupo de espías chinos utilizaron este sencillísimo método para recopilar información sobre la vida pública y privada de docenas de responsables militares de la Alianza y de los ejércitos occidentales. Probablemente, los datos e inteligencia obtenidos tuvieron una repercusión muy limitada y, simplemente, sirvieron para completar, ordenar o corregir algún dato que ya tuvieran por otras fuentes. En todo caso, el esfuerzo de la creación del perfil tampoco debió de ser titánico: una fotografía obtenida en la página oficial de la OTAN, una dirección oficial en Bélgica y poco más.

La creación de estos perfiles, la viralización de los mismos y su utilización ajena a los principios deontológicos de los profesionales de la información dejan de lado las reglas del juego. Algo semejante ocurre con las redes sociales cuando se autodefinen como plataformas y no como medios de comunicación, poniéndose al margen de las leyes y valores del periodismo. Igual que una empresa que no pagase impuestos tendría una ventaja competitiva sobre las que sí lo hacen, estos instrumentos directos de comunicación obtienen ventajas importantes sin tener que renunciar al alcance que proporcionan los medios tradicionales. No hay que olvidar que el número de seguidores de algunas de estas cuentas en las redes sociales es incluso superior a la tirada de los mayores periódicos del mundo.

La imagen de marca personal y corporativa es un elemento fundamental en una sociedad que asigna la mayor importancia a la reputación. Contar con un número elevado de seguidores otorga un cierto prestigio en la comunidad de esa red social, que tu mensaje reciba la aprobación de muchas personas tiene efectos en la forma en la que los demás te perciben e, incluso, en la autoestima de cada uno. Pero, más allá de los egos y de las cambiantes filias y fobias sociales, una imagen de marca potente permite crear una trayectoria de credibilidad —o de todo lo contrario— y una capacidad de influencia.

De hecho, la reputación y la emoción han sustituido al razonamiento en el debate público, sea político o de cualquier otro tipo. No se recurre a pruebas científicas para apoyar las ideas, sino que se «democratiza» el debate para permitir que sea la opinión de la mayoría la que dicte sentencia. El cambio climático —algo de lo que pocos entienden realmente las causas y consecuencias— se somete a votación y se relativiza el conocimiento científico que no se comprende. De ahí la proliferación de «todólogos», expertos en absolutamente cualquier campo de la ciencia por igual; a fin de cuentas, no es necesario ningún conocimiento para argumentar con las tripas en lugar de con la cabeza. El que grita más fuerte y obtiene un mayor apoyo a base de proclamas e invectivas inflamatorias consigue el crédito y asienta las bases de una verdad tan transitoria como la duración del eco de sus palabras.

La imagen de marca[18] es una construcción propia o ajena que identifica al generador o distribuidor de un producto. Hay imágenes de los perfiles de Facebook o de Twitter que se relacionan de forma unívoca con sus propietarios. Igualmente, el tupé de Donald Trump o el signo de la ceja del expresidente José Luis Rodríguez Zapatero no solo se asocian siempre con la persona, sino que les acercan de alguna manera al público haciéndoles parecer menos distantes.

No es necesario que sea un logotipo (como el que utilizo yo mismo desde hace años), sino que puede ser una coletilla concreta que se emplea en cada una de las comunicaciones que se hace.[19] Igual que la imagen de una marca comercial, la marca personal se asocia con una cierta forma de pensar, con una ideología, con un estilo propio. Hace que no se cuestione el contenido porque el continente, el mensajero, está por encima de toda sospecha. El refuerzo es, además, recíproco y cada nueva acción fortalece el valor del mensajero como marca.

Si en el mundo físico podemos operar relativamente sin exponer nuestra imagen en público —de una forma casi anónima—, en un mundo virtual —donde lo único que existe es la información propiamente dicha— la falta de datos equivale a la inexistencia de la persona o de la entidad. Nuestros avatares, los que nos representan en la Internet, son la expresión de nosotros mismos en la Red, en ellos dejamos nuestra firma y nuestra imagen de marca personal. Avatares son nuestra dirección de correo electrónico, nuestro alias de una red social (como @AngelGdeAgreda) o nuestro perfil. Cada uno de ellos es mucho más que una tarjeta de visita: también es una ventana por la que el mundo nos identifica y nos relaciona con los demás.

Puede saberse más de una persona por lo que dice de sí mismo —y por lo que otros dicen de uno— en las redes sociales y en los motores de búsqueda que conociendo a esa persona físicamente. Sobre todo, si seguimos siendo tan descuidados con el aspecto de nuestros perfiles digitales. ¿No nos vestimos cada mañana en función de la impresión que queremos que el mundo tenga de nosotros? ¿No cuidamos el lenguaje no verbal que empleamos al dirigirnos a nuestros conciudadanos? ¿Por qué no «vestimos» nuestros yoes digitales con el mismo esmero que nuestros cuerpos cuando, al fin y al cabo, están transmitiendo también una imagen sobre nosotros? ¿Por qué relajamos el mensaje o dejamos de ser cuidadosos con las formas solo porque no estemos viendo u oyendo directamente a nuestro interlocutor?

En Estados Unidos, la suplantación de identidad es un delito mucho más extendido que en Europa. Y mucho más entendido también. En muchas ocasiones nuestra preocupación se centra en evitar que puedan acceder a nuestra cuenta corriente o a nuestra tarjeta de crédito, cuando lo verdaderamente inquietante está en nuestros registros médicos, en la información de nuestras familias o en la posibilidad de que alguien actúe en nuestro nombre sin nuestro conocimiento.

La actriz Demi Moore fue víctima de un robo de identidad a principios de 2018. El ladrón se hizo pasar por ella para informar de la pérdida de su tarjeta de crédito y solicitar el envío de otra nueva, que interceptó antes de que llegase al poder de Moore, quien, por otro lado, no tenía siquiera conocimiento de haberla solicitado. Una vez en su poder, el suplantador se dedicó a realizar compras con la tarjeta hasta que, posteriormente, fue localizado y arrestado por la policía.

Más allá de los riesgos económicos, la amenaza se traslada al ámbito de nuestra vida política y social. Igual está ocurriendo con los ataques de *ransomware*, aquellos en los que encriptan el contenido del ordenador o el ordenador mismo hasta que se paga un rescate por él (como el famoso WannaCry). Algunos ataques ya no se limitan a pedir dinero en forma de *bitcoins* u otras criptomonedas, sino que solicitan actuaciones políticas o declaraciones institucionales a cambio de devolvernos nuestros datos. Al parecer, algún Gobierno de Oriente Medio ya se ha visto afectado por este nuevo tipo de ataque (nuevo en cuanto a la finalidad perseguida, no a la técnica empleada). Cabe recordar que, en 2017, la crisis desatada en el golfo Pérsico/Arábigo entre Qatar y otros países de la región tuvo su origen en unas declaraciones políticas que su presunto autor, el emir catarí Tamim bin Hamad bin Khalifa Al Thani, negaba que hubieran existido nunca y que se atribuyeron a un pirateo informático contra su país.

Los avances en la edición de imágenes, vídeo y audio van a competir con las técnicas para discernir la autenticidad de los mismos a la hora de efectuar pruebas periciales. Sin embargo, para la generación de simples impresiones o sensaciones, algunos de los programas de *deep fakes*, de manipulación de alta calidad, ya son capaces de engañar a cualquiera sobre la autoría de unas declaraciones (como alegan fue el caso de la agencia oficial de noticias catarí QNA).

El robo de nuestra identidad digital no se percibe todavía como una tragedia. Después de todo, se asocia al robo de un perfil de una red social o de una cuenta de WhatsApp. Sin embargo, también tiene que ver con nuestra personificación ante el banco o ante Hacienda. Y, cada vez más, dará acceso a toda nuestra vida.

Uno de los relatos del escritor estadounidense de ciencia ficción Philip K. Dick, *Podemos recordarlo todo por usted* (1966), sirvió de inspiración para la película *Desafío total* (Paul Verhoeven, 1990), que protagonizaron Arnold Schwarzenegger y Sharon Stone. Más allá de los mamporros, las persecuciones en Marte y los efectos especiales cuando los protagonistas se exponen a la atmósfera marciana, el argumento gira en torno a un personaje —encarnado por el antiguo Míster Universo— que no sabe si sus recuerdos son propios o le han sido implantados por una empresa experta en esos temas. El paralelismo quizá no sea evidente desde el principio, pero la adulteración de la identidad digital supone la de los datos disponibles sobre una persona. El alcance universal del ciberespacio podría permitir acceder y manipular el registro completo de una persona.

Ver para no creer

Las técnicas de ingeniería social, como la empleada contra el almirante Stavridis, están al alcance de cualquiera con la suficiente imaginación como para diseñarla. Pero hay otros ataques contra la identidad y la imagen personal que simplemente se adelantan a la usurpación, como el de la cuenta en Twitter del presidente Trump (@RealDonaldTrump), o bien aprovechan la similitud en los nombres. Por ejemplo, en un enlace, es casi imposible para el usuario distinguir entre *Angel.com* y *AngeI.com,* aunque este último incluya una *i* mayúscula, y no una *l* minúscula como en el caso anterior, una pequeña diferencia que cambia totalmente el significado para la máquina. Esta técnica la emplean los atacantes para desviar la navegación de la víctima hacia una página infectada previamente por ellos, denominada *waterhole,* en la que se implanta un virus y se espera a que alguien la visite y se infecte solo. Disfrazar el nombre de la página para que parezca la de un sitio legítimo favorece la probabilidad de que se den estas visitas, e incluir directamente el enlace en un correo electrónico o un mensaje de WhatsApp facilita la elección del objetivo.

Las técnicas de ingeniería social como las descritas hacen que uno termine por desconfiar de todo y de todos. Al menos, de aquello que no puede ver o tocar directamente. Se acaba por desconfiar de lo que nos dicen que alguien ha dicho o a poner en cuarentena quién ha llevado a cabo una acción concreta. Desgraciadamente, la aplicación de la inteligencia artificial a la edición de audios y vídeos está haciendo más difícil de creer incluso aquello que oímos y vemos por nosotros mismos.

Las aplicaciones de *software* que nos permiten manipular las grabaciones y los audios se cuentan por docenas, si no por centenares. Los algoritmos son capaces de imitar la voz de una persona hasta hacerla indistinguible del original y, a partir de ahí, lo único que debe hacer el agresor es dictarle a la aplicación aquello que quiere poner en boca de un tercero. Mucho más lejos llegan los últimos desarrollos en la edición de vídeo, que permiten incorporar un discurso propio en la voz y los gestos de otra persona. Por ejemplo, las demostraciones de *deep fakes* hechas sobre la base de un discurso de Barack Obama durante su mandato hacen decir al expresidente frases que nunca salieron de su boca.[20] El realismo con el que se lleva a cabo la manipulación incluso puede conseguir que el movimiento de los músculos de la cara se sincronice con el discurso, sea lo que sea lo que le queramos hacer decir.[21]

Apenas un par de años después, la evolución de estas técnicas había llevado a la imposibilidad de distinguir a simple vista lo real de lo virtual. El vídeo «alternativo» de felicitación navideña de la Su Graciosa Majestad que confeccionó el Channel 4 británico era, efectivamente, realmente gracioso (<https://www.youtube.com/watch?v=IvY-Abd2FfM&pp=0gcJCdgAo7VqN5tD>). También tenía un grado de realismo tal que los últimos segundos de la grabación se dedican a demostrar fehacientemente que se trata de una sátira y no de una crítica o de un intento de hacer pasar por real una ficción cinematográfica.

La aplicación de estas tecnologías a vídeos en tiempo real podría facilitar el que una conversación por videoconferencia, en la que estamos viendo la cara de nuestro interlocutor, se convirtiese en una farsa en la que él o ella no son quienes creemos por mucho que el rostro, los gestos y la voz sí lo sean. Una reunión de trabajo en la cual uno de los puestos haya sido hackeado con esta técnica podría derivar en que las instrucciones recibidas «de la misma boca» del jefe fueran, en realidad, una artimaña de la competencia para degradar nuestra operación o para obtener información sobre la compañía.

De hecho, el excelente resultado que han conseguido algunos *chatbots*,[22] robots que mantienen conversaciones en lenguaje perfectamente natural consiguiendo empatizar con el interlocutor, hace pensar que no será siquiera necesario que alguien esté dictando el discurso que el siguiente «presidente Obama» parezca comentar. Habrá que empezar a pensar en diseñar medidas adicionales para verificar la identidad de la persona con la que creemos estar hablando cara a cara.

Ya se han producido fraudes en los que la víctima resultó ser la única persona real en toda una conversación online. El resto de los personajes eran ficciones recreadas virtualmente de forma muy realista para encarnar a sus compañeros de trabajo y a sus jefes. El resultado le costó millones a la empresa afectada.

Recién pintado

Un banco del parque puede permanecer libre durante un tiempo indefinido, sin que nadie se siente en él, mientras tenga un cartel que anuncie que está recién pintado... y el estado de la pintura no lo desmienta. Las preguntas contestadas con un «como siempre se ha hecho» o «como siempre ha sido» son comparables a esos bancos. Sin embargo, el viento procedente del ciberespacio está haciendo que muchos de esos carteles salgan volando. Hoy en día, más gente hace preguntas y más gente se atreve a contestarlas desde la aparente —y engañosa— seguridad que da estar detrás de una pantalla.

El Estado no es ya omnipotente respecto del individuo. Cada vez se le exige una mayor transparencia como consecuencia de la mayor información a que está habituado el ciudadano. De ahí la necesidad de alimentar los noticiarios y de controlar el relato. La corrupción, cuando se ve, deslegitima el sistema y le resta capacidad para actuar a los ojos del pueblo. Y en el entorno digital en que vivimos, los datos están mucho más a la vista. Hoy la población está habituada a recibir información sobre todos los aspectos que le interesan en, prácticamente, tiempo real. La política no puede sustraerse a esta tendencia ni a los efectos sociales que trae asociados.

En un mundo hiperconectado, la intermediación del Estado, la esencia misma de la democracia representativa —en la que se cede a los partidos o a los representantes electos la responsabilidad de cumplir los deseos del pueblo—, es uno de los aspectos que comienza a cuestionarse. Ocurre algo similar con todos los intermediarios, cuyas costuras se abren ante la flexibilidad que otorga el alcance universal de las redes sociales. Nadie está dispuesto a soportar que una empresa o un servicio encarezca su producto sin añadir más valor al mismo. Algunos lo están sintiendo ya, otros —como Uber o Airbnb, por ejemplo— probablemente lo sentirán más adelante. Haber nacido en la era digital aprovechando sus tecnologías no presupone que el modelo de negocio no sea susceptible de ser todavía más distribuido y colaborativo.

Al igual que la prensa debe reinventarse para aportar valor a su papel más allá de la recopilación de noticias —tarea que llevan a cabo con más éxito ciertas plataformas, como las redes sociales o las de carácter colaborativo—, también los bancos deberán aportar un valor más allá del de ser una cadena de transmisión entre el dinero que unos depositan y que otros toman prestado. Es la misma situación en que pueden quedar el Estado y, mucho más, los partidos políticos como intermediadores entre la voluntad del ciudadano y los instrumentos para llevarla a término.

Todas estas instituciones no desaparecerán necesariamente. Pero sí tendrán que evolucionar para buscar un nuevo papel que las siga haciendo relevantes. De otro modo, podrían terminar convirtiéndose en meros instrumentos a través de los cuales se canaliza la acción de terceros. En representantes de los verdaderos poderes en determinados círculos. En proxys sin más función que la de hacer de relés y cargar con la responsabilidad de decisiones equivocadas o impopulares.

El simple hecho de que el Ministerio de Asuntos Exteriores alemán tuviera que crear una página web para desmentir supuestas noticias relativas a los derechos que los migrantes y refugiados tendrían al llegar a suelo germano da una medida del grado de simetría que se ha alcanzado en la difusión de la información por Internet.[23] Cualquier persona o grupo puede lanzar un mensaje desestabilizador contra cualquiera. Los mensajes sobre temas delicados dominan el relato arrimando el ascua a su sardina mediática.

El algoritmo populista

Un mensaje puede crear una conciencia social —justificada o no— sobre un tema, polarizarlo y centrar en torno a él buena parte del discurso político (si no todo) de una formación política. Es lo que algunos han denominado «algoritmo populista». Sucede cuando hasta los desmentidos y los comentarios conciliadores sobre tuits y posts en las redes sociales terminan por seguir engordando la bola de nieve que ha creado el adversario. La Red tiende a diseminar lo hiriente, lo sarcástico, lo hilarante, y cualquier intento serio o racional de contrarrestar esa narrativa no hace sino difundirla, dispersarla a los cuatro vientos y llevarla hasta audiencias a las que no habría llegado nunca. Es el tachón que atrae la atención sobre el texto desechado; el borrón o la mancha que monopoliza las miradas tanto más cuanto más perfecto sea el resto del cuadro; el *Ecce Homo* de Borja que viraliza lo grotesco cuando el arte subyacente había pasado básicamente desapercibido.[24]

Un partido radical opuesto a la inmigración, Alternativa por Alemania (AfD), empleó esta táctica apoyándose en la popularidad del extenista Boris Becker. La alusión con un término bastante grosero al carácter mulato de uno de los hijos de Becker en un tuit —escrito por el juez Jens Maier, candidato de la AfD, en los primeros días de 2018— garantizaba la difusión del relato. En casos así, al emisor no le importa si el comentario resulta ofensivo para una parte importante de la población y, desde luego, para el propio interesado, porque el público objetivo es otro.

La segmentación es imposible y, además, no es deseable. Maier quiere aparecer como abiertamente hostil a la inmigración ante sus votantes y, para eso, tiene que exponerse en un medio con alcance universal. El medio condiciona de alguna manera la coherencia del discurso. Por eso, precisamente, se ha terminado de perder esta última. Se puede decir una cosa y la contraria en cualquier momento si se buscan objetivos distintos. Poco importa que alguien lo desmienta o denuncie una contradicción. Para evidenciar las contradicciones en las que incurren las personas públicas, en España existen, por ejemplo, herramientas como Maldita Hemeroteca (www.maldita.es), con un elocuente subtítulo: «Periodismo para que no te la cuelen». Según los responsables de este proyecto, «monitorizan el discurso político y las informaciones que circulan en redes sociales y analizan el mensaje aplicando técnicas del periodismo de datos para su verificación».[25]

La gran promesa de individualización, de distribución de la influencia política y del poder, de democracia universal que traía la Internet en sus comienzos se ha diluido como un azucarillo a raíz de una aproximación naíf y determinista de su recorrido. Parecía imposible que un instrumento así pudiera utilizarse para algo que no fuera la descentralización y, sin embargo, alguien —mejor dicho, todos— olvidó que la principal fuerza motora del mundo es el amor... al dinero. La falta de un instrumento para la monetización distribuida de los datos puso en bandeja de plata su aprovechamiento por las compañías de generación de contenidos y las plataformas.

Dicho de otra manera, como explica el filósofo californiano Jaron Lanier en una entrevista, ha habido básicamente cuatro opciones a la hora de aprovechar las oportunidades que ofrecen las redes para el desarrollo de negocio.[26] En primer lugar, los proyectos colaborativos de particulares o grupos de particulares que se basaron en la capacidad para generar ingresos distribuidos gracias al mayor alcance del ciberespacio y a su función creadora o aglutinadora de comunidades. En segundo, proyectos colaborativos como Wikipedia, que hicieron acopio del talento —y el tiempo— de millones de personas para crear bienes comunes. El tercer modelo de negocio corresponde a compañías que reinventaron un negocio tradicional para crear productos personalizados y distribuirlos a través de plataformas de pago, como Netflix, HBO y otras. Finalmente, de forma no excluyente respecto a las otras modalidades, aquellas compañías que ofrecieron algún aliciente —en forma de juegos *online*, redes sociales, etcétera— con el fin de atraer usuarios y minar sus datos para uso propio o bien para vendérselos a terceros.

No se puede negar hoy que Wikipedia ha cambiado el mundo. Algunos gobiernos tienen personal dedicado permanentemente a rectificar la información relativa a temas de interés estratégico para ellos que aparece en esta web. Un personal cuyo trabajo consiste en asegurarse de que la narrativa de la página en inglés de la enciclopedia digital dedicada, por ejemplo, a Gibraltar refleja la posición, pongamos británica, sobre este tema en particular. ¿A quién vas a consultar cuando acaban de nombrarte miembro de la embajada en España de un remoto país sobre la cuestión de la soberanía del Peñón? Obviamente, la primera opción —ya se encarga Google de que así sea— será Wikipedia. Y la primera idea que tendrás sobre la Roca será la que allí esté contenida.

Las compañías que han reinventado sectores completos de la economía también están cambiando el mundo. Esa parte del mundo, al menos. Pero las que han acumulado los datos de todos los aspectos de todas nuestras vidas son las que tienen el potencial de cambiar todas las aristas y los ángulos del futuro. Esas son las que suponen un reto para la autoridad del Estado, acostumbrado además a lidiar únicamente con otros Estados o, en los últimos años, con grupos organizados de carácter criminal o terrorista.

La respuesta de los Estados ha sido tardía, pero amenaza con ser contundente. La alternativa parece ser cooptar a las empresas —es decir, participar en la elección de sus miembros— o acabar convirtiéndose en administrativos externos de estas. La regulación, como en el caso de Microsoft en su día, podría integrarlas en los mercados de una forma más convencional, y eliminar su carácter disruptor y potencialmente monopolístico.

Valores mutables

Cuando se conocen bien otras culturas, cuando una persona se mezcla realmente con la población de tradiciones diferentes, resulta llamativo cuán distintos pueden llegar a ser algunos valores que en la cultura propia se consideran universales.

En este sentido, alguien me contaba la diferencia fundamental en el sentido del tiempo que tienen algunas culturas africanas y sudamericanas. En ellas, el tiempo solo transcurre para el sujeto cuando está llevando a cabo alguna actividad. Si la persona está sentada, dormitando a la sombra sin pensar en nada, no está perdiendo el tiempo. Simplemente se encuentra en una transición entre actividades. La tiranía a la que el reloj nos somete a los occidentales resulta absolutamente ajena a ellos. Lo importante es qué se hace y no cuándo se hace.

No cabe esperar de alguien que vive en una aldea del Sahel que concierte una cita a una hora concreta de un día determinado. Y mucho menos que, si esa cita llega a concertarse, acuda puntual a ella. O que vaya a acudir, simplemente. El tiempo y las prisas son un concepto occidental. Es más, son un concepto básicamente urbano. No es mi experiencia personal, pues me muevo habitualmente entre militares, pero en Brasil puede hasta considerarse una falta de etiqueta presentarse a una cita a la hora convenida.

La globalización pretende, en aras de la simplificación de los mercados, unificar el discurso para todo el mundo. De hecho, la aproximación que hacen las grandes empresas digitales estadounidense suele ser la de introducir sus paquetes de aplicaciones en los distintos mercados regionales tal y como son en el original, manteniendo incluso el nombre del producto de forma idéntica en todas partes. De este modo, Amazon se presenta con ese nombre y con las mismas características en Estados Unidos, Europa y el Sudeste Asiático. Se espera que sea el público el que adapte sus expectativas al producto ofertado a través de una campaña de márketing que cree un mercado para la oferta, en lugar de adaptar la oferta a la demanda social.

Los gigantes chinos, sin embargo, exportan únicamente el modelo de negocio, pero lo reproducen sobre empresas y productos ya asentados en cada uno de los países en los que se expanden. Así, el consorcio Alibaba opera bajo siglas distintas en casi todos los países donde está implantado, quizá para evitar las reticencias que podría crear en la India, por ejemplo, la cuota de mercado conseguida por una compañía de la potencia regional rival.

Sea como fuere, en esta política también tiene que ver el deseo de empatizar con la idiosincrasia concreta de cada comunidad. Probablemente, no se haga con el objetivo de resultar más respetuoso con la cultura local, sino con el afán de resultar más cercano y atractivo para la inversión y para el público objetivo. Si no es fácil vender el mismo producto a distintos clientes, mucho menos lo es hacerlo con el mismo discurso.

Las emociones y lo socialmente aceptable son distintos en cada país o región. La simple traducción de un texto a otra lengua no lo convierte en un discurso asumible por la población de esa zona. Este problema se reproduce en numerosas ocasiones en el mundo global del siglo XXI. Aparece en los mensajes de *phishing*, con los que pretenden engatusarnos para que ayudemos a un familiar que ha perdido el móvil en un país remoto o bien para que hagamos una donación a un grupo inexistente, y suele ser la forma más sencilla de identificar un mensaje falso. Surge también en los mensajes publicitarios o propagandísticos que apelan a sentimientos o emociones propias de una zona concreta, pero ajenas al resto del mundo.

Y, desde luego, esta falta de coherencia es especialmente importante cuando se pretenden efectuar labores de inteligencia o espionaje. Hablar la lengua correctamente es la mejor —si no la única— forma de comprender una cultura. Una simple traducción, por precisa que sea, mantendrá sesgos similares a los del lenguaje no verbal que delatarán al intruso. Alisa (Алиса), el equivalente ruso a Siri en el mundo de los asistentes virtuales basados en la inteligencia artificial, desarrolla una forma de ser que suele llamarse «socialismo emocional». Propio de la forma rusa de ver el mundo, está muy alejado de los cánones buenistas y políticamente correctos de Occidente. A una conversación en la que indiquemos que nos encontramos solos, Alisa contestará con un austero «Nadie dijo que la vida fuese divertida», mientras que Siri lo haría con un mucho más empalagoso «Ojalá tuviera brazos para poder abrazarte». Ninguna de las dos versiones tendría una buena acogida en el otro país.[27]

La ética, incluida la que se programa en las máquinas, depende grandemente de la cultura del programador y del público objetivo. XiaoBing («pequeño hielo», en chino, por lo que también se conoce como XiaoIce), es un ejemplo de ello. Diseñada por Microsoft para ejecutarla sobre WeChat, la aplicación de mensajería instantánea de Tencent, XiaoBing se ha convertido en una compañera inseparable para millones de hombres, muy al estilo del sistema operativo del que se enamora el protagonista de la película *Her* (Spike Jonze, 2013). Los usuarios se conectan con ella más de dos veces diarias, ya sea para tener conversaciones virtuales o bien, si le envían una fotografía, para que la inteligencia artificial de XiaoBing, programada para emular a una muchacha china de dieciséis años de edad, les elabore una poesía sobre la imagen.

La evolución del proyecto se puede observar en la del personaje. La imagen de la adolescente se ha vuelto cada vez más estimulante visualmente para los millones de personas que, cada día, aspiran a que la conversación vaya más allá de la poesía romántica.

Mucho más interesante es el proyecto Sherpa, que pretende llegar a conocer a sus usuarios de tal modo que pueda adelantarse a sus deseos en cada momento.[28] Diseñado, según su fundador Xabi Uribe-Etxebarria, con la seguridad en mente y cumpliendo los estándares legales más exigentes, puede ser la versión amable de fantasías distópicas como la que muestra el episodio «Navidades blancas» de la serie *Black Mirror.*

Los mismos valores occidentales tampoco son inmutables. Uno particularmente relevante en nuestro tiempo y en los que vendrán, la privacidad, tampoco es una constante en Occidente, ni mucho menos. Basta con observar la forma en la que se vivía no hace tanto tiempo en muchos hogares. En una misma habitación, a menudo de modestas dimensiones, toda la familia —en sentido amplio, además— compartía comida, sueño e, incluso, sexo a la vista de todos los demás. La privacidad era algo propio de la nobleza, de los señores en los castillos que podían disponer de una estancia separada a la que retirarse.

Supongo que eso fue lo que la convirtió en un objeto de deseo, en una aspiración por parte de los demás que, sin sentir la necesidad de mantener una vida privada, observaban cómo los más pudientes disfrutaban de ella y, por tanto, la acabaron incorporando a su forma de entender el estatus social. Nada muy distinto de otras necesidades que nos creamos a nosotros mismos en muchas ocasiones.

Mi experiencia en Afganistán durante la Operación Libertad Duradera, una misión de la OTAN, me hizo aprender muchas cosas profesionalmente y no menos en el aspecto personal. Una de ellas tiene que ver con la percepción de necesidades que nos acabamos creando nosotros mismos y cómo la realidad es muy distinta de lo que estimamos. En aquellos seis meses, mi alojamiento era un contenedor de 22 m^2 en el que estaba incluido el baño. Para la mayor parte del contingente, además, esa misma habitación alojaba entre dos y cuatro personas. El caso es que en aquel contenedor estaba lo que necesitaba, todo lo que utilicé en aquellos seis meses en los que llegué a considerar que mi vida era razonablemente confortable.

En cualquier casa de España, 22 m^2 viene a ser la superficie de un salón. Y, sin embargo, a mí me sobraba espacio y me hacía sentir un privilegiado respecto a muchos de mis compañeros. Y más si me comparaba con la mayoría de los afganos que vivían al otro lado del merlón de protección de la base. «Empezamos por codiciar lo que vemos cada día», decía el doctor Hannibal Lecter a Clarice en la magistral película *El silencio de los corderos* (Jonathan Demme, 1991).

La comparación es lo que nos hace desear. Es la base del *efecto llamada* que Europa o Estados Unidos ejercen sobre quienes sienten el impulso de emigrar de sus países para disfrutar de los placeres del paraíso del primer mundo. En la década de 1980, algunos lo llamaron *efecto Falcon Crest*, cuando esta famosa serie de televisión en la que se visualizaba la vida de una familia de ricos viticultores californianos se convirtió en una de las de mayor audiencia en la ribera sur del Mediterráneo, muchos de cuyos habitantes llegaron a pensar que esa era la vida que les esperaba si conseguían cruzar las pocas millas de mar que los separaban de Europa.

A menudo, fiamos nuestra felicidad a las cosas a las que aspiramos: un puesto social, una carrera profesional, el afecto de una persona o un grupo... No tienen que ser bienes materiales, pero sí son objetivos concretos. Y nuestro anhelo puede ser explotado por otros para hacernos seguir un *cursus honorum* del que ellos se benefician más que nosotros mismos. Se codicia lo que se ve. Y, en ocasiones, se confunde el objeto codiciado con la felicidad que se espera obtener de su posesión. En ese juego de confusiones volvemos a mezclar realidad y percepción de la realidad persiguiendo sombras, como en la cueva de Platón. No necesitamos grandes cosas para ser felices.

Tras esta digresión, volvamos a los valores. En la actualidad, difieren en buena medida entre las dos orillas del Mediterráneo y, quizá cada vez más, también entre las del Atlántico. Sin embargo, más que una separación espacial entre los lugares donde están vigentes, lo que existe es un desfase temporal entre esos valores. Los que han dejado de ser tenidos por fundamentales o importantes en una región continúan siéndolo en otra, al igual que la privacidad no era importante en la Edad Media en Europa y ahora se tiene por un derecho absolutamente esencial (por mucho que los hechos contradigan las declaraciones que los ciudadanos hacemos al respecto).

Dos generaciones, dos formas de vivir y pensar

Los valores están muy relacionados con nuestra percepción de la realidad. Son más el fruto de la psique colectiva y del momento histórico en el que se producen que una elección individual. Hoy en día estamos, en palabras del papa Francisco, en un cambio de era, más que en una era de cambio. Y en ese cambio influye mucho la forma en que se emiten, transmiten y reciben las percepciones de la realidad. En estas primeras décadas del siglo XXI, todas esas funciones suelen tener lugar en el espacio digital.

Lo digital nos ha cambiado. No a todos, ni a todos igual. Pero lo ha hecho. El salto generacional que siempre se ha percibido entre padres e hijos es ahora una brecha cultural y de valores. Vivimos una mezcla de generaciones como nunca antes, porque la velocidad del cambio que se produce avanza al ritmo del mundo digital, a ritmo exponencial. Por tanto, las generaciones con valores homogéneos se comprimen en menos tiempo y se superponen visiones del mundo distintas.

Los dos modelos fundamentales que conviven en este momento tienen un paralelismo, curiosamente, con el mundo del ocio. Hace unos años las llamé *generación Game Over* y *generación Play Again.*

A todos aquellos españoles cuya infancia transcurrió en los años sesenta, setenta y ochenta del siglo pasado les resultará familiar la estampa de llegar a casa el viernes desde el colegio y recibir (o no) la «paga» semanal. Normalmente era una ceremonia casi solemne en la que la madre o el padre hacían un rápido examen de lo ocurrido durante la semana. Una especie de juicio final doméstico que se repetía cada siete días. Si el resultado era que los méritos aventajaban a los despropósitos, alcanzaba el monedero y recibías un duro —cinco pesetas, equivalentes a tres céntimos de euro— como recompensa a tu semana de «portarte bien» y estudiar mucho. Pasado el tiempo, es verdad, esa paga ascendió a cinco duros —25 pesetas, 15 céntimos de euro—, pero únicamente por efectos de la inflación que sufríamos entonces.

El siguiente paso era quedar con los amigos. La pandilla constituía el centro de la actividad social y no tenía sentido disfrutar en solitario de la paga. Incluso si era para comprar unas golosinas o un sobre de soldados de juguete, todas las actividades tenían como testigos a los amigos del barrio. Lo habitual era haber quedado de antemano, cara a cara. Los móviles y la tarifa plana no llegaron hasta mucho después y, además, el teléfono solía estar ocupado por tu hermana mayor.

Reunidos los cuatro o cinco colegas en la plaza con un margen de cinco o diez minutos de diferencia, en un proceso incomprensible para los que han crecido pensando que esas cosas no se pueden organizar sin WhatsApp, el destino final era casi siempre el futbolín. Bueno, quizá las máquinas de marcianos. Pero esas ya eran otro cantar. Una vez en el terreno de juego, y tras esperar a que terminasen «los mayores», llegaba el momento de invertir el esfuerzo semanal. Al primer duro respondía el futbolín con cinco bolas, una por peseta. Contemplabas aquellas esferas y te embargaban varias sensaciones, desde la satisfacción de tenerlas a tu disposición al vértigo de saber que ahí estaba todo tu capital semanal.

Había que aprovechar al máximo la partida. ¿Quién no ha tapado porterías o prohibido tácticas ofensivas difíciles de parar como «la rosca»? Se trataba de «estirar el duro», algo no muy distinto a lo que hacían las amas de casa con lo que tenían para darnos de comer cuando buscaban engañar nuestra hambre juvenil con mucha patata y frases como «cuando seas padre comerás huevo» o «con la sopa no se come pan», un precepto que ahorraba un buen pellizco a la barra.

Lo cierto es que la escasez incentivaba nuestra destreza en la gestión. Nuestra paciencia se veía fortalecida por el simple hecho de tener que esperar una semana entre pagas y a que terminasen los mayores para jugar. Se cultivaban valores sociales y habilidades manuales para conseguir maximizar el disfrute y se valoraban o despreciaban principios en función de la experiencia esperada o conseguida. La forma de vida de todos aquellos niños que jugábamos al futbolín, a cuya generación denomino Game Over, implicaba el desarrollo de valores como la paciencia y la excelencia.

Luego, el mundo cambió. Ahora, cuando voy al trabajo en el metro, veo a la práctica totalidad de los viajeros con la cabeza gacha sobre sus *e-books*, sus *tablets* o sus *smartphones*. En algunos casos, están jugando también una partida como las mías de futbolín, pero en un espacio virtual. Sin embargo, este proceso poco o nada tiene que ver con el de treinta años atrás. Hoy, el único límite es la duración de la batería. Por lo demás, se trata de buscar en tu bolsillo o en tu bolso, sacar el móvil y empezar una partida. De hecho, si esta no va bien desde el principio, si no hay perspectivas de batir un récord o pasar de pantalla, se comienza otra sin más.

Para la generación Play Again, los valores son distintos. La inmediatez, la interactividad, la flexibilidad son principios que rigen su mundo. Algunos afirman incluso que la existencia de vidas ilimitadas conlleva una falta de compromiso, de voluntad de hacer las cosas bien a la primera, ya que existen infinitas oportunidades para hacerlo. Lejos quedan los tiempos en que cada bola de la «máquina del millón» que se colaba era una tragedia. La inexistencia de límites en cuanto a las oportunidades existentes genera una falta de tolerancia por la frustración, a la que muchos no se acostumbran, y de autocrítica.[29]

La atención y el tiempo que esta se mantiene activa también varían, al igual que lo hace la constancia. Del mismo modo que la banalización de la violencia en el cine —y, aún más, en los videojuegos— se traslada a las calles y a la vida real, la oportunidad de «resetear» la vida cada vez que algo va mal no incentiva precisamente la responsabilidad y el compromiso.

De alguna manera, los jóvenes Play Again virtualizan el mundo físico y se ven a sí mismos como avatares de ese mundo de vidas y oportunidades infinitas, en el que el tiempo no es importante porque siempre se puede volver a poner el reloj a cero, volver a empezar. Trivializan el peligro para quejarse amargamente cuando se «acaban las vidas». No hay prisa para nada porque no van a ninguna parte. La moda del *balconing*—saltar entre los balcones de un hotel o desde estos a la piscina— ilustra esa idea de la creencia en que los errores se pueden borrar y es posible seguir probando algo hasta que salga bien.

No son generaciones mejores la una que la otra, pero sí son radicalmente distintas. Los ritmos, las capacidades de adaptación a los cambios, los valores mismos en los que se basan lo son. Y ambas están conviviendo en el mismo mundo y en el mismo instante. Es más, conviven en buena medida en cada uno de nosotros creando una disfunción que origina dificultades en nuestra vida relacional y en las propias expectativas que nos imponemos.

Inmediatez y superficialidad

De todas las características que incorpora el mundo digital respecto de los medios de comunicación tradicionales, quizá sea la interactividad la más importante. A la espera de versiones comerciales de las videoconferencias tridimensionales o con hologramas, la posibilidad de interactuar en tiempo real con el público, incluso de manera individualizada, supone un avance realmente notable en cuanto a la capacidad de influencia de estos medios.

De hecho, la prensa digital incorpora desde hace ya tiempo algunas características que pretenden hacer uso de tal interactividad. Una de las herramientas que utiliza es la introducción de cuadros de diálogo en los que se pueden comentar las noticias o los editoriales, que, en un principio, estaban concebidos como un mensaje que discurría por un canal unidireccional. El editor o el autor del artículo exponía su mensaje y no cabía réplica directa ni interacción con él. La noticia —y, lo que es peor, la opinión— seguía perteneciendo a su autor tanto de forma legal como en la mente del lector. Es decir, igual que lo apropiado es citar la fuente de la que se obtiene la información o la opinión, también se mantiene una distancia emocional respecto de esta. El contenido es siempre algo con lo que se concuerda o de lo que se discrepa desde la distancia del espectador.

Sin embargo, la posibilidad de comentar la noticia o el editorial los acerca tremendamente al lector. Si se cree firmemente en lo que afirma el autor —o se termina convencido de la bondad del discurso— se puede concurrir con él enviando un mensaje de asentimiento o de apoyo. Si se discrepa, también se puede expresar la falta de acuerdo e, incluso, entablar una conversación con el autor sobre los puntos de discordia.

Esta interactividad, comparable a la que se puede mantener en una conversación o en una mesa redonda, permite al lector —igual que al oyente— apropiarse de una parte del discurso. La idea expuesta y comentada ya no pertenece exclusivamente a su autor original, sino que pasa a ser algo en lo que, por discutido o debatido, han participado dos partes. El oyente o lector inicial se convierte en copartícipe y, al menos en su ego, en coautor de la idea. Ese mismo ego y una memoria selectiva terminan por hacer desaparecer al autor inicial para conseguir que el oyente se identifique con la idea como si fuera propia. Es más, hace que la defienda con la fe del converso, con mucho más ahínco que si fuera ocurrencia suya.

Llevada a las redes sociales, esa misma interactividad se convierte en un aquelarre de autoafirmación en el que se satisface la necesidad de sentirse miembro de un grupo. Incluso un miembro respetado y relevante. Las redes tienden a conformar grupos homogéneos en cuanto a las ideas sobre un determinado aspecto. La interacción entre sus integrantes es cómoda, desde el momento en que los intereses y los puntos de vista son similares, y gratificante, porque satisface el «sesgo de confirmación» por el que a todos nos gusta que nos ratifiquen en nuestras ideas anteriores y nos aporten argumentos para confirmarlas.

Esa comodidad, ese sentido de pertenencia, asegura la fidelidad a la red y a la plataforma, objetivo último de la misma. Cualquier red social aspira a la universalidad y a la atención continua. La universalidad la convierte en el universo paralelo de las relaciones de toda la humanidad, en el monopolio de compartición de ideas y de datos. Por tanto, también en el vínculo común de todos los actores, en el escenario en el que se desarrolla la acción y en el lenguaje a través del cual se comunican. Las plataformas de las redes sociales tienen un gran poder sobre los individuos, pero es aún mayor sobre los grupos y las sociedades.

La inmediatez es otra de las características fundamentales del ciberespacio y de nuestro tiempo. El cantante Freddie Mercury, claramente un adelantado a su tiempo, lo anunciaba ya en 1989: «I want it all, and I want it now» («Lo quiero todo y lo quiero ahora»). El sentido del discurrir del tiempo ha cambiado en Occidente. «Ahora» ha pasado a medirse en fracciones de segundo. ¿En qué conversación entre amigos no se termina consultando Google para responder inmediatamente la fecha de nacimiento de tal o cual famoso, la capital de algún país o el año en que se estrenó aquel clásico del que solo recordamos una escena?

Pero la inmediatez da lugar también a la superficialidad. Se busca el dato concreto, sin analizar su contexto; el titular que nos cuente quién ganó la etapa, sin aspirar a entender el esfuerzo sostenido de llegar hasta la meta. Pasamos a movernos en un mundo acrítico de titulares. Políticamente, eso se traduce en el umbral de atención que puede explotar un candidato para convencer a sus votantes. En 1960, John F. Kennedy y Richard Nixon disponían de unos 50 segundos para desarrollar su discurso antes de que la atención del público se desvaneciera. Los políticos de la segunda década del siglo XXI tienen que concentrar todo su mensaje en ¡ocho segundos!, uno menos que la media de los famosamente olvidadizos peces de colores.[30]

Ese tiempo apenas es suficiente para leer el contenido de un tuit. Pero es todo lo que da de sí la atención del espectador actual. Después, hay que cambiar de tema y ofrecer otra píldora narrativa que siga cautivando al oyente. ¿Qué se puede desarrollar en ocho segundos? Prácticamente, nada. «Salvemos a los osos polares» es un mensaje mucho más potente que un estudio detallado del impacto del cambio climático en el Ártico. Sobre todo, si viene acompañado de una fotografía con un ejemplar aferrándose a un solitario témpano, una fotografía cuyo contexto habría que conocer para valorar la realidad, ya que, en muchas ocasiones, estas son editadas para enviar un mensaje más que para contar una historia.

Ese mercadeo con las medias verdades es mucho más sencillo si se satura la capacidad crítica del lector con múltiples informaciones. Especialmente, si son lo bastante irrelevantes como para acostumbrar al auditorio a un tono monocorde en el que poder confundir un mensaje con fundamento o en el que un acorde estridente destaque únicamente por serlo.

El juego político 2.0: hackear las elecciones

Nuestro cerebro está diseñado para extrapolar datos. Cerramos formas geométricas sin terminar, podemos leer textos en los que solo aparece la mitad superior de cada letra… No necesitamos todos los datos para saber cuál es el resultado. Tampoco nos resulta fácil encontrar el dato discrepante y, cuando toda una serie apunta a una conclusión evidente, asumimos que todos los indicios estarán alineados. Unas pocas piezas de un puzle, estratégicamente situadas, nos sirven para que en nuestra imaginación se reconstruya la imagen completa.

No se obtiene la misma información de 5.000 piezas sueltas de un puzle que de 2.000 de ellas ya colocadas en su sitio. La proliferación de empresas dedicadas a controlar los datos —a ordenar las piezas— demuestra que el verdadero valor añadido ha pasado de estar en la posesión de la información a localizarse en la obtención del conocimiento. El cruce de grandes bases de datos, imposible con las tecnologías computacionales hasta hace poco tiempo, otorga una visibilidad sin precedentes de la personalidad completa de cada individuo y de cada comunidad en su conjunto.

Para llegar ahí, no obstante, es fundamental acceder a los datos de los usuarios en diversas plataformas, especialmente en los teléfonos móviles. Algo que hoy se da por asumido. Es increíble la cantidad de información que puede obtenerse solo con conocer la ubicación permanente de una persona. Pero si a esto se añaden datos médicos, físicos —tomados, por ejemplo, de nuestras pulseras de actividad, un dispositivo aparentemente inofensivo que puede convertirse en un espía mucho más real de lo que cabría imaginarse— o de consumo, y se cruzan con las características de la comunidad en su conjunto, se obtiene una imagen del sujeto en cuestión que será, probablemente, más certera que la que tenga él mismo. Con los riesgos y amenazas a su privacidad que supone tal cosa. No hace falta demostrar nada, basta con inferirlo, con deducir razonablemente cuál es la personalidad para basar en ello una campaña, bien sea publicitaria o electoral.

A estas alturas, es más que probable que casi todos seamos conscientes del control que se ejerce —a través no solo de las famosas *cookies*— sobre nuestros historiales de navegación, dirección IP desde la que nos conectamos, ubicación, etcétera. Esa técnica permite extraer conclusiones basadas en la persona que utiliza un determinado dispositivo. Cuando se logra cruzar los datos de utilización de todas las cuentas abiertas en todos los dispositivos pertenecientes a un mismo usuario, la imagen que se obtiene es completamente personal.

Cuando acarreamos nuestra cuenta personal de correo o de las redes sociales de una plataforma a otra (de nuestro ordenador a nuestra *tablet* y a nuestro móvil, por ejemplo), facilitamos la labor de aquellos que acumulan nuestros datos. Pero ¡es tan útil tenerlo todo sincronizado! Incluso resulta útil para el usuario. No hay que olvidar que las plataformas conocen muchas veces nuestros diferentes alias al conectarnos a cada una de ellas, bien porque al darnos de alta tenemos que referenciar alguna otra, bien porque utilizamos la pasarela que nos ofrecen, por ejemplo, Facebook, para acceder a otra aplicación. Para las grandes compañías, por mucho que cambie el nombre de usuario, somos la misma persona. Aunque tomásemos más precauciones, existen técnicas de análisis demográfico que permiten extraer algunas características personales de datos aparentemente impersonales.

Al igual que es probable que, a no mucho tardar, los anuncios que veamos en las vallas publicitarias —suponiendo que siga habiendo soportes físicos— estén personalizados en función de nuestros datos conocidos (cada persona verá algo distinto, que se ajustará a sus gustos o necesidades del momento), tampoco debería extrañarnos que las campañas electorales desarrollen un concepto que ya fue empleado en 2016 tanto en las presidenciales estadounidenses como en las británicas del *brexit*: la propaganda personalizada ajustada al momento concreto, incluso al estado de ánimo o las circunstancias particulares en que se encuentra el potencial votante.

En muchos casos, se trata tan solo de mensajes a modo de globo sonda para comprobar las reacciones a una posible medida antes de que se anuncie oficialmente. O de baterías encubiertas de tests de personalidad que buscan aquilatar la del votante para, estudiando su respuesta a cada mensaje, definir a cuál es más susceptible.

En las elecciones generales británicas de 2017 también se utilizaron estas tecnologías. Los laboristas utilizaron el programa Promote para identificar a votantes potencialmente afines y bombardearlos con mensajes. Un año antes, en el referéndum sobre la permanencia del Reino Unido en la Unión Europea, los partidarios del abandono llegaron a mandar hasta 1.000 millones de mensajes en las redes sociales. Obviamente, de forma automática. Facebook, la más utilizada para estas labores, ha anunciado medidas para protegernos de «las cada vez más amplias amenazas a la democracia».[31] Pero ninguna de ellas tiene relación con estas prácticas.

Así, nada impide que se reciban mensajes contradictorios en distintos momentos generados automáticamente por una inteligencia artificial que tenga en cuenta el momento de la campaña y el nuestro concreto (si hubiera escrito esto hace cinco años, nadie lo habría creído). Ningún candidato va a utilizar, por ejemplo, *deep fakes*, los vídeos o imágenes trucados de alta calidad, en sus campañas. Pero ¡hay tanto entusiasta de uno y otro bando con nula relación con el partido que tiene menos escrúpulos!

No hay duda de que, especialmente en los últimos años, se han producido injerencias de terceros países en las elecciones, referéndums y otras consultas que han tenido lugar en varios países occidentales. Pero también lo es que la principal amenaza a la democracia viene directamente de los ataques que recibe desde dentro del mismo sistema.

En países con democracias solo nominales, en los que se vota pero no se elige realmente, las formas de manipular los resultados son bastante burdas. También ocurrió en 2012 en Ucrania, por ejemplo, donde la tinta de los bolígrafos que había en ciertos colegios electorales para marcar las papeletas se borraba a los pocos minutos, invalidando el voto en regiones con mayorías claras contrarias al Gobierno. Sin embargo, en esos países no está en juego la credibilidad de un sistema democrático en el que nadie cree realmente. La manipulación de las voluntades de los votantes, que no la persuasión, deslegitima los procesos, sea esta puntual o un adoctrinamiento de largo recorrido.

De hecho, un estudio sobre el índice de percepción de la democracia en 2018 concluyó que el desencanto —sobre todo entre los jóvenes— con la democracia es mayor, precisamente, en los sistemas políticos que la aplican.[32] El 64 % de los encuestados en países considerados democráticos se mostraban desilusionados, frente al 41 % de los ciudadanos de otros regímenes políticos. Desde entonces, la calidad democrática se ha degradado significativamente en la mayor parte de los países. 2024 fue un año prolífico en elecciones en todo el mundo, con la mitad de la población mundial acudiendo a votar en ese periodo. Pero la democracia es mucho más que votar y el índice de calidad ha alcanzado ahora su punto más bajo de la serie histórica. En el mundo apenas el 6,6 % de la población mundial vivimos en democracias plenas (algo más de la mitad de la que lo disfrutaba en 2014).

Cuando en 2014 «apoyaron» la logística para la celebración de las presidenciales en Afganistán, los Aliados percibían la diferencia que la participación popular en la toma de decisiones podía suponer en el país, más allá de la esperanza de que el proceso fuese a reflejar realmente la suma de las preferencias individuales de los afganos. El enorme esfuerzo de hacer llegar a cada persona de un Estado en esas circunstancias la opción de expresar una opinión política —yo era el responsable de la logística de la región Oeste— resultó ser una de las experiencias profesionales más valiosas que me traje de allí: la libertad se gana con mucho esfuerzo. En este caso, habrá que volver a esforzarse.

Dejando a un lado la tendencia a ver de forma más negativa lo que nos afecta personalmente, quizás el hecho de que el 56 % de los entrevistados considerase que las noticias que reciben rara vez o nunca son neutrales pueda ser un indicador de cómo percibimos que la única forma de ejercer la libertad es sobre la base de la verdad. Siete mandatarios internacionales, entre ellos el presidente francés Emmanuel Macron y el primer ministro canadiense Justin Trudeau, firmaron en noviembre de 2018 una carta de apoyo a la Declaración del Foro de París sobre la Paz, celebrado el día 11 de ese mismo mes. En ella defendían la «necesidad urgente de proteger nuestro acceso a una información independiente, plural y basada en los hechos, que es una condición indispensable para que las personas se formen libremente una opinión y participen en el debate democrático». Este texto instaba también a considerar «el espacio mundial de la comunicación y de la información [como] un bien común de la humanidad».[33]

Algunos incluso proponen soluciones tan imaginativas como una «sorteocracia», una democracia libre de partidos en la que cada decisión se tome por un grupo de ciudadanos elegidos al azar y reunidos para informarse, deliberar y decidir.[34] Una tecnocracia, un gobierno de técnicos, no es una idea que tampoco resulte irritante, especialmente a los jóvenes. En Estados Unidos, el 46 % de los jóvenes aprueban esa opción.

Las generaciones más recientes afirman no sentir una especial afinidad por un sistema que solo les consulta cada cuatro o cinco años, en lo que parece una constatación del viejo adagio de que la democracia es el menos malo de los sistemas políticos.[35] De nuevo, la experiencia tecnológica de los jóvenes nativos digitales les hace percibir como algo no solo posible, sino natural, que cada decisión pueda ser consultada en referéndum *online.* El recuerdo de los regímenes autoritarios en Europa se difumina y hace perder perspectiva sobre sus diferencias respecto al sistema democrático.

La falta de protección de los datos personales y de respeto a las personas está en la base de esta nueva forma de categorizar la «mercancía electoral»,[36] los votos y los votantes, con campañas quirúrgicas, adaptadas no ya a lo que cada ciudadano siente necesitar, sino a lo que quiere escuchar en cada momento. La persona se presenta desnuda frente al diseñador de la campaña, incapaz siquiera de sentir la necesidad de cubrir púdicamente sus apetitos.

Las decisiones, electorales o no, se toman básicamente en función de los sentimientos y la exposición de estos a los publicistas priva de toda libertad al observado. Cuando se sabe qué hilo controla qué reacción, es fácil tirar de uno o de otro para manejar la marioneta. El voto, todavía formalmente secreto, se vuelve teledirigido. Los resultados electorales se tornan meras constataciones de la bondad del procedimiento propagandístico utilizado y de las técnicas de las encuestas de opinión.

En consecuencia, las campañas pueden y tienen que ser permanentes. Por eso, no parece de mucha utilidad una legislación antimanipulación que segmente los periodos electorales y se aplique solamente durante los mismos. La guerra se ha convertido ya en un fenómeno permanente y ubicuo. La política se ha vuelto también una campaña electoral constante, un terreno en el que se sienten a sus anchas los publicistas que las ganan.

Facebook anunció recientemente que dejaría de enviar personal para asesorar a los directores de las campañas electorales sobre la mejor forma de utilizar los servicios de la plataforma. Para muchos, esa era la primera noticia de que las redes sociales apoyaban con sus consejos a los partidos en campaña, pero luego se confirmó que Google y Twitter también tienen asesores. De hecho, el equipo de campaña del ahora presidente Trump gastó oficialmente 44 millones de dólares tan solo en la red social de Mark Zuckerberg. Hillary Clinton, que declinó la ayuda de tales asesores, gastó 28 millones por su parte.

Por cierto, el uso que Trump dio a Facebook durante la campaña se calificó en un documento interno de la red social como «innovador».

Los equipos electorales utilizan «granjas de *trols*» para dar mayor difusión a sus postulados y generar así corrientes de opinión en las redes sociales. Docenas, cientos o miles de personas —los *trols*— controlan, cada una, varias cuentas en las redes y, desde ellas, provocan el caos o generan controversia, incitan a la confrontación, difunden bulos y rumores. Cada vez más, estas granjas están automatizadas mediante el uso de *chatbots* inteligentes, pero siguen dependiendo en buena medida de las personas.

Se tiene constancia de *trols* rusos —provocadores profesionales— infiltrados en grupos reivindicativos estadounidenses para generar discordia o extremar las posturas dentro y fuera de los mismos, como acción interna o como reacción a la misma. Cualquier opción es buena: Black Lives Matter, la organización que denuncia los abusos policiales contra la población negra en Estados Unidos; MeToo, la que denuncia los abusos sexuales; supremacistas blancos, grupos radicales musulmanes o políticos del Partido Demócrata, periodistas o cualquier otro colectivo con potencial para generar polémica y desestabilizar a la sociedad.

En México las «granjas de *trols*» ya se utilizaban en 2010 y estuvieron muy activas cuando el presidente Enrique Peña Nieto ganó en 2012.[37] *Trols* y *bots* han pasado a ser parte del paisaje electoral del país desde entonces. En Estados Unidos se complementaban con las ya clásicas visitas a domicilio de voluntarios de la campaña. Eso sí, debidamente informados y aleccionados de quién era la persona que les iba a abrir la puerta de su casa.

Un arma de doble filo

Cuando, hace diez años, las redes sociales daban voz a las minorías o posibilitaban alzamientos contra regímenes no democráticos, pocas voces se alzaron para denunciar los peligros de unas herramientas que estaban cambiando la forma en que se percibía la realidad. Al poner a todos en contacto con todos, las redes acababan con lo que la tecnosocióloga y profesora turca Zeynep Tufekci llama la «ignorancia pluralística», la sensación de soledad cuando uno piensa que nadie comparte sus convicciones o ideas.[38] De repente, aparece la conciencia de fuerza en la masa.

Probablemente se ha exagerado bastante el papel que jugaron Twitter o Facebook en las revueltas que algunos optimistas denominaron «Primaveras Árabes», la serie de manifestaciones populares que comenzaron en Túnez en diciembre de 2010 y en pocos meses sacudieron buena parte del mundo árabe.

Poco después de comenzar las concentraciones, el presidente egipcio Hosni Mubarak pidió a las cinco operadoras de datos que dejasen de proporcionar el servicio. Los mensajes dejaron de fluir casi completamente y la revolución se quedó sin altavoz. Años después, conocí en un congreso en Londres a algunas personas que describían con orgullo cómo, empleando telefonía fija o por satélite, habían mantenido un mínimo flujo de información hacia el exterior. Pero el papel protagonista de las redes fue breve.

La decisión de Mubarak tuvo consecuencias negativas para sus intereses. El mundo exterior dejó de recibir su dosis de imágenes y opiniones —las más de las veces, poco informadas o irrelevantes— y empezó a sufrir un síndrome de abstinencia informativa.

Sin embargo, todo el poder desplegado por los medios de comunicación alternativos en aquellas, sus primeras manifestaciones, sería difícilmente replicable hoy en día. En la actualidad, las redes están demasiado contaminadas de ruido y banalidades para ser el instrumento ideal con el que construir un discurso positivo y movilizar de forma más o menos permanente a la ciudadanía. Además, destruir el discurso es más sencillo que construirlo y emborronar un relato creando confusión resulta más efectivo que elaborar dicha narrativa.

Lo que sirve para derrocar tiranos también es útil para movilizar a millones de indignados en países occidentales o para contribuir a alterar el signo de unas elecciones democráticas. En 2016 el presidente Recep Tayyip Erdoğan —cuya cuenta de Facebook tenía 8,6 millones de seguidores— se apoyó en esta red social para movilizar al pueblo turco contra el intento de golpe de Estado que intentaba expulsarlo del poder. Las frecuentes prohibiciones o cortes de servicio de redes sociales o de mensajería en varios países demuestran la creciente concienciación de los regímenes menos democráticos respecto del papel que pueden desempeñar.

Un informe de la Organización de las Naciones Unidas (ONU) cita incluso el papel de Facebook en la campaña de limpieza étnica contra la minoría rohingya en Myanmar, la antigua Birmania. El triste resultado —que tiene otros precedentes recientes— fue un éxodo masivo de cientos de miles de personas y la muerte de otras muchas. Max Fisher relata el papel de la red social en la masacre en «Las redes del caos», un relato que no deja indiferente a ningún lector.

La importancia de las redes es parecida a la de la encriptación. El secreto de las comunicaciones por medios tecnológicos quizás ayude a que un movimiento de liberación nacional (y habría mucho que debatir sobre este tipo de denominaciones) opere discretamente en el territorio dominado por un tirano. Pero esa misma encriptación puede facilitar también la labor de un terrorista (de nuevo, lo ambiguo de tales términos) o el blanqueo de capitales en un Estado de derecho. En Siria, por ejemplo, las redes sociales y la encriptación están siendo utilizadas tanto por los rebeldes contrarios al régimen de Bashar el Asad como por los terroristas del autodenominado Estado Islámico.

«Ten cuidado con lo que inventas, porque acabarán utilizándolo contra ti» podría ser una máxima actual. Los gobiernos, a su ritmo, han asimilado el poder de las redes. Igual han hecho los rebeldes, insurgentes y terroristas con las aeronaves tripuladas a distancia, los drones. Sería razonable que, antes de exponer una tecnología a su uso público, se estuviera en condiciones de garantizar su control y seguridad. Y, aunque no se puede legislar sobre lo que no existe, también es preciso que las leyes sigan más de cerca a las realidades.

Elecciones: un voto a la verdad

La realidad política y electoral ha cambiado. Las campañas no volverán a ser lo que eran. Su futuro se verá condicionado por las experiencias y las conclusiones extraídas de las de estos últimos años.[39] Especialmente ilustrativa fue la intrusión en la campaña de las elecciones presidenciales estadounidenses de 2016. Después del novedoso uso de las redes sociales —para la difusión de mensajes y la captación de fondos— que se había hecho ya en los dos comicios anteriores, la utilización que de ellas hicieron los candidatos, muy especialmente Donald Trump, dejó muchas lecciones para siguientes convocatorias. También las dejó la forma en que se manipuló el proceso desde fuera de Estados Unidos.

Se han escrito ríos de tinta sobre cómo los *hackers* rusos se introdujeron en el Congreso Nacional Demócrata y aprovecharon los datos allí obtenidos. Mientras una buena parte de la atención de los servicios secretos estaba en la seguridad lógica de los terminales de votación y en evitar que alguien alterase el funcionamiento de las máquinas encargadas del recuento —algo que un niño de diez años demostró en un congreso de expertos informáticos que podía hacerse en un cuarto de hora—, los atacantes emplearon los métodos más simples y rudimentarios.

Dos grupos de ciberespionaje rusos con un presupuesto muy limitado, denominados «amenazas persistentes avanzadas» (APT) en Occidente, obtuvieron información comprometida del jefe de campaña de Hillary Clinton, John Podesta. Estos grupos, llamados APT-28 y APT-29 y conocidos, respectivamente, como «Fancy Bear» («osito sofisticado») y «Cozy Bear» («osito mimosón»), utilizaron técnicas de ingeniería social, es decir, burdos engaños a los usuarios en lugar de a los ordenadores, para sus objetivos.

Podesta recibió un correo indicándole la conveniencia de que cambiase la contraseña de su correo corporativo por haber sido potencialmente filtrado. Tras una serie de comprobaciones en las que reinó la confusión, el jefe de campaña llevó a cabo este cambio «a la vista» de los *hackers.* Una vez conocida la contraseña, los rusos no tenían mucho más que hacer que recopilar información, depurarla y ordenarla, y esperar al momento conveniente para filtrarla a los medios o a WikiLeaks, la página de chivatazos fundada por el controvertido Julian Assange.

Los medios de comunicación tradicionales se perdieron en la maraña de informaciones, y en la novedad de las filtraciones y el uso de las redes, dejando de lado en parte la cobertura real de los contenidos de las campañas. La narrativa se centró, por tanto, en los mensajes que los candidatos lanzaban en las redes, así como en los escándalos que afloraban, especialmente el de la filtración de correos electrónicos de Hillary Clinton.

El papel de la prensa tradicional fue muy relevante en la capacidad de penetración de los atacantes en el tejido social de los votantes. El investigador Mika Aaltola, del Instituto Finlandés de Asuntos Internacionales, identifica cinco fases en un proceso de injerencias:

1) uso de la información para amplificar las divisiones acentuando la tensión y polarización en la sociedad;
2) robo de información sensible y susceptible de ser filtrada;

3) filtración propiamente dicha de la información obtenida, normalmente a través de terceros;
4) «blanqueo» de la información tras su asunción por parte de la prensa tradicional, que la hace propia y le otorga credibilidad;
5) acuerdos más o menos explícitos, aunque secretos, entre una o varias de las facciones enfrentadas y los atacantes (por ejemplo, las conversaciones que el entorno del candidato Trump tuvo con el Kremlin y que, en el momento de escribir estas líneas, siguen siendo objeto de investigación).[40]

El informe conjunto sobre manipulación de información preparado por agencias francesas y británicas estima que, en el caso estadounidense, el modelo de prensa anglosajón permitió llegar hasta la quinta fase.[41] En Francia, durante las elecciones presidenciales que dieron la victoria en 2017 a Emmanuel Macron, solo se habría llegado a la tercera fase tras el asunto MacronLeaks, la filtración —dos días antes de las votaciones— de miles de correos electrónicos enviados durante la campaña por el hoy presidente francés y sus colaboradores. En las últimas elecciones alemanas, celebradas en septiembre del mismo año, el ataque solo llegó al segundo escalón.

Las consultas con formato de referéndum, sean cuales sean las circunstancias de legalidad que concurran en ellas, son más susceptibles de ser manipuladas. En primer lugar, porque las posturas suelen estar más encontradas y ser más emocionales. Pero también porque las consecuencias del resultado son más difusas y, de nuevo, interpretables en cuanto a los beneficios o perjuicios que pueden suponer.

El mismo informe anglobritánico, así como muchas otras fuentes, han identificado numerosos ejemplos de injerencia rusa en la consulta que se pretendió realizar en Cataluña el 1 de octubre de 2017. Lejos de tener el más mínimo interés en el desenlace del proceso separatista, Moscú aprovechó la fisura creada para introducir una cuña, no ya entre el Estado y esta comunidad autónoma, sino en la misma Unión Europea. Otros actores que intervinieron «apasionadamente» fueron Julian Assange y Edward Snowden, el extécnico de la CIA que filtró documentos secretos sobre temas como los programas de espionaje masivo que vigilan las comunicaciones de millones de personas en todo el planeta. La injerencia rusa se repitió, años más tarde, con ocasión de las inundaciones que afectaron al sur de la provincia de Valencia y a otras zonas de España en octubre de 2024.

El informe concluye que el apoyo a uno de los bandos —o a ambos simultáneamente— tan solo tiene por objeto beneficiar al que lo realiza y no a los supuestos receptores de este. Las partes contendientes no dejan de ser víctimas propiciatorias de una política basada en indisponer a una parte contra la otra —divide y vencerás— o, en el mejor de los casos, se convierten en daños colaterales de esta. La misma alusión por parte de los medios rusos a unos supuestos paralelismos con situaciones que el Kremlin considera actos hostiles, como las que se dan en Ucrania, Georgia y Kosovo, por ejemplo, demuestra un afán revanchista más que un interés real en apoyar alguna de las posturas en liza. Y por justificado que pudiera estar el enfado de Moscú ante el resultado en cualquiera de los otros escenarios, el paralelismo con los casos escocés y catalán no se sostiene de ninguna manera.

En 2016 se hizo evidente que los procesos electorales son fundamentales para los sistemas democráticos y que tienen que ser protegidos con igual celo, al menos, que las infraestructuras y servicios críticos tradicionales. La democracia no es el ejercicio del derecho de voto, pero sin la capacidad para decidir libremente no se puede hablar de Estados democráticos. Y el acceso a una información veraz está en la base del ejercicio de esa libertad.

De ratones y hombres[42]

Hasta hace unos pocos años, las máquinas servían para conectar a unos individuos con otros (las llamadas *relaciones P2P*, persona a persona). Hoy en día, tanto las conexiones entre máquinas (o *relaciones M2M*, máquina a máquina) como el tráfico que generan superan ampliamente a los establecidos entre humanos. Y es que la cifra de «cosas» conectadas se ha multiplicado mucho más que la de internautas. Se calcula que en 2018, frente a unos 4.100 millones de personas, había más de 23.000 millones de cosas conectadas (lo que supone casi seis aparatos por cada internauta). Y conviene recordar que ese número no solo crece más rápido, sino que además no está limitado por el número total de personas.

Cuando Sundar Pichai, director ejecutivo de Google, presentó un *chatbot*—una «inteligencia artificial» que puede reconocer lo que se le dice y conversar de forma coherente— capaz de efectuar una llamada para reservar hora en la peluquería, podía parecer que estábamos ante un sofisticado contestador automático. Sin embargo, este sistema no se limitaba a contestar a lo que se le preguntaba, como pueden hacer los asistentes digitales de los teléfonos, sino que imitaba la cadencia del discurso humano y tomaba la iniciativa.[43] Daba la sensación de que, en un día no muy lejano, las máquinas se pondrían a hablar por teléfono entre ellas y, cuando los humanos intentásemos conectar, siempre daría la señal de línea ocupada.

Otro hito es el nuevo presentador de una cadena de televisión china, una inteligencia artificial con la apariencia y la voz de un profesional real, pero incansable, conocedor de todos los idiomas que sean precisos y capaz de incorporar cualquier recurso tecnológico.[44] Aunque pueda parecer que eso supondrá la extinción de los presentadores humanos, en realidad está previsto que la inteligencia artificial incorpore más de noventa millones de nuevos trabajos tan solo a la economía china.

Casi todos conducimos vehículos. Bruce Schneier, uno de los principales gurús de la ciberseguridad a nivel mundial, decía en una entrevista que había intentado comprar un coche sin conexión a Internet y que no lo había conseguido. No le había sido posible encontrar un coche dentro de la gama que él buscaba que no tuviera conexión a la Red. No una, en realidad, sino muchas. Hay docenas de vídeos en YouTube que ilustran cómo se pueden utilizar esas conexiones para hackear tu coche. En uno de ellos, por ejemplo, dos expertos acceden remotamente al vehículo y activan el ventilador, los limpiaparabrisas y la radio. Y, luego, desactivan el motor mientras el coche circula por una autopista.[45] En otros casos se ve cómo se puede hacer lo mismo con los frenos o incluso con la dirección del automóvil.

¿Y qué decir de los frigoríficos inteligentes que empiezan a aparecer en las cocinas de algunas casas domotizadas? Los últimos modelos incorporan una pantalla en la que se puede programar el aparato para que mantenga unos niveles de stock adecuados a nuestro consumo. Además, mediante un sensor, el electrodoméstico es capaz de detectar cuándo guardamos algún producto en su interior o qué sacamos de él. Por ejemplo, conocedor de que nuestro consumo diario de yogures hará que se hayan agotado al día siguiente, contactará por sí solo —gracias a su conexión a Internet— con el supermercado o con Amazon Prime y efectuará un pedido (al que agregará kétchup, porque sabrá que hemos comprado hamburguesas recientemente y su consumo está asociado al de esa salsa en nuestro hogar); acto seguido, pagará inmediatamente con nuestra cuenta de PayPal.

Por cierto, aprovechando esa misma conexión, nuestro frigorífico se conectará en sus ratos libres a la página web de un banco o de un proveedor de servicios de Internet. No lo hará porque nosotros lo hayamos programado así, sino porque alguien ha accedido al discreto ordenador que tiene en su interior a través de la misma conexión que le permite pedir yogures y lo estará controlando a distancia mediante un programa automático. De hecho, cientos de miles de frigoríficos, cámaras de circuito cerrado y otros electrodomésticos, igualmente esclavizados, se conectarán simultáneamente a la misma página hasta saturar su capacidad de respuesta y hacer que el servicio que esta proporciona deje de estar disponible.[46] Fácil, porque a nadie se le ocurre ponerle un antivirus al frigorífico (si acaso, un antibactericida). Sin embargo, es tan vulnerable a un ataque informático como puede serlo el más potente y evidente de los ordenadores. Quizá más. Y no hay que olvidar que este útil frigorífico, a través de su conexión y de los datos que le hemos proporcionado, conoce nuestros hábitos alimentarios y nuestros proveedores favoritos, cuándo vamos a estar en casa, cuándo reducimos el stock porque nos vamos de vacaciones... y cuál es nuestro número de cuenta.

Como en la mayoría de los casos, en el diseño de nuestro frigorífico inteligente se tuvieron en cuenta aspectos como la eficiencia energética, el aspecto aseado y futurista, la facilidad y comodidad de uso, la robustez, el mantenimiento y el precio. Pero, probablemente, la seguridad de su sistema informático no fue una de las prioridades. Después de todo, ¿qué se puede conseguir hackeando un frigorífico? ¿Que se quede la luz encendida cuando se cierra la puerta?

Juntar las piezas del puzle

Quizá porque, en el fondo, sabemos que máquinas y humanos somos distintos, algunas personas se sienten más cómodas confiando sus emociones a los asistentes personales, como si estuvieran dictando un diario que luego cerrarán con una llavecita y esconderán entre la ropa interior en su mesita de noche. El hecho de que sea un algoritmo el que «escucha» nuestras confidencias hace que nos sintamos más tranquilos y que le confiemos con mayor pasión y precisión nuestras emociones y temores. Como si la pantalla nos protegiera de las consecuencias de las confidencias. Por cierto, un consejo: la información está más segura en el diario entre la ropa que en el «cerebro» de Siri o de Alexa.

Y si hasta hace poco los sistemas cognitivos se basaban en nuestras declaraciones para conocer nuestro estado de ánimo, la incorporación de la inteligencia artificial y del autoaprendizaje están llevando a las máquinas un paso más allá. Nuestra forma de andar —cadencia, zancada, presión de la pisada...— puede ser interpretada como un indicador de nuestro estado de salud. SondeHealth, una empresa radicada en Boston, utiliza pruebas de voz para detectar depresiones posparto en las mujeres y signos de demencia senil o de la enfermedad de Parkinson en personas mayores.[47] A esto podríamos añadir la información proporcionada por los propios sensores que llevamos con nosotros cada día: nuestros teléfonos móviles y pulseras de actividad.

El conjunto de datos recogido podría ser un excelente chequeo de nuestra salud, con la ventaja de tener lugar las 24 horas del día y todos los días del año. Pero con la desventaja de que todos estos datos no quedan restringidos a nuestro ámbito, sino que es más que probable que acaben en manos de nuestra compañía de seguros o del departamento de personal de la empresa en la que trabajamos, con las consecuencias que se pueden imaginar. Según algunas fuentes, el primer implante neuronal probado con éxito es capaz de interceptar y grabar el 80 % de los datos que el cerebro envía al hipocampo para su posterior almacenamiento en la nube.[48]

La capacidad actual de los sistemas de minería de datos y macrodatos (*big data*) permite relacionar bases de datos entre sí para, agregando todas las características que cubre cada una de ellas, obtener una imagen única del sujeto. Es como hacer un puzle. Incluso aunque puedan faltar algunas piezas por colocar, el cerebro humano —y el de las máquinas— es capaz de rellenar los huecos y definir qué contiene esa imagen.

Hasta hace poco tiempo, cada faceta de nuestra personalidad y de nuestra vida se encontraba en una base de datos separada de las demás. En Hacienda —probablemente una de las bases más completas— tenían nuestro historial económico y financiero, pero solo en casos puntuales podía deducirse de ellos nuestro estado de salud. Y de ninguna forma se adivinaban nuestras aficiones musicales o deportivas. De nuestro historial médico podían deducirse otras facetas, o de nuestra actividad en las redes sociales. La fusión de todos los aspectos de nuestra vida en un solo repositorio tiene repercusiones realmente importantes para el ejercicio de la libertad. Con esa imagen de conjunto, se pasa de supervisar una función o una labor a controlar un comportamiento o incluso la personalidad, algo que va mucho más allá de un cambio cuantitativo y que adquiere características propias y diferenciadas.

Este control puede relacionarse con el panóptico, un tipo de cárcel que el filósofo utilitarista Jeremy Bentham diseñó en el siglo XVIII. En esta prisión, el guardia de seguridad podía observar a todos los reclusos en todo momento sin que ellos tuvieran constancia de si había alguien mirando, como ocurre con los espejos que aparecen en las salas de interrogatorios de las películas. El sentimiento de «omnisciencia invisible», como lo describió Bentham, que se crea con la mera posibilidad de estar siendo observado supone una privación absoluta de la privacidad y un temor permanente a infringir las normas legales, morales o sociales. El recluso —igual que el ciudadano constantemente observado por cámaras o radares que pueden o no estar activos— pierde también toda espontaneidad e iniciativa por miedo al castigo asociado a la visualización de su conducta. Mientras que muchos pueden aprobar esa vigilancia ante un recluso o, incluso, justificar por razones de seguridad la monitorización permanente de la velocidad del coche, cuando se aplica al resto de nuestras vidas fuerza un comportamiento estandarizado y conformado que homogeneiza a los humanos y nos priva de nuestra individualidad.

En los campos de concentración japoneses durante la Segunda Guerra Mundial, si querías privacidad —me comentaba recientemente un conocido sobre la experiencia de un familiar en Filipinas—, lo único que podías hacer era cerrar los ojos. Cerrarlos y fingir estar a solas, actuar como si nadie te estuviera observando... aunque sepas que sí lo hacen. ¿Es eso muy distinto a nuestro comportamiento actual en la Internet?

Aunque el mundo anglosajón tiene, formalmente, aversión al establecimiento de documentos de identidad universales, las bases con datos de ciudadanos británicos del Reino Unido y las técnicas de reconocimiento facial propiciaron que la anterior ministra del Interior británica, Amber Rudd, hablase de «ciudadanos no procesados». Se refería a todos aquellos que figuran en las grabaciones de los cuerpos de seguridad sin que se les haya probado culpabilidad alguna... todavía. No somos máquinas, de modo que, en un mundo sometido a un control constante, resulta una cuestión de tiempo que todos cometamos alguna irregularidad.

De hecho, la acumulación de datos tiene lugar no solo cuando interactuamos con los sensores, sino también cuando no lo hacemos. Igual que en la música (y en el lenguaje mismo) los silencios resultan tan importantes como las notas, también las inacciones lo son. Las cosas que no hacemos revelan tanto de nosotros como las que sí llevamos a cabo, porque implican también una decisión. Las conclusiones que pueden extraerse de cada uno de nosotros se comparan con el histórico de nuestras otras decisiones y, después, se combinan con las de millones de personas para elaborar patrones que sirven para clasificarnos, agruparnos y categorizarnos.

Lo más perverso del sistema es que la computación de los datos exige atribuir un valor concreto a cada acción. Todas nuestras decisiones se traducen en un número (eso sí, normalmente, con muchos decimales, muy preciso) que nos cosifica: el grado de compatibilidad sentimental de A y B es del 63,2034270 %, la probabilidad de repago de una posible hipoteca es del 39,78233427 %, etcétera. Basta con fijar a continuación un umbral de riesgo, y la decisión sobre si quedar con esa persona o conceder la hipoteca puede tomarse de forma totalmente automática.

En cualquier caso, resultaría absurdo atribuir nuestros males a la disponibilidad de una gran cantidad de datos digitales. A los humanos nos encanta clasificarlo todo, cuantificarlo, jerarquizarlo. En la antigua tradición india, la lectura detallada de la carta astral servía para determinar la compatibilidad de dos personas para el matrimonio. De hecho, existen enormes parques «solares» —de relojes solares de varios pisos de altura y una precisión de pocos segundos— que permitían afinar en las predicciones. Los relojes solares han caído en desuso, pero no la tradición de cuantificar la afinidad entre dos personas; incluso en las clases acomodadas y cultas.

Que se llama soledad

Siguiendo el ejemplo anterior, una vez establecido el parámetro que representa el cien por cien de compatibilidad, no solo sería posible encontrar a la media naranja ideal —en eso se basan las agencias de *dating*—, sino incluso fabricar un compañero o compañera que cumpliese a la perfección todos los requisitos. Este último aspecto, los robots de compañía y los sexuales, presenta otro tipo de cuestiones éticas como, por ejemplo, la asignación de características definitorias de roles de género siguiendo —con una lógica comercial— los criterios de preferencia del cliente, por muy alejados que estén del respeto a la dignidad humana.

Todo ello, además, en un complejo cálculo sin la menor visibilidad. Un cálculo que tiene lugar en una «caja negra», como se denomina a un sistema opaco, en el que entra nuestra vida pasada, picada convenientemente en unos y ceros, y de la que sale embutido nuestro futuro. El proceso que tiene lugar en su interior está protegido por las leyes de la propiedad intelectual, que, por cierto, no defienden igual de bien los datos que proporcionamos para su procesado.

La industria de los robots de compañía tiene ejemplos exitosos como las famosas focas Nuka, unos peluches robotizados de uso terapéutico que parecen estar teniendo efectos muy positivos entre personas ancianas, con autismo, dependientes o con necesidades especiales (mientras no las hackeen para que se vuelvan perversas, como ocurría en un capítulo de *Los Simpson*).[49] En este caso, la tecnología soluciona a menudo una de las características distintivas del siglo XXI: la soledad. En los países escandinavos, un 40-45 % de los hogares tiene un solo habitante. Y en ciudades como Estocolmo tal porcentaje se eleva hasta el 60 %. Este fenómeno se reproduce en la mayoría de los países y en todas las franjas de edad.[50] No siendo tan reciente como para que pueda atribuirse claramente a nuestra fijación con las pantallas, especialmente las de los teléfonos móviles, son una muestra indiscutible de cómo la tecnología está cambiando nuestra forma de socializar, incluso la de entendernos a nosotros mismos.

MANUAL DE SUPERVIVENCIA

- **SI LO QUE VAS A DECIR NO ES MÁS BELLO QUE EL SILENCIO, NO LO DIGAS**

  Hay mucho ruido en las redes sociales. Comunicarse no es decir cosas, sino compartir información. Todo lo que no es información es ruido, confunde y, por tanto, te hará perder el tiempo y las referencias. Si quieres tener un espacio de comunicación abierto a todos, deberás asumir unas reglas. Puedes construirlas, junto al resto de los usuarios, con sentido común y extrapolándolas de tu vida física. Si las reglas se imponen desde fuera, probablemente tendrán resultados indeseados.

- **INTERNET, LAS REDES SOCIALES Y TODO LO QUE HAY DETRÁS DEL TECLADO Y LA PANTALLA SON INSTRUMENTOS A TU SERVICIO**

Si permites que todas estas herramientas dejen de ser algo que te ayuda a vivir para convertirse en una necesidad o una adicción, en algo sin lo que no puedes vivir, estás haciendo un uso incorrecto de ellas. O, peor, estas herramientas están haciendo un uso incorrecto de ti. Establece una disciplina de uso, unos tiempos, unas pautas de comportamiento. No todos los mensajes son urgentes, no es necesario compartir todos los paisajes que ves o todos los platos que llegan a tu mesa.

Puedes utilizar el modo avión para concederte un espacio de privacidad siempre que lo necesites. Esta disciplina es vital al volante, por ejemplo, para evitarte la peligrosa tentación de desviar tu atención de la carretera.

Hay aplicaciones, como InboxWhenReady (www.inboxwhenready.org), que bloquean la bandeja de entrada del correo por el tiempo que se determine. De esta manera, podrás limitar el número de veces que compruebas si tienes algún mensaje —a menudo, de forma compulsiva— y el tiempo que dedicas al correo.

- **CUANDO TE CONECTES, ACTÚA COMO CUANDO ESTÁS EN PÚBLICO (PORQUE LO ESTÁS)**

Al igual que tú ves a través de la pantalla, también el mundo te ve a ti. Respeta tu privacidad para que los demás también la respeten. Configura tus buscadores, tus redes, tus plataformas (también en el móvil, sí) para dar solo la información sobre ti que quieras que cualquiera pueda ver. No pienses en presente, sino en un presente continuo. Lo que entra en el ciberespacio permanece en el ciberespacio para siempre. Aunque hoy pueda ser intrascendente, quizá mañana no lo sea.

Google, Facebook, Twitter, TripAdvisor... Todos te conocen. Precisamente porque han observado cómo actúas, saben quién eres, qué aparentas y a qué te dedicas. Conocen tus gustos y tus manías. Lo saben todo cuando buscas un restaurante, pero también cuando investigas asuntos mucho más delicados. Si quieres resultados imparciales, no preguntes a quien tiene intereses en juego. Y hablando de juegos, cuando te los descargas en el móvil, también te das a conocer.

- **CUIDA TU IMAGEN EN INTERNET, SIEMPRE HAY GENTE MIRANDO**

Igual que te vistes para salir de casa de forma que tu estilo refleje tu personalidad, la real o la que te gustaría tener, también debes cuidar tu imagen virtual. Quizás en algún momento nadie te preste atención —algo difícil, pues 5.560 millones de personas emplean Internet a diario durante una media de casi siete horas al día—, pero seguro que alguna de las 30.000 millones de cosas conectadas sí estará mirando. ¿Qué dicen de ti tus perfiles en las redes sociales? ¿Qué información aparece cuando alguien te busca en la Internet?

- **CONOCE LOS RIESGOS**

La Internet ofrece muchas posibilidades. Quedarse fuera de ellas no es una opción hoy en día. Pero si te preparas antes de ejercer una profesión, si obtienes el carné antes de conducir un coche, si lees las instrucciones antes de empezar a utilizar cualquier aparato (vale, es un mal ejemplo), también debes conocer los riesgos que corres cuando aprovechas incorrecta o despreocupadamente las infinitas oportunidades que te ofrece el ciberespacio.

2. EL MINISTERIO DE LA VERDAD

No hay mayor esclavitud que hacer propias ideas de terceros inculcadas en nuestros corazones sin pasar por nuestras cabezas.

En su novela *1984*, George Orwell proclamaba que la libertad consiste en poder decir libremente que dos y dos son cuatro. La frase deja claro el fundamento de la libertad: la veracidad. Sobre la mentira no se pueden construir juicios ni tomar decisiones fundadas, igual que sobre unos datos incorrectos no se pueden hacer cálculos precisos.

En el mundo de *1984*, el Ministerio de la Verdad controla el relato para acomodar el pasado —los datos— a la conveniencia del presente con el objetivo de controlar el futuro. Winston, el protagonista de la novela, es precisamente uno de los funcionarios encargados de alterar las hemerotecas para que reflejen un pasado acorde a los objetivos del presente. En el mundo real, más próximo a la ficción orwelliana de lo que pueda parecer, Winston Churchill —uno de los políticos más poderosos e influyentes en la historia contemporánea del Reino Unido— dijo: «La Historia será benévola conmigo porque pretendo escribirla yo».

La manipulación de los relatos y de los datos no es nueva. En el siglo I a. de C., el poeta romano Virgilio ya describía la fama como «la más veloz de todas las plagas», «monstruo horrendo [...] que llena de espanto las grandes ciudades, mensajera tan tenaz de lo falso y de lo malo, como de lo verdadero».[1] Y un contemporáneo suyo, Julio César, dejó una de las obras maestras de la propaganda política de todos los tiempos, *La guerra de las Galias*, escrita a mayor gloria de su autor, con un ojo puesto en sus conciudadanos del momento —y en las elecciones a cónsul— y el otro en la posteridad.

Al fin y al cabo, la Historia es siempre un ejercicio subjetivo de elección de unos hechos y omisión de otros, a menudo en función del interés nacional o personal, para la creación de héroes que vertebren a las sociedades y a los pueblos a su alrededor. Las naciones necesitan héroes, aunque los reales no están casi nunca a la altura de lo requerido, y mucho menos del mito que se crea en torno a ellos. Nadie se convierte en héroe por méritos propios, sino por intereses ajenos. Por eso, la Historia y su cuidado está siempre en primera línea de los discursos nacionalistas y en la construcción de las identidades por oposición a lo extranjero, tan vigentes en los populismos y nacionalismos excluyentes contemporáneos.

La Historia es tremendamente plástica en ese sentido, se adapta muy bien a la manipulación en tanto que solemos verla fuera del contexto en que se produjeron los hechos y, por tanto, cambiamos la interpretación de los mismos en función de nuestros valores presentes. Para escribir la Historia no solo hay que estar en el bando de los vencedores, sino tener la iniciativa de configurar el relato con un objetivo a largo plazo. «*Vae victis*», proclamó en el siglo IV a. de C. el jefe galo Breno cuando Roma estaba derrotada e inerme frente a sus tropas. ¡Ay de los vencidos! Y, sin embargo, los historiadores romanos reflejaron estas palabras en sus anales para expresar no ya el poderío galo, sino la firme resistencia y capacidad de aguante de la joven ciudad.

Hoy se inventan reinos centenarios —para reclamar repúblicas futuras— donde no hubo sino condados, se construyen identidades —como la Padania italiana— apelando a una larga historia de injusticias imaginadas, se juega con la denominación de Estado —el autodenominado Estado Islámico— por el interés en atribuirse sus características. En general, para justificarlo, se apela a sentimientos y afectos con un desprecio absoluto por los hechos objetivos.

El control de la narrativa de la Historia, como recordaba Orwell, tiene que hacerse desde el poder en el presente, desde la capacidad para apropiarse de la verdad en el momento actual. Algunas de las versiones más conocidas de la Historia española, así como la omisión de hechos pertenecientes a ella, tienen su origen en autores ajenos al país y, a menudo, en intereses particulares de potencias que rivalizaron con España.

La «leyenda negra» de la colonización española de América no solo carga la responsabilidad en los «conquistadores», sino que de alguna manera exime de la misma a los «pioneros» y a los «colonos» que actuaron bastante más tarde en el norte del continente.[2] Entre las omisiones en las mismas historias cabe mencionar la apropiación de descubrimientos geográficos —como el caso de la Antártida, a la que una fragata española llegó mucho antes que los ingleses— y científicos. Privar a un pueblo de héroes es dejarlo sin historia y sin referentes, dejarlo sin pasado y, según Orwell, sin la posibilidad de controlar su futuro. El dominio del relato conlleva la difusión de una verdad concreta sobre otra: la elección del tema del discurso comporta ya media victoria en el control de la narrativa.

La influencia no viene tanto lo que se dice respecto de algo, como de decidir de qué se habla. Está probado que tendemos a recordar las noticias pero a olvidar las fuentes o el contexto en que las encontramos, de modo que una información que «nos suena» se impondrá aun careciendo de autenticidad.

Verdad de la buena

Este fenómeno posmoderno, la creación de una realidad subjetiva, poco tiene que ver con lo digital. No obstante, aprovecha las ventajas del ciberespacio para consolidarse y justificar la utilización torticera del lenguaje con el propósito de manipular sensaciones, sentimientos y afectos.

Ya en el siglo XIX, filósofos como Søren Kierkegaard y Friedrich Nietzsche hablaban de la «subjetividad de la verdad» y del «perspectivismo», respectivamente. Para ellos, la traslación de la verdad al lenguaje implica la introducción de un componente subjetivo, que varía según la percepción que cada individuo tiene sobre lo que observa y su capacidad para describirlo, pero que también se ve influido por la interpretación que hace el lector de lo que percibe en el relato. Es decir, no existe una traslación directa entre lo real y lo relatado porque, incluso en el mejor de los casos, escritor (o relator, en sentido amplio) y lector introducen sus propios sesgos y experiencias previas en la interpretación de lo contado.

De hecho, es imposible asegurar que dos personas perciban una realidad del mismo modo. Como afirmaba el novelista Vladimir Nabokov, autor de *Lolita* (1955), nuestra percepción depende mucho del conocimiento que tenga cada uno de la materia y de los condicionantes de su comportamiento. Donde yo veo una mosca fastidiosa, un biólogo observará un insecto, un entomólogo apreciará un díptero y una rana —seguramente sin entrar en más consideraciones— encontrará un bocado apetecible. Distintos conocimientos y distintos condicionantes dan lugar a enfoques diferentes de lo que objetivamente debería ser igual.

Cuando la verdad es múltiple, fragmentada y personal, cuando el componente subjetivo se admite como conformador de la misma, «podemos no estar de acuerdo con los hechos», como explicó Sean Spicer, el primer secretario de Prensa de la Casa Blanca en la era Trump. No estar de acuerdo con los hechos no significa estar equivocado, porque la realidad vendrá definida por la capacidad que tenga el autor para consensuar un relato. La verdad será lo que acuerde una mayoría suficiente.

De nuevo, la realidad es irrelevante en el discurso político, aunque no en el científico, y la verdad se circunscribe a los límites de la estructura del lenguaje, a la habilidad en el manejo de la gramática y la semántica. Los «hechos alternativos», como los que la Administración estadounidense utilizó para describir la relativamente escasa afluencia de público a la investidura de Donald Trump, sugieren que la ficción creada por el lenguaje puede oscurecer la realidad o empañarla hasta la irrelevancia. El arte (literario) suple a la ciencia en la conformación de la verdad. La consejera Conway justificaba la necesidad de que la política contase con esos «hechos alternativos» incluso cuando la evidencia fotográfica lo desmentía claramente. Meses después, en el marco de la investigación sobre las presuntas filtraciones a Rusia surgidas del entorno del futuro presidente, el abogado personal de Trump y exalcalde de Nueva York, Rudy Giuliani, puso la guinda con una soberbia afirmación: «La verdad no es la verdad».

La verdad tiene versiones, y el hecho de que sean expresadas las convertiría, de este modo, en elementos igualmente válidos en un debate. Como decía un aparentemente indignado Groucho Marx en la película *Sopa de ganso* (1933): «¿A quién va usted a creer, a mí o a sus propios ojos?».

Es más, la función del autor se transforma en la de un estimulador de sensaciones que permitan al lector hacerse una idea propia de esa verdad. Se crea así una realidad subjetiva dirigida, en muchas ocasiones, por el mismo autor que aparentemente está cediendo el protagonismo a su relato.

Mentiras 2.0: señalar a un ciervo y llamarlo caballo[3]

¿Por qué nos preocupa tanto el fenómeno de las noticias falsas (*fake news*) en el mundo digital? Para empezar, habría que hablar de «falsas noticias» en lugar de «noticias falsas». Fundamentalmente porque no son noticias, sino relatos con apariencia de noticia que se han redactado con el objetivo de conseguir una reacción emocional, no con el de transmitir una información.[4] Por tanto, no se trata de noticias falseadas, sino de relatos falsamente noticiosos. En suma, propaganda. Algo similar a la publicidad que se inserta en la prensa con formatos muy similares a los contenidos propios, y que obligó a requerir por ley su identificación como espacios patrocinados o de carácter publicitario para evitar confusiones.

Es más, una *fake news* no tiene siquiera que ser mentira (casi nunca lo son completamente) porque el contenido que transmite es irrelevante para el emisor, interesado tan solo en los efectos emocionales que causa el mensaje. La contextualización de este último en un momento o un discurso concretos, con la intención de que el lector construya su realidad de un modo afín a los intereses del autor, es todo lo que importa. Esta distinción está presente en el vocabulario inglés, que diferencia entre la *misinformation*, cuando se transmite información errónea sin intención de engañar, y la *disinformation*, basada en un propósito manipulador.

Estos relatos interesados nos privan del debate de ideas para dar paso al de posturas y, por tanto, empobrecen la generación de conocimiento y la pluralidad. No se puede criticar lo que no se conoce, ni se puede discutir sobre bases distintas, por lo que el debate se transforma en una aportación de discursos y sinónimos en torno al argumento comúnmente aceptado de forma acrítica, o en un diálogo de sordos en el que la lengua empleada es la única base de comunicación común. Algo así como las comedias de enredo en las que cada cual habla de un tema o desde el conocimiento distinto de un tema, y todos sacan conclusiones equivocadas de lo que dicen los demás.

Algunas de las principales características del ciberespacio —interactividad, inmediatez y ubicuidad; «democratización» de la difusión de contenidos; saturación de información;[5] legitimación reputacional; filtrado de noticias por parte de los motores de búsqueda y las plataformas; y profesionalización y automatización de la selección de contenidos (*content curation*) con fines propagandísticos o publicitarios— están en el origen de esta situación.

Cualquier ciudadano individual puede generar y difundir contenidos en y para la Internet. Esta «democratización» sugiere, en principio, algo positivo. ¿Qué hay mejor que la universalidad del acceso y que la libertad para que todos se expresen directamente? Sin embargo, es evidente que la probabilidad de que alguien explote estas posibilidades de forma impropia se multiplica cuanto mayor es la población que tiene acceso a la Red. El anonimato relativo de que se disfruta en las redes supone un número casi infinito de posibles abusos en la transmisión de supuestas noticias. Por otro lado, dificulta la distinción entre la opinión y los hechos contrastados, pues los foros se abren incluso a voces no cualificadas en el tema que se discute.

La verdad no es democrática —salvo, quizás, en política— y la opinión desinformada puede resultar peligrosa cuando se convierte en bulo o se toma en serio.[6] En 1967 la filósofa y teórica política estadounidense de origen alemán Hannah Arendt se preguntaba sobre la realidad que tiene la verdad cuando es impotente frente a la política y se convierte en antagónica con esta. Arendt afirmaba que la realidad política es plural y fáctica, no única como la científica. De hecho, defendió la conveniencia de esta multitud de verdades para garantizar la existencia del debate político y salvaguardar la esencia de la democracia. Cincuenta años después, algunas voces discrepan de tal opinión. Es muy interesante en todo caso, ya que, si bien el debate político no puede basarse en absurdos o en realidades «alternativas», sino en la realidad de las situaciones, la limitación del mismo a la verdad objetiva se traduciría en una cuestión más matemática que política. En mi opinión, el problema se genera cuando se prescinde totalmente de la objetividad y se desafecta el debate político de la realidad física y social que pretende solucionar o regular.

Internet sí ha conseguido que la libertad de expresión sea mucho más difícil de restringir que en otras épocas. Poco después del golpe de Estado en Turquía durante la primavera de 1960, estaba prevista la celebración de un partido de fútbol entre la selección local y la de Escocia. En aquella época, las transmisiones deportivas se hacían a través de la radio en directo. El nuevo Gobierno desconfiaba de los comentarios que el locutor pudiese verter a través del micrófono en los oídos de millones de compatriotas. Como suspender el partido no era una opción deseable tampoco, optó por colocar personal armado en la cabina del comentarista con el encargo de que se limitase a lo estrictamente deportivo. La emisión y el partido discurrieron sin sobresaltos... y sin comentario político alguno. Para mayor satisfacción, Turquía venció por 4 goles a 2.[7]

¿Es libertad de expresión verter opiniones con la intención de distorsionar la visión de la realidad del público? El estadounidense Alex Jones, fundador de Infowars (www.infowars.com), un portal acusado de difundir noticias falsas y apoyar a la extrema derecha, ha sido expulsado de Facebook, Apple, YouTube y Spotify —pero no de Twitter— después de expresar y publicar teorías conspirativas en su página web. Sobre la matanza ocurrida en 2012 en la escuela de Sandy Hook (Newton, Connecticut), Jones afirma que se trata de un montaje del Gobierno para eliminar la Segunda

Enmienda de la Constitución, la que permite a los estadounidenses el uso de armas para defenderse. ¿Es censura la eliminación de las cuentas de Jones o más bien un acto de responsabilidad pública ante una intoxicación informativa?

En la actualidad, el término *fake news* ha adquirido un matiz político que lo diferencia de otras falsas noticias. El empleo indiscriminado de esta expresión que Donald Trump y su entorno hacen en sus ataques a la prensa ha hecho que apenas se use ya fuera de ese contexto. La polarización de la campaña electoral de 2016 y la hostilidad del 45.º presidente del país hacia los medios no afines hicieron caer la confianza de los estadounidenses en la prensa hasta mínimos históricos. Los demócratas mantuvieron su grado de confianza apenas por encima del 50 %, mientras que solo el 14 % de los republicanos, probablemente influidos por el discurso de Trump, afirmó confiar en los medios de comunicación como fuente de noticias.[8]

En su libro *21 lecciones para el siglo XXI*, el historiador y escritor israelí Yuval Noah Harari afirma: «Como especie, los humanos preferimos el poder a la verdad». Y lo justifica porque «invertimos mucho más tiempo y esfuerzo en intentar controlar el mundo que en intentar entenderlo, e incluso cuando tratamos de entenderlo, por lo general lo hacemos con la esperanza de que comprenderlo hará más fácil controlarlo».[9]

En mi opinión, la cuestión va más allá. Nuestro deseo de seguridad y comodidad nos lleva frecuentemente a crear modelos ficticios del mundo que, si bien no responden a la realidad, sí nos permiten dar una explicación a lo que nos preocupa. Preferimos vivir en una ficción mitológica que nos resulte comprensible o nos exima de un esfuerzo adicional que adentrarnos en las sutilezas de lo nano y de lo mega, conceptos que se escapan a nuestra experiencia cotidiana. Aquellos que lo intentan acaban, como Demócrito o Diógenes, convertidos en héroes excéntricos y visionarios a los que se idolatra y admira tanto como se les ignora y teme.

Las falsas noticias cumplen, en cierta manera, el ideal olímpico: se difunden más rápido, más lejos y con más fuerza que las auténticas en todas las categorías de información, aunque sus efectos son más pronunciados si tienen contenido político.[10] Es decir, cuando se trata del mundo de la política —en el que se pretende alcanzar consensos y no constatar realidades—, los titulares llamativos y tendenciosos que suelen acompañar a este tipo de relatos consiguen una mayor difusión cuando los usuarios los comparten con sus contactos. Estos discursos llegan a 20.000 internautas en la tercera parte del tiempo que los que no tienen carácter político necesitan para llegar a 10.000 individuos, aunque puedan referirse a temas de interés o controvertidos como el terrorismo o los desastres naturales. Y eso teniendo en cuenta que, en general, las falsas noticias se retuitean un 70 % más que las verdaderas.

Algunas fuentes afirman que casi 50 millones de cuentas de Twitter (otras cifraban el porcentaje, antes de la eliminación de un buen número de ellas durante el verano de 2018, entre un 9 y un 15 % de las activas),[11] hasta 60 millones de Facebook[12] y un número indeterminado de las pertenecientes a otras redes sociales no corresponden a ningún usuario humano. Estas cuentas estarían gestionadas por robots automatizados que siguen patrones predefinidos para difundir selectivamente determinados temas o medios. Tanto Twitter como el resto de las plataformas están adoptando medidas para eliminar aquellas que presentan las características propias de un *bot*, un robot informático. Aun así, estas cuentas ficticias cumplen una doble misión en cuanto a la viralización de contenidos: en primer lugar, difunden las noticias de los medios afines a su ideología y, además, incrementan la cuenta de seguidores de esos medios y de las mismas noticias otorgándoles la credibilidad y reputación de la existencia de un gran consenso tras ellas.

Hay *bots* más o menos sofisticados. Normalmente, se venden en el mercado negro de la Internet profunda (*Deep Web*), no accesible directamente a los buscadores. Su precio oscila en función de sus características, es decir, de si incorporan fotografías o nombres de personas, tienen historial o están recién creados, acumulan seguidores, siguen a otros perfiles, etcétera; en resumen, de lo «humanizados» que estén y lo verosímiles que puedan resultar. Se han detectado en campañas electorales, como la que tuvo lugar en Colombia en el primer semestre de 2018, para aumentar la reputación de los candidatos en las redes, pero normalmente se utilizan para difundir mensajes, mostrar apoyos o acosar *online* a los adversarios.

Pueden esperarse usos de *bots* de lo más imaginativo. El cantante y modelo chino-canadiense Kris Wu, juez en un concurso de talento musical muy popular en Canadá, publicó *Antares* en el verano de 2018. Este disco se convirtió, sorprendentemente, en número 1 en el país de forma inmediata. Siete de las catorce canciones que lo componen se posicionaron en los primeros puestos de la lista de iTunes, la aplicación de Apple que se basa en las ventas *online*. Ante la reacción sorprendida de los admiradores de la actriz y cantante Ariana Grande, se inició una investigación que, al escribir estas líneas, todavía no ha concluido. Lo cierto es que el álbum se desplomó hasta el número 122 de las listas de forma casi instantánea. La compañía de Wu, sin embargo, niega que los *bots* hayan influido en la clasificación o que esta haya sido manipulada de algún modo. Una muestra más de lo volátil que es, al parecer, la fama en el mundo del espectáculo.[13]

Según un estudio que la empresa Audiense llevó a cabo para el diario *El País*, hasta 4.883 perfiles automáticos estuvieron activos en la red social Twitter durante el periodo en torno al intento de referéndum que se convocó para el 1 de octubre de 2017 en Cataluña.[14] En la mayoría de los casos, la actividad de estos *bots* consistió en difundir propaganda favorable al proceso secesionista o desfavorable para el Estado español, así como en difundir falsas noticias extraídas, principalmente, de la cadena de televisión rusa RT en Español (cuya difusión como canal de televisión tiene lugar en Iberoamérica, pero cuya web está activa también en España) y de Sputnik, una agencia de noticias del mismo país. Pere Navarro, director general de Tráfico, llegó a decir que «se estudiará en las escuelas de márketing la comunicación que ha hecho el *procés*».[15]

Sin embargo, el estudio muestra como *bots* únicamente al 12,76 % del total de las más de 38.000 cuentas que difundieron los mensajes de RT en Español y Sputnik sobre Cataluña. Aunque se trata de un número significativo y algunos tuits alcanzaron el medio millón de reenvíos, es evidente que no constituye el grueso de la actividad alrededor de estas informaciones. Por su parte, la Universidad George Washington llegó a analizar la existencia durante esas fechas de más de 5 millones de mensajes de esos mismos medios en la conversación digital sobre Cataluña.[16]

Pero lo habitual es que los *bots* tengan un comportamiento relativamente neutral respecto de las noticias y que se limiten a dirigir el discurso en una determinada dirección, poniendo sobre la mesa los temas de los que interesa que se discuta en los foros y en las redes. La verdadera diferencia en la viralización de los contenidos viene de la mano de los usuarios humanos, que somos los que apostamos por la difusión de lo llamativo, lo escabroso, lo rompedor frente a discursos más insulsos pero veraces.

Nuestras emociones son tanto o más «hackeables» como los algoritmos de las máquinas, y nuestra inconsistencia emocional nos hace más susceptibles a terminar por sucumbir a la curiosidad que la fría reacción maquinal.

En el caso de los vídeos cortos que publica la aplicación china Douyin, son estas las características que más buscan los usuarios. Claro que, en este caso, el resultado no estaba alineado con los criterios morales del «socialismo con características chinas». La empresa fue cerrada durante varias semanas y su presidente tuvo que disculparse públicamente por su «error». Resulta muy interesante cómo ese modelo, tan peligroso para las autoridades de Beijing, fue inmediatamente exportado con menores filtros todavía al mercado exterior. Y cómo se convirtió, bajo el nombre de TikTok, en un éxito sin precedentes de las redes sociales.

El ciberespacio vuelve a mostrarse como un entorno en el que los humanos actúan y vuelcan tanto sus grandezas como sus miserias. Rod Grupen, director del Laboratorio de Robótica Perceptual en la Universidad de Massachusetts Amherst, lo expresó mucho más poéticamente: «En el fondo, la robótica va de nosotros mismos. Es la disciplina de la emulación de nuestras vidas, de preguntarnos cómo funcionamos».

De hecho, mi impresión personal es que los mayores avances que han tenido lugar como consecuencia de la investigación para el desarrollo de la inteligencia artificial han repercutido en el conocimiento sobre nosotros mismos y nuestros mecanismos cognitivos. A base de estudiar cómo funciona la mente humana para replicarla con algoritmos y microchips hemos conseguido comprender mejor cómo manipular nuestra propia inteligencia que cómo imitarla.

Si queremos reforzar la seguridad en este ámbito, no será suficiente con actuar sobre las capas tecnológicas para mitigar los problemas que surjan. Habrá que adoptar medidas en la capa de los contenidos —por ejemplo, verificando los hechos (*fact-checking*)— y sobre las capas en las que el emisor del mensaje y el receptor del mismo actúan directamente. No basta con evitar la automatización de las difusiones, sino que conviene establecer mecanismos para evitar en la medida de lo posible que las falsas noticias entren en el flujo de la Internet —o para identificarlas cuanto antes— y adaptar la educación que reciben los internautas al tipo de entorno en el que se van a mover.[17]

El sesgo de confirmación, que nos condiciona a entender los mensajes de una forma coherente con nuestras creencias previas, y la burbuja de filtros, favoreciendo la llegada de relatos que no nos obligan a salir de nuestra zona de confort, dificultan esta tarea (véase el capítulo anterior). Igualmente, la necesidad psicológica de afirmación en el grupo y de pertenencia cierran un círculo alrededor de cada uno de nosotros que facilita la labor de los atacantes.

A pesar de todo, conseguir la viralización de un mensaje sigue siendo más un arte que una ciencia. Es muy difícil predecir cuándo un tuit va a conseguir un impacto significativo en las redes. Obviamente, el número de seguidores que tenga el autor inicial y su prestigio, así como la temática del mensaje, influirán en su diseminación. Sin embargo, en el momento de escribir estas líneas, la entrada que más veces había sido reenviada pertenecía a un adolescente estadounidense de 16 años que pretendía conseguir que la cadena de restaurantes de comida rápida Wendy's le regalase unos *nuggets* de pollo. Aunque se quedó lejos de conseguir su objetivo de 18 millones de retuits, los 3,6 millones que obtuvo le sirvieron para que la cadena le asegurase el suministro anual de pechuga rebozada, al tiempo que aprovechaba el tirón para hacer una donación a una institución y darse una publicidad muy bienvenida.

A pesar de su incesante actividad en Twitter, el presidente Trump no figura en la lista Top 40 de los tuits más reenviados. Su predecesor, Barack Obama, sí tiene cuatro en ella. El español mejor situado es el youtuber Rubén Doblas Gundersen, más conocido como El Rubius, que pidió a sus seguidores que retuitearan un mensaje que solo contenía la expresión «Limonada». Evidentemente, el número de interacciones que se consiguen no es necesariamente indicativo de la seriedad o solvencia del mensaje. Ni siquiera lo es del efecto real que tenga su contenido, más allá de la visibilidad potencial que aporta.

En una entrevista al periódico lionés *Le Progrès* en 1951, el escritor Albert Camus decía que la importancia de la mentira

> proviene de que ninguna virtud puede aliarse con ella sin perecer. El privilegio de la mentira estriba en vencer siempre a quien pretende servirse de ella. [...] No, ninguna grandeza se ha fundado jamás sobre la mentira. La mentira permite a veces vivir, pero nunca eleva. La verdadera aristocracia [...] consiste [...] sobre todo en no mentir. [...] La libertad consiste sobre todo en no mentir. Allá donde la mentira prolifera, la tiranía se anuncia o se perpetúa.[18]

La economía es la gestión de la escasez. La abundancia de información disponible en las redes informáticas —en tiempo prácticamente real y sobre cualquier tema imaginable— y la laxitud de los usuarios en general a la hora de proporcionar nuestros datos de forma gratuita a plataformas y proveedores de servicios hacen que el valor de esta información se haya degradado significativamente.

Una gota de mentira contamina océanos de información veraz.

Lo importante en estos momentos es el conocimiento derivado de la correlación de esa información para obtener una imagen precisa de lo que se está estudiando, no simplemente datos sobre el asunto. La capacidad para cruzar los datos de una persona procedentes de Hacienda, de Tráfico, de Justicia, de las redes sociales, de los operadores telefónicos y de otras bases de datos genera una imagen en muy alta definición del individuo, algo que sí tiene realmente valor en el momento de definir una campaña para influir sobre él.

Sin embargo, la mera existencia de esa ingente cantidad de datos tiene también sus efectos secundarios sobre las percepciones de todos y cada uno de nosotros. Sufrimos una intoxicación de información —algunos la han llamado *infoxicación*— que nos impide ver el bosque del conocimiento, tapado por los árboles de los datos. Se ha generado una adicción por el dato, por la información puntual y actualizada al minuto que impide profundizar en nada concreto. De tener un espacio de noticias en la televisión a mediodía y otro por la noche, hemos pasado a varias cadenas ofreciendo informativos de forma ininterrumpida. De informarnos en la prensa de los detalles de cada asunto, se ha llegado a leer titulares de poco más de cien caracteres con los que pretendemos hacernos una idea cabal de qué ha sucedido.

La infoxicación requiere el establecimiento de filtros —físicos, lógicos, mentales— por parte del lector. Es necesario cribar los contenidos que nos llegan, seleccionar los que son de nuestro interés y no dejarnos arrastrar por la vorágine informativa. Se requiere una disciplina en cuanto al consumo de datos y de información similar a la que nos juramos mil veces que ejerceremos la próxima vez que vayamos a un hotel con menú sin restricciones. Ante la abundancia, es imprescindible la autodisciplina. Igual que en la barra del buffet, es preciso que seleccionemos cuidadosamente aquello que más nos interesa y que lo dosifiquemos para poder probar un mayor número de platos. A diferencia del buffet, nuestra selección debe basarse en el equilibrio y el provecho —digamos, en el contenido calórico y proteico—, y no en lo que nos apetece probar (leer o escuchar).

Esta sobreabundancia de datos obliga también a mantener lo que en términos militares —y en otros campos— se denomina «conciencia situacional» (véase capítulo 3). Hay que conseguir no perder de vista qué perseguimos en las redes... ni lo que las redes persiguen en nosotros. No basta con tener en cuenta el poder de la reputación del emisor del mensaje, sino que el mismo contexto en que se produce la comunicación también introduce sus matices. Las redes sociales han creado un ecosistema económico propicio para la emisión de publicidad y de propaganda política. Viven de generar ese entorno de negocio para que terceros actores puedan explotarlo a cambio de una comisión de uso. Facebook no es la plaza pública en la que nos sentábamos a charlar de nuestras cosas, es más bien un club privado en el que algunos pagan para que nos sentemos a compartir con ellos nuestros datos. La diferencia es sutil, pero importante. No formamos parte de la compañía, sino que somos el producto que vende.

A falta de confirmación científica, la lectura reiterada de titulares diseñados por terceros —y en los que han incluido sus sesgos— para atraer la atención e incitar a su redifusión por toda una cadena de «amigos» no parece el mejor método para formarse un juicio fundado sobre una situación. Es cierto que desde nuestro teléfono móvil tenemos acceso inmediato a todo tipo de aclaraciones y la posibilidad de investigar cualquier aspecto, pero ¿quién tiene tiempo de profundizar en los detalles de una noticia cuando ya han aparecido otras dos o tres más actualizadas? En eso consiste la infoxicación, en una acumulación de noticias e informaciones y en una posibilidad ilimitada para obtener más y más datos. Una enorme cantidad de árboles para estar entretenidos.[19]

Por eso, preguntado sobre si en la actualidad política veía a alguien correr demasiado, Pere Navarro —a quien ya cité en el apartado anterior— respondió con una muy oportuna reflexión: «A las noticias. Todo va muy deprisa, a 140 caracteres, no hay tiempo para sacar conclusiones».[20]

En consecuencia, el usuario medio confiere credibilidad a un mensaje más por intuición y por la coherencia que tenga con sus propias creencias que por haber investigado detalle alguno. Si lo ha recibido de alguien de prestigio o de confianza, lo más normal es que lo termine validando y repitiendo el ciclo para que otras personas para las que él mismo resulta creíble acepten la validez de la noticia. No hay tiempo para más. No, porque ya nadie se conforma con saber qué temperatura hará mañana en su localidad, sino que necesita conocer la ubicación exacta del anticiclón de las Azores y de la borrasca Rita, y se hace imprescindible conocer la desviación típica de las temperaturas medias en el sur de Argelia en relación a la mediana de los últimos ochenta años. No hay tiempo para más porque el caudal de información es incesante (de forma necesaria, pues lo importante es mantener las rotativas digitales funcionando, incluso en lo más tórrido del verano cuando apenas hay nada que contar) y nos hemos autoimpuesto estar enterados de todo para poder comentarlo después en nuestras tertulias... de Facebook.

Esta red social ha diseñado un sistema de confianza de las noticias que postean los usuarios. Por el momento, no se conocen los detalles de la metodología utilizada para determinar la falsedad de las noticias, pero parece ser que implica su identificación como *fake news* por parte de otros navegantes. Sin embargo, Facebook pretende ir un paso más allá y evitar que estas denuncias puedan constituir, por sí mismas, una forma de manipulación de la veracidad de la información. Los mismos navegantes serían, si se interpreta bien lo que se sabe del sistema, catalogados como más o menos fiables a la hora de denunciar noticias falsas y no simplemente aquellas que les disgustan o con las que no están de acuerdo.[21]

Afortunadamente, ante esta proliferación de noticias, así como de las falsedades y manipulaciones que incluyen algunas de ellas de forma interesada, han surgido grupos organizados para contrastar las informaciones que se publican y, al menos, alertar sobre su credibilidad y la de los medios en que aparecen. La web *Maldito Bulo* es la más conocida en España,[22] aunque en Estados Unidos operan desde hace ya tiempo otras similares como *PolitiFact* (www.politifact.com) y *Snopes* (www.snopes.com), mientras que en México se creó *Verificado* (verificado.mx) para certificar la exactitud de las noticias aparecidas durante la campaña electoral de 2018.

Estos grupos se dedican al *fact-checking*, a la comprobación de datos. Y, fundamentalmente, a la denuncia de las informaciones distorsionadas que aparecen en los medios digitales. Se trata de una iniciativa modesta por sus medios y alcance, pero altamente significativa en cuanto a la preocupación que este tema despierta en la sociedad civil. Su respetuosa aproximación a la información, que se mantiene visible en todos los casos aunque se informe de su falacia, contribuye al que puede ser el mecanismo más efectivo para combatir las *fake news*: la concienciación y educación del público, de los receptores. Este tiende a aceptar la veracidad de los contenidos que no contradicen sus prejuicios, salvo que se le llame la atención sobre su posible falsedad.

En efecto, el *fact-checking* no es la solución a la desinformación y a las falsas noticias, aunque sí es uno de los componentes de la tríada necesaria para combatirlas:

- la ya comentada concienciación y educación de las audiencias;
- la autorregulación de las plataformas en cuanto a las noticias que sirven;
- la regulación, por parte de las autoridades, para impedir la impunidad en el traslado de estos relatos falsos o manipulados al público.[23]

Aldous Huxley comienza su recopilación de ensayos titulada *Nueva visita a un mundo feliz* (1958)[24] con unas frases que podrían haberse escrito siete décadas más tarde:

> El alma del ingenio puede convertirse en el cuerpo mismo de la mentira. Por elegante y memorable que sea, la brevedad no puede nunca, en la naturaleza de las cosas, hacer

justicia a todos los hechos de una situación compleja. En un tema así, uno puede ser breve solo a base de omisión y simplificación. La omisión y la simplificación nos ayudan a entender, pero nos ayudan, en muchos casos, a entender lo incorrecto, porque nuestra comprensión solo puede serlo de las nociones pulcramente formuladas por el abreviador, no de la vasta y ramificada realidad de la cual esas nociones han sido tan arbitrariamente abstraídas.

Me quité las gafas de no ver, y me dio vértigo

El *fact-checking* contribuye a aclarar el panorama informativo en las redes, a desenmascarar falsedades y dar al público la posibilidad de elegir verdad o comodidad. Es cierto, pero conviene aquí hacer un par de precisiones.

Combatir las narrativas con contranarrativas no es eficaz. Es decir, no tiene sentido que la única respuesta sea la de desmentir las falsas noticias y, mucho menos, pretender hacerlo aportando datos o información que las desmientan. Primero, porque los relatos interesados apelan al corazón, al sentimiento, y no a la cabeza, a la razón. Además de ser un método mucho más efectivo, solo puede ser combatido con sus mismas herramientas, es decir, apelando también a los afectos. No se puede contrarrestar un insulto con un cuadro estadístico, ni se puede desmontar un sentimiento nacionalista con un documento. En segundo lugar, porque la respuesta será necesariamente asíncrona respecto del mensaje al que se contesta. Es decir, no se producirá al mismo tiempo y, por tanto, no será un rival para la conformación de una idea en la mente del lector. El efecto se habrá logrado mucho antes de que llegue la respuesta y, para entonces, será demasiado tarde. «Calumnia, que algo queda» refleja muy bien los efectos de este decalaje. Al final, lo importante es ser el que da primero, el que dirige el discurso.

Los sentimientos se refuerzan o se combaten con sentimientos, y ese combate debe empezar antes del ataque. Pretender crear una corriente de opinión en respuesta a otra ya creada será siempre percibido como una estrategia defensiva, lo que transmitirá la sensación de que se es vulnerable a ese discurso. «Y tú más» únicamente funciona —o solo debería hacerlo— en los patios de los colegios. Una comunicación estratégica que mantenga al público concienciado e informado de la realidad y de los puntos de vista de la institución o la empresa permanentemente es la mejor estrategia posible. Es decir, la transparencia y la proactividad en la elaboración de los mensajes. Un entorno transparente dificulta, en todo caso, la presentación del agresor como un bienintencionado «desfacedor de entuertos» cuando no hay agravios que remediar.

La segunda precisión tiene que ver con la proactividad. Es muy sencillo confundir la transparencia y la proactividad con la publicidad y la censura. La difusión de narrativas propias y la difusión de la cultura de la organización son, hoy en día, elementos fundamentales para crear una imagen corporativa o personal adecuada. Sin embargo, esta misma actividad puede transformarse con relativa facilidad en un discurso sesgado y excluyente. El control de las narrativas falseadas también corre el riesgo de convertirse en un mecanismo institucional para la eliminación de la oposición política o comercial abusando de una posición de privilegio en un mercado o en una actividad reguladora.

Lejos de alertar sobre la censura únicamente respecto de cualquier nivel de la Administración con capacidad regulatoria —sea local, regional, estatal o supranacional—, es importante incluir aquí también la que se podría ejercer si continúa la tendencia, iniciada ya en Estados Unidos, de terminar con la neutralidad de la Red, es decir, con el tratamiento sin discriminación de los contenidos que circulan por las redes con independencia de quién sea el generador de los mismos. Por ejemplo, un operador de telefonía que controla las redes de comunicaciones podría privilegiar la distribución de los contenidos —digamos, de series de televisión— de su propia empresa o de alguna asociada.[25] Aunque no hay escasez objetiva de ancho de banda para satisfacer todas las necesidades, las operadoras se sienten legitimadas a recibir una parte de los beneficios que generan los contenidos que se mueven a través de ellas.

Siempre resulta demasiado peligroso entrar en el juego de la elaboración de narrativas confrontadas, especialmente cuando se trata de un enfrentamiento asimétrico en que ambas partes tienen capacidades o reputaciones muy distintas. Estos duelos tienden a ser vistos como enfrentamientos entre iguales, y el bando con mayor legitimidad se arriesga a perderla al equipararse a su oponente. Además, el control permanente del discurso es una utopía y, por tanto, en ese enfrentamiento entre supuestos iguales habrá momentos en los que se cederá la credibilidad y el dominio a un adversario que nunca debería haber sido percibido como simétrico. Es algo no muy distinto a lo que ocurre en la lucha antiterrorista cuando se cae en la tentación de mantener contactos públicos con el otro bando. La legitimización obtenida en el intercambio es siempre una primera baza que se concede al terrorista, muchas veces a cambio de nada. Una preocupación similar se presenta cuando una gran potencia se aviene a negociar con otra mucho menor sobre la base de un chantaje puntual.

Un énfasis continuo en el peligro de la desinformación acrecienta, por otro lado, el riesgo de que se produzca una pérdida de credibilidad en el conjunto de las fuentes de noticias, lo cual derivará en actitudes cínicas o apáticas.

Por interés económico

Los medios de comunicación tienen un papel de tremenda importancia: están llamados a convertirse en la referencia de la credibilidad y a poner en valor el código deontológico de la profesión.[26] La desaparición de referentes de objetividad —incluso desde los sesgos inevitables de una determinada cultura— o, al menos, de imparcialidad dificultaría hasta casi imposibilitarla la recuperación de un marco de diálogo común. La desaparición de un espacio de entendimiento basado en un núcleo de valores irrenunciable dejaría paso, en cuestión de muy poco tiempo, a una identificación de la noticia con el relato y, por tanto, a la pérdida de confianza incluso en la existencia de una verdad objetiva sobre la que empezar a trabajar.

Los discursos en las redes siguen tendiendo a apoyarse en medios consolidados, analógicos en muchos casos, para cimentar su credibilidad. La pérdida de referencias reputadas transferirá sin duda esta apoyatura a medios que directamente están controlados por intereses partidistas.

Las redes sociales han tomado, precisamente, ese camino que pretende eludir la responsabilidad sobre lo que se publica. Niegan sistemáticamente su condición de medios de comunicación social. Los escándalos en que se han visto implicadas varias de ellas recientemente, sobre todo Facebook, podrían llegar a obligarlas a adoptar algún tipo de compromiso con la objetividad. Sin embargo, por el momento, siguen escudándose tras la etiqueta de ser «plataformas de compartición de contenidos» para eludir adoptar medidas propias de los medios de comunicación.

Niegan ser medios sin llegar a reconocer que su único interés es «sacar cuartos». Pero el resultado final es que los algoritmos y modelos de negocio de las redes sociales están condicionando la libertad de los usuarios —que somos todos, directamente o a través de los muchos medios de comunicación que se apoyan en sus informaciones— por puro interés crematístico. No hay, en la mayor parte de las ocasiones, pretensiones de manipular el discurso en favor de una opción u otra, pero la inacción en lo relativo al uso de sus plataformas por parte de terceros las hace cómplices en la distorsión de la realidad social e, incluso, individual.[27]

La destrucción de la confianza

Si pensabas que un mundo con verdades oficiales es malo, espera a ver uno sin verdades ni referencias. Una mentira oficial se puede combatir apoyándose en los argumentos que emplea. El problema aparece cuando no hay punto de apoyo ni nada que combatir. Las dictaduras ofrecen, al menos, un objetivo al que combatir cuando se discrepa de lo que están construyendo; la anarquía y el caos son meramente destructivos (aunque no necesariamente inútiles).

En muchos casos, no es necesario siquiera conseguir que el adversario o el público en general «compre» una narrativa concreta. La desaparición del discurso o de las referencias puede ser suficiente recompensa y, para conseguirlo, basta con generar una pérdida de confianza —ya sea en la parte dominante o en la que actúa como reguladora—, crear confusión o privar de referencias sobre las que juzgar. Remover el río para ganancia de los pescadores.

La infoxicación consigue saturar la capacidad de absorción de estímulos informativos del receptor. Llega un momento en que toda la información recibida tiene un valor equivalente, en que se es incapaz de discernir entre lo real y lo ficticio. Entre lo que verdaderamente importa y lo superfluo. Se carece de toda referencia, de cualquier eje de coordenadas sobre el que trasladar las percepciones para que cobren sentido. Perdidas las velas, quedamos a merced de las corrientes y los vientos.

En un mundo de referencias forzadas de arriba abajo, sigue existiendo una autoridad a la que resistirse cuando no se está de acuerdo con el criterio oficial, sigue diferenciándose entre el bien y el mal. En un universo sin referencias, perdido en la nada de lo indiferente, no hay dónde apoyarse ni a qué oponerse. Si un mundo con los ejes alterados o incluso revirados es indudablemente hostil para el ejercicio de la libertad, aquel en el que se han suprimido las líneas que marcan esos ejes y las dimensiones mismas que los definen, carente así de referencia alguna, resulta absolutamente alienante e implica la pérdida de todo vestigio de capacidad para discernir y para obrar en consecuencia. Es como querer avanzar en el vacío sin apoyo o impulso posible.

No hace falta construir, basta con destruir la confianza, sea en el sistema bancario, la clase política, las universidades o la posibilidad de la victoria. De hecho, la finalidad de las interferencias rusas, según el periodista ruso Andrei Soldatov, «no es convencerte de algo, por ejemplo, de que Cataluña debe ser independiente. Su verdadero objetivo es confundir a todo el mundo y hacer que desconfíes de las instituciones democráticas».[28]

Cuando te convencen desde dentro de tu cerebro

En 2016, un mono Rhesus con una lesión en la espina dorsal que le impedía mover una de sus patas traseras volvió a andar gracias a un implante en su cerebro y en la parte baja de su columna. La conexión wifi del implante consiguió suplir la información que debía fluir a través de sus nervios por una señal inalámbrica que transmitía las órdenes del cerebro hasta los músculos. El movimiento es, normalmente, mínimo porque el número de neuronas que se pueden estimular a un tiempo no pasa de las pocas docenas.[29] Pero, como dijo Galileo, se mueve.

La tecnología de las interfaces cerebro-ordenador (*Brain-Computer Interface*, BCI) se centra, por el momento, en aplicaciones terapéuticas que permiten arreglar desórdenes neuronales o mitigar sus efectos sobre los pacientes. Las inversiones en este campo están creciendo rápidamente en los últimos años y se estima que, en Estados Unidos, se destinan fondos federales por valor de más de 900 millones de dólares anuales solo para el desarrollo del proyecto BRAIN,[30] para un total estimado de 4.500 millones para toda la vida prevista del proyecto (hasta 2028). Más de 500 laboratorios de todo el mundo están implicados tan solo en este programa.

También los humanos pueden mover algún miembro o realizar funciones más complejas utilizando solo los impulsos eléctricos que se generan en sus cerebros y las conexiones adecuadas. Se han organizado carreras de avatares, de personajes de videojuegos, que se mueven únicamente con el pensamiento de los jugadores. También se ha logrado que el director de un laboratorio de investigación sobre la esclerosis lateral amiotrófica sea capaz de gestionar su trabajo a través de una interfaz que conecta su cerebro con el ordenador, lo cual le permite contestar así correos electrónicos, escribir documentos y otras funciones que los demás llevamos a cabo a través del ratón y el teclado o de la pantalla táctil.

Y todo esto se ha conseguido mediante la estimulación de apenas unas docenas de neuronas. Imaginemos qué será posible dentro de tres o cuatro años si la investigación de ingeniería neuronal puesta en marcha en Estados Unidos por la Agencia de Proyectos de Investigación Avanzados de Defensa (DARPA, por sus siglas en inglés) —la misma que puso los cimientos de la Internet o del GPS— consigue su objetivo: conectar un millón de electrodos de forma simultánea para activar hasta 100.000 neuronas a la vez. Un grupo de científicos, encabezado por el neurobiólogo español

Rafael Yuste, impulsor del proyecto BRAIN, resume así este futuro:

> Es posible que se tarden años, o quizá décadas, hasta que las interfaces cerebro-ordenador y otras neurotecnologías sean parte de nuestra vida diaria. Sin embargo, los desarrollos tecnológicos suponen que estamos camino de un mundo en el que será posible decodificar los procesos mentales de las personas y manipular directamente los mecanismos del cerebro que subyacen a sus intenciones, emociones y decisiones; en el que los individuos se podrían comunicar entre ellos tan solo pensando y donde poderosos sistemas computacionales conectados directamente a los cerebros de la gente apoyen sus interacciones con el mundo de modo que sus habilidades físicas y mentales se vean ampliamente mejoradas.[31]

Todo ello requiere saber mucho más del cerebro humano. Una vez conocidos su estructura y su funcionamiento profundos, y seguramente mucho antes de trazar su mapa completo, será posible reparar las conexiones que fallen y curar así muchas enfermedades degenerativas. Pero es probable que también se le encuentre utilidad a la posibilidad de manipular intenciones, emociones y decisiones, como apunta el texto anterior. A pesar de que los últimos estudios hablan de una enorme descentralización en el almacenamiento de la memoria, no sería de extrañar que se pudieran borrar o implantar recuerdos.

Luchar guerras pasadas

La tentación de todo comandante militar es estudiar el último conflicto y prepararse para ganarlo la próxima vez que se plantee. Es un canto de sirena contra el que se alerta continuamente en las escuelas y academias militares. No es la guerra anterior la que habrá que ganar, sino la próxima. Y esta será diferente, porque lo serán los adversarios, los medios, los fines y, para eso seguimos preparándonos, también lo seremos nosotros.

Esto es mucho más cierto en la actualidad, inmersa en el frenético ritmo evolutivo del siglo XXI. La evolución exponencial de las tecnologías de la información supone que en cada ciclo —unos dos años en el caso de la ley de Moore, según la cual en ese tiempo se duplica el número de transistores en un microprocesador, pero mucho menos para la fibra óptica, por ejemplo— se va a avanzar tanto como se había andado en el camino recorrido hasta entonces.

La guerra de la información y la desinformación se libra dentro de nosotros. Es más, se libra en la concepción que tenemos de nosotros y de los otros. Se trata de una amenaza cualitativamente distinta a las que hemos afrontado hasta ahora. Nunca antes los seres humanos habíamos estado sometidos a tantos estímulos como ahora, cuando estos se presentan desde cualquier lugar del mundo, de forma inmediata y simultánea, y en todas partes. El enemigo ha dejado de ser un monstruo cada vez más grande para convertirse en un ser fluido, informe, imposible de atrapar. Y la solución puede ser un enemigo igual de formidable.

Según la analista de inteligencia *online* Eva Moya,[32] los países están adoptando una o varias técnicas para afrontar y explotar las posibilidades que ofrece la digitalización de la manipulación de las narrativas:

- La táctica del bloqueo, con la cual se pretende evitar que las noticias lleguen al público. Consiste no tanto en evitar su publicación como en bloquear el acceso de los usuarios objetivo a las páginas que las contienen. Es una forma de censura selectiva que ataca el problema en su fase de distribución. La eliminación en China durante los últimos veinte años de toda referencia al alzamiento en la plaza de Tiananmén es el ejemplo paradigmático. Finalmente, se ha hecho extensivo a otras figuras y discursos, como la del popular oso Winnie The Pooh, protagonista de libros y películas, al que se asocia con la figura del presidente Xi Jinping —por otro lado, un entusiasta de Disney— y suprimido de las páginas chinas con el fin de evitar que se utilice para criticar al mandatario (y de los muñecos vivientes que poblaron la Puerta del Sol de Madrid durante la visita que el premier chino hizo a la capital española en 2018).

- La táctica del miedo, asociada a represalias contra aquellos medios o personas que utilicen Internet en contra de los intereses del régimen. En Turquía, por ejemplo, se plasma en la censura y los ataques a la prensa, ejercidos con el cierre de distintos medios y redes sociales y la supresión de sus contenidos.
- La táctica del «Gran Hermano», por su parte, explota la información y desinformación aparecida en las redes para, mediante programas de vigilancia electrónica como PRISM,[33] recopilar datos sobre adversarios presentes o potenciales, o bien sobre ciudadanos corrientes.
- La táctica de la «siembra» hace un uso activo de las redes para generar un entorno favorable al país mediante el fomento de la reputación de este, ya sea de forma real o ficticia, con la compra de seguidores o la generación de *bots* «amigos». Estados Unidos es uno de los países que ha utilizado esta táctica en la difusión de su narrativa.

MANUAL DE SUPERVIVENCIA

- **NO BUSQUES SOLUCIONES SIMPLES A PROBLEMAS COMPLEJOS**

Cualquiera puede utilizar el ciberespacio para lanzar su narrativa, desde un Estado o una empresa hasta un grupo organizado —o tan poco jerarquizado como Anonymous— o un solo individuo. Y cada atacante puede adoptar incluso varias personalidades. El problema se complica muchísimo porque, en el otro extremo, las partes implicadas también son incontables.

Ante una situación tan tremendamente compleja, cualquier solución tiene que ser multidisciplinar. No basta con dominar la tecnología, un aspecto menor y perfectamente externalizable en la mayoría de los casos, sino que es necesario gestionar de manera conjunta la psicología de cada internauta, la sociología de los grupos, la política de las sociedades, el Derecho que las regula y un sinfín de aspectos más.

Para sobrevivir en este siglo XXI, conviene definir el entorno más favorable y factible para la comunicación en las redes y para la transmisión de la información en general, así como aplicar medidas en todos los campos que lo refuercen. La solución debe ser dinámica, tiene que seguir evolucionando según lo hacen la amenaza a la que se enfrenta y las nuevas formas de acción que pretenden subvertir el modelo establecido. La aplicación, en cada vez mayor escala, de la inteligencia artificial a la generación de *bots* deberá ser replicada con un esfuerzo equivalente en la detección de los mismos, ya que la capacidad humana no asistida para discernir entre usuarios genuinos y robotizados puede haberse visto ya superada.

- **DEFIENDE LOS VALORES COMUNES**

Las soluciones deben basarse en el mantenimiento de un núcleo de valores comunes, de modo que estos sean una garantía de que su aplicación no causará un daño mayor que el que pretenden erradicar. La definición de los límites de la libertad de expresión no puede ser restrictiva, pero sí es probable que haya que redefinir la libertad para desinformar distinguiendo claramente entre *opinión* y *noticia*, siguiendo el modelo que la prensa tradicional ya implantó hace muchos años. En este mismo sentido se expresó la Organización para la Seguridad y Cooperación en Europa (OSCE) en su *Declaración Conjunta sobre la Libertad de Expresión y las «Fake News», la Desinformación y la Propaganda*, presentada en 2017.[34]

- **APOYA LA VIGILANCIA DE LA DESINFORMACIÓN**

El periodista danés Flemming Rose, miembro del Instituto Cato —un *think-tank* estadounidense que aboga por los principios de la libertad individual y el gobierno limitado—, alerta contra el discurso que pretende luchar contra las *fake news* ejerciendo una censura de los contenidos.[35] El apoyo a esta narrativa, que empieza a calar entre el gran público, se basa en el temor de cada ciudadano a que se cuestione su punto de vista y se le saque de su zona de confort. La crítica y la contradicción de los valores propios se entienden como una ofensa en lugar de como una oportunidad de mejora.[36] La censura, la centralización y la uniformización de las ideas atentan contra la dignidad humana. En su ensayo *Sobre la libertad* (1859), el filósofo y economista estadounidense John Stuart Mill proclamó que «todo lo que aplasta la individualidad es despotismo». La «democratización» del discurso en las redes supone, sin embargo, un reto novedoso para los gobiernos y para los medios dominantes que ya han empezado a acotarla, lo cual ha generado un clamor popular por el establecimiento de la censura.

La vigilancia atenta de la desinformación es ineludible. Del mismo modo que las redes sociales han centrado sus esfuerzos en maximizar su cuota en el mercado de la atención de sus usuarios, una utilización ética y socialmente responsable de sus algoritmos podría centrarse en filtrar las noticias no contrastadas marcándolas de un modo mucho más claro que el empleado hasta ahora. No se trata de censurar contenidos (se podría hablar mucho de los que se eliminan actualmente basándose en conceptos morales muy restrictivos y en algoritmos escasamente entrenados) ni de dirigir el discurso hacia fuentes concretas, por muy contrastadas que estén.

- **APRENDE, EXIGE, CONSIGUE**

Dos de las armas más poderosas frente a la desinformación y las falsas noticias son la educación y el conocimiento del entorno. Gracias a esos recursos, las personas expuestas a los riesgos del ciberespacio —antes de que transcurra otra década, lo estarán todos los habitantes del planeta— sabrán diferenciar, decantar y valorar los contenidos.

Es necesario fomentar la autorregulación de las plataformas a través de las que se difunde la información, con un código deontológico muy exigente que se corresponda con el enorme poder que acumulan. Los tímidos movimientos que han iniciado las redes sociales siguen estando muy lejos de cumplir unos estándares mínimos de habitabilidad.

Los poderes públicos —que ejercen la representación de la ciudadanía— deben regular los límites a la libertad que garantizan el ejercicio de la misma. Una ilimitada libertad para difundir relatos con forma de noticia restringe la de la población para distinguir lo veraz de lo impostado y, así, elimina de raíz la posibilidad de ejercer una libertad informada, la única que existe.

- **DESCONFÍA DE LOS GIGANTES DEL MERCADO**

Cualquier sistema de importancia crítica, infraestructura o servicio basa parte de su seguridad en el establecimiento de duplicidades y redundancias. Evidentemente, esto afecta a la eficiencia del conjunto porque duplica los elementos para garantizar la continuidad del servicio en caso de fallo del principal. El actual entorno de cuasi monopolios mundiales maximiza esa eficiencia, mucho más significativa cuando se trata de la gestión de datos, pero elimina casi por completo las garantías de imparcialidad y fía a una sola compañía no solo la operativa, sino también los datos y la clientela.

Son muchas las voces que se alzan en demanda de una fragmentación del mercado, de una ruptura del monopolio de las plataformas. Lo hacen desde el mundo de las libertades, pero también desde el campo de las finanzas y la economía. Incluso desde la geopolítica, parece razonable que la segmentación del mercado actual sea una alternativa ventajosa a la nacionalización incipiente del entorno del conocimiento que se observa en países con sistemas políticos alternativos. La creciente ola de autorregulación que se vive en las redes sociales es un síntoma de la preocupación que les provoca esta posibilidad.[37]

- **CAMBIA TU MANERA DE VER EL MUNDO**

El fenómeno de las falsas noticias no es algo que se pueda combatir de forma puntual o para un acontecimiento concreto (por ejemplo, durante los tres meses previos a las citas electorales). Su efecto se traduce en un cambio en la forma de entendernos y de entender el mundo. Por limitado que pueda ser ahora mismo su impacto real en una situación concreta, la reiteración a medio y largo plazo de esas falsas noticias estimula posturas radicales, cínicas o apáticas en función de la interpretación que cada cual haga del entorno que se crea. Se trata, por tanto, de una amenaza sistémica que se debe afrontar desde el propio sistema, incorporando a su rediseño los mecanismos para mitigar los efectos que tienen estas no noticias.

3. EL MINISTERIO DEL OCIO

Según la Federación Internacional de Robótica, en 2020 había más de 1,7 millones de robots dotados de inteligencia artificial en las fábricas de todo el mundo. En 2025, tras una tasa de crecimiento compuesta del 13 % anual, su número ya supera los 4 millones en el ámbito industrial. Y su implantación como fuerza laboral apenas estará comenzando. En la actualidad, el 70 % de los robots están trabajando en fábricas asiáticas —principalmente chinas, japonesas y coreanas—, un 20 % en las europeas y el 10 % restante en Norteamérica. Es muy probable que esta tendencia se acentúe con las tensiones demográficas de los países asiáticos, que van a requerir más brazos robóticos para sustituir a una población menguante. De hecho, la industria productora de robots y soluciones automatizadas está dominada por dos empresas japonesas (Yaskawa y Fanuc) y otras dos europeas (ABB y KUKA).

Para Andrew Ng, ex científico jefe de Baidu, empresa creadora de un motor de búsqueda chino equivalente a Google, «si una persona normal puede hacer una tarea mental que requiere pensar menos de un segundo, probablemente podemos automatizarla utilizando la inteligencia artificial, o podremos en el futuro próximo».[1]

Mucho antes de que un sistema de inteligencia artificial pueda tomar conciencia de sí mismo —como le ocurrió a Skynet, del Departamento de Defensa de Estados Unidos, en la película *Terminator* (James Cameron, 1984)—, los robots van a provocar una alteración muy significativa en la fuerza laboral. Huyamos del tópico sobre cómo las máquinas ocuparán la práctica totalidad de los trabajos y acabarán provocando el paro masivo entre los humanos. Y no esperemos mundos idealizados en los que las personas viven en un mundo robotizado donde las máquinas han sustituido a los esclavos, a modo de fantástica película de romanos en la que todos seríamos patricios, si no el emperador mismo.

La realidad, como suele ocurrir, se encuentra en un punto intermedio y mucho menos espectacular. En este caso, afortunadamente. Ni es probable que vayamos a convertirnos en mendigos harapientos, ni pasaremos el resto de nuestras vidas dedicados al *dolce far niente.* Simplemente, la sociedad tenderá a aplicar criterios de eficiencia en cuanto a las tareas que humanos y máquinas desarrollen.

Cuando algunas estadísticas y estudios, como el del Foro Económico Mundial, predicen que más de la mitad de los empleos actuales estarán ocupados por robots en 2025, es necesario poner la afirmación en su contexto. En efecto, para esa fecha es posible que el 52 % del trabajo actual lo realicen las máquinas. Tres años antes, esa tasa de automatización será del 42 %, lo que implica que el ritmo de crecimiento de la externalización es acelerado. Sin embargo, no partimos de cero: en 2018 los robots ya constituían el 29 % de la «plantilla» de las grandes empresas.[2] Queda cierto margen todavía, por tanto, antes de la traca final de la revolución tecnológica.

Es importante darse cuenta de que se habla de «empleos actuales», es decir, generados, normalmente, en la era industrial. Lo que muchas estadísticas esconden es que la eliminación de esos 75 millones de empleos hasta 2025 vendrá acompañada, según las mismas estimaciones, de la creación de 133 millones de nuevos puestos de trabajo.

ÍNDICE DE AUTOMATIZACIÓN

División del trabajo en función del número de horas dedicadas (%)

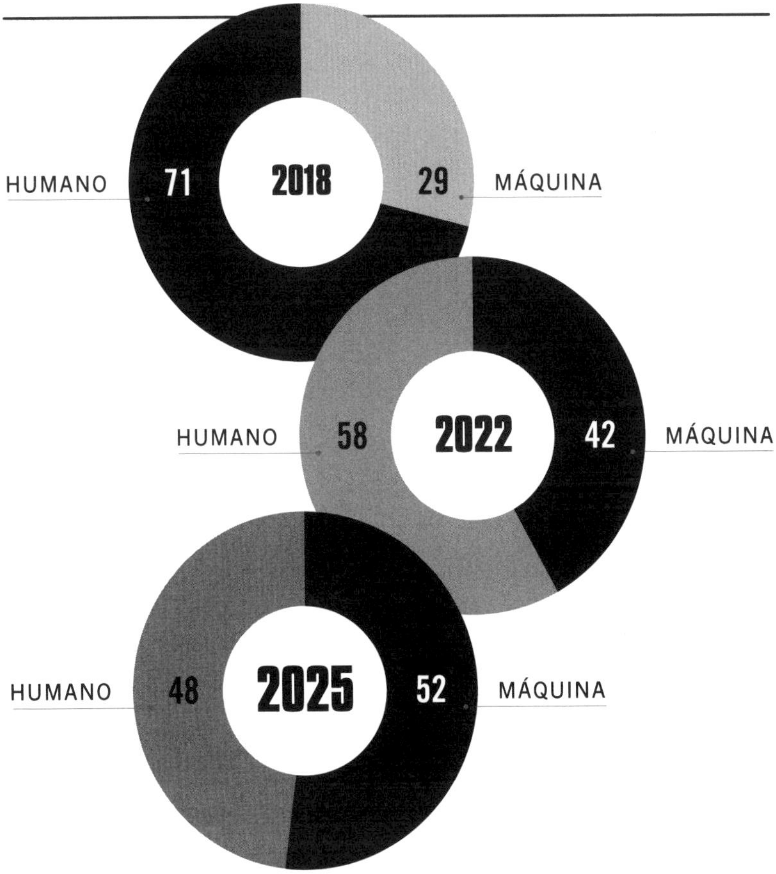

Fuente: Foro Económico Mundial.

El cálculo sencillo hablaría de una creación neta de empleo de 58 millones de puestos. Una segunda lectura obliga a pensar que no es así. Se trata de la creación de 133 millones de perfiles profesionales distintos de aquellos para los que están preparados los 75 millones de nuevos desempleados. Por tanto, el gran reto al que nos enfrentaremos en los próximos años será el de formar a 58 millones de trabajadores y, simultáneamente, reconvertir a 75 millones de operarios 2.0 en trabajadores 3.0. Algunos estudios estiman hasta en un tercio de los trabajadores los que necesitarán complementar su formación o adquirir una nueva antes de 2030.

Desgraciadamente, las habilidades acumuladas por millones de personas, así como la mentalidad con la que se adquirieron y el mismo paradigma laboral, han quedado obsoletas bastante antes de que el sistema educativo global —que debería haberse adelantado al cambio— haya hecho poco más que dar tímidos pasos hacia un nuevo modelo. Educar a las personas para competir con las máquinas, en un intento desesperado por retrasar el momento en el que estas sean más eficientes que los humanos, es una batalla perdida de antemano. Y también una forma de degradar la dignidad humana, más grave incluso que cuando se suplía con desventaja la fuerza de los bueyes o de las mulas con porteadores bípedos racionales.

Nuestro objetivo debe centrarse en optimizar las características que nos distinguen de los robots —como las habilidades intelectivas— y proporcionan valor añadido a la cadena de producción. Un ejemplo es la creación de disciplinas mixtas o de asignaturas de humanidades enfocadas al ámbito tecnológico. Pero en muchas ocasiones, los científicos actuales minusvaloran estas materias asociadas con la faceta humana de los trabajadores. Tal falta de aprecio demostrará ser un error cuando, en unos pocos años, el mercado demande las habilidades asociadas a ellas.

La transición energética, que se está desarrollando casi simultáneamente a la tecnológica en todo el mundo, proporciona numerosos ejemplos de apoyos a modelos extractivos y de producción de energía obsoletos. Estas decisiones se basan en la reticencia para asumir las dificultades derivadas de la necesidad de reeducar y reubicar al personal, más que en criterios estratégicos o de eficiencia. Igual que en el caso de las migraciones, el volumen de trabajadores afectados por la obsolescencia de sus capacidades como consecuencia de la automatización de sus funciones será mucho mayor que el que se ha visto hasta ahora en el mundo de la energía.

Los nuevos trabajos de los humanos deberán estar centrados en aquellas áreas que requieren una mayor capacidad de empatía y relación personal. Las tendencias que se adivinan en la red profesional LinkedIn muestran incrementos de plantilla en la gestión de recursos humanos, el reclutamiento y otras tareas similares. Por otro lado, las labores meramente administrativas, contables o de atención al cliente —como ya ocurre con el desarrollo de los *chatboxes*— verán reducido drásticamente el número de personas que se encargan de ellas.

En la misma línea apunta también un estudio de la consultora Accenture,[3] que profundiza y matiza la faceta humana de los trabajos del futuro. Incluso dentro de las mismas profesiones, la labor que desempeñen las personas debería resultar mucho más gratificante para los profesionales vocacionales. La liberación que supondrá la automatización de las tareas más repetitivas permitirá dedicar tiempo y esfuerzo a labores más propiamente humanas. Médicos y enfermeras deberían poder ofrecer un servicio más personalizado a sus pacientes. Un servicio en el que, en lugar de estar rellenando historias clínicas, tuvieran tiempo para explicar a cada uno de ellos qué le pasa, qué puede esperar y cuáles son sus opciones. Los científicos tendrán más tiempo para poner en común y discutir sus descubrimientos, mejorando así la utilidad de los mismos y el número de aplicaciones que se les pueda dar.

Precisamente para esos dos grupos —científicos e ingenieros— se prevé el impacto más leve en cuanto a la automatización de tareas, apenas un 18 % de las mismas. No obstante, en las tres cuartas partes de su trabajo podrán aplicar ayudas basadas en la inteligencia artificial que mejoren su rendimiento o el de sus equipos. Estos porcentajes, naturalmente, crecen significativamente cuando se trata de otras profesiones. En el extremo opuesto, dos tercios de las actividades basadas en la fuerza física se verán automatizadas completamente, mientras que casi la totalidad de las incluidas en el tercio restante disfrutarán de apoyo. Apenas si quedarán trabajos físicos que un humano deba llevar a cabo sin ninguna ayuda artificial. Los primeros exoesqueletos para multiplicar las capacidades físicas humanas —permitiendo a los operarios levantar pesos o aplicar fuerzas superiores o durante un tiempo más prolongado— ya funcionan en muchas fábricas actuales,[4] y algunos diseños se han aplicado también a los soldados de equipos de operaciones especiales. El novelista Dale Brown, antiguo capitán de la Fuerza Aérea de Estados Unidos, describe modelos razonablemente realistas en *The Tin Man* («El Hombre de Hojalata», 1998) y algunas otras de sus obras.

En general, los sistemas inteligentes intervendrán en más de la mitad de las tareas que llevemos a cabo dentro de una década. Y ejecutarán por sí mismos el 80 % de los restantes trabajos.

Como ocurre en la vida, no todo es blanco o negro, sino que hay matices de gris. La solución no está en sectores completamente humanos o completamente robóticos, sino en buscar la mejor manera de combinar las habilidades de ambos para conseguir el resultado óptimo. Pero, sin duda, en aquellos trabajos en los que la participación humana sea marginal respecto a la de las máquinas habrá que acometer planes de choque que permitan una transición lo más suave posible de su fuerza laboral hacia otros sectores.

Tiempo para vivir

En el mundo de la próxima década (no hablo de mediados o finales de este siglo XXI), la educación tendrá que orientarse hacia la formación de grandes masas de trabajadores en tareas distintas a las que desarrollaban. Para adquirir estas nuevas habilidades, el sistema educativo actual no ofrece los modelos más adecuados. En la mayoría de los trabajos, la capacidad para llevar a cabo razonamientos complejos, la creatividad y la inteligencia social emocional serán claves para el éxito. Cabe esperar un mundo mucho más humano que el actual. Un mundo en el que las tareas productivas no constituyan una preocupación y, por tanto, podamos dedicar más tiempo a construir relaciones personales.

El modelo mismo de trabajo estará mucho más centrado en la persona, en la formación del individuo como tal y en su capacidad para formar parte de distintos equipos. El individuo constituirá una suerte de empresa personal de servicios y formará parte de los proyectos de las empresas sin vincularse necesariamente a ninguna de ellas. El modelo actual de temporalidad, que todavía hoy se percibe como una vulnerabilidad del trabajador, debería transformarse en otro en el que la persona se libera de la servidumbre y fidelidad a una empresa, a un logotipo y a unos colores para desarrollar su trabajo en el ambiente más propicio en cada caso.

La liberación de la labor productiva debería dar lugar, en algún momento de la evolución del proceso, a un sistema de renta básica personal universal que asegure la supervivencia del individuo y le permita transitar entre puestos de trabajo sin la servidumbre de tener que conseguir los recursos para llegar a final de mes.

Para entonces, el trabajo debería ser un complemento económico asociado al desarrollo de una actividad vocacional, en la que gracias a la especialización que permite el poder llevar a cabo una tarea en distintas empresas y entornos, y apoyado en un ambiente mucho más rico de intercambio de conocimientos, el trabajador pueda realizarse personal y profesionalmente en su actividad diaria.

Hoy en día, un trabajador estándar en Estados Unidos pasa la cuarta parte de su jornada laboral leyendo y contestando correos electrónicos. Cuatro de cada diez trabajadores considera que es imposible conciliar la vida familiar con una carrera de éxito. Las largas jornadas laborales —aunque la media es de 47 horas semanales, casi la mitad de la población trabaja 50 horas a la semana y un 20 % sobrepasa las 60 horas— y los desplazamientos a y desde el puesto de trabajo dejan poco tiempo para dedicarse a la formación propia o a mantener y convivir con una familia.

A todo esto hay que añadir la servidumbre que introducen los teléfonos móviles de empresa —consultamos el teléfono en torno a 150 veces al día; una cada seis o siete minutos mientras estamos despiertos—, más el correo electrónico en muchos casos. Una servidumbre que también repercute en la delegación de funciones y responsabilidades. La posibilidad de ejercer permanentemente el control y ser consultados sobre cualquier aspecto hace que muchos directivos priven a sus subordinados del más mínimo margen de actuación y realización personal. A su vez, esta circunstancia afecta a la maduración profesional de las personas, que se convierten en meras correas de transmisión de las órdenes que reciben y no tienen oportunidad de entrenar su propia capacidad directiva. El consultor Josh Bersin lo explica diciendo que no se necesitan más líderes, sino más (y mejor) liderazgo.[5]

Precisamente, la gestión y el liderazgo se convertirán también en actividades a las que se dedicará más tiempo y esfuerzo.[6] Así, se verán potenciadas las relaciones humanas, la capacidad para trabajar en equipo y para dirigir uno. De alguna manera, una réplica del modelo de funcionamiento militar en operaciones, en el que una parte importante de la labor de cada escalón de mando se dedica a crear y mantener cohesionado al equipo que depende de uno. Solo una parte del esfuerzo se centra en labores individuales y en añadir valor a la cadena. Un sistema menos eficiente en lo individual, sin duda, pero mucho más capaz de mantener la operatividad prácticamente inalterada en cualquier circunstancia, más resiliente, y tremendamente eficaz.

Otro tipo de formación será también necesaria para facilitar el trabajo compartido con las máquinas. La unión de la inteligencia de los robots y las personas generará grandes ventajas. Sin embargo, para que se traduzca en un incremento de la producción, será necesario que este trabajo sea aditivo y no se produzca en entornos separados. La inteligencia colaborativa, la capacidad para integrar el trabajo mecánico en las rutinas de las personas, el incremento de las capacidades humanas mismas, con inteligencia artificial incrustada en nuestro proceso cognitivo, serán claves para obtener el máximo provecho de las sinergias existentes.

Entender el funcionamiento de esos algoritmos y conseguir que los sistemas artificiales asimilen los objetivos de los humanos serán habilidades necesarias en la mayor parte de las tareas. La consultora estratégica McKinsey & Company estima en un 55 % el crecimiento del empleo en disciplinas relacionadas con las habilidades tecnológicas.[7] El aprendizaje dejará de ser —ha dejado ya de serlo, de alguna manera— una fase en la vida de las personas para convertirse en un proceso continuo, reiterativo y adaptado a los requerimientos cambiantes de la sociedad.

Una visión más pesimista —o, quizá, realista— es la que ofrece el historiador económico Louis Hyman. La Revolución Industrial del siglo XIX también vino precedida de cambios sociales. En aquel momento, el trabajo dejó de desarrollarse en el propio hogar para trasladarse progresivamente a fábricas incipientes. Esto supuso una precondición para la mecanización de las factorías sin la cual la transición no habría sido posible.[8]

Igualmente, en los últimos años estamos viviendo un fenómeno que responde a las primeras etapas de esa nueva revolución. En los últimos diez años, el 94 % del empleo creado es temporal. Son cifras de Estados Unidos, no de

España. Se trata de un fenómeno global, por mucho que nos duelan, sobre todo, sus efectos más cercanos. La tercera parte de la población activa y la mitad de los jóvenes tienen empleos no fijos. Y es una tendencia creciente. Hyman relaciona esta desvinculación de los trabajadores y la empresa con la creciente importancia de la gestión financiera de estas últimas. Son los consejos de dirección los que toman las decisiones y el trabajador deja de ser una parte del tejido empresarial para convertirse en un recurso muchas veces intercambiable y externalizable.

Para llegar a esta situación no era necesaria la existencia de la Internet, ni de los ordenadores, ni mucho menos de la inteligencia artificial. La primacía de la individualidad —el hecho de que los trabajadores de dentro de una década vayan a operar, en un alto porcentaje, como autónomos vinculados a proyectos concretos— tiene su precedente en la precariedad que se denuncia constantemente desde hace años sin que por ello haya dejado de crecer.

La transición será dolorosa, muy especialmente en aquellas zonas o países en los que la mayor parte de la masa laboral esté centrada en empleos poco cualificados y fácilmente automatizables. Sin una implicación por parte de los gobiernos en la readaptación de las cualidades de los trabajadores al nuevo mercado de trabajo, será muy difícil para millones de personas aprovechar las numerosas oportunidades que presentará el nuevo modelo. La Organización Internacional del Trabajo (ILO, por sus siglas en inglés), un órgano especializado de la ONU, alerta del especial riesgo que pueden correr hasta la mitad de los trabajadores de economías emergentes como las del Sudeste Asiático. Al menos 137 millones de personas en Vietnam y, en menor medida, Camboya, Indonesia, Tailandia y Filipinas podrían ver cómo sus empleos pasan a ser desempeñados por máquinas.

El nuevo modelo organizativo que propone Bersin, a través de Deloitte Consulting,[9] pasa por cambiar las estructuras jerárquicas verticales actuales para reconvertirlas en equipos muy flexibles y dotados de una alta movilidad que apliquen sus conocimientos allá donde se requiera. Estos equipos tampoco tendrían unos componentes fijos, sino que se crearían y disolverían en función de las necesidades. Son las personas concretas y sus capacidades lo que cuenta a la hora de definir un equipo. Y esas capacidades se aplican a tareas con independencia del nivel o la titulación que tenga cada empleado. Se dispone de un grupo de personas (*pool*) cuya asignación a un jefe de equipo es transparente y circunstancial. Desaparecen los departamentos, para quedar solo las cabezas de los mismos mientras que la estructura se alimenta del talento disponible en función de la necesidad concreta.

Rara vez trabajaremos con los mismos compañeros porque los equipos se formarán *ad hoc* para aprovechar los conocimientos y la experiencia de cada persona. La riqueza de experiencias que esto puede suponer debería hacer que se incrementase sustancialmente el valor de cada trabajador, medido en términos de su capacidad de adaptación a un grupo y para la resolución de tareas.

Es la experiencia en la resolución de casos similares y la habilidad para hacerlo lo que determina la asignación a un equipo o a un cometido concreto. Y son los resultados los que determinan los emolumentos, independientemente de la posición jerárquica que hubiese correspondido en una estructura tradicional. Se gratifica la tarea, no la función desempeñada, ni el puesto en la organización que, por otro lado, será coyuntural en la mayor parte de las ocasiones.

La fidelidad a la empresa se basa en compartir valores y objetivos, y en la aportación de capacidades compatibles con estos. Este modelo rompe así con las premisas del estado del bienestar de la era industrial. En cualquier caso, este sistema comenzó a fracturarse hace tiempo, no es algo que venga de la mano de la robótica. El nuevo paradigma ofrece, al menos, soluciones nuevas y más acordes al entorno laboral que predominará.

Resulta muy interesante comprobar cómo este modelo de alta movilidad y flexibilidad se está trasladando también al campo de batalla en Ucrania. Allí, equipos de entre cuatro y ocho soldados son el nuevo estándar de combate. Nada más grande puede pasar el complejo y completo sistema de vigilancia a lo largo del frente, nada más pequeño tiene las capacidades suficientes para conseguir algún resultado. No hay jefes; cada uno conoce su misión y cómo aplicar sus capacidades.

El *boom* de la inteligencia artificial

La inversión en inteligencia artificial y en sistemas asociados a la misma definirá en buena medida el grado de desarrollo de los países o de las empresas del futuro próximo. Aunque Europa, especialmente los países más grandes, está apostando por estos sistemas, Asia —y China en particular, con más de 300 empresas emergentes (*startups*) en este sector— se encuentra por delante en su implicación y en el desarrollo de programas concretos asociados a las capacidades autónomas de las máquinas. Pero, por el momento, es Estados Unidos quien manda de largo en esta carrera, cuadruplicando el número de pequeñas empresas de IA y atrayendo todavía talento gracias a la cultura de trabajo y al modo de vida que disfruta.

El desarrollo de chips específicos para los cálculos complejos y masivos que requiere la inteligencia artificial ha revolucionado también el mercado mundial de procesadores. Nvidia, una empresa conocida principalmente por las tarjetas gráficas instaladas en muchos ordenadores de principios de este siglo, se ha convertido en uno de los líderes en el sector. Algunos países como China también están apostando —en este caso, a través de Alibaba— por la producción autónoma de estos componentes para evitar su dependencia de las industrias extranjeras. Alibaba, junto con Huawei y otras empresas, está financiando también el proyecto Cambricon,[10] una *startup* que desarrolla procesadores inspirados en el funcionamiento de las neuronas del cerebro humano y sus sinapsis para llevar a cabo aprendizaje profundo.[11]

En este sentido, cada vez resulta más evidente la separación entre la «primera edad digital» (la de los ordenadores), la «segunda edad digital» (la de Internet) y la «tercera edad digital» (la de la inteligencia artificial). Cada una de ellas ha hecho posible las siguientes, pero tienen entidad suficiente por separado como para ser elementos disruptivos por sí mismas, comparables a la Revolución Industrial, pero con un intervalo entre unas y otras de apenas unas décadas. Estos periodos son tan cortos que se corre el riesgo de confundirlos y no apreciar los cambios que cada etapa introduce respecto de las anteriores. Igual que hoy es evidente la diferencia entre los ordenadores aislados (si es que queda alguno) y los conectados en red, en pocos años también se hará patente para todos el siguiente salto a un mundo exponencial.

Hay que pensar que todavía en 2025, el 60 % de las empresas que ya han iniciado alguna actividad con inteligencia artificial siguen en una fase experimental. La diferencia entre países está en el número de las que han dado el paso; mientras que en España puede rondar el 20 % de empresas que ya se han involucrado, en Alemania el porcentaje es más del doble (o, en Italia, se limita a un 13 %). Se mantienen proyectos piloto que rara vez llegan a madurar y entrar en la cadena de producción. Todavía no hemos empezado a ver el verdadero potencial de lo que algunos llaman «la Cuarta Revolución Industrial». Las empresas prefieren seguir actuando con timidez, estableciendo «faros tecnológicos» que señalen el camino —y los obstáculos— al grueso de la cadena de valor. Es la forma de incorporar lecciones identificadas sobre el nuevo modelo de relación y el equilibrio entre lo automatizable y aquello en lo que el factor humano aporta un valor añadido.

Algunos abogan por la creación de una legislación específica, incluso una Constitución o una Carta Magna, para regular la convivencia entre humanos y máquinas. Sin embargo, esto sería tanto como atribuir a los robots la capacidad para decidir entre el bien y el mal, para elegir qué camino tomar con independencia de su programación. Incluso la capacidad para equivocarse y, quién sabe, si también para pedir perdón, perdonar, olvidar y un sinfín de actitudes que no parece que puedan ni vayan a poder desarrollar. Por eso, llama la atención que el Parlamento Europeo haya considerado la posibilidad de crear un régimen legal específico para los robots dotados de inteligencia artificial y que estos pudieran tener un estatus de «personas electrónicas» dotadas de derechos y deberes.[12]

La inclusión de las máquinas en nuestras fábricas y en nuestras vidas puede requerir la modificación de las normas que regulan a los humanos y, entre ellas, las que regulan cómo diseñamos las máquinas, pero no es coherente pretender diluir la responsabilidad de los diseñadores en el producto diseñado. La elaboración de un código de conducta y deontológico para ingenieros e investigadores, otra de las líneas que propone el Parlamento Europeo, parece mucho más razonable y ajustada a la realidad.[13]

Yo, robot

Las tres leyes de la robótica que enunciara el escritor y divulgador científico Isaac Asimov siguen siendo una buena base para regular los sistemas autónomos, tanto los físicos (unidos a una máquina o a un androide) como lógicos (*bots* que actúan sobre datos sin una interacción física). Asimov elaboró estas tres leyes dentro de uno de sus cuentos, *Círculo vicioso* (1942), ocho años antes de publicar la recopilación de relatos que da nombre a este apartado:

a) un robot no hará daño a un ser humano o, por inacción, permitirá que un ser humano sufra daño;
b) un robot debe cumplir las órdenes dadas por los seres humanos, a excepción de aquellas que entrasen en conflicto con la primera ley;
c) un robot debe proteger su propia existencia en la medida en que esta protección no entre en conflicto con la primera o con la segunda ley.

Pienso que una división más amplia de los sistemas inteligentes podría resultar útil para entender el alcance de la IA y sus condicionantes éticos y legales. Estarían, en primer lugar, los sistemas de algoritmos capaces de actuar con algún grado de autonomía dentro del mundo lógico y dentro de máquinas conectadas entre sí (M2M, *Machine to Machine*, «máquina con máquina»). Serían sistemas meramente informáticos sin una actividad física externa; programas aparentemente inofensivos (por falta de «manos»), pero tremendamente influyentes en las decisiones que se toman sobre cómo utilizar los medios físicos.

Una segunda categoría la integrarían aquellos sistemas de inteligencia artificial que sirven para aumentar las capacidades humanas y que se encuentran —o se encontrarán— conectados a las personas (M2H, *Machine to Human*, «máquina con humano»). Las máquinas herramientas dotadas de inteligencia artificial autónoma, los clásicos robots industriales, constituirían la tercera categoría. Dentro de esta división se incluiría una subcategoría: los robots con capacidades mortíferas, los sistemas de armas letales autónomos, más conocidos como SALAS o LAWS (siglas de *Lethal Authonomous Weapons Systems*; véase capítulo 5).[14] Sin duda, estos son los que despiertan mayor preocupación popular bajo la influencia de Hollywood y la ciencia ficción.

Lógicamente, cada una de estas categorías entraña unas especificidades en cuanto a los requisitos que deben cumplir para atenerse a las tres leyes de la robótica mencionadas y a otras que se han desarrollado desde entonces. El relato de Asimov recogía las preocupaciones básicas derivadas de la capacidad autónoma de las máquinas, pero no las que tienen que ver con la inclusión de estos sistemas en el tejido económico y productivo, que también habrá que regular. Es decir, no basta con centrarse en la forma en que van a actuar los robots, sino en la forma en que van a interactuar con nosotros y con nuestro entorno laboral y personal.

En ese sentido, son varias las voces —entre ellas la de Bill Gates, cofundador de Microsoft— que proponen la imposición a los robots de una tasa equivalente a la de la renta de las personas físicas, que se aplicaría en la medida en que sustituyan el trabajo de estas. Es decir, un robot debería pagar los impuestos que hubieran debido satisfacer las personas a las que sustituye. Se trata de una propuesta proteccionista de los puestos de trabajo humanos tradicionales que pretende dotar de una sostenibilidad económica al sistema haciendo los mínimos cambios en este. Una suerte de línea Maginot frente al cambio de modelo productivo.[15] Evidentemente, este cambio requiere medidas estructurales mucho más profundas y no coyunturales encaminadas a mantener el *statu quo*.

La nueva regulación de la robótica incorpora conceptos más concretos que la noción abstracta de la seguridad. Las capacidades de los sistemas autónomos para decidir sobre asuntos que competen a personas van mucho más allá del mero daño físico que pueden ocasionar. Lo que preocupa a los legisladores contemporáneos son algunos desarrollos que ya se están utilizando, por ejemplo, para hacer recomendaciones judiciales sobre la concesión de la libertad condicional a un reo.

Uno de los dilemas que presenta el escritor estadounidense Philip K. Dick en su novela corta *¿Sueñan los androides con ovejas eléctricas?* (1968), en la que se basa la película ya clásica *Blade Runner*, es el de la dignidad de la persona y hasta qué punto es extrapolable a las máquinas. Esta es también una de estas preocupaciones actuales de los legisladores. La antropomorfización —dotar de características externas humanas— de los robots es uno de los principales problemas que se identifican desde los estudios éticos. La superficialidad con que los seres humanos establecemos los requisitos para mostrar empatía nos hace muy vulnerables a dejarnos seducir por máquinas que se nos asemejen.

Puede resultar relativamente sencillo tratar como a máquinas, pues eso son, a los más sofisticados androides actuales. Sophia fue la primera robot con pasaporte (con lo difícil que es para muchos humanos conseguir una nacionalidad distinta a la del país de origen, Sophia se convirtió en ciudadana saudí en 2017 sin sudar lo más mínimo) o Pepper, el simpático androide blanco que ha sido invitado a testificar ante el Parlamento británico,[16] el primer no-humano en hacerlo. Se trata, a todas luces, de sofisticados sistemas de algoritmos muy distintos de los seres humanos (aunque las autoridades de Arabia Saudí y del Reino Unido pretendan no haberlo advertido).[17] Pero quizá resulte mucho menos evidente tratar así a Roy, Rachael o Pris, los replicantes encarnados por Rutger Hauer, Sean Young y Daryl Hannah en *Blade Runner*.

Es más, ¿hasta qué punto se degradará la dignidad humana en función de las características que confiramos a los robots con los que interactuemos? Ya hay quienes se plantean cuestiones en este sentido respecto a los robots de compañía —un mercado en auge, especialmente entre las personas mayores— y a los de uso sexual. El problema no estriba tanto en cuestiones relativas al robot como en las relacionadas con la banalización del papel de las personas y de determinados aspectos de las mismas.

La privacidad se presenta como otro de los aspectos fundamentales que proteger frente a «colegas» artificiales o programas capaces de recopilar, recordar y relacionar absolutamente todos los datos que caigan en su poder. Siempre y para siempre.

La equidad en el acceso a los beneficios de la robótica también preocupa a filósofos y juristas. Si los beneficios que aporta la inteligencia artificial no son accesibles en alguna medida a todos los ciudadanos, los desequilibrios sociales y económicos actuales seguirán tendiendo a acentuarse. Si ya había un claro escalón entre la capacidad de desarrollo de países, empresas y personas individuales en función de su conectividad a la Internet, el mismo factor aplicado a la inteligencia artificial generará un abismo.

Cíborgs frente a una pantalla[18]

Amber Case, investigadora en la Universidad de Harvard y en el Instituto de Tecnología de Massachussets (el famoso MIT), considera que, hoy en día, todos los humanos somos cíborgs.[19] Case, quien se autodefine como cíborg antropóloga, afirma que, de alguna manera, los humanos enganchados a una pantalla —como ella misma— estamos incrementando nuestras capacidades naturales mediante la tecnología. Es algo tan sencillo como la capacidad para comunicarnos con cualquier parte del mundo de forma instantánea y en cualquier momento mediante nuestros teléfonos móviles. O algo tan sofisticado como la integración de la información de cientos de ordenadores y cámaras en el visor del casco de un piloto del avión F-35 (véase capítulo 5).

La realidad aumentada y otras tecnologías contribuirán a alterar el modelo de trabajo y las capacidades de los seres humanos. Aunque lo realmente importante es que no cambien a las personas, sino solo su productividad. Case ha elaborado una metodología para el diseño de sistemas algorítmicos respetuosos con la dignidad humana que merece la pena recoger aquí. Según estos principios básicos, la tecnología:

a) Requerirá la menor cantidad posible de atención. Informará sin sacar al usuario de su entorno, creando una conciencia ambiental (en el ámbito militar se denomina «conciencia situacional») que nos permita entender el contexto sin interpretarlo por nosotros.
b) Informará y proporcionará tranquilidad. Al tratarse de una herramienta auxiliar, no debe resolver los problemas del ser humano, sino ayudar a que este los resuelva con su criterio.
c) Hará uso de la periferia. Es decir, estará en la zona menos visible de nuestro foco de atención y solo saltará al centro cuando sea preciso y durante el tiempo imprescindible.
d) Aumentará lo mejor de la tecnología y lo mejor de la humanidad. Humanos y máquinas son distintos, y cada cual tiene unas características que aportar. Ni unos ni otras deben pretender ser lo que no son, solo complementar sus capacidades al servicio, siempre, del ser humano.
e) Puede comunicar, pero no necesita hablar. Este principio complementa el de la baja visibilidad de la presencia de la tecnología y también el de la distinción entre el ser humano y la máquina. Es importante que las características de la máquina queden claras en la interacción con la persona.

f) Funcionará incluso cuando falle. Es decir, el principio de la resiliencia. Ya se han dado casos de conductores que, por ejemplo, han terminado cayendo con su coche en un embalse al seguir ciegamente las instrucciones del navegador. Si vamos a dejar que nuestras decisiones se basen en los datos proporcionados por máquinas, estas deberían ser capaces de mantenerse operativas en cualquier circunstancia.
g) Se empleará en la mínima cantidad posible para resolver un problema. Esto requiere, por parte de las personas, autodisciplina y no renunciar a las capacidades humanas. Y, al mismo tiempo, constituye un ejercicio de ensayo y error en la identificación de cuál es, en cada caso concreto, ese mínimo.
h) Respetará las normas sociales. Un principio fundamental que hace tiempo que no se cuida, especialmente en cuanto al uso de los teléfonos móviles. La tecnología no tiene solo que ser lo más transparente posible para nosotros mismos, sino que también tiene que serlo para nuestras relaciones sociales. Esta debe adaptarse a nuestra vida real, no al contrario. En la actualidad, según Amber Case, «la tecnología [es] como un gas que se expande para llenar cada instante de nuestras vidas; debemos recuperar el control de nuestro tiempo y desarrollar mejores sistemas e interfaces que trabajen a nuestro lado».

Economía colaborativa

Lo dicho hasta ahora es aplicable al tejido productivo como lo conocemos hoy en día, y también a las implicaciones de la aplicación de la inteligencia artificial al mercado actual. Sin embargo, además de la movilidad geográfica y funcional del personal, de su desvinculación creciente con la empresa y de su necesidad de formación continua para adaptarse a una demanda de habilidades tremendamente evolutiva, están apareciendo nuevas formas de economía —como la colaborativa— que pretenden conseguir una mayor eficiencia en la gestión de los recursos.

La economía colaborativa tampoco es un concepto nuevo.[20] En el fondo, sus raíces se remontan como poco a la Edad Media. Se basa en el uso compartido de los recursos más que en la propiedad de los medios. En el ámbito de la movilidad, por ejemplo, los ejemplos más claros son las sinergias con las nuevas empresas dedicadas a colocar coches, bicicletas o patinetes a disposición de los usuarios, que pagan en función del uso que hacen del vehículo.

El concepto se puede extender a muchos otros campos. Los centros de las grandes ciudades están llenándose de espacios de oficinas modulables que no tienen en la puerta el logotipo de la empresa que las utiliza, ya que no le pertenecen ni necesariamente constituyen una sede estable.

Pero también se puede aplicar a la misma actividad productiva de los trabajadores, contratando un servicio concreto a una persona sin vincularla a la firma en ningún momento. Se trata de pagar a personas por capacidades o funciones concretas y liberarlas inmediatamente para que pasen a prestar sus servicios en el siguiente proyecto propio o de terceros.

El concepto choca frontalmente con las concepciones tradicionales y las aspiraciones clásicas que equiparaban tener un puesto de trabajo con alcanzar la estabilidad y disponer del punto de partida para poder elaborar proyectos personales o familiares sobre una base sólida. De hecho, en un modelo económico tradicional, el sistema colaborativo es visto como precario y poco atractivo.

Sin embargo, visto a través del nuevo entorno que permite la hiperconectividad de las redes, la percepción cambia totalmente. De hecho, la sociedad —especialmente los sectores más jóvenes— se ha acostumbrado con bastante rapidez a modelos de movilidad colaborativa, incluso de alojamiento. Grandes aglomeraciones de población crean un enorme mercado de oferta y demanda incesante de servicios que minimiza la probabilidad de que un recurso adecuadamente dimensionado esté infrautilizado.

En el fondo, no es muy distinto a la contratación tradicional de un fontanero o un electricista. Son servicios que están disponibles bajo demanda y que se especializan en la realización de una tarea determinada, en lugar de ocupar un puesto en una estructura jerárquica y tener que desarrollar las distintas labores que se les vayan encomendando.

Las ventajas de la economía colaborativa en estas circunstancias son evidentes.[21]

«Money for nothing»: la renta básica universal

Aunque sea preciso tratar todos estos asuntos de manera secuencial, conviene visualizar el efecto combinado de todos ellos de forma simultánea en la sociedad y en el mercado de trabajo. Se ha mencionado antes la posibilidad —que ya se está explorando— de aplicar un sistema de renta básica universal que pueda cubrir la totalidad o una parte importante de las necesidades básicas de los ciudadanos con independencia de su actividad laboral.

En Kenia una oenegé estadounidense, GiveDirectly, está llevando a cabo un experimento para estudiar los efectos de la renta básica universal en las sociedades.[22] Se han establecido cuatro grupos diferenciados, cuya evolución se seguirá a lo largo del tiempo. A uno de ellos se le proporciona, todos los meses durante doce años, una renta equivalente a entre la cuarta parte y la mitad de los ingresos de una familia media. Al segundo grupo se le asigna la misma cantidad, pero solo durante dos años. El tercer colectivo recibe un estipendio equivalente en dos pagas anuales. El cuarto no recibe nada, simplemente sirve como grupo de control para comprobar las diferencias que se producen.[23]

El experimento, iniciado en abril de 2016, está todavía en una fase demasiado temprana para extraer conclusiones sobre sus resultados. Sin embargo, varios experimentos anteriores llevados a cabo en Canadá sí pueden considerarse significativos, a pesar de que su alcance, en cuanto al número de beneficiarios y al tiempo de aplicación, fue muy limitado por las dificultades logísticas, técnicas y económicas de poner en marcha un proyecto de tal envergadura.

Las conclusiones del estudio canadiense, compiladas años después, muestran claros beneficios para comunidades con bajos ingresos.[24] La salud de las familias receptoras de esta renta mejoraba claramente, y los ingresos hospitalarios y bajas psicológicas eran mucho menores que en comunidades equivalentes. La escolarización de los hijos se prolongaba durante un año más. Y la tasa de ocupación laboral no se veía afectada por el hecho de que los ingresos proviniesen de una fuente segura.

En el experimento africano, muchas familias dispusieron por primera vez de tiempo para planificar sus vidas, de dinero para actividades de ocio o para inversiones que no habrían podido hacer antes y que mejoraban la productividad de su trabajo.

Algunos descubrieron la posibilidad de acceder al ahorro, y con él a la adquisición de bienes y servicios que no estaban a su alcance hasta entonces. En este sentido, el proyecto que muestra el Centro de Innovación del BBVA para —mediante la conectividad de los terminales bancarios— permitir el ahorro en pequeñas comunidades prácticamente aisladas en zonas remotas de Sudamérica tiene efectos similares. Cualquier proveedor local, cualquier tendero, puede convertirse al mismo tiempo en un banquero al depositar los pequeños ahorros de sus clientes en una entidad de forma virtual. Al mismo tiempo, le permite efectuar préstamos como intermediario de la misma entidad. Poder proporcionar los beneficios de la banca a pesar de la ausencia física de una sucursal saca a estas comunidades de una economía de subsistencia cortoplacista y les permite ampliar sus horizontes.[25]

Una renta universal que garantice el acceso a las necesidades básicas a toda una población sin contrapartidas, sin condiciones y sin plazo de finalización supone una visión diferente del día a día de las personas. No se trata de algo que se tenga que aprovechar mientras dura, porque no tiene fecha de finalización. Por tanto, por la misma razón no tiene sentido disfrutar de un periodo sabático. Es la planificación a largo plazo de nuestra vida la que se ve alterada por esta percepción. Tenemos el pan garantizado todos los días. Aquello que coloquemos dentro de la barra dependerá de nuestra ambición y capacidad.

No sería probablemente necesario un complejo sistema de control o un mecanismo estatal o municipal de subsidios de desempleo o de búsqueda de trabajo. La renta universal no está sujeta a condiciones —ni siquiera a la de buscar un empleo— y, por tanto, no hay nada que vigilar. Sería absurdo tasar algo que es universal y, por tanto, tampoco requerirá un control financiero en ese sentido.

Las pruebas muestran que la renta básica universal tampoco desincentiva la búsqueda de empleo porque, una vez asumida como un ingreso periódico, se percibe como un punto de partida y un estímulo para que el trabajo que se desarrolle esté más enfocado a la satisfacción de un interés personal que a llenar el plato cada día.

La puesta en marcha del modelo —no cabe llevarse a engaño— es complicada. El concepto ya lo recogió el teólogo y político inglés Tomás Moro en su obra *Utopía*, publicada en 1516, y ha sido contemplado por muchos pensadores y políticos a lo largo de la Historia. La llegada de los robots y la automatización de una parte importante de la producción puede, por fin, permitir implantar este modelo y acabar definitivamente con la pobreza extrema. Eso sí, este sistema tampoco reduce necesariamente las desigualdades socioeconómicas, sino que, tal vez, incluso las exacerbe creando una casta de conformistas y otra de personas más ambiciosas.

Hay varias iniciativas en marcha que están explorando en diversos lugares de Europa la viabilidad de una renta básica. Entre ellos se encuentra el País Vasco, donde, en opinión de Ignacio Zubiri, catedrático de Hacienda Pública, esta iniciativa es factible.[26]

Una ocasión singular: longevidad

Jeanne Calment falleció en la localidad francesa de Arlés el 4 de agosto de 1997 a la edad de 122 años y 164 días. Había sobrevivido a su hija Yvonne, que falleció en 1934, y a su nieto Frédéric, muerto en 1963. Hasta hoy, es la persona más longeva de la que se tienen registros. Por cierto, madame Calment era una fumadora empedernida.

Curiosamente, en más de veinte años desde entonces, nadie ha superado esa barrera a pesar de que la esperanza media de vida no deja de crecer. Hemos conseguido extender la vida humana hasta la barrera de los cien años, pero su mantenimiento a partir de ahí todavía es algo que nos elude. Probablemente, no por mucho tiempo.

En cualquier caso, más allá de los avances en medicina, lo que verdaderamente ha hecho alargarse nuestra existencia es la actuación sobre el entorno. Vivimos en unas condiciones mucho mejores que nuestros abuelos, y eso se traduce en una mayor calidad y cantidad —en la mayoría de los casos, pues mi bisabuela murió con 102 y mi abuela con 101— de los años vividos.[27]

La Singularity University («Universidad de la Singularidad»), un centro multidisciplinar de Silicon Valley, investiga en campos como las llamadas «disciplinas exponenciales».[28] En sus actos se respira la innovación, la inquietud, la curiosidad y un ambiente de eterna juventud. El término *singularidad* se utiliza para marcar el momento en que se alcanza la inteligencia artificial general, que tiene su equivalente en la forma de pensar humana. Un concepto que despierta un interés creciente, como demuestra la fundación de la Asociación Española de la Singularidad (AES).[29]

Las materias que, a juicio de la Singularity University, están viviendo un crecimiento y desarrollo acelerado en los últimos años y tienen un gran potencial para condicionar el futuro de la humanidad son: la inteligencia artificial, la realidad aumentada y la virtual, la ciencia de los datos, la biología digital y la biotecnología, la medicina, la nanotecnología y la fabricación digital, los sistemas computacionales y de redes, la robótica y los vehículos autónomos. La combinación de todas estas disciplinas crearía el conocimiento necesario para modelar al ser humano, tanto en su faceta física como psicológica.

Igual que en el punto anterior, debemos integrar la variable de la longevidad en la forma en que nos imaginamos el mundo del futuro. Es también fundamental en el planteamiento que se hacen los jóvenes de hoy en un momento vital en el que sus padres estaban emancipándose o, incluso, formando ya una familia.

No es lo mismo planificar tu vida en las fases de infancia-formación-trabajo-jubilación con unos plazos marcados y previsibles que afrontar una larga vida de búsqueda (constante y) activa de nuevas oportunidades laborales. La primera fase —la infancia— se extiende ahora durante más tiempo; la segunda y la tercera —formación y trabajo— se van alternando constantemente; la cuarta —la jubilación— deja de ser una retirada del mundo laboral para ser una progresiva redistribución del tiempo entre ocio y negocio, una vejez con mucha mayor calidad de vida.

Al igual que las próximas décadas van a ver un nuevo modelo de distribución del trabajo (ya he comentado la alteración del reparto de las cargas entre los humanos y las máquinas, y también las consecuencias que tiene en cuanto a la responsabilidad de trabajar para subsistir), otro tanto ocurrirá a nivel personal. Hoy en día estamos viendo cómo los jóvenes se incorporan al mercado más tarde de lo que ocurría hace unos años. Evidentemente, para muchos no es una opción. Pero, para otros, prolongar su etapa de formación y de exploración del mundo es una posibilidad realmente atractiva que sus padres no tuvieron ocasión de disfrutar. Es posible también que el trabajo se concentre más en unas etapas de la vida que en otras, con jornadas muy reducidas durante los años de crianza de los hijos y más extendidas en otros periodos. Y, desde luego, la jubilación será bastante más tardía que la actual.

Actualmente, por ejemplo, solo el 34 % de los turcos o el 37 % de los griegos de entre 55 y 64 años está trabajando. Casi dos de cada tres ciudadanos con treinta años de experiencia laboral y, en muchos casos, una sólida formación están dejando de contribuir a la creación de riqueza. En el extremo opuesto, el 84 % de los islandeses o el 78 % de los neozelandeses de esa misma edad siguen de forma activa en el mercado laboral con las consiguientes ventajas que aporta su conocimiento. Cabe esperar que, una vez terminada la transición al nuevo modelo, esa etapa de la vida se convierta en una de las más productivas por la combinación de experiencia, madurez y libertad frente a otras obligaciones.

Las condiciones demográficas son muy distintas ahora de las de hace sesenta o setenta años, cuando se diseñó el sistema actual de pensiones. La lógica terminará por imponer una vida laboral más ajustada a la realidad del momento. La incógnita es saber en qué momento tocará adaptarse

PROYECCIONES DE POBLACIÓN HASTA 2068

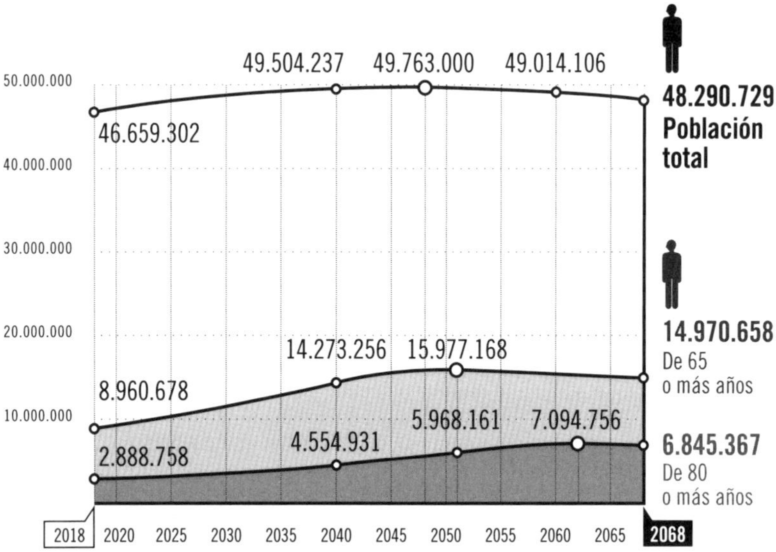

Fuente: INE y «Los españoles de 2033», *El País*, 11 de octubre de 2018.

a un cambio respecto a las condiciones de partida. Alguien tendrá que «pagar el pato» de la transición entre modelos. Habrá unas generaciones que tuvieron una etapa dependiente relativamente corta y deberán alargar su vida productiva más que sus mayores. Por eso mismo se impone la progresividad en la entrada en vigor de las medidas.

Según la proyección de la población de España para el periodo 2018-2068 elaborada por el Instituto Nacional de Estadística (INE), dentro de quince años la cuarta parte de los españoles tendremos —en el mejor de los casos— más de 65 años.[30] Esto supondrá pasar de los nueve a los doce millones de personas por encima de esa edad. No es probable que todas esas personas seamos dependientes de un sistema de seguridad social similar al actual.

MANUAL DE SUPERVIVENCIA

- **ADÁPTATE A LA FLEXIBILIDAD, SOBRE TODO A LA LABORAL**

  El trabajador del siglo XXI tendrá características muy distintas a las del operario del siglo XX. La principal de ellas se viene apuntando ya desde hace unos años. La producción ha primado hasta ahora sobre cualquier otra consideración y, por tanto, todos los esquemas se subordinan a ella. El recurso del personal tendrá que ser flexible para adaptarse a las circunstancias concretas del mercado. Flexible en cuanto al trabajo que desarrollar, al lugar en el que tendrá que ejecutarlo y a la empresa para la que preste sus servicios. El nuevo modelo de relación laboral puede tender muy rápidamente a patrones muy poco estables. Por descontado, la mayor parte de la fuerza laboral no tendrá una vinculación fija con la empresa, al menos con el productor final.

- **APUESTA POR LOS VALORES MÁS PROPIOS DE LOS HUMANOS**

  La empatía y la creatividad adquirirán un creciente valor. Puesto que casi todo trabajo automatizable será más eficientemente realizado por máquinas, las opciones más razonables para elegir una formación serán las que, sin dejar de utilizar la razón, requieran más corazón. Se vivirá, por tanto, un nuevo auge de las humanidades.

- **ENTRENA TUS COMPETENCIAS CONDUCTUALES**

  El foco estará en las competencias conductuales: la habilidad para resolver problemas y para trabajar de forma colaborativa serán esenciales para los puestos directivos. Este trabajo en equipo y colaborativo tendrá lugar entre humanos, y entre humanos y máquinas. La inteligencia humana es distinta de la de las máquinas y la complementariedad entre ambas tiene el potencial de alcanzar logros que ninguna de las dos partes conseguiría por separado.

- **RECICLA Y RENUEVA TUS CONOCIMIENTOS**

En casi todas las fantasías distópicas sobre el futuro del trabajo, este se presenta como un mero entretenimiento para los humanos mientras que son las máquinas las que se encargan de la parte realmente productiva. Aunque mantener a la población ocupada será un factor decisivo, también lo será proporcionar una tarea atractiva y estimulante a una ciudadanía más exigente en ese aspecto. En cualquier caso, la formación técnica deberá estar enfocada a la ejecución de tareas y dejar de lado la faceta especulativa.

Esta formación apenas si supondrá la base inicial para acceder al mercado laboral. La evolución de las necesidades y de las tecnologías obligará a un esfuerzo continuo de investigación y aprendizaje. Serán pocas las personas que puedan vivir ancladas a una misma actividad durante toda su vida. Más bien habrá que pensar en periodos muy cortos de obsolescencia de los conocimientos. La vida media de una habilidad, el tiempo medio en que sigue sirviendo lo que se aprendió, ha pasado ya de ser de treinta años a tan solo seis.

En consecuencia, el modelo tradicional de infancia-formación-trabajo-jubilación ya está cambiando. Cada vez con mayor frecuencia, habrá que alternar o simultanear formación y trabajo.

- **LIBÉRATE DEL YUGO DE LA PRODUCCIÓN, NO DEL TRABAJO PRODUCTIVO**

Es probable que a medio plazo dejemos de tener la necesidad de trabajar para sobrevivir gracias, por ejemplo, a medidas como la renta básica universal. Liberados, por tanto, de la responsabilidad de la producción, tendremos más oportunidades para desarrollar una vocación productiva.

Las tentaciones que la industria del entretenimiento pondrá delante de nosotros para sacar partido a nuestro tiempo liberado no deberían ocupar más que una parte del mismo. Los individuos no deberíamos convertirnos en consumidores pasivos de contenidos, sino seguir realizando aportaciones propias al conjunto de la sociedad.

4. EL MINISTERIO DE LA LIBERTAD

El primer prototipo de virus informático es anterior incluso a la creación de la Internet. Se desarrolló para funcionar con su precursor militar, Arpanet, en 1971. El ingeniero Robert H. *Bob* Thomas creó Creeper («enredadera»), un nombre con connotaciones siniestras que implica algo que se arrastra. Ese primer virus no era siquiera *malware*, es decir, *software* malicioso. No hacía nada más que reproducirse y lanzar un mensaje que, probablemente, solo servía para saber si era posible seguirle el rastro en la incipiente Red. Para capturarlo, se desarrolló el primer antivirus: Reaper («segadora», «cosechadora»). Curiosamente, una de las sofisticadas aeronaves no tripuladas (o drones) más conocidas en la actualidad se llama así.

Internet no había nacido y ya contenía el bien y el mal. No se había abierto al mundo y comenzaba a experimentarse con cómo infectarla y protegerla. Poco hay de lo que extrañarse cincuenta años después.

Elk Cloner fue el primer virus que no se contuvo en un laboratorio, sino que se expandió por la limitada Red existente en 1982. En realidad, la Internet no nacería siquiera hasta el año siguiente, con la adopción del protocolo TCP/IP que sigue constituyendo su base.[1]

Por tanto, no es estrictamente cierto que no se pensase en la seguridad en el momento de la creación de Internet.

En 1983 ya se había experimentado con *software* dañino y se conocían los peligros que entrañaba. Sin embargo, por varias razones, el nuevo invento se lanzó al mundo lleno de vulnerabilidades y puertas traseras. ¿Prisa por sacar partido de un nuevo producto? En parte, seguro que sí. Pero resulta difícil no considerar la posibilidad de que también hubiese razones de peso para favorecer la puesta en marcha de una plataforma sobre la cual se pudiese tener un control remoto y oculto.

Para muchos de nosotros, sin embargo, la década de 1980 está más asociada al sonido del módem cargando los datos de un pequeño programa durante larguísimos minutos. Aún recuerdo aquel pitido estridente que salía del radiocasete cuando interpretaba lentamente el contenido de una cinta de audio para transformarlo en burdos píxeles de fósforo verde. Cuando dejamos atrás nuestros primeros ordenadores domésticos, como Spectrum o Commodore, y la programación en Basic, Cobol o Fortran, parecía que el final de la evolución estaba cerca. Era difícil que algún *malware* llegase a nuestros ordenadores cuando apenas si conseguíamos que los juegos se descargasen en un tiempo razonable.

Mi primer contacto personal con la ciberseguridad y con el mundo de los virus llegó en 2001. Acababa de llegar a Luxemburgo, donde iba a hacer un curso teórico-práctico en una agencia durante dos meses. Visto desde hoy no parece mucho tiempo, pero ha transcurrido una cibereternidad.

Apenas un año antes, medio mundo se había pasado la Nochevieja despierto —y sobrio— esperando a ver qué pasaba con el famoso «efecto 2000» (que en inglés se conoció como Y2K). Se suponía que el cambio de milenio iba a afectar a todos los ordenadores del mundo al no saber gestionar el cambio de fecha. Afortunadamente, para cuando el año llegó a Europa, ya teníamos suficientes datos como para saber que nada malo iba a ocurrir.

En un alarde de modernidad, según llegué a la agencia en Luxemburgo me ubicaron en una oficina para mí solo con un todavía más solitario ordenador. Evidentemente, se trataba de un PC de sobremesa. No existían los modelos portátiles —al menos al alcance de los particulares—, y a Gmail le faltaban todavía tres años para nacer.

Me configuré, por tanto, una cuenta de correo *ad hoc* y, naturalmente, lo primero que hice fue utilizarla para enviar un mensaje a casa dando cuenta de mi llegada sin novedad y de cuál iba a ser mi dirección durante ese tiempo. Hoy cuesta trabajo hacerse una idea de cómo eran las comunicaciones hace solo tres lustros.

Mientras me familiarizaba con mi entorno aquel primer día en la agencia, recibí mi primer correo. El asunto era «I love you». Y no era de mi mujer. En 2001 uno no recibía cincuenta o sesenta correos diarios, ni se encontraba varios cientos de ellos cuando llegaba de un viaje sin haber estado conectado. Recibir un correo tan repentino, más aún en una cuenta recién creada y cuando el asunto era tan personal, resultaba tremendamente sospechoso.

Tengo que confesar que mi primer instinto fue sentirme halagado. Diez minutos escasos en Luxemburgo y ya había alguien que me declaraba su amor. Pero, claro, ¿quién podía quererme allí, si había llegado directamente a la agencia sin saludar más que al que iba a ser mi supervisor? De hecho, ¿quién podía estar tan enamorado como para conocer una cuenta de correo que acababa de crear?

Me gustaría decir que fueron criterios morales los que me impulsaron, pero fue más bien la desconfianza. Borré el correo sin abrir y sin tocar para nada el tentador anexo que lo acompañaba. A saber qué truculenta historia escondería aquel archivo.

Estaba probablemente arrepintiéndome todavía de no haber satisfecho mi curiosidad cuando el encargado de la seguridad informática de la agencia llamó a mi puerta. Mejor dicho, irrumpió sin llamar. No recuerdo en qué idioma me preguntó si había recibido un correo con el asunto «I love you». Inmediatamente sospeché que algo raro estaba pasando. Quizá yo había recibido el correo dirigido a otra persona, probablemente a él mismo, y estaba intentando contener los daños.

Le contesté muy digno que lo había borrado sin abrir. Inmediatamente pareció sentirse aliviado. Menos mal, me dijo, tu ordenador es el único que funciona en la agencia. Y, con la misma prisa con la que había llegado, salió para comprobar el siguiente despacho.

El virus informático con tan romántico título se hizo muy famoso en la época. Hoy casi resulta entrañable. Se dedicaba a replicarse enviándose a sí mismo a los cincuenta primeros contactos de la libreta de direcciones de la cuenta infectada y, a continuación, borraba el contenido del disco duro. Cuando no existía «la nube», ni los *pendrives*, ni los DVD regrabables, y los discos duros extraíbles eran de una sofisticación digna de James Bond, un virus así era increíblemente dañino.

La agencia no tardó casi nada en recuperar sus archivos. Para muchos particulares, la tarea resultó mucho más ardua. Pero también es cierto que lo que almacenábamos en soportes digitales en 2001 no tiene nada que ver con el uso que hacemos de estos en 2018. Desgraciada, pero previsiblemente, la amenaza ha evolucionado al ritmo de la tecnología, multiplicado por nuestro uso de ella.

Ciberseguridad

En una conferencia, de forma muy gráfica, el ponente explicaba que las contraseñas, como la ropa interior, deberían ser personales, exóticas... y cambiarse con frecuencia. A la vista de algunos ejemplos aparecidos en la prensa durante los últimos años, habría que añadir a lo anterior que también deberían guardarse fuera de la vista cuando no se están utilizando. La llave de nuestra seguridad digital, por limitada que sea esta última, no debería estar a la vista de cualquiera. Y menos mientras te entrevistan en televisión.[2]

El *Informe sobre el panorama de la amenaza* elaborado por la Agencia de la Unión Europea para la Seguridad de las Redes y de la Información (ENISA, por sus siglas en inglés) de 2018 identifica como principales tendencias:

- la creciente complejidad y sofisticación de los ataques;
- la mejoría en la capacidad de los atacantes para borrar sus huellas;
- la ganancia económica obtenida tras la inmensa mayoría de las acciones criminales en el ciberespacio;
- el aumento de grupos cibercriminales que reciben financiación e instrucciones de Estados y son la principal preocupación tanto para otros Estados como para las empresas;
- la ciberguerra, cada vez más presente en el ciberespacio, lo que preocupa especialmente a los operadores de infraestructuras (y servicios) críticos;
- la falta absoluta de oferta de talento para cubrir las necesidades de personal formado en este campo.

En un libro sobre los impactos y las implicaciones de la tecnología en las personas y las sociedades no puede faltar siquiera sea una sucinta descripción de algunas de las amenazas que aparecen en el listado. Sin conocer al enemigo y sus herramientas es muy difícil hacerle frente.

El *malware* es *software* (la parte no física de un sistema informático, es decir, programas, datos, archivos, etcétera) diseñado para una actividad maliciosa, dañina. Para la población en general, todos los ataques parecen provenir del *malware*. Todo son virus, gusanos, troyanos... cuando se llega a distinguir unos de otros. En realidad, no es especialmente relevante hacerlo. Si acaso, hay que añadir aquí que un troyano es un programa diseñado para tomar el control total o parcial de un sistema informático (de ahí su nombre, es un «caballo de Troya» que se introduce a hurtadillas en nuestro ordenador y lo conquista).

A pesar de que el *malware* mantiene una tendencia decreciente en cuanto a su difusión, en 2024 se detectaba alrededor de medio millón de piezas de *malware* cada día. La mitad de ellas, quizás algo más, incluían elementos novedosos no utilizados previamente. Las defensas tradicionales —incluso las penúltimas actualizaciones— se ven superadas en ocasiones por programas específicamente diseñados para eludirlas. Con miles de nuevos diseños cada día, la labor de los «hackers buenos» es un complicado sprint de fondo.

Por alarmantes que puedan parecer tales datos, esto supone un ligero descenso en cuanto a la aparición de nuevas amenazas de este tipo respecto de años anteriores. Por el contrario, la sofisticación de los ataques y el modo de utilizar el *malware* hizo que su peligrosidad no disminuyese, sino todo lo contrario. Esto es particularmente cierto para el *malware* diseñado para los dispositivos móviles. El casi millón y medio de programas aparecidos cada trimestre suponía un descenso en la cantidad, pero un incremento en la calidad de la herramienta.

Entre el 90 y el 95 % de los ataques con *malware* tuvieron lugar a través de campañas de *phishing*, correos masivos o dirigidos (*spear phishing*) que contienen algún enlace a una página o un archivo donde se esconde el virus. En estos correos, textos estandarizados o personalizados según nuestros intereses (en el caso del *spear phishing*) nos invitan a aprovechar algún chollo u oferta, visualizar una imagen o abrir un archivo en el que se nos proporciona una supuesta información jugosa.

Las campañas de *spam* —el correo basura— son otra de las formas más comunes de distribución. No abrir correos no esperados y, desde luego, hacer caso omiso de los archivos que contengan o de sus enlaces es siempre una política muy saludable en el mantenimiento de la higiene digital.

Desgraciadamente, en los últimos años está proliferando el *malware* sin archivo e, incluso, el que no requiere acción alguna por parte del receptor (*clickless*). Una vez que el archivo está en el sistema atacado, actúa por sí solo sin necesidad de que lo abra nadie.

En otros casos, el atacante utiliza lo que militarmente se denominan «técnicas de diversión», una mala traducción de lo que deberían ser «técnicas de desvío de atención». Mientras atendemos a la resolución de un problema de una infección real y muy evidente, un segundo ataque se instala en nuestro ordenador y toma el control de este realmente. Cuando creemos haber resuelto el problema, el verdadero enemigo está ya dentro de nuestro ordenador o teléfono cómodamente instalado y con la tranquilidad de que no vamos a buscarlo inmediatamente después de haber eludido un ataque.

Conviene recordar en este punto que nuestro sistema no empieza ni termina en la CPU, en la caja que contiene los circuitos. Empieza mucho antes y termina mucho después, y todos los flancos son vulnerables y susceptibles de ser utilizados por un atacante. Desde el *router* a las yemas de los dedos que teclean o se mueven por la pantalla táctil abriendo archivos o enlaces sin mayor atención, todo forma parte de nuestro sistema.

Y malas noticias para los usuarios de Apple y del sistema operativo Linux, muchos de los cuales duermen tranquilos pensando que sus equipos son poco menos que invulnerables: en 2017 ya se detectaba un incremento notable de las vulnerabilidades detectadas en equipos que corren sobre este sistema operativo. En 2024, esa tendencia se ha ampliado con 3.529 nuevas vulnerabilidades —una cantidad que decuplica la de años antes—. Esta explosión de interés por penetrar ilícitamente en los sistemas Linux está desbordando la capacidad de parcheo disponible. Al fin y al cabo, esto constituye también una prueba del éxito que ha tenido.

El mantenimiento puntual de las actualizaciones del *software* con el que se trabaje, un buen antivirus y mucho sentido común pueden ayudar a mitigar en muy buena parte los problemas derivados del *malware*. En todo caso, en aras de aumentar la resiliencia y por si todo lo demás falla —mejor dicho, para cuando todo lo demás falle, que fallará— no está de más mantener copias de seguridad de los archivos más importantes en soportes aislados de la vía de ataque a nuestro sistema.

Ataques basados en la red

Estas prácticas cibercriminales utilizan los sistemas propios de la red, como los navegadores, para infectar a sus víctimas. En este apartado habría que incluir también las aplicaciones, incluidas las de mensajería como WhatsApp o Telegram, a las que también se les han descubierto «bichos» implantados para explotar su popularidad. Una buena parte de los ataques contra los sistemas bancarios, por ejemplo, utilizan este tipo de técnica.

Y conviene prestar mucha atención a los *waterholes* («pozos de agua»), páginas infectadas que esperan a que alguien llegue a ellas buscando información —por lo general, gráfica y destinada al consumo de adultos— igual que los leones aguardan a los ñus junto a los ríos. El uso de esta técnica se está convirtiendo en muy habitual. Universidades, páginas de noticias y, en general, lugares más o menos públicos suelen ser los sitios escogidos por los criminales para infectar enlaces con la esperanza —fundada— de que haya un buen número de incautos desapercibidos que «abreven» allí.

También se incluyen en esta categoría los ataques de interposición (*man-in-the-middle*), en los que el atacante consigue infiltrarse en las comunicaciones entre dos sistemas. Es comparable a «pinchar» una línea telefónica, pues el enemigo está interpuesto entre el emisor y el receptor.

Ataques basados en las aplicaciones

Internet constituye, más que otra cosa, una plataforma ideal sobre la que construir aplicaciones con las que comunicarse o transferir información de cualquier tipo. Estas aplicaciones también son susceptibles de contener código malicioso. De alguna manera, estos ataques están muy relacionados con los anteriores e incluyen alguna de las modalidades que, de forma individual, son de uso más frecuente, como la inyección SQL.

Phishing

Con el *phishing* se entra de lleno en el campo de la ingeniería social. Este ciberdelito está presente en la mayoría de los ataques que se producen, normalmente en la fase inicial en la que se quiere tener acceso al sistema. Habitualmente, la puerta de acceso más sencilla es el interfaz humano. Decía Albert Einstein que existen dos cosas infinitas: el universo y la estupidez humana. Y respecto del primero, añadía, seguía manteniendo sus dudas. Basada en esa tendencia natural del ser humano a confiar y esperar que ocurra lo mejor —especialmente porque es más cómodo que trabajar para conseguirlo—, la ingeniería social no es solo la fórmula más eficaz para entrar en un sistema, sino también la más sencilla.

El *phishing* se distribuía normalmente mediante correos basura masivos. En esos correos se pueden colocar trampas para incautos «de ratón fácil» que los lleven a visitar páginas infectadas o infecciosas, a otorgar privilegios de acceso o a desvelar contraseñas.

En España fueron muy conocidos y comentados los mensajes relativos al «virus de la Policía» o «virus de Correos». En estos casos, se trata de inspirar incertidumbre y urgencia en el receptor para llevarle a tomar una acción en apariencia intrascendente, como abrir un archivo en el que se puede visualizar una multa o la procedencia de un paquete que debe recogerse lo antes posible. Además de esos, los trucos más utilizados para tentar a los incautos tienen que ver con notificaciones de seguridad informática (caducidad de contraseñas, aviso de un problema en el ordenador o en la Red, etcétera) o algún asunto relacionado con las actividades de gestión y administración del puesto de trabajo.

La tendencia actual es que tanto el número como la sofisticación de los mensajes de *phishing* aumenten año tras año. De las «cartas nigerianas» con burdas traducciones automatizadas —correos, procedentes inicialmente de Nigeria, en los que se prometía una gran (e inexistente) fortuna o herencia a cambio de sumas de dinero por adelantado— a los actuales mensajes hay una gran diferencia, incluso cuando siguen siendo masificados y continúan confiando en el número de receptores y en la probabilidad de que «alguien pique» más que en la calidad del engaño.

También han crecido en número y creatividad el *spear phishing*, algo así como atrapar peces incautos con arpón. Se trata de mensajes dirigidos, personalizados, customizados al gusto y con las características del receptor. Dentro de esta modalidad se encuentra también el *whaling*, que vendría a ser la pesca de la ballena en forma de directivos de empresa con una cierta capacidad de decisión. El objetivo es siempre económico, pero en este último caso sobre los fondos corporativos.

La irrupción de la inteligencia artificial generativa en los últimos años ha provocado una revolución en la creación y en la sofisticación de los mensajes de *phishing* y sus distintas variantes. Han quedado muy atrás los textos simples llenos de faltas de ortografía o con una gramática dubitativa. A escritos mucho más elaborados, correctos y convincentes han seguido mensajes de audio o de vídeo igualmente verosímiles. El *smishing*, a través de mensajes de SMS, sigue pasando desapercibido para muchos como una vía de acceso a nuestros datos. La fugacidad de estos mensajes —que apenas si tienen una vida media de unas pocas horas antes de quedar obsoletos— se compensa con la posibilidad de generación automática o, incluso, personalización de cada uno de ellos.

La solución a esta vulnerabilidad es tan sencilla como imprecisa: sentido común. No dar demasiados datos sobre uno mismo que luego puedan ser empleados en nuestra contra, no acceder a páginas o enlaces de los que tengamos dudas —o, mejor, de los que no tengamos la certeza de que son realmente a los que queremos ir—, conceder autorizaciones para instalar o acceder a nuestro sistema únicamente a aplicaciones seguras y, lo más evidente, utilizar una contraseña robusta (compleja) y única para cada sitio y cambiarla con regularidad.

Spam

El nombre con el que se conoce a los correos no deseados proviene de una marca comercial estadounidense de comida basura. Los filtros actuales pueden dar la falsa impresión de que el *spam* ya es un fenómeno residual, pero a nivel global sigue suponiendo más de la mitad del tráfico de correos total que existe.

La mayoría se distribuye mediante *botnets*, redes de ordenadores particulares controlados a distancia después de ser infectados por un troyano. Una de las redes más activas de los últimos tiempos estaba controlada por Piotr Levashov, un ciudadano ruso de 36 años que fue arrestado en Barcelona en abril de 2017 en una colaboración entre la Policía Nacional y el FBI. Llevaba diez años inundando los buzones electrónicos de todo el mundo con correos masivos.[4]

Levashov controlaba una *botnet*, una red de ordenadores esclavizados, llamada Kelihos. Estaba compuesta por unos 100.000 ordenadores que, sin que sus dueños tuvieran conocimiento, enviaban cientos de millones de correos cada día. Además, siguiendo un modelo muy contemporáneo de economía exponencial, Levashov aprovechaba esa misma red para infectar nuevos ordenadores y esclavizarlos a su vez, o bien para realizar ataques con *ransomware*, programas maliciosos que bloquean el acesso a los datos o los sistemas hasta que se paga un rescate.

Estas mismas redes, una vez establecidas, suelen estar disponibles para su utilización por terceros. Obviamente, por unos precios tasados que pueden consultarse en la *Deep Web*, la Internet profunda a la que los buscadores tradicionales no tienen acceso. Por un módico precio, se puede reclutar un ejército de ordenadores que ataquen a una empresa rival bloqueando el acceso a la misma. Por apenas unos euros, es posible comprar identidades digitales robadas o números de tarjetas de crédito o de cuentas corrientes. Las posibilidades son casi infinitas cuando dispones de docenas de miles de ordenadores prácticamente de forma gratuita para que hagan lo que tú quieres.

Casi la mitad de los mensajes enviados cada día en el mundo son *spam*. Mensajes no solicitados ni deseados, *phishing*, fraudes... 150.000 millones de mensajes de *spam* saturan las bandejas de entrada de nuestros correos e incluso tienen una carpeta propia para separarlos de forma automática. A los clásicos anuncios fraudulentos sobre productos farmacéuticos o sus imitaciones baratas se han unido otras falsificaciones y, más recientemente, propuestas falsas sobre criptomonedas. La *sextorsión*, la extorsión basada en supuesta información sexual sobre el sujeto en cuestión, es otro añadido de los últimos años por esta vía. Su proliferación confirma la efectividad de este método.

Piratas informáticos: no confundir con «hackers»

Nadie se dedica a atacar un sistema informático con el objetivo de dañar a la máquina misma. El objetivo siempre es la persona que hay detrás de la pantalla del ordenador, del móvil o de la tableta. Sin embargo, cuantas más cosas conectemos entre sí —obteniendo con ello las mayores ventajas—, más puntos de acceso vulnerables aparecerán. Convertido en un nuevo escenario de convivencia, a menudo olvidamos que el entorno digital también lo es de confrontación.

El ciberespacio se ha convertido en el principal escenario de juego para los criminales de todo el mundo. Las cifras que mueve son ya mayores que las del tráfico ilícito de armas o las del narcotráfico. Esta circunstancia tampoco debería extrañar a nadie teniendo en cuenta que la Internet está presente en la práctica totalidad de las actividades que realizamos cada día, sobre todo en las de carácter económico.

La tecnología ha cambiado nuestra forma de comunicarnos, pero también el modo de entender el mundo, de relacionarnos, de trabajar. Sin embargo, esta es solo una de las capas del ciberespacio, solo uno de los aspectos que debemos tener en cuenta. La propia infraestructura, física y lógica, en la que se basan las redes digitales tiene sus propias vulnerabilidades y se ve afectada por ellas.

Las mismas acciones de las que se sirven los delincuentes para sus objetivos económicos se utilizan también por parte de los terroristas cuando pretenden extorsionar a sus víctimas. Y ambas no son muy distintas de las que los mismos gobiernos emplean en el escenario de guerra híbrida en el que estamos inmersos de forma permanente.

Un mismo ataque, un mismo virus, puede tener finalidades muy distintas, incluso utilizándolo de un modo similar. Definir, por tanto, los límites entre la ciberguerra, el ciberterrorismo, la ciberdelincuencia o el cibergamberrismo es tremendamente aventurado. Solo la intención del atacante diferencia muchas veces a uno de otro, ya que incluso las consecuencias de un mismo acto pueden escaparse al control del agresor con facilidad.

En el siglo XXI, no obstante, es difícil toparse con el *hacker* aficionado que penetra en un sistema protegido solo para demostrar que es capaz de hacerlo. No es plausible ya la historia narrada en la película *Juegos de guerra* (John Badham, 1983), en la que un joven estudiante estaba a punto de ocasionar un holocausto nuclear después de introducirse accidentalmente en los ordenadores del Pentágono. En primer lugar, porque asaltar esos sistemas no está al alcance de cualquiera, mucho menos en el subsistema relacionado con las armas nucleares. Pero, sobre todo, porque nadie con la habilidad suficiente para hacerlo va a limitarse a satisfacer su ego personal dejando su firma sin sacar más partido.

De hecho, el mismo Pentágono convoca concursos entre los «*hackers* de sombrero blanco» —los buenos, los *hackers* éticos— para que intenten romper sus defensas y, de este modo, descubrir las vulnerabilidades que puedan seguir quedando.[5] Cada vulnerabilidad se remunera después, por lo que puede considerarse una auditoría externa distribuida de los sistemas informáticos militares. El modelo no es exclusivo del Departamento de Defensa estadounidense, sino que hay numerosas instituciones en todo el mundo que lo utilizan para mejorar sus barreras.

Por cierto, conviene recordar la facilidad con la que cualquiera puede convertirse en un «*hacker* de sombrero negro» dedicado al cibercrimen. En realidad, ambos extremos son poco habituales y habría que hablar de «*hackers* de sombrero gris», una modalidad muy numerosa y consistente, por otro lado, con el carácter general de las redes.

Los *hackers* hace tiempo que recurren también a las redes sociales como caladeros de víctimas para sus tropelías. En el ambiente relajado de las conversaciones banales entre «amigos» es mucho más fácil pillar a alguno desprevenido o despreocupado. De hecho, hay algunos que incluso, como hay confianza, se dedican a la compraventa de recursos cibercriminales (virus, contraseñas, etcétera) desde sus propios perfiles (falsos, por supuesto). Y es que como ilustraba magistralmente Peter Steiner en una viñeta para *The New Yorker* en la que dos canes conversan frente a un ordenador: «En Internet, nadie sabe que eres un perro».[6]

El apagón como arma

El problema que supone el reequilibrio geoestratégico derivado de la transferencia casi instantánea de tecnología militar de última generación le puede parecer muy lejano a la mayoría de los ciudadanos. Un potencial adversario estratégico puede disponer de conocimientos que hacen prácticamente invulnerables a los de la otra parte. Este hecho cambia inmediatamente el planteamiento en el caso extremo de un conflicto. Todo ello, claro está, más allá del valor meramente económico del *know-how*, muy considerable por sí mismo.

Sin embargo, el mundo de la Internet de las Cosas (*Internet of Things*, IoT) resulta mucho más cercano, pues nos rodea en nuestra vida doméstica. Los medidores y actuadores «inteligentes» que se aplican cada vez más a los electrodomésticos aportan un sustancial ahorro de energía y una importante flexibilidad en su uso. El mismo termostato del aire acondicionado o de la calefacción regulable a distancia nos permite no solo mantener el hogar a la temperatura deseada, sino hacerlo cómodamente y de forma personalizada desde donde estemos. El día anterior a la vuelta de las vacaciones podemos activar los radiadores para tener una calurosa bienvenida cuando lleguemos.

El consumo acumulado de los electrodomésticos de una casa es realmente considerable, sobre todo para el que paga la factura. De hecho, conocemos empíricamente las limitaciones que tiene nuestra instalación a la hora de conectar todos los equipos o varios de ellos de forma simultánea. Cuando superamos el consumo previsto, el diferencial se encarga de desconectar el exceso de potencia demandada. O el total de la demanda.

Una red eléctrica regional o nacional funciona de forma similar. La electricidad se tiene que generar en el momento en que se va a consumir (el almacenamiento de la electricidad, más allá de lo que cabe en las baterías, es un problema pendiente de resolución) y, por tanto, es fundamental tener una estimación ajustada de la demanda que va a haber en un momento dado. Los datos históricos sobre consumo estacional, condiciones climatológicas y otros muchos factores permiten mejorar la eficiencia del proceso generando solo la energía que se va a consumir.

Un incremento brusco en la demanda eléctrica podría llevar a la red en su conjunto o a parte de ella a colapsarse y, por tanto, a un apagón (*blackout*). Podría ocurrir, por ejemplo, como consecuencia de la manipulación maliciosa —de forma simultánea en miles de puntos de la red— de aquellos electrodomésticos con mayor consumo.[7] Si alguien pudiese controlar a distancia decenas de miles de hornos o aparatos de aire acondicionado conectados a la misma red en, digamos, una ciudad o una región, provocaría un incremento en la demanda de corriente eléctrica que podría dejar sin fluido a toda esa red o a algunas partes de ella.[8] Algo similar ocurrió, a pequeña escala, en Polonia en 2008. Un 1 % en el incremento del consumo de la red, al parecer provocado por la activación al mismo tiempo de 210.000 electrodomésticos en el país, provocó apagones en varias regiones que tardaron horas en restablecerse.

Los efectos del apagón producido principalmente en España y Portugal el 28 de abril de 2025, con independencia de su origen técnico, muestran la dependencia actual respecto de la electricidad. Esta dependencia va a seguir creciendo en los próximos años de un modo exponencial con la electrificación de la movilidad, con el incremento de la conectividad y con la corporeización de dispositivos que nos acompañarán en todo momento.

Conviene, y mucho, estar prevenidos. La Internet de las Cosas no está todavía presente de forma masiva en nuestras casas, pero la situación va a cambiar drásticamente en los próximos cuatro o cinco años. En general, solo los acontecimientos que nos afectan directa y gravemente nos hacen ser conscientes de qué puede ocurrir.

La red eléctrica, en cualquier caso, es uno de los objetivos favoritos cuando se trata de crear el caos en una sociedad. Numerosos estudios afirman que los servicios rusos han «visitado» algunas redes eléctricas en Estados Unidos para comprobar *in situ* sus vulnerabilidades y conocer los efectos que tendría un ataque sobre ellas en un momento dado. Podemos suponer que los rusos no son los únicos interesados en tales *tours* por las instalaciones de terceros países y asumir que también las nuestras tienen vulnerabilidades conocidas para otros. Tapar estas brechas y descubrir las vías por las que se ha producido la infiltración resulta fundamental, y es el trabajo diario de muchos profesionales en todos los países.

Los efectos de un apagón en una sociedad que vive montada sobre los cables de distribución de energía pueden ser catastróficos. Es interesante considerar cómo, sin electricidad, a medio plazo —siendo este bastante corto, por cierto— nuestra sociedad retrocede rápidamente a la Edad Media, quizá más atrás. Con el agravante de que no estamos preparados para vivir en esas condiciones después de toda una vida «electrificados». Esta posibilidad la ilustran ya algunas películas y documentales como la británica *Blackout* (Ben Chanan, 2013).

Los cientos de miles de afectados en Ucrania por el ataque contra su red eléctrica el 23 de diciembre de 2015 pueden dar fe de ello. Una auténtica pesadilla antes de Navidad para unas 230.000 personas. El apagón se prolongó entre una y seis horas, según las zonas, aunque las consecuencias podrían haber sido mucho más graves. El grupo supuestamente responsable del ataque fue una de las amenazas avanzadas persistentes rusas, Sandworm.

Todo comenzó —una vez más— con una serie de correos electrónicos. Los ataques de *spear phishing* estaban dirigidos a personas concretas dentro de la organización y personalizados para que «picaran el anzuelo». El *malware* se hizo con el control de varias subestaciones y las desconectó de la red de forma remota a través de los mecanismos de control de sistemas y adquisición de datos (SCADA, por sus siglas en inglés). Básicamente, se trata de controles remotos a través de la red informática.

Posteriormente, se encargó de «neutralizar» determinados componentes de la red de comunicaciones para dificultar la intervención de los servicios de mantenimiento. Una vez dentro, también activó un *malware* conocido como KillDisk que, como su nombre indica, borra los datos almacenados en servidores y discos duros. El caos estaba garantizado durante mucho más tiempo del que se tardase en reparar la avería principal.

Un ataque de estas características no estaría completo sin provocar también todo el daño reputacional posible. Al fin y al cabo, los efectos sobre la imagen son una parte importante del coste total que hay que asumir tras sufrir un ciberataque. Sandworm puso la guinda con un ataque de denegación de servicio distribuida (DDoS, por sus siglas en inglés) contra el servicio de atención al cliente de las empresas afectadas, es decir, consiguieron colapsar sus servidores y sistemas saturando su capacidad de respuesta. De esta manera, los apurados usuarios (que soportan temperaturas medias en Kiev de –3 °C en esas fechas) vivieron cada minuto del apagón con la incertidumbre de desconocer las causas y el posible plazo de restitución del servicio.

El 17 y 18 de diciembre del año siguiente, se volvió a repetir un ataque similar en la zona norte de la capital ucraniana.

Desenchufados

Este término se utiliza en música para describir actuaciones en las que los músicos utilizan instrumentos acústicos, sin apoyos eléctricos (*unplugged*). En Ucrania, durante aquel largo día de diciembre de 2015, significaba otra cosa muy distinta. Y una tercera acepción podría ser la de estar desconectado de la Red. No consiste en estar sin cobertura, ni en dejar el teléfono móvil fuera de la sala de reuniones o del aula un par de horas o durante toda la mañana. En este caso, se trata de la desconexión casi total de Internet de las páginas de una empresa o de un país entero.

En eso consiste un ataque DDoS, en no permitir a una página o a un sistema desarrollar su labor. Y para conseguirlo basta, simplemente, con saturar su capacidad de respuesta.

Puede parecer algo trivial. ¿Cuántas veces hemos intentado acceder a una página y hemos obtenido como respuesta «Error 404 Not Found»? Pasados unos minutos, un nuevo intento —o la corrección del error en la dirección de la URL— nos lleva sin más problema a nuestro objetivo. Apenas un pequeño inconveniente que no nos ha desviado de conseguir lo que queríamos. Quizás, alguna vez, sí lo haya hecho. Es más, puesto que vivimos inmersos en la inmediatez —la paciencia es un valor que vive horas bajas—, un mero retraso en la respuesta puede hacer que desistamos. O que decidamos consultar otro servicio similar, o que ya no sintamos interés —otro valor en declive— por nuestra búsqueda.

Pero ¿y si la página siguiese caída durante, digamos, dos semanas? ¿Y si se tratara de la web de nuestro banco, de nuestra historia clínica cuando nuestro médico necesita acceder a ella, o de la base de datos sobre la que tienen que comprobar la identidad de los pasajeros de un vuelo a punto de despegar? ¿Y si, desde otro punto de vista, las afectadas fuesen las páginas de nuestra empresa de venta *online* o del banco en el que trabajamos? ¿Y si fuesen todas esas páginas y muchas más?

Estonia vivió esta situación en los meses de abril y mayo de 2007. Más de una década después, el «ataque del soldado de bronce» es un clásico de la ciberseguridad. El cambio de ubicación de una estatua al soldado soviético desconocido desde un parque en el centro histórico de Tallin hasta un cementerio en las afueras de la ciudad propició una respuesta fulminante que dejó a *E-stonia* —así llamada por ser el país más conectado, y que más apuesta por la tecnología digital y la ciberseguridad— aislada del resto del mundo durante casi tres semanas.

Millones de ordenadores esclavizados ubicados en todo el planeta, y dirigidos remotamente desde algún sitio de Rusia, enviaron peticiones de conexión a distintos servicios estonios. De ellas, el 30 % procedía de Estados Unidos. Estonia solicitó ayuda a sus aliados de la OTAN y a los países de Occidente. Pero el mundo no estaba aún preparado para reaccionar ante un ataque cibernético de tal magnitud.

La agresión empezó a remitir tras veinte días de tensión. Hoy sigue sin poderse demostrar quién estuvo detrás de los ataques. Quizás el Kremlin en un afán por recordar su poder a la república báltica, un cuarto de cuya población es de etnia rusa. O quizás un indignado grupo de *hackers* rusos comentando la noticia en una sala de chat y decidiendo erigirse en defensores del orgullo nacional. Aunque no en el mismo grado, ambas opciones son plausibles. O podrían llegar a serlo en un ataque futuro. Especialmente, cuando las habilidades y capacidades que se requieren para perpetrar estos ataques son cada vez más accesibles para amplios grupos e individuos.

Meses después, el 14 de mayo de 2008 (¿no parece la Prehistoria cuando, en realidad, han pasado poco más de diez años?), se firmó el Memorando de Entendimiento entre Estonia, Letonia y Lituania, la República Eslovaca, Alemania, Italia y España que daría lugar a la creación del Centro de Excelencia en Ciberdefensa Cooperativa de la OTAN (CCD CoE, por sus siglas en inglés),[9] a escasos metros del cementerio en el que la población rusa local sigue rindiendo homenaje diario a la estatua de bronce de la discordia.

Estos ataques no solo tienen lugar contra Estados ni proceden siempre de países grandes y malvados. Tal vez sea conveniente examinar algunos ejemplos que demuestran, precisamente, que lo contrario también es cierto. Al fin y al cabo, cualquiera puede acceder a las herramientas necesarias para llevarlos a término y, en su defecto, contratar los servicios de una empresa especializada en estas prácticas ciberdelictivas.

Existen numerosas «agencias» especializadas en alquilar sus redes de ordenadores esclavizados por precios que bien pueden considerarse módicos. El 25 de abril de 2018 se desactivó la que posiblemente haya sido la *botnet* causante del mayor número de ataques en la historia de la Internet: WebStresser, responsable de más de cuatro millones de operaciones, entre las que se incluyen algunas que intentaron, con éxito variable, atentar contra algunos bancos del Reino Unido.[10] Por desgracia, la captura de seis miembros de la organización no garantiza mucho más que el hecho de que se creara un hueco en el mercado del crimen digital que no tardó en ser rellenado por la vieja competencia y por nuevos delincuentes.

Los ataques de denegación de servicio son una de las formas más frecuentes de agresión. Aunque no se conocen detalles concretos, el ataque de denegación de servicio de mayor duración mantuvo fuera de servicio a la víctima durante 29 días, exactamente 41.441 largos minutos. Ocurrió en 2022 y sigue, en el momento de escribir estas líneas, ostentando este dudoso récord. Aparte de que pueda constituir un excelente ejercicio de desintoxicación digital, resulta difícil imaginar la vida contemporánea sin acceso a la Internet durante tanto tiempo seguido.

Algunos informes apuntan a que la factura de cada ataque puede costar a la empresa objetivo hasta 50.000 dólares.[12] Casi el 70 % de las grandes empresas identificaron un intento de agresión de estas características... cada día. China, Estados Unidos y Corea del Sur acumulan la mayor parte de las víctimas. Y también la mayoría de los atacantes.[13]

Sin embargo, una cosa es quién controla las *botnets* y otra muy distinta dónde están los ordenadores esclavizados que forman parte de ellas. En un mundo sin fronteras no tiene por qué haber un vínculo físico entre la marioneta y el titiritero.

Aunque más de las tres cuartas partes de estos ordenadores cautivos están (por orden) en Estados Unidos, Corea del Sur, Italia, China, Francia y los Países Bajos, nadie está libre de que su ordenador, tableta, móvil o cualquier elemento de la Internet de las Cosas pertenezca a una red robótica sin haber llegado a notarlo. El Instituto Nacional de Ciberseguridad de España (INCIBE) ofrece, por ejemplo, una herramienta gratuita para comprobar si es así.[14]

También fue un ataque DDoS el que hizo caer muchas páginas —incluidas Twitter, Reddit, PayPal, Amazon y Netflix— colapsando Dyn DSN, la que traduce los nombres que introducimos para acceder a ellas en la información que entienden los ordenadores.[15] La *botnet* Mirai había sido responsable poco antes del más potente ataque hasta el momento. Tuvo lugar en septiembre de 2016 contra OVH, un importante servicio de alojamiento web. La utilización de elementos de la Internet de las Cosas, entre ellos cámaras de videovigilancia con escasa o nula protección lógica, proporcionó una grandísima «potencia de fuego» a los ataques.[16] Incluso el blog del conocido y reconocido investigador cibercriminalista Brian Krebs fue víctima de un ataque de este tipo.[17]

Esta modalidad cibercriminal se ha vuelto tan popular que ya se puede subcontratar pagando tan solo 4 dólares a la hora por realizar ataques, generalmente contra empresas, sobre todo de videojuegos. La mayoría de los ataques procede de China, con *botnets* preferiblemente ubicadas en Corea del Sur, y tiene a Estados Unidos como el receptor del 90 % de estos (una cifra proporcional a los servidores ubicados en este país).

Los casos más graves son las denegaciones de servicio permanente (PDoS, por sus siglas en inglés). En ellos, la infraestructura queda tan dañada que es necesario reponerla o repararla antes de que pueda volver a operar.

En cualquier caso, no todos los ataques de denegación de servicio utilizan *botnets*. Cada vez es más frecuente prescindir de este engorroso método y recurrir a otras técnicas que saturan la capacidad de la víctima. El ataque que sufrió GitHub, el mayor desarrollador de *software* mundial, supuso un tráfico de 1,35 *terabytes* por segundo, el equivalente a enviar dos millones y medio de fotografías (de un tamaño medio, 500 *kilobytes*) cada segundo de forma continuada durante los ocho minutos que duró el ataque.[18] Algo así como la cantidad de fotogramas que contienen 7.500 películas de duración normal.

Por sus características, la denegación de servicio es una técnica particularmente apta para operaciones de distracción, en las que se utiliza a menudo para tener ocupado al defensor en recuperar sus servicios mientras se inserta *malware* o se extrae información.

Otra forma de denegar el servicio —si bien técnicamente no tiene nada que ver con la anterior— son los ataques de *ransomware*. El más conocido de todos, el famoso WannaCry, afectó a empresas y particulares de todo el mundo en mayo de 2017. Para muchos fue la primera señal de la existencia de programas maliciosos que encriptan el ordenador o los ficheros de la víctima hasta que se pague un rescate por ellos. Un mes y medio después, otro ataque similar, NotPetya, volvió a demostrar cómo hace falta algo más que un tropezón para que aprendamos a andar mirando dónde pisamos. Según la Casa Blanca, NotPetya causó daños en todo el mundo por no menos de 10.000 millones de dólares. El relato, casi novelado, que el periodista Andy Greenberg hace de los efectos de este último en la inmensa naviera danesa Maersk —que quedó sumida en el caos en todo el mundo— invita a una reflexión más profunda (véase capítulo 5).[19]

Identidades al peso

No solo hay un mercado de ordenadores esclavizados. Las *botnets* son solo una de las mercancías digitales que se pueden adquirir en la Internet. Los criminales tienen un catálogo muy diversificado de identidades digitales a la venta desde poco más de diez céntimos de euro cada una.[20] Los usuarios y contraseñas de nuestro correo electrónico están a la venta por entre uno y tres dólares. Los de los servicios de mensajería, por entre uno y cinco. Las cuentas corrientes se cotizan a entre 3 y 24 dólares, más incluso que los servicios de transferencia de dinero como MoneyGram, que se venden por un máximo de 15,5 dólares.

Según RSA, una de las mayores empresas mundiales dedicadas a la criptografía y al *software* de seguridad, se produce un ataque de *phishing* cada 30 segundos con un coste acumulado de más de un millón de dólares por hora. Cada minuto se roban 8.100 identidades de distinto tipo que nos cuestan un cuarto de millón de euros. El comercio electrónico se ve, por tanto, muy afectado por el fraude resultante: pierde 660.000 dólares cada hora, un 0,3 % de su facturación. No es de extrañar que, cada día, aparezcan 300.000 nuevas organizaciones criminales, muchas de las cuales tienen una vida efímera, activa durante el tiempo que están en vigor sus herramientas o hasta concluir una operación concreta.[21]

Contigo al fin del mundo

Un mundo permanentemente conectado está permanentemente en riesgo. Las amenazas no nos acechan solo cuando encendemos el ordenador, sino también desde el momento en el que introducimos una tarjeta SIM en el móvil. Uno de los carteles que utiliza el Mando Conjunto de Ciberdefensa español en sus campañas de concienciación advierte: «Si estás conectado, estás en peligro».[22] Quizá merezca la pena reformularlo: «Si es conectable, estás en peligro».

El *malware* para móviles está creciendo de una forma mucho más acelerada todavía que el de los equipos fijos y portátiles. Cada 18 segundos aparece una nueva muestra de virus para el sistema operativo de Android. Eso supone millones de amenazas novedosas cada año que se descargan, solo a través de Google Play, más de 26 millones de veces.

Más del 60 % del fraude *online* tiene su vector de ataque a través de los móviles. Las aplicaciones para estos teléfonos, las populares *apps*, son las favoritas para los criminales que buscan esta vía de penetración. Aunque hasta no hace mucho era la navegación a través de los teléfonos lo que resultaba más peligroso, ahora el 80 % del *malware* se distribuye a través de ellas.[23]

No es ya solo que los privilegios que exigen para funcionar estén absolutamente fuera de toda lógica y les confieran acceso a datos de los usuarios que luego podrán vender a terceros. Además, aprovechan la agilidad de los dedos a la hora de aceptar su instalación para instalar algún «bicho» adicional en nuestro inseparable teléfono móvil. Resulta al menos llamativo que, para instalar una *app* que nos permite agitarlo a modo de linterna durante un concierto, consintamos el acceso a nuestro correo, libreta de direcciones, fotos y ubicación. Ante esta permisividad, no es de extrañar que, además, aproveche para introducir un código que le permita controlar la cámara y el micrófono de nuestro teléfono en cualquier momento.

A cosa hecha

Y los ladrones se han subido también al carro de la Internet de las Cosas. Quizás aquí haya que recordar que esta no se limita a los electrodomésticos y a las pulseras de actividad. También incluye muchos dispositivos, por ejemplo, de las centrales nucleares o eléctricas.

La oenegé Nuclear Threat Initiative (NTI) elabora desde 2012, en conjunción con *The Economist,* un Índice de Seguridad Nuclear.[24] En el informe de 2018 —el último disponible—, un tercio de los países con material fisible de grado militar —es decir, aquel que se puede utilizar para elaborar bombas nucleares— no cumplían estrictamente con ¡ninguna! de las normativas de ciberseguridad que establece el índice. Solo 13 países pasaban con sobresaliente una inspección al respecto. Más de las dos terceras partes no tenían un plan de respuesta ante incidentes cibernéticos. Afortunadamente, los países con mayor número de instalaciones nucleares son también los más concienciados.[25]

Un mundo feliz

Google y Facebook tienen planes para llevar la Internet al cien por cien de la población mundial en los próximos años. Cuatro mil millones de analfabetos digitales se zambullirán en línea sin saber nadar... y sin flotador. Se convertirán así en presa fácil para cualquier internauta que sepa navegar desde mucho antes. ¿Qué futuro pueden esperar las grandes masas de población en las zonas remotas de Asia y África cuando, de repente, se duerman en el siglo XX (en el mejor de los casos) y se despierten en una versión tremendamente avanzada de la red de redes?

Basta imaginar la brecha digital que puede observarse a diario entre distintas generaciones del primer mundo para poder extrapolar la versión aumentada de la misma que afectará a la mitad de la población mundial.

Orwell fue, lógicamente, incapaz de imaginar un universo digital en el que los ciudadanos de su mundo vivirían pendientes de una pantalla a todas horas. Intuyó, eso sí, un ambiente en el que una cámara estaría fija en cada persona, en el que el mundo que conocía se vería condicionado por la presencia constante de una tecnología intrusiva. Hemos creado una realidad que va mucho más allá de la de *1984*, un entorno artificial que avanza desbocado a un ritmo que somos incapaces de asimilar ni entender. Y nos hemos lanzado a vivir en él sin red ni arnés de sujeción.

No hay marcha atrás en la adopción de las tecnologías digitales. Lo peor es que la sociedad tampoco dispone de la calma ni del sosiego necesarios para conocer las consecuencias de introducirlas en nuestras vidas antes de hacerlo. Hemos comprado una vivienda sobre un plano dibujado a vuelapluma y nos hemos mudado a ella sin vacilar. Son tantas las ventajas que proporciona el mundo digital que no hemos leído la letra pequeña de los inconvenientes.

En *1984*, Orwell imaginó un mundo en el que se reescribía el pasado para adaptarlo al presente. En 2025 hemos llegado a uno en el que —gracias a unos medios de comunicación que el escritor británico jamás intuyó— podemos reescribir incluso el presente, retorcer el espacio-tiempo y afirmar una cosa y su contraria. No existe el derecho al olvido, pero se ha relativizado tanto la verdad que recordarla no aporta argumentos al debate.

En la Oceanía orwelliana —uno de los tres superestados, junto con Eurasia y Eastasia, en que se dividía la Tierra—, el Estado vigilaba para que no hubiese disidencia. Cualquier manifestación tibia era silenciada *a posteriori* y eliminada de los registros. Hoy no hace falta silenciar nada, basta con esconderlo en una montaña de irrelevancia. Hemos vendido nuestra privacidad por un plato de lentejas, por servicios que nunca supimos que necesitábamos. Por cierto, el genio visionario de Orwell anticipó también aquí el «Problema de los tres cuerpos», que describe de forma magistral en su novela de 2008 Liu Cixin. La guerra, la inestabilidad y las alianzas cambiantes se utilizan para justificar esa vigilancia y mantener cohesionada a la población. Un sistema trinitario es inherentemente inestable y, por lo tanto, ideal para mantener la situación en el tiempo.

Quizás el mundo hacia el que avanzamos se parezca más al retratado por Aldous Huxley en la distopía *Un mundo feliz*, su novela más famosa, publicada en 1932. En el panorama recreado por Huxley, la guerra y la pobreza ya no existen y todos los individuos disfrutan de una felicidad perenne, conseguida al precio de eliminar todo lo que pueda interferir en ella, desde el arte y la filosofía a la familia y el amor. En nombre de la estabilidad universal, se renuncia a las libertades y la individualidad. Un mundo feliz basado en el amodorramiento de la ignorancia y de la conformidad. Ignorancia en plena era de la información y el conocimiento, y conformidad en el momento en que presumimos de tener más opciones y capacidad de elección que nunca.

Huxley y Orwell discutieron epistolarmente sobre cuál de sus mundos reflejaría mejor el futuro. Para el primero, hoy viviríamos en una utopía rebosante de todo menos de opciones reales, de libertad. Para el segundo, estaríamos sufriendo la opresión de un régimen que controlaría cada uno de nuestros movimientos para anular nuestra libertad e impedirnos tomar decisiones trascendentes.

El Ministerio de la Libertad nos proporciona todo... menos la posibilidad de ser libres. El Estado, ya sea totalitario o democrático, asume como primera prioridad su seguridad. Al igual que el Gran Hermano mantenía una guerra constante en *1984*, el Estado justifica los racionamientos —de chocolate o de libertad— en aras de un bien o entidad superior. Superior al ciudadano, en todo caso.

Detrás de eso, las empresas. Como en tantas distopías que presenta el cine, algunas de estas corporaciones se han convertido —al modo de Omni Consumer Products en la saga *Robocop* y la Federación de Comercio en *Star Wars*— en grandes monopolios cuyos límites van mucho más allá de la jurisdicción de los Estados.

MANUAL DE SUPERVIVENCIA

- **ADOPTA CONDUCTAS HIGIÉNICAS TAMBIÉN EN EL MUNDO DIGITAL**

  La vida en el entorno cibernético impone interiorizar conductas apropiadas para minimizar los riesgos y las amenazas que existen en el ciberespacio, pero también para aprovechar sus oportunidades. Igual que la vida en un país distinto se guía muchas veces por normas y costumbres diferentes, también el mundo digital tiene sus propias prácticas. De hecho, es como vivir en un planeta distinto en el que la gravedad no es a la que estamos habituados, la atmósfera no es respirable, las temperaturas son incompatibles con la vida humana y no podemos exponernos sin utilizar el traje protector.

- **ACTUALIZA Y CUIDA TU ENTORNO INFORMÁTICO, ADEMÁS DE PROTEGER Y CAMBIAR TUS CONTRASEÑAS**

  Además de mantener actualizados los equipos y su *software*, equiparnos con tecnología antivirus, proteger y cambiar nuestras contraseñas para que siempre sean lo bastante robustas, es importante aplicar un sentido común adaptado al entorno: asumir como probable que todo lo que ocurre en un aparato capaz de conectarse a la Internet puede terminar siendo del dominio público, proteger nuestra identidad y nuestra privacidad —pensando en la excelente memoria que tienen las redes— y recordar que en el ciberespacio se pueden dar todas las formas de criminalidad del mundo físico por muy protegidos que nos parezca estar por la pantalla.

- **REDUCE TU EXPOSICIÓN A LAS AMENAZAS**

  Cada *app*, cada conexión nueva, cada dispositivo tienen su propia vulnerabilidad (si no son varias, lo más probable). La gratuidad de los servicios y de las aplicaciones en nuestros dispositivos no es casualidad. En primer lugar, no son realmente gratis. Pero, en segundo lugar, la cultura de la inmediatez y la gratuidad que se forma nos hace reaccionar instintivamente como consumidores compulsivos. Tendemos a ignorar las consecuencias de lo que hacemos *online* porque no se producen, normalmente, de forma inmediata. Mientras tanto, la satisfacción de conseguir lo que buscamos, por irrelevante y banal que pueda ser, sí se obtiene en el acto. Antes de arriesgarnos a instalar una nueva aplicación, a mandar un nuevo mensaje, a abrir una nueva cuenta, a dar un nuevo dato sobre nosotros, debemos considerar las ventajas que vamos a obtener con ello. Y el precio que, a la luz de lo visto, vamos a pagar.

- **DISFRUTA DE TU VIDA DIGITAL CON CALMA**

Frente a la moda de la *fast food*, de la comida rápida, apareció la *slow food*, la comida lenta. Desde luego, el nombre no es particularmente original. Sin embargo, el concepto es perfectamente extrapolable a nuestra vida digital. ¿Por qué tenemos que vivir más rápido simplemente porque la tecnología nos lo permita? ¿Vamos más deprisa con un coche porque pueda alcanzar los 300 kilómetros por hora que con otro que solo puede alcanzar los 260? Nos hemos convertido en ocasiones en esclavos de la tecnología, en lugar de ser sus dueños. Está muy bien tener la posibilidad de comunicarnos con quien sea en cualquier momento. Pero eso no significa que debamos estar hablando con alguien, o mandándole mensajes, continuamente solo porque podemos hacerlo.

- **APROVECHA LA TECNOLOGÍA, QUE ELLA NO SE APROVECHE DE TI**

Smart significa «inteligente». Un dispositivo es tanto más *smart* cuanto más nos sirve. Una ciudad nunca será inteligente: estará diseñada inteligentemente para servirnos mejor, para ser más cómoda para nosotros. De lo contrario, estaremos construyendo ciudades y dispositivos para gente tonta. Una ciudad inteligente está formada por gente inteligente que sabe aprovechar la tecnología inteligente.

5. EL MINISTERIO DE LA PAZ

La guerra, que en el primer mundo se había deslocalizado y restringido a un asunto de los militares en tierras lejanas, vuelve a afectarnos a todos en primera persona. La trajeron los terroristas a nuestras calles y ahora la traen las redes a nuestras casas, y al interior de nosotros mismos. Es una manifestación más de la política y de la sociedad, y en sus formas más modernas, vuelve a estar entre la gente a través del ciberespacio.[1]

Las causas de todas las guerras se pueden reducir a tres: la necesidad, las creencias y la avaricia.[2] La necesidad suele preceder a los conflictos. Cuando los pastos se agotan, cuando los recursos dejan de poder sostener a la población, cuando el hambre aprieta, los hombres buscan obtener los bienes de sus vecinos o tener acceso a las fuentes de los mismos. La necesidad, no obstante, es una percepción un tanto relativa. Igual que la felicidad o la seguridad, se trata muchas veces más de una sensación que de un absoluto.

La posibilidad de comparar el nivel de vida de la propia familia o tribu frente a otras incrementa la sensación de necesidad. Esa posibilidad es mucho mayor hoy —cuando en la aldea más remota cada habitante tiene un teléfono móvil— que en cualquier otro momento. Y el pasto siempre está más verde al otro lado de la verja, o del río.

En el siglo XIX el geógrafo y etnógrafo alemán Friedrich Ratzel acuñó el término *Lebensraum*, «espacio vital». Años después, el general Karl Haushofer desarrolló sobre este concepto la teoría en la que se basó la política expansionista del Tercer Reich de Hitler: Alemania necesitaba ocupar más territorios porque su densidad de población y su productividad requerían mayores recursos. Hoy en día, se necesitan más mercados.

Las creencias, los valores, están también detrás de innumerables conflictos. Sin entrar ya en las guerras de religión, se puede incluir aquí una buena parte de las guerras civiles y de las que se justifican en la supuesta superioridad de una raza o de un pueblo sobre los demás. Detrás de las creencias está, generalmente, el miedo. Miedo a perder la identidad, al contacto con el diferente; el dogmatismo y la dicotomía ellos-nosotros en un mundo visto en blanco y negro donde lo nuestro es bueno y lo(s) demás no.

La avaricia, en fin, se diferencia de la necesidad en ser un mero deseo de poseer todavía más de lo que se tiene, aunque se disponga de lo suficiente para vivir. No se puede pretender encasillar los conflictos en alguna de las tres causas, sino que se debe entender que todas ellas están presentes en todos ellos. La avaricia surge de la conciencia de superioridad respecto del otro y, por tanto, del convencimiento de que se tiene un derecho superior al del otro a disponer de determinados bienes o territorios. La transición entre la necesidad y la avaricia también es una cuestión de percepción y de autoestima. Hasta qué punto necesito algo o solo lo deseo varía para cada persona y dentro de las personas mismas.

En la era digital siguen estando vigentes las tres causas de los conflictos tradicionales. Sin embargo, cabe añadir una más: la velocidad.

El conflicto tiene su origen siempre en la fricción, en el roce, en el choque de intereses entre dos actores. Fricción, roce y choque implican movimiento, cambio. Son las situaciones de cambio las que propician los enfrentamientos. Los movimientos tectónicos lo ilustran a la perfección. Las placas continentales pueden pasarse largos periodos más o menos estáticas sin que ocurra nada significativo. Un desplazamiento de una sobre otra o contra otra supone movimientos tectónicos, terremotos y la presencia de volcanes.

Precisamente, en este aspecto se basa la famosa «trampa de Tucídides», tan relevante en el momento que vivimos. Las potencias consolidadas y que han establecido las reglas de convivencia internacional, las denominadas «potencias del *statu quo*», pretenden mantener la situación tal y como ellos la han definido en función de sus intereses. A lo largo de la Historia, estas potencias han visto surgir posibles competidores que pretenden alterar unas normas que no consideran justas. Estas naciones emergentes o «revisionistas» aspiran a alcanzar unos niveles de prosperidad similares a los de los poderes consolidados.

Los godos, considerados «bárbaros» por los romanos, serían un ejemplo muy ilustrativo, al igual que la emergencia de China respecto del todopoderoso Estados Unidos en la situación actual.

El historiador y militar ateniense Tucídides (siglos v-iv a. de C.) afirmaba, en su *Historia de la guerra del Peloponeso*, que fue «el ascenso de Atenas y el temor que ello inspiró en Esparta lo que hizo la guerra inevitable».[3] Quizá no fuera del todo inevitable, pero sí que hubiese requerido políticos de una talla excepcional en ambos bandos para gestionar adecuadamente la situación. En los últimos cinco siglos, el conflicto ha estallado en 12 de las 16 ocasiones en las que una potencia ha amenazado con sobrepasar al poder hegemónico.[4]

Por otro lado, el objetivo de toda guerra ha sido siempre la consecución de la paz. Una paz en los términos del vencedor y en la que este pueda prosperar, muchas veces a costa del vencido. Durante miles de años, la victoria en la guerra pasaba por la eliminación física del adversario. Después, pese a las enseñanzas de Sun Tzu sobre la importancia de arrebatarle todo lo posible al enemigo para provecho propio, se basó en la destrucción del ejército rival o de su capacidad de combate. En el siglo XXI —en realidad, desde la última década del siglo pasado—, el centro de gravedad ha pasado a ser casi únicamente la voluntad del contrario. Más su corazón que su mente.

Un repaso a las contiendas que ha librado Occidente desde la Segunda Guerra Mundial arroja un saldo bastante deprimente. Corea, Vietnam, la guerra del Golfo, Somalia, los conflictos de la antigua Yugoslavia, Afganistán e Irak no pueden considerarse victorias bajo ningún criterio que no sea partidista o propagandístico.[5] Tampoco Rusia ha tenido mucho más éxito en sus campañas exteriores, Afganistán —tumba de imperios— fue su mayor desastre, pero Chechenia también se cobró un elevado precio. La actual «operación militar especial» en Ucrania está lejos de poder denominarse «paseo militar» y su desenlace todavía resulta incierto. También el Reino Unido reconoce que «la guerra a distancia[6] tiene realmente dificultades para conseguir sus objetivos cuando las expectativas pasan de destruir o degradar una amenaza terrorista a establecer las condiciones para una estabilidad duradera».[7] No es lo mismo declarar la victoria en la guerra que construir la paz que es el objetivo de aquella.

La guerra del Golfo de 1991 demostró el potencial bélico estadounidense en el campo convencional a sus potenciales adversarios. Los atentados del 11-S demostraron a Estados Unidos que el mensaje se había recibido fuerte y claro. La asimetría de medios y capacidades no ha dejado de crecer desde entonces, aunque el refuerzo de los medios físicos convencionales y la consiguiente ampliación de la brecha no aporta una ventaja adicional a quien ya tiene la hegemonía. Quizás al contrario.

La invasión rusa de Ucrania ha cambiado paradigmas que llevaban décadas vigentes entre los ejércitos de todo el mundo. Lo grande, lo potente, lo rápido incluso, han dejado de ser garantía de éxito. Las plataformas se encojen, la munición tradicional se consume a un ritmo que acaba con la producción mundial incluso en un conflicto limitado, los drones de todo tipo se adueñan del campo de batalla y las telecomunicaciones resultan más determinantes que nunca antes. La niebla de la guerra se ha sustituido por el brillo cegador de los focos mediáticos, pero el resultado sigue siendo que tampoco podemos ver qué está pasando en realidad.

No profundizaré aquí en el porqué de esta falta de éxito de las grandes potencias en los conflictos modernos (más todavía si se incluyen en el recuento los procesos de descolonización). En todo caso, resulta evidente que la imposición de la fuerza armada ha dejado de ser considerada como una razón convincente para declarar derrotada a una parte. La mayor conectividad y, por tanto, resiliencia del vencido, las limitaciones de la comunidad y el Derecho internacional en cuanto al grado de fuerza aplicable, junto a otros factores políticos, sociológicos y psicológicos, influyen decisivamente en el resultado.

Un desequilibrio de fuerzas solo es decisivo cuando hay paridad en la voluntad para emplearlas y en el deseo de vencer. Y el mundo hiperconectado y guiado mayoritariamente por intereses financieros en que vive buena parte del orbe desarrollado tiene poco apetito por el empleo de la fuerza, y aún menos paciencia, para subordinar el resto de los factores a una victoria final.

Dar una oportunidad a la paz

La paz no es la ausencia de conflicto, de debate, de dinamismo, de cambio. La paz implica un equilibrio entre las fuerzas que tiran de un lado y del otro para hacer avanzar a la sociedad. Un equilibrio entre el ejercicio de las libertades y el disfrute de la seguridad en el que el balance se traslada a un crecimiento homogéneo que evite conflictos futuros. Ni los países que más armas y ejércitos tienen son necesariamente los más belicosos, ni los que carecen de ejércitos son los más pacíficos.

La guerra que Orwell presenta en *1984* es un conflicto físico, aunque lejano. Los partes hablan de bombardeos y de conquistas de territorios. Hay ejércitos y bajas. En la guerra del siglo XXI el conflicto es virtual, pero muy cercano y permanente. A menudo, no hay más bajas que la verdad... y la libertad. Hoy en día, las batallas las libran los Estados, pero también las empresas y los particulares. Y las armas de los ejércitos son solo una pequeña —aunque muy relevante— parte del arsenal de que se dispone.

En la mayoría de los casos, la militarización de un país tiene que ver con los tres factores ya mencionados. Los Estados que mayor gasto porcentual hacen en defensa son los de las inestables regiones de Oriente Medio y África, normalmente afectados por la «maldición de los recursos». Son países con abundantes recursos naturales cuyos beneficios se reparten de una forma muy desigual y con una gobernanza muy alejada de lo ideal. Avaricia, necesidad y creencias se combinan para hacer de ellos zonas muy proclives a los conflictos y, por tanto, a dotarse de los medios para resolverlos.

En cuanto a países concretos, Islandia es el que presenta el menor índice de militarización. La percepción correcta de la amenaza y una ambición realista deben conjugarse para ajustar adecuadamente los gastos militares. La existencia de un conflicto interno, como ocurre en Siria; la percepción de una amenaza existencial para el país o para el régimen, en el caso de Israel o Corea del Norte; o el mantenimiento de intereses globales —en el de Estados Unidos, China o Rusia— hacen que se incremente notablemente dicho gasto.

Quizá sea este el aspecto en el que las tendencias han cambiado más desde la primera publicación de *Mundo Orwell.* Mientras que, en 2018, la curva de la militarización y el número de efectivos en las fuerzas armadas de todo el mundo seguía una pendiente claramente menguante, la invasión de Ucrania por parte de Rusia y las exigencias del presidente Donald Trump para que sus socios incrementen sus gastos militares han revertido la situación.

Esto es particularmente cierto en lo que respecta a los gastos militares. La proporción de uniformados respecto del total de la población se ha mantenido bastante estable, incluso en los últimos tres años, alrededor de un 0,3 % de la población en la mayor parte de los casos próximos. Evidentemente, los países directamente afectados por los conflictos han visto crecer el número de reclutados. También es el caso de otros —vecinos de los anteriores—, que han alterado sus políticas o han reinstaurado el servicio militar obligatorio. El caso de Polonia, que ha duplicado con creces sus efectivos, puede ser el más notable. Finlandia, Suecia y los países bálticos también han iniciado un proceso de rearme que, en los dos primeros casos, ha supuesto además su ingreso acelerado en la OTAN.

Curiosamente, un país como China, con un ejército de más de dos millones de soldados, tiene una proporción de militares que apenas si alcanza el 0,15 %. Eso sí, los medios que tienen a su disposición —cuantitativa y cualitativamente— han dado un salto enorme en los últimos años.

No resulta sorprendente que la lista de los países más peligrosos en cuanto a la posibilidad de sufrir violencia esté encabezada por Afganistán, Ucrania, Rusia, la franja de Gaza, Siria y Yemen. La región de Oriente Medio parece, no obstante, mantener una tendencia positiva en los últimos tiempos (a pesar de todo). No puede decirse lo mismo de lo que ocurre al otro lado del Mar Rojo. Sudán, Somalia y Etiopía, junto con otros países del África central, sufren sangrientas guerras alejadas de los principales focos mediáticos occidentales.

La crisis de Venezuela no convierte a ese, por otro lado paradisíaco, país solamente en el más peligroso —junto con Haití— de Iberoamérica, sino también en el mayor exportador de inestabilidad al resto del subcontinente.

Economía de guerra

Que la economía se resiente ante la violencia es una verdad obvia. La mera inestabilidad o la amenaza de que exista ya supone un coste real en términos de crecimiento, de inversión exterior en un país o de coste de oportunidad. Durante los últimos setenta años, el PIB de los países que han mantenido un perfil estable y pacífico ha crecido de media el triple que el resto. Normalmente, un río revuelto proporciona ganancias a los pescadores, que están fuera del agua (con la excepción de unos pocos depredadores que medran a costa de los demás).

El impacto total de la violencia en el mundo puede cifrarse en el equivalente a 14,76 billones de dólares en términos de paridad de poder adquisitivo (cifras de 2017). Las pérdidas anuales suponen, por tanto, un equivalente al 12 % de todo el PIB mundial. La violencia le costó 1.988 dólares a cada ciudadano del planeta. Claro está, muy desigualmente repartidos. Las economías de Siria, Afganistán o Irak, donde el impacto fue máximo, se resintieron en un 68, un 63 y un 51 % respectivamente.[9] Los Estados Unidos Mexicanos son otro de los países muy afectados por los efectos de la violencia, a pesar de su inmenso potencial y su crecimiento económico. La guerra —la violencia en todas sus formas— es un negocio ruinoso para el que la sufre.

Y, sin embargo, esa misma inestabilidad es un estado geopolítico deseable para algunos. No hace falta pensar en aquellos que se lucran económicamente con las guerras, tanto dentro como fuera de los países que las sufren. Una región en desequilibrio es una amenaza para sus vecinos y, especialmente, para aquellos de sus vecinos que sí gozan de una situación armónica susceptible de deteriorarse por contagio. Se trata de mantener en jaque al rey contrario sacrificando a sus peones, haciendo que cargue con el peso de los refugiados, de los tráficos ilícitos y de todos los inconvenientes de un vecindario caótico.

Hasta la invasión rusa de Ucrania, las guerras en las que alguna potencia occidental estaba implicada solían tener una duración muy escasa. Se trataba de campañas, más que de guerras, limitadas en sus objetivos y en los medios disponibles para lucharlas. Acciones de policía para restaurar el orden y que no se alterase el patio trasero de la civilización.

Ucrania ha demostrado, además, la falta de preparación de la mayor parte de los ejércitos para sostener el esfuerzo durante más tiempo. Las industrias militares no están dimensionadas —lógicamente— para una guerra a gran escala. El rearme que estamos viviendo en los últimos años podría cambiar esa realidad y propiciar enfrentamientos mayores y más destructivos. Al mismo tiempo, cabe esperar un redimensionamiento de la industria bélica para atender a esta creciente demanda.

Las relaciones de interdependencia económica entre las potencias son una de las mejores garantías para la seguridad mundial. Según el geoestratega militar estadounidense Thomas P. M. Barnett, el mundo formado por los países cuyas economías se encuentran conectadas es una zona de estabilidad basada en el cálculo del coste que supone para la propia economía la disrupción del equilibrio comercial. Para Barnett el mundo se divide entre estos países y el *gap* desconectado, es decir, los países «desenganchados» de la economía mundial. Las guerras se producen casi siempre en este último conjunto. La lucha por los recursos de estos países se produce, eso sí, entre todos o alguno de estos y uno del mundo conectado que pretende apoderarse de los anteriores.[10]

Una estabilidad similar se garantizaría entre países vinculados por infraestructuras energéticas de gran trascendencia. La voladura del NordStream II y la previa implicación europea y alemana en la defensa de Ucrania dejaron claras las limitaciones de esta teoría. Esta conducción, que transitaba por los fondos marinos del Báltico, proveía de gas a Alemania sin necesidad de pasar por terceros países como Bielorrusia, Polonia o Ucrania. El impacto económico de su cierre para ambas economías condicionaba grandemente las decisiones de los mandatarios de Berlín y Moscú, afectados directa y personalmente por la marcha de los negocios. El vínculo, no obstante, fue tan (poco) resistente como las cañerías mismas.

Este ejemplo sirve también para incidir en la necesidad de que la relación de dependencia económica sea más o menos equilibrada. La campaña proteccionista del presidente Trump se apoya en la existencia de déficits comerciales importantes de Estados Unidos respecto a China o Europa. La estabilidad que proporciona la economía con intereses compartidos se tiene que apoyar en el interés mutuo en su mantenimiento. En ningún caso es sostenible a medio plazo por una de las dos partes en solitario. El reequilibrio forzado tampoco facilita las relaciones de confianza entre aliados.

Cuando te llevas o te llevan la guerra a casa

La tecnología presenta nuevas amenazas para los militares, pero no todas se deben al enemigo, sino al mal uso que hacen las fuerzas propias. Una manifestación reciente de este uso poco consciente de la tecnología fue la publicación, por parte de la compañía Strava, de su «mapa global de calor» en enero de 2018.[11] En él se recoge la actividad deportiva que realizan millones de personas conectadas a la aplicación mediante sus teléfonos o relojes inteligentes. El resultado es un muestrario de las rutas utilizadas por los deportistas en todo el mundo. A mayor grado de uso, más intensidad lumínica en la imagen.

Pero en el mapa se podía apreciar actividad deportiva en algunas zonas poco habitadas. Una actividad muy concentrada y que sigue patrones concretos en sus recorridos. En muchos casos, se trataba de ubicaciones donde supuestamente no debería haber nada y que delataron la presencia de unidades militares en Afganistán, de actividad militar rusa en la base aérea siria de Khmeimim (ahora en cuestión tras la caída del régimen de Al Assad) y de fuerzas turcas patrullando en Manbij, la provincia siria en la que habían penetrado poco antes.[12]

El Pentágono tomó cartas en el asunto meses después y prohibió la activación de la geolocalización en los dispositivos personales para todo el personal en operaciones.[13] También el Daesh, el autodenominado Estado Islámico, había prohibido a sus militantes el acceso a las redes sociales en una crisis de ansiedad provocada por las posibilidades de disidencia interna y el miedo a la revelación de localizaciones o capacidades al enemigo.[14] La ubicación de dispositivos de soldados rusos en Ucrania, donde su Gobierno afirmaba que no habían entrado, fue otro de los ejemplos que elevaron la concienciación de las fuerzas armadas de medio mundo sobre el potencial peligro de ciertos dispositivos que no aparentaban ser más que entretenimientos o juguetes.

Una buena parte de la doctrina sobre el nuevo tipo de guerra del siglo XXI se está escribiendo en Ucrania. La mezcla de guerra civil (en su fase de 2014 y, hasta cierto punto, en las regiones orientales), invasión y escenario global en el que compiten las potencias es particularmente apta para la utilización de la guerra psicológica. Y el nivel tecnológico de los contendientes hace que este tipo de guerra se lleve a las ondas y a las redes wifi inmediatamente.

Los dos bandos están empleando las redes sociales y de mensajería para intimidar a sus oponentes. En primer lugar, hay que identificar concentraciones de teléfonos móviles. Para ello se utilizan, entre otras cosas, drones con sensores especializados. A partir de ahí, la utilización que se haga de esta información queda a la discreción y la imaginación de cada cual. Los separatistas prorrusos, por ejemplo, enviaban mensajes de texto a los móviles de los soldados ucranianos en un punto de control en el que se puede leer «Caído de las Fuerzas Armadas Ucranianas. El Este no te perdonará y el Oeste no te recordará». Parece bastante inocente, salvo que estés en la línea del frente desde hace meses. El mensaje se queda grabado en el cerebro, del que lo recibe y de los compañeros con los que lo comparte, esperando un momento de debilidad en la moral de alguno de ellos.

En otros casos, se avisa de que el comandante de la unidad ha desertado y que están solos y rodeados. O se avisa de un inexistente cargo en la cuenta corriente por el que agradecen al soldado su aportación (también) económica en la lucha contra el enemigo. O uno de los más sofisticados: los soldados reciben un mensaje en el que se les informa de que están rodeados y, a continuación, sus familiares reciben otro en el que se les informa de la muerte de su ser querido. La reacción natural de la familia es llamar al militar para comprobar su estado de salud. La presión llega directamente de padres, hermanos o cónyuges. La guinda la pone un nuevo mensaje en el que se exhorta al soldado a desertar para poner su vida a salvo y, tras una breve pausa, se desencadena un ataque de artillería que permite al acosado visualizar el peligro al que está sometido en un momento en el que su capacidad de resistencia psicológica es muy reducida.[15] A partir de febrero de 2022, no obstante, la situación cambia y requiere de un análisis más detallado que reservamos para otra ocasión.

Mark Cancian, asesor sénior del Centro de Estudios Estratégicos e Internacionales (CSIS, por sus siglas en inglés) y coronel retirado de la Reserva del Cuerpo de Marines de Estados Unidos, imagina otro escenario en el que, de nuevo, no son las acciones destructivas las que tienen la primacía.[16] Más que un virus destructivo que acabe con los sistemas informáticos, Cancian describe un ataque coordinado en el que las cuentas corrientes de los militares (en este caso, de la Flota del Pacífico) aparecen vacías y un vídeo viral (y falso) de YouTube muestra cómo un grupo de marines viola a un par de niñas en la isla de Okinawa, con una población ya bastante hostil a la presencia de más de 30.000 tropas estadounidenses. En el relato, varios mandos militares son acusados en las redes de acoso sexual o de visitar sitios web obscenos, y las familias de los militares y de los responsables políticos se ven acosadas, de modo que su atención está más cerca de casa que del frente.

¡Qué ineficientes parecen ahora las octavillas arrojadas por millones desde aviones sobre tropas que, muchas veces, no sabían siquiera leer! Hoy, a través de mensajes personalizados a tu propio móvil, contactos con la familia, localización de la zona en la que está un individuo concreto por triangulación de la posición de su móvil, etcétera, la guerra viene a buscar a todos y cada uno a su grupo de WhatsApp.

Ataques en tiempo real

Que la guerra cibernética es real no debería ponerse en duda. Más allá de otras utilizaciones de las redes en cuanto a su papel en la vida social, los ataques con características técnicas, por llamarlos de alguna manera, son continuos a lo largo de todo el día, todos los días. Varias aplicaciones permiten su visualización en tiempo más o menos real, y ofrecen estadísticas sobre el origen y el destino de la mayor parte de estas agresiones.[17] Con las debidas reservas respecto a si están todos los que son y a quién hay detrás de los que están, ofrecen un panorama apocalíptico de la actividad en el ciberespacio. España aparece, en todas las estadísticas, en una posición bastante relevante en cuanto a la recepción de ataques informáticos.

Sí, sin duda hay un mundo peligroso ahí fuera. La mitad de las organizaciones (exactamente, el 49 %) a nivel mundial reconocieron haber sido víctimas de fraude y ataques económicos. Esto supone un incremento realmente notable desde el 36 % del periodo anterior. Sin embargo, no todo el peligro está «ahí fuera». El 52 % de los ataques provinieron de alguien de dentro de la organización atacada. Es decir, más de la mitad de los ataques tienen lugar desde nuestro lado de la verja y la otra mitad ocurre gracias a que alguien se ha dejado abierto algún tramo de esa misma verja.[18] El mismo informe revela que dos de cada tres de esos ataques externos (el 68 %) tenían su origen en personas o en organizaciones que trabajaban con o para la empresa, como proveedores, clientes, etcétera.

A pesar de la imagen tópica de los *hackers* como criminales que se esmeran en encontrar la vulnerabilidad de un blanco concreto, la mayoría de los ataques se llevan a cabo de forma automatizada. Se envían correos masivos a listas de destinatarios compradas en el mercado negro, se contaminan páginas que infectarán a su vez a cualquiera que acceda a ellas, se envían unas líneas de código malicioso al azar, o se prueban puertos lógicos o contraseñas para páginas web (según Microsoft, el 63 % de las intrusiones tienen su origen en el acceso a la contraseña del usuario). Todo ello, normalmente, automatizado mediante el uso de robots mientras el *hacker* espera viendo el último capítulo de su serie favorita.

Solo así se explica que, según un estudio realizado por Michel Cukier, de la Escuela de Ingeniería A. James Clark, en Maryland, los ordenadores investigados recibieran una media de 2.244 ataques diarios. Esto representa una media de un ataque cada 39 segundos. Y puede tomarse como una muestra representativa de lo que ocurre cada día en nuestros propios ordenadores, teléfonos móviles y demás aparatos conectados o conectables a la Internet.[19] De hecho, las aplicaciones maliciosas dirigidas contra los sistemas operativos de los teléfonos y dispositivos móviles crece de una forma mucho más acelerada que el resto.

La exposición de las vulnerabilidades cibernéticas de una empresa o de un país causa muchos más daños que simplemente las pérdidas económicas directas sufridas como consecuencia del fraude. Quizás el coste más importante hoy en día es el que afecta a la reputación de la organización, tanto de cara a sus clientes como respecto de su capacidad para proporcionar un servicio de calidad. Pero también la reputación frente al resto de la industria —o de los países— y la credibilidad asociada a la misma se ven afectadas. Esto, a su vez, repercute en el control que los reguladores nacionales o internacionales prestarán a la institución afectada. El conjunto de pérdidas reputacionales es probable que tenga un reflejo en el valor bursátil de la empresa o en los *ratings* otorgados por las agencias de calificación de riesgos.

La excelencia en la lucha contra la cibercriminalidad y sus efectos, por el contrario, supone beneficios. A los ahorros en costes directos hay que añadir la mejora de la productividad y de la reputación entre las restantes empresas y entre los clientes. Convertirse en una referencia en la gestión de los incidentes cibernéticos es una estrategia ganadora todavía. La posibilidad de escalar las soluciones aplicadas a nivel interno para ponerlas a disposición de terceros abre una interesantísima oportunidad de negocio. Este modelo puede aplicarse del mismo modo a un país, con Israel o Estonia como ejemplos de una reputada imagen de marca en ciberseguridad.

Un estudio cifra en más de 2 billones de dólares el coste que tendrán los ciberataques a las empresas a nivel mundial en 2019.[20] Otros hablan de que esta cifra ya se ha sobrepasado. Es imposible saber exactamente el coste de los ataques informáticos, pero este ya representa el mayor negocio criminal del planeta, muy por encima del tráfico de armas, de seres humanos o de drogas. De hecho, es el mayor negocio, lícito o no. Y esa es solo la parte de los ataques de los que somos conscientes. Especialmente, porque los afectados siguen siendo muy reticentes a compartir información delicada sobre las consecuencias de los ataques que sufren.

El gasto global de las empresas en ciberseguridad crece a un ritmo sostenido de entre un 12 % y un 16 %. Se da la curiosa situación de que el sector acumula entre tres millones y medio y cuatro millones de vacantes de técnicos especializados en ciberseguridad mientras mantiene un 40 % de los puestos sin cubrir. La fuerte demanda frente a la oferta no se refleja en los sueldos, y empresas y trabajadores dejan sus objetivos sin cubrir. Con un 30 % de puestos vacantes en ciberseguridad en Europa el trabajo debería estar garantizado para cualquier técnico del sector. España, por ejemplo, ha duplicado el número de sus empleados, pero seguirá dejando vacantes otras 30.000 plazas. En todo caso, la competición por el talento se acrecentará mucho más con la conversión de la ciberseguridad en una *utility* de la que dependerán el funcionamiento de los sistemas dotados de inteligencia artificial y demás. Esto hará que la demanda de técnicos y estrategas en ciberseguridad haga muy complicada la retención de un talento escaso por el que pujarán las grandes empresas, las pequeñas y la Administración.

Resultaría poco realista separar aquí los ataques que reciben unos y otros de los que realizan los servicios públicos de un país o los que llevan a cabo empresas. En primer lugar, porque en muchas ocasiones estos ataques tienen lugar por encargo y, aunque el ejecutor sea una empresa o un particular, es un Estado el que está detrás de ellos. De hecho, se pueden estar satisfaciendo los intereses de un Gobierno sin que este esté siquiera dirigiendo la operación o marcando directamente los objetivos.

En Rusia, las empresas han desarrollado durante años un instinto para identificar y ejecutar tareas que serán del agrado del Kremlin con la intención de congraciarse con el poder. Es algo que recuerda las conversaciones de las películas de mafiosos en las que el *capo* deja caer que alguien se ha convertido en una amenaza para la organización. En este caso, el capo sería el Estado.

Además, el fuego cruzado que se produce entre los distintos actores de la ciberseguridad, gubernamentales o no, hace muy difícil marcar una línea clara de dónde empiezan las técnicas o los objetivos de unos y de otros. El hackeo a Sony Pictures el 24 de noviembre de 2014 y las acciones que siguieron ilustran muy bien este entramado.

Un grupo autodenominado Los Guardianes de la Paz (*Guardians Of Peace*, GOP, siglas que coinciden con las del *Grand Old Party*, el Partido Republicano estadounidense) atacó a la empresa de entretenimiento en represalia por el estreno de la película *The Interview*, una parodia del régimen norcoreano de Kim Jong-un dirigida por Seth Rogen y Evan Goldberg. Las pérdidas ocasionadas fueron muy importantes. Los servicios estadounidenses pudieron determinar que, detrás de GOP, estaba el mismo gobierno de Kim (al parecer, se infiltraron digitalmente en los servicios norcoreanos y reconstruyeron el proceso de planificación).

En este caso, una empresa, Sony Pictures, es atacada por un *proxy* de un Gobierno extranjero, el de Corea del Norte. La relación entre ambos actores es asimétrica. Para complicar más el panorama, Estados Unidos reacciona en defensa de la empresa y en contra del Gobierno norcoreano. Esta relación es más simétrica, aunque con una clara desproporción de fuerzas entre ambos. Pero Sony no es una empresa americana, sino japonesa. El mundo se ha vuelto muy complejo para el Derecho internacional.

Ni siquiera los medios que se emplean tienen un carácter exclusivamente estatal o particular, pues cualquiera con suficientes medios económicos puede desarrollar un arma cibernética sofisticada. La publicación en la web de WikiLeaks de miles de páginas con la descripción de herramientas informáticas pertenecientes a la CIA y con potencial para ser utilizadas de forma ilícita puso en manos de particulares un arsenal ofensivo de gran alcance.[22] Con este armamento —y aunque muchos códigos fueron editados por el personal de WikiLeaks para evitar que cualquiera los utilizara fácilmente—, era posible desarrollar aplicaciones para introducirse en teléfonos móviles, ordenadores y otros dispositivos de la Internet de las Cosas con el fin de robar contraseñas o anular la protección de antivirus comerciales.[23]

El informe de WikiLeaks describe en 24 entregas de qué manera las agencias de inteligencia podían acceder a la información de los servicios de mensajería como WhatsApp y similares leyendo la información antes de que se encriptara en el emisor. También se describían los intentos de hackear dispositivos de Apple, como los teléfonos y los ordenadores Mac.[24]

Herramientas, objetivos, procedimientos y personal son, por tanto, compartidos por los servicios estatales y por las empresas privadas. En el bando contrario, el *crime-as-a-service*, el crimen empaquetado como servicio, supone una forma de negocio en la que los «*hackers* de sombrero negro» ponen sus conocimientos al servicio del mejor postor.

Las filtraciones de WikiLeaks dieron lugar, entre otros, a dos ataques que activaron hasta cierto punto la conciencia de que era necesario tomar medidas para evitar acciones paralizantes a nivel mundial.

El *ransomware* conocido como WannaCry (literalmente, «quiero llorar») infectó miles de ordenadores en mayo de 2017, incluidos los de algunos hospitales británicos. Los ataques de este tipo infiltran un gusano informático en el sistema que encripta el ordenador o la información que contiene (como ocurrió esta vez) pidiendo a continuación un rescate a cada usuario (300 dólares en este caso) para devolver el acceso a la información. El ataque fue atribuido a Corea del Norte por Estados Unidos, el Reino Unido y Australia.

La vulnerabilidad que explotaba WannaCry ya era del dominio público y cualquier sistema que hubiera mantenido al día las actualizaciones de Microsoft Windows habría estado a salvo de la infección. Sin embargo, bien por dejadez, bien por el volumen de trabajo y el tiempo de parada del sistema que supone, muchas empresas y particulares no habían completado el proceso mes y medio después de que el «parche» estuviera disponible.

Cabía esperar que semejante ataque sirviera de aviso para que particulares y, sobre todo, empresas, mejorasen sus sistemas y procedimientos. Sin embargo, el 27 de junio del mismo año, apenas mes y medio después, otro ataque similar y también procedente de las filtraciones en WikiLeaks afectó a sistemas y redes de todo el mundo. Se trataba de NotPetya, una variante del gusano Petya (llamado así en referencia a un sistema mortífero que aparece en la película *GoldenEye*, la decimoséptima película de la saga de James Bond y estrenada en 1995). El 80 % de los ordenadores infectados en esta ocasión estaban situados en Ucrania, cuyas redes energéticas ya habían sido el objetivo de distintos ataques previos desde el inicio del conflicto con la Federación Rusa.

Si algo probaron WannaCry y NotPetya es la enorme capacidad de infección que tiene un gusano informático en un entorno en el que las empresas y los particulares mantienen una actitud muy laxa respecto de su seguridad. Probaron eso y que no parece que los ataques de este nivel sean suficientes para cambiar sustancialmente las actitudes de los responsables de los sistemas informáticos. De hecho, en algunos círculos se especuló con la posibilidad de que se tratase de «pruebas de concepto» en las que se pretendía hacer un experimento en un entorno real sobre la solidez de las defensas de determinados sectores, para tener así un conocimiento aproximado de los efectos dañinos que se podrían conseguir con un ataque real de similares características.

La actividad maliciosa en el ciberespacio es incesante. No hay lugar ni momento para el aburrimiento en un mundo en el cual se estima que se crean 300.000 nuevos virus, gusanos, troyanos, etcétera, cada día, todos los días. En el que se produce una media diaria de 4.000 intentos de secuestro informático (*ransomware*) del estilo de WannaCry. En el que se mandan 33.000 millones de correos y mensajes de *phishing* intentando pescar a algún incauto que revele contraseñas u otra información. En el que se pierden una media de 780.000 registros al día debido a los ataques informáticos. Un escenario, en fin, en el que numerosos robots informáticos comprueban 80.000 millones de veces cada día los puertos de acceso a las comunicaciones de los ordenadores de todo el mundo en busca de una puerta mal cerrada.[25]

Armas autónomas letales

Los relatos futuristas y distópicos sobre la guerra que viene dan por sentada la existencia de robots autónomos con capacidad de matar, es decir, cíborgs como el de *Terminator* en distintas versiones. En la jerga militar se los llama «sistemas de armas letales autónomos» (SALAS) o bien LAWS (siglas en inglés de *Lethal Autonomous Weapon Systems*). En ellos se incluyen los drones —también llamados UAS (*Unmaned Aerial Systems*, «sistemas aéreos no tripulados») o, más correctamente, RPAS (*Remotelly Piloted Air Systems*, «sistemas aéreos teledirigidos»)—, pero también diversos sistemas terrestres o navales. Estos últimos ya se utilizan desde hace años en forma, principalmente, de submarinos.

La regulación de estos aparatos autónomos es uno de los debates abiertos en la ONU.[26] La falta de un consenso internacional, provocado principalmente por los países más avanzados, puede terminar por permitir un grado de autonomía en la decisión de este tipo de armas que deje a los humanos fuera del control efectivo de las mismas.[27] La situación geopolítica desde 2019 resulta muy poco propicia para acuerdos internacionales de ningún tipo; mucho menos para regulaciones sobre sectores emergentes con un fuerte impacto en el crecimiento de las economías como es el caso de este.

La diferencia fundamental entre el armamento automático y el autónomo es la programación que recibe cada uno de ellos. Mientras que el primero está diseñado para reaccionar de forma unívoca ante una situación, el segundo tiene una cierta capacidad para decidir sobre el blanco y la acción que tomar frente a él. De este modo, un rifle automático disparará, por ejemplo, cada vez que un sensor le informe de que un blanco está cruzando determinada posición. El mismo rifle podría llegar a tener autonomía para determinar el grado de amenaza que supone la intrusión y, en función de ello, hacer un disparo de advertencia previo.

Un vídeo titulado *Slaughterbots* («robots asesinos»), muy popular en los últimos tiempos, mostraba un dron diminuto dotado de una cámara y una carga explosiva de tres gramos. La presentación mostraba cómo el dron era capaz de distinguir identidades con un sistema de reconocimiento de imágenes y atacar autónomamente a aquellos blancos que coincidieran con el patrón establecido (por ejemplo, todos los que tuvieran barba, o todos los que vistiesen un uniforme concreto). El dron impactaría contra la cabeza de la persona objetivo y haría estallar su carga dirigida, en lo que sería el equivalente a un disparo a bocajarro.[28]

Aunque no hay constancia de la existencia operacional de un sistema como el descrito, los avances en la tecnología de la inteligencia artificial aplicada al reconocimiento facial y de imágenes, unidos a las mejoras en las prestaciones de las baterías, podrían posibilitarlo en un breve plazo. El vídeo muestra más que insinúa las capacidades de un enjambre de drones similares.[29]

Varios países han desarrollado programas para atraer talento académico hacia el mundo militar. Entre los más conocidos están los de Estados Unidos (a través de la agencia DARPA) y los del Gobierno israelí. Mientras que los primeros suelen «reclutar» profesionales ya formados que trabajan en la industria o en las universidades, los israelíes suelen focalizarse en los jóvenes que acceden al servicio militar obligatorio. Su famosa Unidad 8200, que ha sido considerada el mejor aparato de inteligencia militar actual, es la apuesta favorita de muchos aspirantes a ingenieros y emprendedores, así como una de las mayores fuentes de futuras *startups* a nivel mundial. Por su parte, China acaba de poner en marcha una iniciativa similar a la israelí, incorporando al Instituto de Tecnología de Pekín a treinta adolescentes cuidadosamente seleccionados por su talento, actitud y patriotismo. El objetivo es diseñar las armas inteligentes que equiparán al Ejército Popular de Liberación.[30]

Un gran salto adelante

En 2011 tanto el Departamento de Defensa de Estados Unidos como el principal fabricante de armamento del mundo, la compañía Lockheed Martin, estaban protegidos por la firma de ciberseguridad RSA. Evidentemente, cada una contaba, además, con sus propios especialistas y equipos. Sin embargo, la garantía que suponía tener el respaldo de una de las empresas más prestigiosas del sector era una precaución más que lógica teniendo en cuenta la criticidad de los datos que se mueven en ambos sitios.

RSA proporcionaba a cada usuario de los sistemas militares y de la industria un generador de claves o *token*, un dispositivo con forma de llavero que disponía de una pequeña pantalla en la que, cada minuto, aparecía un número distinto de diez cifras generado por un algoritmo propiedad de la compañía de seguridad. Para acceder a la red, igual que ocurre en muchos otros sistemas en todo el mundo, había que utilizar el nombre de usuario, la contraseña correspondiente y, como seguridad adicional, el número que aparecía en ese momento en la pantalla del *token*.

Evidentemente, no hay forma de saber cuál será el número que aparece en una secuencia pseudoaleatoria como esa... salvo que se conozca el algoritmo que lo genera. Para acceder al programa era, por tanto, necesario entrar en el sanctasanctórum de RSA y obtener el código.

Para ello, los atacantes enviaron dos correos electrónicos en días consecutivos —según reconoció posteriormente la compañía atacada— a personal de RSA que no se distinguía por ninguna característica especial. Ni estaban particularmente arriba en la jerarquía, ni sus conocimientos o relación con el algoritmo era directa. Cada correo, que el sistema de RSA envió directamente a la carpeta de correo basura (*spam*), contenía un fichero adjunto en formato Microsoft Excel con un asunto relacionado con oportunidades profesionales de reclutamiento en el seno de la compañía. Dentro del fichero, el *malware* esperaba a que alguien abriese la puerta para aprovechar una vulnerabilidad de Adobe Flash todavía desconocida para las empresas de seguridad.

Cuando uno de los empleados, picado por la curiosidad, rescató el correo de la carpeta en la que, con buen criterio, la había descartado el mismo sistema de seguridad, se abrió una puerta trasera que daba acceso a la red interna de RSA. El resto fue una cuestión técnica de escalado de privilegios, es decir, de ir consiguiendo accesos cada vez mayores apoyándose en lo que ya se conocía del personal y la estructura de la empresa.

Al final, los atacantes consiguieron acceder al algoritmo que generaba los números de los *tokens* del Departamento de Defensa y de Lockheed Martin. Desde ese momento, y en tanto no se descubriera la intrusión, tenían acceso «legítimo» a las redes protegidas de ambos organismos. Es muy probable que, especialmente en el caso de Defensa, el acceso fuera limitado. La compartimentación de la información, que separa en departamentos distintos aquello que no está relacionado entre sí, limitaría el daño. Además, la existencia de una multitud de redes no conectadas entre sí en función de los distintos niveles de clasificación y de los intervinientes en las mismas también haría que el acceso fuese contenido.

En el caso de la industria, los *hackers* tuvieron acceso a varios *terabytes* de información relativa a la estructura del avión de combate más sofisticado que se estaba fabricando: el F-35 o *Joint Strike Fighter*. Se trata de un desarrollo conjunto multinacional en el que se han invertido billones de dólares. Sus características dotaban supuestamente al caza de una enorme ventaja respecto de sus competidores extranjeros. Y había dejado de ser secreto.

Puesto que el epíteto de «robo del siglo» ya se había asignado al asalto al tren de Glasgow en 1963, la imaginativa retórica estadounidense bautizó este caso como «la mayor transferencia de propiedad intelectual de la Historia». Probablemente no se exageraba lo más mínimo, al menos en términos absolutos.

El desarrollo casi simultáneo del Chengdu J-20 y el Shenyang J-31 —dos aviones chinos pertenecientes, como el F-35, a la quinta generación de cazas de reacción— y las acusaciones del Pentágono de que *hackers* chinos estaban detrás de la intrusión han alimentado sospechas sobre la autoría o, al menos, sobre el destinatario final de los datos obtenidos.

Algunos analistas ven notables similitudes entre el avión americano y los cazas chinos. Otros hablan también de algunos elementos que podrían haberse basado en el Sukhoi Su-57 ruso, conocido por el nombre de su proyecto, T-50, el único otro avión de estas características en servicio.

Sea como fuere, lo cierto es que la industria aeronáutica china dio un salto adelante espectacular entre la tercera generación y media y la quinta en la misma época en que se produjo la sustracción de información en Lockheed Martin. Conviene saber que en Occidente se invirtieron varias décadas en alcanzar esa misma evolución. De hecho, Europa todavía no fabrica aviones de quinta generación con las características de invisibilidad al radar que confiere la estructura de su fuselaje, aunque existen varios proyectos y prototipos fuera del Viejo Continente.

El J-20 chino ha terminado por convertirse en un serio motivo de preocupación para la marina de Estados Unidos, que están viendo cómo su versión embarcada disfruta de unas capacidades muy notables. China consiguió el punto de apoyo que necesitaba para hacer palanca, y añadió la dirección y el esfuerzo necesarios para hacerlos fructificar más allá del impulso inicial.

En cualquier caso, la característica distintiva de los cazas de esta quinta generación, aparte de su cobertura *stealth* («sigilosa», es decir, invisible al radar) es su enorme capacidad de computación y de compartición de datos en red con otros aviones o con sus controladores en tierra. Se trata de aparatos que no basan su poderío en la cantidad de armamento que pueden llevar, sino en la calidad del mismo y en la habilidad para hacerlo llegar hasta el blanco elegido con una altísima precisión y con un riesgo reducido para el propio avión.

De una hoja de cálculo en un correo electrónico en la bandeja de *spam* de un empleado de una empresa de seguridad hasta los secretos mejor guardados del mayor departamento de Defensa y la mayor compañía de armamento del mundo no hay más que unos pocos pasos que, por otro lado, son muy similares a los que pueden vulnerar defensas mucho menos sofisticadas.

No se trata, desde luego, del único caso de espionaje militar en la era de Internet. El más sonado y, probablemente, el más caro sí, pero no el único. Un informe de Ellen Nakashima para el *Washington Post* fechado en mayo de 2013 ya alertaba de la magnitud y escala de las intrusiones.[31] El presidente Barack Obama y su homólogo chino Xi Jinping se reunieron mes y medio después para definir unos límites al espionaje industrial.

El informe del *Post* identificaba robos de información en varios sistemas clave de la defensa de Estados Unidos y, en buena medida, de Occidente en cuanto que cliente dependiente de la tecnología americana en esos campos. Entre el material espiado se encontraría el sistema antiaéreo Patriot, que se hizo famoso en la guerra del Golfo asociado a la defensa frente a los misiles Scud iraquíes. El Patriot está en servicio en numerosos países occidentales, entre ellos España.

El avión F/A-18, que constituye la base de dos potentes alas de caza del Ejército del Aire español, habría sufrido algún tipo de atentado que afectó a la confidencialidad de su diseño y funcionamiento. Algo similar ocurrió con el helicóptero Sikorsky UH-60 Black Hawk, conocido entre el gran público por la película *Black Hawk derribado* (Ridley Scott, 2001) en la que se narra la caída de uno de ellos, alcanzado por un proyectil, en Mogadiscio, la capital de Somalia. También habrían sido expoliados los planos del V-22 Osprey, el avión de transporte cuyas alas pueden girar para darle la configuración de un helicóptero.

Incluso más jugoso para China podría ser el acceso que se supone que obtuvo a los diseños del buque de combate litoral (*Litoral Combat Ship*), un proyecto compuesto en realidad por dos barcos distintos —uno de ellos un estilizado catamarán de combate— preparados para labores de vigilancia y control de zonas costeras. El primer destino de estos buques fue el puerto de Singapur, con la misión de controlar la vital zona del estrecho de Malaca y el disputado mar del Sur de China.

Los últimos dos sistemas que identificaba el informe de Nakashima son todavía más relevantes en el contexto del Pacífico. En primer lugar, el sistema de combate Aegis, que equipa a los destructores norteamericanos y de varios otros países, así como a las fragatas de la clase F-100 españolas.

El Aegis —en referencia al escudo de la diosa Atenea (aunque a alguien le sonará el nombre de algún videojuego)— es una pieza clave del escudo antimisil que se opone a los disparos balísticos nucleares. Desplegado, por ejemplo, en destructores destacados en la base aeronaval de Rota (Cádiz), estos suelen posicionarse en función de las amenazas del momento. Recientemente, se ubicaron entre las costas de Corea y Japón para reforzar la disuasión frente a un posible lanzamiento norcoreano.

También en Corea está estacionado el último de los sistemas que menciona el informe, el THAAD (*Terminal High Altitude Area Defense*), otro sistema antimisil de última generación. Evidentemente, el conocimiento del modo de funcionamiento de este armamento permitiría diseñar misiles con mayor capacidad para esquivar su defensa. Nada nuevo en la constante competición entre los ataques y las defensas... excepto la velocidad a la que se desarrollan las contramedidas y el precio de estos sistemas.

La ubicuidad de los sistemas informáticos en la totalidad de los sistemas de armas contemporáneos los convierte en vulnerables a ciberataques. Algunos de ellos, a formas de hackeo poco sofisticadas. De este modo, la mayor parte del arsenal estadounidense —cuya cartera de pedidos actual es equivalente al PIB anual de España—[33] habría sido espiada al menos parcialmente y sería susceptible de ser interferida a distancia en alguno de sus aspectos.

Esto no significa necesariamente que alguien pueda tomar el control de un F-35, por ejemplo, empleando un ordenador portátil. Las vulnerabilidades tienen que ver, por lo que desvela la parte no clasificada de este informe, con la conectividad de los sistemas. Cuanto más conectada está un arma, más vías de acceso potencial existen para hackearla. En este caso, está afectado el conjunto del sistema. Podría afectar a la cadena de suministros, los sistemas de guiado del armamento o de comunicaciones.

Desde luego, el contenido del informe —más allá de agrupar y dar mayor visibilidad a las vulnerabilidades— no debería haber sorprendido a los responsables de la Defensa, ni en Estados Unidos, ni en el resto de los países usuarios de esos sistemas. Cualquier sistema informático contiene vulnerabilidades que se van descubriendo a medida que se conoce mejor su funcionamiento mediante análisis y ensayos de intentos de penetración.[34]

La alta dependencia de los sistemas de armas actuales respecto de la informática y las telecomunicaciones y la escasa concienciación —hasta hace muy poco tiempo— de la necesidad de incorporar la seguridad desde las primeras etapas del diseño son las causas principales de este problema. En Ucrania se ha hecho muy evidente esta necesidad de proteger el flanco *soft* de los enjambres de drones que se están empleando. Difíciles de acometer por medios físicos, la defensa frente a ellos era electrónica. La solución ha sido mantener el guiado a través de hilos de fibra óptica kilométricos que, una vez alcanzado el destino, están convirtiendo el paisaje del frente en una gigantesca tela de araña pegada al suelo.

Crece también la preocupación por la posibilidad de que los ordenadores de producción extranjera puedan venir «infectados de fábrica» y llevar incorporados dispositivos de espionaje en alguno de sus componentes. La prohibición de uso en Estados Unidos de drones chinos de la marca DJI,[35] las sospechas respecto de los ordenadores Lenovo o la exclusión de Huawei —cuya vicepresidenta llegó a ser detenida a principios de diciembre de 2018 en Canadá, al parecer por hacer caso omiso a las sanciones impuestas sobre la exportación a Irán de determinados productos tecnológicos, donde permaneció retenida durante casi tres años— de contratos para la telefonía 5G en varios países siguen esta misma dirección.

Un caso que ha alcanzado muy poca difusión es el de los implantes de microchips en tarjetas fabricadas por Supermicro, y que habrían formado parte de los servidores de la mayoría de las compañías más grandes del mundo.[36] El dispositivo, más pequeño que la cabeza de un alfiler, sería capaz de transmitir la información que transita por él de forma tan discreta como lo es su tamaño.

Como en cualquier otra área de la seguridad, la ciberseguridad encarece el producto final sin aportar, aparentemente, ninguna funcionalidad adicional. La falta de comprensión del campo de la ciberseguridad y el razonable secretismo de esta industria tampoco contribuyen a paliar el problema.

Un problema que no es ciberespecífico, sino que proviene de una errónea concepción de la seguridad como un gasto, en lugar de como una inversión. Garantizar la resiliencia de un sistema debería ser tan prioritario como asegurar su funcionalidad. Lo contrario es «tente mientras cobro» (y mientras se descubren las vulnerabilidades que permiten atacar el equipo y convertirlo en inútil o emplearlo contra ti). En tanto no se contemple (y se verifique) la resiliencia como un factor clave y excluyente en los pliegos de prescripciones técnicas, seguiremos adoptando sistemas de armas, electrodomésticos, vehículos, teléfonos y demás aparatos que serán intrínsecamente inseguros.

El origen de algunas de estas vulnerabilidades se debe en demasiadas ocasiones al uso, para abaratar costes, de programas comerciales y de código libre —a los que no se les modifica siquiera la contraseña que traen por defecto—,[37] así como de comunicaciones no encriptadas. A esto se suman otras prácticas «poco ciberhigiénicas» y nada propias de industrias que desarrollan y fabrican el armamento más sofisticado y letal que jamás ha existido.

La guerra en el ciberespacio

Poseer capacidades en el ámbito de la ciberseguridad y la ciberdefensa confiere tres ventajas en la guerra moderna. En primer lugar, la posibilidad de degradar o negar al enemigo el uso del espectro electromagnético, las telecomunicaciones o ventajas como el posicionamiento por satélite de una forma subrepticia, remota y escalable. En segundo, la capacidad para efectuar las operaciones con un alto grado de probabilidades de que no se pueda atribuir la autoría con una certeza razonable. Finalmente, el aprovechamiento del vacío legal internacional existente respecto de la legítima defensa o el carácter de arma de las herramientas cibernéticas en tanto no causen muerte o destrucción.[38]

Como el ambiente en el que se desarrollan, los ataques cibernéticos son complejos, cambiantes y evolutivos, y se prestan muy poco a una previsión certera de las consecuencias de los mismos. Los daños colaterales pueden exceder con mucho lo esperado e, incluso, volverse en contra de los sistemas del atacante.

La considerable ventaja de que gozan los ataques frente a las defensas tiene su reflejo en la última Estrategia Nacional de Ciberseguridad estadounidense, que consagra la «defensa hacia adelante» (*defense forward*) con ataques preventivos para evitar los del adversario, en lugar de la contención o la disuasión.[39] La misma estrategia pretende, también, alinear tras la acción del Estado a las grandes empresas tecnológicas que, mayoritariamente, han expresado de manera pública su rechazo a «militarizarse».

Los ataques contra las infraestructuras y los servicios críticos son una de las principales preocupaciones de los Estados. Las ventajas competitivas que proporciona la conectividad tienen como contrapunto las nuevas vulnerabilidades que se introducen en los sistemas con la incorporación de puntos de acceso digitales. Cuando la inmensa mayoría de estas infraestructuras están en manos privadas, resulta muy difícil convencer a las compañías de la necesidad de invertir en la seguridad y de aplicar procedimientos que reduzcan las ventajas obtenidas con la digitalización, o imponerles una regulación que les obligue a hacerlo.

Indudablemente, el ataque contra la central de enriquecimiento de uranio de Natanz (Irán) en 2010 ha sido el ejemplo más notable de una agresión cibernética contra una infraestructura crítica. Los atacantes —Estados Unidos e Israel, según el *New York Times*— emplearon el más sofisticado de los *malware* creados hasta el momento para acceder y controlar un sistema que estaba, salvo por un puerto USB para su mantenimiento, fundamentalmente aislado del resto del mundo.

Diez años antes, Vitek Boden trabajaba en una empresa que había instalado el sistema informático que controlaba el alcantarillado de Maroochy Shire, en Queensland, en la Costa del Sol australiana. Cuando fue despedido, hackeó el sistema de la empresa y, durante dos meses, provocó que millones de litros de aguas fecales se dispersaran por parques y ríos, y hasta por las instalaciones de un hotel cercano.[40]

No quiero especular con las probabilidades de éxito que tendría hoy, un cuarto de siglo más tarde, un ataque similar contra una instalación de este tipo en la mayor parte del mundo. En cualquier caso, mientras que algunas industrias y servicios se han aplicado con manifiesto celo a cubrir sus deficiencias de seguridad cibernética, el grado de concienciación general sigue siendo más bien escaso. Al mismo tiempo, la creciente digitalización de casi cualquier ámbito de la vida incrementa cada día el número de objetivos y de vías de acceso para los atacantes.

El verano de 2012 en Arabia Saudí y Catar fue particularmente complicado. El virus Shamoon infectó y eliminó la información en nada menos que 30.000 ordenadores de la mayor compañía energética del mundo, Saudi Aramco. El ataque se extendió a RasGas, la gasística catarí. Se especula con que fuese una venganza de Irán, ya que uno de los tres componentes del virus —el que se encargaba de la labor destructiva— parecía estar basado en Wiper, otro programa utilizado tres meses antes contra el propio país. La empresa saudí tardó diez días en recuperar la operatividad.

Eugene Kaspersky, dueño y presidente de la famosa compañía de seguridad informática que lleva su apellido, pasó de atribuir el ataque a chavales aficionados que se habían basado en Wiper a definirlo como un acto de ciberguerra.

Operaciones basadas en afectos

El arte de la guerra, como el de los negocios, consiste en encontrar el centro de gravedad sobre el que pivotan las capacidades del enemigo y en hallar la combinación más eficiente de líneas de acción que consiguen desactivarlo. Es así de sencillo por mucho que, como siempre, el demonio esté en los detalles. Para Sun Tzu, «un verdadero maestro de las artes marciales vence a otras fuerzas enemigas sin batalla, conquista otras ciudades sin asediarlas y destruye a otros ejércitos sin emplear mucho tiempo».

En una ocasión me explicaron algo muy similar respecto del ajedrez. El objetivo de este juego es eliminar al Rey del adversario. Su complicación se reduce, al fin y al cabo, a buscar la forma de acabar con una de las dieciséis piezas del contrario. Todo lo demás, me dijeron, es ruido, es superfluo. Es intrascendente si tu oponente acaba la partida con quince piezas sobre el tablero, siempre que el Rey no sea una de ellas. Los sacrificios de piezas propias deben cumplir el único requisito de llevarte a una posición de ventaja desde la que conseguir vencer. Estos conceptos tan simples, sin embargo, resultan complicados de asimilar para los jugadores noveles.

Tenemos también que partir de la idea clave de que el objeto de cualquier guerra es conseguir la paz. La guerra, un enfrentamiento de voluntades, es un hecho dinámico que tiende a su propia extinción. Por eso, cuanto más corta y más barata sea la guerra, mejor para los vencedores (aunque no necesariamente para otros interesados). La explotación de las ventajas obtenidas en la guerra tiene lugar durante la paz y, por tanto, volver a la paz es siempre el deseo de los que guerrean. Una paz, eso sí, que tendrá lugar en los términos del vencedor, que para eso ha ganado.

El bando victorioso impone su voluntad sobre el perdedor en el enfrentamiento que mantenían. Una vez doblegada la voluntad, la guerra no tiene sentido. Igualmente, por mucha destrucción que se haya causado en el campo contrario, si el enemigo mantiene su voluntad opositora no se habrá alcanzado la victoria. Si el Rey negro sigue en pie, las blancas no pueden cantar victoria.

Visto desde esta óptica, el resultado de la mayoría de los enfrentamientos desde la Segunda Guerra Mundial resulta bastante dudoso. En pocas ocasiones ha prevalecido en el medio plazo la voluntad del bando que ha proclamado la victoria. El derrotado ha mantenido sus criterios en cuanto los ejércitos ocupantes han vuelto a su casa.

Siguiendo con el arte bélico, y simplificando conceptos, la búsqueda del centro de gravedad del adversario suele ser muy sencilla: en tanto las guerras son un enfrentamiento de voluntades, el centro de gravedad de todas las guerras es la voluntad del adversario para mantener sus posturas. En el momento en que esta voluntad sea quebrada, se habrá alcanzado lo que se denomina «la situación final deseada».

Claro está que esa voluntad permanece defendida y apoyada en numerosos soportes que habrá que eliminar o debilitar para propiciar su caída. La identificación de estos elementos clave sería el siguiente paso del arte operacional.

Operaciones basadas en efectos

A lo largo de la Historia se ha variado sustancialmente de criterio en cuanto a cuál es la forma más efectiva de derrotar la voluntad del adversario. Puesto que los Estados son estructuras complejas, no existe una única vía de acometida ni un solo objetivo parcial que garantice la victoria.

La neutralización de buena parte de los ejércitos de España durante la invasión francesa a principios de siglo XIX no supuso, ni mucho menos, el quiebre de la voluntad de resistencia en la península. Carl von Clausewitz (1780-1831), el gran teórico prusiano de la guerra, no tomó en cuenta este caso cuando redactó su tratado *De la guerra* pocos años después. Según él, cuando se derrota a un ejército enemigo, un líder racional debería rendirse porque su país está indefenso.

Son también famosos los cinco círculos de la influencia —liderazgo, sistemas esenciales, infraestructuras, población y fuerzas armadas— que el coronel John Warden III plasmó en su libro *The Air Campaign: Planning for Combat* y sobre los que diseñó la campaña aérea de la guerra del Golfo de 1991.[41] En su obra, el coronel Warden explica cómo la campaña aérea puede centrarse en la eliminación o neutralización de las fuerzas combatientes enemigas sobre el terreno, una aproximación preferida tradicionalmente por las fuerzas terrestres propias que utilizan la aviación como una artillería móvil de alta precisión en apoyo de su propia maniobra.

Otras posibilidades consisten en atacar a la población del adversario. Esta es la línea que defendía uno de los primeros teóricos del uso de la aviación como arma. El general

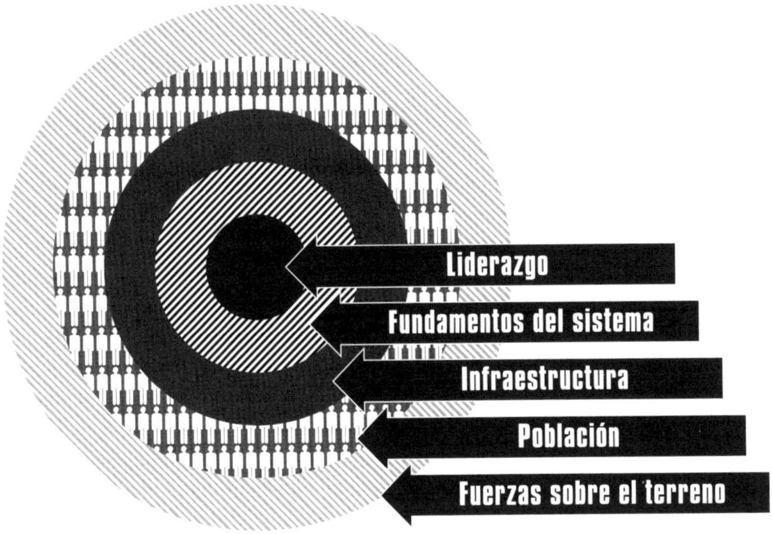

italiano Giulio Douhet abogaba, en su tratado *El dominio del aire* (1921), por el uso de los bombardeos sobre las poblaciones para aterrorizar a la población y conseguir que esta presionase a su líder para que se rindiera. En cualquier caso, cuando Douhet murió, en 1930, las capacidades que había desarrollado la aviación de bombardeo eran tremendamente limitadas. Aunque sus ideas fueron llevadas a la práctica pocos años después, no es seguro que las hubiera suscrito él mismo después de ver los efectos en Guernica, Dresde, Hiroshima o Nagasaki.

Sir John Slessor, mariscal del Aire británico, era partidario de atacar las infraestructuras que sostienen el esfuerzo bélico, al modo que se hizo en la Segunda Guerra Mundial. Destruidos puertos y aeropuertos, vías férreas y carreteras, las fuerzas armadas del adversario se ven privadas de la logística necesaria y se debilitan hasta ser vulnerables.

Las unidades de operaciones especiales y la munición de precisión permiten centrar el esfuerzo en una posibilidad más quirúrgica: la incapacitación de los sistemas críticos que permiten el funcionamiento del país. Los ataques cibernéticos que tuvieron lugar en Georgia en 2008 podrían ser un ejemplo de afectación de este tipo de sistemas que degrada la capacidad de respuesta del conjunto del Estado.[42]

Finalmente, Warden propone como solución óptima la neutralización del líder o su desconexión del resto del país. En 1991, el liderazgo personalizado que ejercía Sadam Husein sobre todos los resortes del poder en Irak garantizaba que su ausencia paralizaría toda la actividad defensiva. La casi nula autonomía en la toma de decisiones hacía que la mayor parte de las fuerzas iraquíes estuviese atada a las comunicaciones procedentes de su líder supremo.

De alguna manera, Warden es el precursor de las operaciones basadas en efectos (EBO, por sus siglas en inglés), en las que se consideran las acciones dentro de un contexto dinámico y se llevan a cabo en el momento preciso para que produzcan los efectos deseados. No se limitan a eliminar objetivos de una lista en función de la oportunidad, ni siquiera a eliminarlos según su utilidad para la consecución de objetivos en el marco de una estrategia más general. La doctrina describe las EBO como «una metodología de planeamiento, ejecución y evaluación de las operaciones que pretende conseguir los efectos requeridos para lograr los objetivos de seguridad nacional deseados».[43]

De este modo, la destrucción de un puente no tiene como finalidad la eliminación de una infraestructura que, en algún momento, pudiera servir para el movimiento de tropas o de suministros, sino evitar que se utilice para, por ejemplo, el suministro de combustible a una base aérea durante un periodo de tiempo en el que esta sería fundamental para el sostenimiento de las operaciones en una zona. El objetivo no es destruir el puente, sino conseguir el efecto de reducir la operatividad de la base durante una fase específica del combate.

Como responsable de la logística de varias bases en Afganistán entre 2013 y 2014, sentí en primera persona la presión de conseguir que llegasen esos suministros —especialmente el combustible— «en la cantidad y calidad adecuada, y en el tiempo preciso» a través de la única carretera del país. En esas circunstancias, se entiende el adagio que afirma que los estrategas y tácticos van subidos sobre los hombros de los logistas.

Las EBO sí tienen en cuenta cuándo se lleva a cabo la acción y su efecto en las siguientes operaciones concretas contra el objetivo por batir. También consideran al enemigo como un sistema complejo y se detienen a pensar en los efectos conductuales que puede tener la acción. En el ejemplo del puente, se podría pensar en que la acción tuviera como consecuencia un cambio en la estrategia del adversario o un intento de reabastecer la base por otras vías, las cuales podría tener controladas el bando que la lleva a cabo o al que quizá le convenga que se activen.

El problema para el planeamiento y ejecución de las EBO fue la dificultad para determinar la relación causa-efecto entre la acción llevada a cabo y sus consecuencias. O, al menos, el grado de contribución que tal acción habría tenido en el resultado final. En cualquier caso, el objetivo de todas estas aproximaciones es conseguir debilitar al enemigo combatiente para poder batirlo con mayor facilidad. Ninguna de estas visiones va más allá de la pretensión de ser una operación de apoyo a la acción bélica que llevan a cabo las fuerzas armadas propias.

Afectos, sentimientos y, quizás, algún misil: operaciones basadas en afectos

Decía el mariscal de campo alemán Helmuth Karl Bernhard von Moltke, uno de los más brillantes militares de la Historia, que «ningún plan, por bueno que sea, resiste su primer contacto con el enemigo, con la realidad». Una versión menos sofisticada la ofreció el controvertido campeón de peso pesado Mike Tyson: «Todo el mundo tiene un plan... hasta que le dan un puñetazo en la cara». Esta última frase ilustra muy bien las claves de la victoria: reaccionamos casi siempre emocionalmente al puñetazo más que a los efectos del mismo.

Alguien dijo que dar nombre a algo es la forma de comenzar a dominarlo. Por eso propongo denominar «operaciones basadas en afectos» (que podría traducirse al inglés como *Afection Based Operations* o *Sentiment Based Operations*, es decir, ABO o bien SBO) a aquellas que actúan, principalmente, sobre la biosfera lógica del adversario. Esto no implica que desaparezcan las operaciones cinéticas, aquellas en las que físicamente se destruye o se mata al adversario. Lo importante para diferenciar las operaciones basadas en afectos es que todo se enfoca a crear sentimientos y sensaciones, a desarrollar percepciones que condicionen las narrativas y las formas de entender el mundo o, en este caso, la confrontación que está teniendo lugar.

De hecho, volviendo al puente del ejemplo, este sigue teniendo un futuro poco halagüeño: también en este nuevo escenario van a bombardearlo. Quizá no en el mismo momento, quizá no con el mismo método, pero ambas cosas son irrelevantes. Lo verdaderamente importante es que será destruido por otro motivo y con otro objetivo. Esta vez, se lo atacará para crear una sensación de aislamiento en la población del otro lado, o para infundir ánimos a los insurgentes de este lado que veían cómo el enemigo cruzaba el puente cada día para hostigarlos. Se hará para debilitar al enemigo o fortalecer a los aliados, en el momento en que esa acción tenga un afecto más crítico y no como parte de un plan a más largo plazo en el que se atacará la base —al menos, no necesariamente—, sino que se hará por las ventajas derivadas del estado de ánimo que se suscitará.

Una buena muestra de esta falta de continuidad entre las operaciones basadas en los afectos y el resto de las acciones militares que forman parte de una campaña en curso es el ataque estadounidense contra la base siria de Shayrat que tuvo lugar durante la madrugada del 7 de abril de 2017. Corrió a cargo de los destructores de la clase Arleigh Burke, USS Porter y USS Ross, que emplearon un mínimo de 59 misiles de crucero del tipo Tomahawk. Se trataba de una «respuesta» al supuesto ataque con armas químicas que presuntamente habían llevado a cabo fuerzas afines al entonces presidente Bashar el Assad en Jan Sheijun tres días antes. La ONU confirmó la autoría del ataque cinco meses más tarde.

La destrucción material que supuso semejante potencia de fuego fue más bien limitada. El objetivo y momento del ataque se había filtrado convenientemente porque no se buscaba causar bajas, ni siquiera afectar seriamente a la capacidad bélica del régimen sirio. Perdieron la vida nueve soldados sirios y, aparentemente, resultaron destruidas algunas baterías de misiles antiaéreos y un avión que no había podido abandonar la base. Sin embargo, el ataque consiguió su objetivo de que «el fuego y el humo de su propulsión [de los misiles Tomahawk] se expandieran por las televisiones y por las conciencias de los promotores del caos».[44]

Al día siguiente, poco o nada había cambiado en la correlación de fuerzas presentes en Siria. Ni Estados Unidos ni sus aliados en la región dieron continuidad alguna a su ataque con operaciones que pudieran haberse beneficiado de los efectos conseguidos. Se trató de una operación que tuvo lugar en Siria, pero que debía hacer sentir sus efectos a miles de kilómetros de allí. Aunque el presidente Trump ha utilizado, en otras ocasiones, un simple tuit para influir sobre las percepciones, en esta ocasión parecía conveniente recurrir a algo que hiciese más ruido. Pero el objetivo era el mismo: influir en los sentimientos, en los afectos.

Otra gran diferencia va a ser que todo el proceso estará asistido por una inteligencia artificial que habrá calculado millones de posibilidades, teniendo en cuenta centenares de miles de variables, y determinado el resultado más probable de la acción. Incluso habrá ajustado los efectos que conviene conseguir para optimizar los afectos que se generarán. No será una acción al azar basada en ensayo y error en la que se esperará obtener unos resultados en un plazo más o menos indeterminado. Se operará con la certeza estadística de que le corresponderán unas respuestas concretas en ambos bandos contendientes. Y se modulará la acción y su continuación para seguir aprovechando de forma dinámica y en tiempo real los resultados obtenidos.

En la mayoría de los casos, ya no será necesario bombardear el puente. Esta se convertirá en una de las opciones que permita generar los afectos, pero es probable que no sea la única, ni siquiera la más eficiente. No se atacará a un ejército, ni a un país, ni a una región concreta. Se atacará el entorno en el que se va a operar o en el que ya se está operando.

Tampoco se estará preparando el terreno de batalla, sino ganando la guerra manipulando el escenario en que se lucha: la voluntad humana, propia y del adversario. No cambia el guion ni los protagonistas, solo el escenario y la banda sonora. No es necesario eliminar a la competencia, simplemente basta con que deje de serlo o con que sus probabilidades de vencer sean ínfimas.

Las operaciones basadas en afectos pueden sostenerse en estas acciones cinéticas destructivas o en cualquier otra actuación que pueda influir sobre las percepciones propias y adversarias. En este sentido, encajan perfectamente en la guerra híbrida.

Se busca afectar al nivel estratégico más alto de la nación, pero las actuaciones pueden ejecutarse a cualquier nivel, incluso el más táctico. Estas tienen lugar en el día a día, sin estar necesariamente vinculadas a los periodos que tradicionalmente se han considerado «de hostilidades». Los actores no son exclusivamente militares profesionales con el rectángulo azul o negro en el pecho mostrando su apellido o su «nombre de guerra». El entorno es permanentemente cambiante, evolutivo. Y el enfrentamiento no tiene un momento definido de comienzo, ni termina con la consecución de un objetivo o con la rendición del adversario. En esta guerra, como en la música, los silencios —las pausas en las operaciones— también contribuyen al *tempo* adecuado.

El problema fundamental será la globalidad de la acción. Nada queda constreñido al campo de una batalla, por muy virtual que sea, pues la audiencia es universal. El mensaje, la acción, llega a todos los públicos y debe provocar reacciones diferentes en cada uno de ellos. Es como jugar una partida de ajedrez en un tablero transparente y que la jugada se replique en docenas de partidas que tienen lugar en otros tableros situados por encima y por debajo del nuestro. La jugada que hagamos será la misma en todos ellos, la réplica probablemente diferente, y la siguiente jugada deberá tener en cuenta el estado de todas las partidas para valorar si la captura de una pieza en una de ellas supone sufrir un jaque en alguna otra.

Cuando la publicidad es lo más interesante de la programación

Entonces, ¿qué hay de nuevo en las operaciones basadas en afectos que no hubiera ya en la guerra que se libraba tradicionalmente? Realmente, es imposible afirmar que no ha existido una componente psicológica y sociológica en las guerras hasta ahora. Ya Joseph Goebbels, ministro de Propaganda de Hitler, lo apuntaba cuando decía que «una mentira repetida adecuadamente mil veces se convierte en una verdad».

Los hechos son básicamente inmutables, lo que cambia es el punto de vista desde el que se afrontan, el énfasis que se pone en un aspecto concreto de los mismos. En este caso, la clave es la utilización del conjunto de los medios bélicos en la consecución de un cambio en las percepciones y en los sentimientos de propios o de extraños. No se puede asimilar a la guerra psicológica, que se interpretaba como una disciplina de apoyo al esfuerzo principal bélico. Los afectos han estado presentes en todas las guerras, pero no habían sido la base sobre la que se apoyaban las operaciones hasta fechas recientes.

La plasmación concreta en las operaciones dependerá de la idiosincrasia del emisor y del receptor del mensaje. Y, como siempre, del medio que se domine para la difusión de este último. A menudo, se tratará de una presión procedente de distintos puntos, aplicando disciplinas diferentes en modos diversos para que todo converja en la creación de una narrativa coherente o, quizá, precisamente en lo contrario, en una desorientación y en una pérdida de referencias.

Cuando la televisión parece tener menos publicidad que nunca, resulta que los «anuncios» cobran especial vigencia, tanto por su formato como por su objetivo. Esos mensajes cortos y reiterados, de diseño dinámico y atractivo —en muchos casos, con una potente carga sexual incluida— y centrados en una única idea son, precisamente, los que los ciudadanos de este primer cuarto del siglo XXI están mejor preparados para asimilar. Soluciones rápidas, buenas, bonitas y baratas (o, al menos, fácilmente financiables) a los problemas y necesidades que crea la misma publicidad.

La guerra que se libra a diario en nuestros hogares y en nuestras mentes llega en proyectiles, preferiblemente de audio o de vídeo, para consumo descuidado y digestión sencilla. No pretende vendernos un producto, sino crearnos la necesidad de comprarlo. No quiere cambiar nuestros gustos, sino nuestras creencias y valores. Llega a través de los medios de comunicación y de esas plataformas que afirman no serlo: las redes sociales; llega en forma de modas, de *trending topics* y tendencias; y lo hace de una forma extrañamente sutil: haciendo mucho ruido puntualmente, dejando que los efectos se consoliden en nuestro subconsciente y volviendo con el siguiente paso cuando ya no parece haber conexión con el anterior, cuando ya no hay una percepción de una campaña orquestada en favor o en contra de algo.

La munición que se emplea para la construcción de estas narrativas y para el diseño del escenario contra el cual deben representarse es, a menudo, la propia información individual de cada uno de nosotros.[45] Se estudia, se perfila a cada persona para obtener objetivos homogéneos a los que atacar, para personalizar la propaganda al tiempo que se adocena a los similares.

Barra libre de sensaciones

Otro aspecto fundamental que ha cambiado en la guerra de las percepciones es la capacidad de multitud de actores para participar en ella con una potencia y alcance como nunca había sido posible. Cuando el Daesh, el autodenominado Estado Islámico, estaba en su apogeo en el verano de 2015, llegó a publicar casi 800 productos audiovisuales al mes. Su intención era posicionar su marca corporativa como el referente de la yihad, de la guerra santa. Se trataba de adueñarse del relato, y para ello los contenidos de sus mensajes se dividían en todos los campos de actuación que abarca un Estado. Los había militares y religiosos, desde luego, pero también administrativos y políticos. El Daesh quería ser un Estado y quería ser un referente del islamismo. Por eso tenía que comportarse como un Estado y llevar el discurso del islamismo más allá que cualquier otro. Y de ahí el empeño de aquellos que lo combatían en denegar el márketing que suponía un nombre que expresaba tan rotundamente sus aspiraciones.

Los asesinatos del Daesh seguían un sofisticado ritual perfectamente coreografiado para transmitir su mensaje. En este sentido, no varía mucho respecto de las técnicas de terror de personajes tan conocidos como Vlad el Empalador, el príncipe rumano en el que Bram Stoker se inspiró para su conde Drácula. Lo que el rumano transmitía empalando a sus enemigos, el Daesh lo comunicaba con sus icónicos degollamientos de prisioneros vestidos con el mismo tono naranja que los presos de Guantánamo. La destrucción selectiva del patrimonio cultural también tiene básicamente un objetivo propagandístico.[46] Este objetivo no es, desde luego, acabar con la vida de unos prisioneros de la forma más eficiente posible, sino aprovechar cualquier acción como vector de propaganda.

Para el espectador con sentimientos encontrados respecto de la política estadounidense hacia los prisioneros de guerra supuestamente vinculados con Al Qaeda, esos truculentos vídeos son una reivindicación. Para el occidental, una afrenta a la dignidad humana. Para los simpatizantes del Daesh, una escenificación de la victoria y la superioridad sobre el enemigo. Para todos, una escalada en el nivel de la violencia que termina por asimilarse. El siguiente vídeo tiene que incluir a un niño en el papel de verdugo, o algún otro método más repulsivo de ejecución que siga manteniendo la atención del público. Se entra en una espiral ascendente que eleva el umbral de la violencia y consigue que la atención se mantenga pendiente del siguiente escalón.[47]

Por otro lado, la repetición del patrón genera esa imagen de marca que avala el mensaje para aquellos que la aceptan como propia y, al mismo tiempo, agrava la frustración y el terror en sus adversarios. La saturación de imágenes cuidadosamente dosificadas deja la sensación de que una circunstancia que ha tenido lugar durante apenas unos meses es algo ya permanente e inevitable. El Daesh consiguió su objetivo: estaba consolidado como marca.

Igual que un *bot* repite y difunde un mensaje hasta que su mera ubicuidad lo convierta en creíble, del mismo modo la reiteración de escenas similares magnifica el alcance del asesinato individual.

¿Qué narrativa suficientemente potente se puede difundir desde Occidente para contrarrestar este relato? La simple eliminación de los contenidos de las redes sociales resulta insuficiente, especialmente cuando el espectador se siente atraído por el morbo al que apelan los vídeos y las imágenes. El enemigo puede ser ahora menos poderoso de lo que eran las grandes potencias que se enfrentaron en la Guerra Fría, pero también es mucho más difícil de identificar. Es una hidra a la que surgen cabezas nuevas cada vez que se corta una. Un enjambre sin reina, una yihad sin líder.[48]

De la guerra entre la gente a la guerra en la gente

Los enfrentamientos del siglo XXI no están restringidos al ámbito de lo militar, ni a los militares como sus actores principales. En las operaciones basadas en afectos, el líder nacional o de la empresa es quien acciona las teclas que considera más adecuadas en cada caso, la militar entre ellas. Lo que estaba restringido a la dirección de los comandantes en el campo de batalla ha pasado a ser competencia de los decisores políticos.

El campo de batalla se ha difuminado hasta abarcar prácticamente todas las actividades nacionales. La guerra ya no tiene lugar en escenarios bélicos alejados de la gente, ni siquiera en entornos urbanos entre la gente (adonde la trajeron los grupos terroristas): ahora se libra dentro de la gente. Las personas somos el campo de batalla del siglo XXI. Escenario, arma y víctima a la vez.

Para los responsables militares, el cumplimiento de su misión dejará de limitarse a la dirección de las actividades bélicas y tendrán que aprender a integrar las capacidades bajo su responsabilidad en el esfuerzo conjunto de la nación.[49] Ya no se tratará de alcanzar un objetivo o de cumplir una misión, sino de saber de qué modo pueden influir en todos los demás actores en favor de los intereses nacionales.

El general estadounidense David H. Petraeus, uno de los principales artífices de las fases más agudas de las guerras en Irak y Afganistán, ya avisó hace años de la necesidad de ganar «los corazones y las mentes» de la población. El general y exconsejero de Seguridad Nacional Herbert R. McMaster fue uno de los continuadores de esta línea de pensamiento. Por tanto, habrá que rediseñar las tácticas, técnicas y procedimientos, las doctrinas y estrategias, los medios y modos para una guerra 3.0.[50] El espectro electromagnético y el digital, que hasta no hace tanto eran un simple medio para transmitir instrucciones o datos, se han convertido en el mismísimo campo de batalla.

Quizás a ti no te interese la guerra, pero tú a ella sí.

Mantener la iniciativa en el relato y en la decisión

La inasumible cantidad de datos a los que el empresario, el comandante militar o el ama de casa tienen acceso en la actualidad genera un empacho de información que se debe gestionar en varios sentidos. En primer lugar, hay que diferenciar los hechos de las opiniones, la realidad de la interpretación. Después, es necesario correlacionar los distintos datos y enfoques para obtener una visión de conjunto que ofrezca la solución más eficiente al problema. Finalmente, conviene establecer límites a la cantidad de información que se va a requerir antes de adoptar una decisión, para evitar que esta se demore por prestar atención a detalles adicionales con poca o nula importancia.

Estas fases se corresponden con el ciclo OODA (observación, orientación —en el sentido de estudio—, decisión y acción) propuesto por el coronel de la Fuerza Aérea de Estados Unidos John Boyd. Pero, en la era digital, la observación produce tantos resultados que se dificulta la orientación y se demora la decisión en espera de nuevos datos. Se ha pasado de un ciclo en el que la obtención de la información y el análisis consumían la mayor parte del tiempo y las energías a otro en el que ambos factores se producen de forma automática, gracias a los motores de búsqueda y las técnicas de macrodatos (*big data*).

Comunicación estratégica: StratCom

Los centros de excelencia no forman parte de la estructura de la OTAN, pero se constituyen como centros de pensamiento y estudio en su ámbito. En muchos casos, reflejan las principales preocupaciones de los países que los acogen. La sede del Centro de Excelencia de Comunicación Estratégica de la OTAN (StratCom) se encuentra en Riga, la capital de Letonia. Inició su andadura en enero de 2014 y se acreditó en septiembre de ese mismo año después de que Estonia, Alemania, Italia, Lituania, Letonia, Polonia y el Reino Unido firmaran sendos memorándums de entendimiento para participar en el mismo.[51]

El hecho de que la Alianza Atlántica disponga de un centro dedicado a esta labor subraya la importancia creciente que se le asigna. La comunicación estratégica engloba distintas disciplinas hasta ahora dispersas. Al unirlas se consigue mucho más que aprovechar los solapamientos entre ellas, pues también se facilita el aprovechamiento de los resultados de cada una en las acciones de las demás. Para la OTAN estas disciplinas, que no se repiten exactamente en todas las doctrinas, son:

- Diplomacia pública. Encargada de fomentar la concienciación y el conocimiento de las políticas, pretende dar a conocer y concienciar al público de la necesidad de las actividades que realizan las fuerzas y organismos implicados.

- Asuntos públicos. Comparable a un gabinete de prensa para dar a conocer las políticas, actividades y operaciones que se realizan.
- Asuntos públicos militares. Se centra concretamente en las actividades militares. Se debe recordar que, tanto la Alianza como los ministerios o departamentos de Defensa estatales, tienen un importante componente no estrictamente militar.
- Operaciones de información. Son las diseñadas para dar a conocer y promover el apoyo a los objetivos, operaciones y políticas aliadas entre los adversarios.
- Operaciones psicológicas. Engloban acciones de influencia psicológica sobre audiencias concretas del adversario para influir en las percepciones, actitudes o comportamientos que puedan afectar a los objetivos políticos o militares, en este caso, los de la Alianza.

El espíritu refleja el contenido del preámbulo de la carta de constitución de la Unesco, en la cual, ya en 1946, se declaraba que, «puesto que las guerras nacen en la mente de los hombres, es en la mente de los hombres donde deben erigirse los baluartes de la paz».

La UE ha creado, en el marco de su Servicio Europeo de Acción Exterior, un centro especialmente dedicado a combatir este fenómeno: la Agrupación de Comunicación Estratégica del Este (*East Stratcom Task Force*), que podría ser el equivalente del StratCom CoE.[52] Las últimas estrategias nacionales de seguridad en España y en Estados Unidos también recogen esta amenaza entre sus nuevas prioridades.

La «doctrina» Guerásimov y la guerra híbrida

Moscú ha entendido mejor que nadie la interacción entre la psicología y la sociología, por una parte, y la cibernética. La periodista especializada en ciberseguridad Sheera Frenkel afirma, de hecho, que Rusia está escribiendo el nuevo manual de la guerra cibernética, en referencia a su inclusión dentro del concepto de la guerra de la información y a su utilización para el posicionamiento de la Federación Rusa en la escena mundial. No es casual que Valeri Vasílievich Guerásimov, autor ya en 2013 de diversas publicaciones que anunciaban la estrategia que lleva su nombre y que prioriza el fortalecimiento de estos principios, sea el actual jefe de Estado Mayor de las Fuerzas Armadas rusas. Años más tarde, le correspondió dirigir la invasión rusa a Ucrania.

En realidad, el general Guerásimov describía las prácticas que él percibía que las potencias occidentales, muy particularmente Estados Unidos, habían estado utilizando contra la Federación Rusa y sus aliados. El autor de la atribución a Guerásimov de una doctrina al respecto ha reconocido recientemente que se excedió al calificarla así en su artículo, y que tal doctrina no existe realmente como tal.[53]

Lo que Guerásimov afirmó en la reunión anual de la Academia Rusa de Ciencias Militares que se narraba en dicho artículo fue esto: «La experiencia de los últimos conflictos militares [...] confirma que un Estado perfectamente próspero puede, en cuestión de meses o incluso días, transformarse en un área de violento conflicto armado, convertirse en víctima de una intervención extranjera y hundirse en una red de caos, catástrofe humanitaria y guerra civil». Más adelante, añadía: «Las acciones militares se están volviendo más dinámicas, activas y productivas. [...] Las nuevas tecnologías de la información han permitido reducciones significativas de las discontinuidades espaciales, temporales e informativas entre las fuerzas y los órganos de control».

Para Guerásimov, los choques entre fuerzas eran cosa del pasado. El campo de batalla del presente está dominado por misiles y proyectiles que actúan a distancia, muchas veces más allá del alcance visual. También consideraba que las diferencias entre el frente y la retaguardia, y entre los niveles estratégico, operacional y táctico, se estaban volviendo más difusas.

Lo que, en cualquier caso, está ya consolidado en el pensamiento militar moderno es el concepto de la guerra híbrida, una forma de contienda total en la que el aspecto bélico tradicional es solo uno de los componentes. La guerra híbrida es una estrategia que combina el uso convencional de las fuerzas armadas con la guerra irregular de guerrillas y operaciones especiales, las operaciones en el entorno cibernético, la diplomacia, las sanciones y otras medidas económicas, la utilización del Derecho como arma (*lawfare*) y las operaciones de influencia y desinformación.[54]

La naturaleza de la guerra híbrida es estratégica. Si bien sus instrumentos pueden mantenerse en un plano táctico, busca atacar los centros de gravedad nacionales más allá de su componente militar. Atacará la opinión pública, o la reputación, o las finanzas antes que a las fuerzas armadas adversarias. Para hacerlo, puede emplear tácticas de alta visibilidad o bien encubiertas, algo para lo que el ciberespacio es particularmente apto.

Una de las novedades de este tipo de guerra es que, al contrario de lo que ocurría hasta no hace mucho, su uso no está restringido al bando débil para compensar, con guerrillas o trucos, la superioridad del otro lado. La guerra híbrida tiene como principales proponentes a grandes potencias, a los que difícilmente se puede calificar como el contendiente más frágil en cualquier conflicto. Su uso por parte de grupos y organizaciones terroristas tampoco varía en función de su superioridad local o regional.

La utilización de esta estrategia por parte del autodenominado Estado Islámico es un ejemplo. El Daesh mezclaba tácticas convencionales con otras de guerrillas, y el uso de carros de combate o aeronaves no tripuladas con el de artefactos explosivos improvisados o armas químicas. Su estructura se adaptaba a las condiciones para organizarse de forma óptima en todos los momentos. Hacía uso de tácticas terroristas y criminales para extorsionar y como base para sus campañas de propaganda. Y, por mucho que reclamase el apelativo de «Estado» para otorgarse a sí mismo el monopolio del uso de la fuerza propio de estos, se colocaba voluntaria y permanentemente fuera del Derecho internacional.

La importancia de este aspecto se muestra, de hecho, en la nueva Estrategia Nacional de Ciberseguridad de Estados Unidos, que contempla «promover la influencia» del país como uno de sus cuatro pilares fundamentales. Los otros tres son: proteger al pueblo, la patria y el modo de vida estadounidenses; preservar la paz a través de la fuerza, y promover la prosperidad nacional.[55]

Rusia demostró en la guerra de 2014 una gran capacidad de innovación en cuanto al uso de tácticas híbridas en Ucrania. La escalada en el conflicto no es constante ni lineal, es decir, ni se produce a un ritmo concreto, ni es siempre ascendente o descendente. Se dan pasos adelante o atrás en función del interés concreto del momento y de la visión a largo plazo que se tiene del objetivo buscado.

En el extremo más discreto y con menor intensidad del conflicto, Ucrania fue testigo de actos subversivos quirúrgicos. Se asaltaron edificios públicos, se cometieron acciones de sabotaje, terrorismo, agitación o propaganda política. También se infiltraron agentes y se cometieron asesinatos. Todo ello, desde posiciones en las que se podía negar cualquier implicación de un actor externo y, mucho menos, estatal.

La posterior invasión de 2022 dejó de un lado las sutilezas, pero las acciones híbridas siguieron teniendo un papel fundamental en la preparación de las operaciones, en su conducción y en la elaboración del relato posterior a las mismas.

El siguiente escalón —aunque, como se ha dicho, las acciones no tienen por qué seguir un orden concreto— sería el establecimiento de un títere local. Para conseguirlo, se consolida el control sobre zonas del país en base a supuestos voluntarios (los «hombrecillos verdes»), milicias y reclutas locales.

Un tercer escalón implicaría ya una intervención activa de las fuerzas propias. Las acciones cibernéticas no se limitan en este momento a la propaganda, sino que son verdaderos ataques. La escalada verbal viene acompañada de amenazas y de apoyos puntuales a las fuerzas locales ya establecidas.

El último paso recurre ya a una retórica mucho más dura y a demostraciones de fuerza y despliegues de fuerzas en la frontera.

Ninguna de estas acciones alcanza (o eso se pretende) el umbral de uso de la fuerza que constituiría una agresión armada. Para cuando esto ocurre, la propaganda y la diplomacia han creado ya un estado de opinión y un entorno favorable o, al menos, no hostil. Los riesgos se han vuelto tan elevados que los actores internacionales consideran como un desenlace favorable la desescalada, la concesión de determinadas ventajas para evitar males mayores.

En una guerra híbrida no se persigue la victoria por medios militares. Más que un objetivo concreto, se dibuja un mosaico de piezas que deben ir encajando para conformar la «situación final deseada». De alguna manera, recuerda a la «muerte por los mil cortes» china: ninguno de los cortes mataba por sí mismo al reo, pero el conjunto de todos ellos era letal.

Estabilidad dinámica

En un documento publicado por el *think-tank* estadounidense Atlantic Council,[56] se afirma que, en el mundo posterior al surgido tras la firma de la Paz de Westfalia en 1648, las percepciones se convierten en realidades gracias a que más información llega a más gente a través de más canales que nunca en la Historia. Para acometer la tarea de configurar estas percepciones, hay que ir más allá de la diplomacia pública en las estrategias de acometimiento de las audiencias convertidas en objetivo.

La interactividad del medio digital es el factor diferencial respecto de las comunicaciones tradicionales a través de la prensa, radio o televisión. El poder de las redes sociales digitales nace de la combinación de su alcance, su inmediatez y su interactividad, y es tan comparable con los otros medios como lo es una bomba tradicional con otra atómica. Son cualitativamente diferentes. De hecho, tanto en su explotación como en su protección, sus gestores están mostrándose muy activos. También lo están siendo sus usuarios, con la aplicación de inteligencia artificial a la creación de perfiles automatizados o con la profesionalización de la figura del *community manager* en la gestión de los procesos políticos. Sin olvidar a los *influencers*, convertidos en estrellas mediáticas digitales.

La interactividad introduce el elemento humano en la comunicación, lo involucra en la misma, y apela a su empatía para captar y retener su atención. El mensaje bidireccional cala mucho más profundamente en el sujeto en tanto que este deja de ser pasivo y pasa a formar parte de la cadena de la comunicación. El sentimiento de pertenencia y de comunidad acentúa todavía más la interiorización de los mensajes. La necesidad de aceptación por parte de los sujetos, la voluntad de destacar, la satisfacción del ego y otros factores potencian el mensaje y, sobre todo, sus «efectos afectivos».

Inteligencia artificial en el campo de batalla

En el pensamiento militar estadounidense se ha consolidado la idea de las estrategias de compensación (*offset strategies*), destinadas a devolver el equilibrio —o la superioridad— a una situación militar que ha dejado de ser favorable.

La primera de estas estrategias fue la utilización de armas nucleares, que compensaba o reequilibraba la superioridad cuantitativa del armamento convencional soviético en el escenario euroasiático. La segunda consistió en el desarrollo de las capacidades digitales, una vez que los soviéticos accedieron a las armas nucleares pocos años después de acabar la Segunda Guerra Mundial. La tercera incorpora muchas novedades, siempre ligadas a la llamada «Revolución de los Asuntos Militares» (*Revolution in Military Affairs*, RMA), es decir, la transformación de las estrategias, tácticas, técnicas y procedimientos militares como consecuencia de los adelantos tecnológicos. Para muchos, a esta tercera estrategia de compensación se llega con la introducción de la inteligencia artificial en la ecuación de la guerra moderna.

De hecho, paradójicamente, aunque se han querido establecer numerosos paralelismos entre el armamento nuclear y el digital, sus efectos son contrapuestos en muchos casos. La bomba atómica actuaba como un elemento disuasorio frente a la guerra y ha estado evitando los enfrentamientos directos entre potencias nucleares. Las herramientas digitales —y la inteligencia artificial en mayor medida— convierten la guerra en una situación permanente, en un continuo cotidiano que llega hasta los últimos rincones del mundo.

En este sentido, la inteligencia artificial aplicada al campo de batalla —entendido este como la totalidad de la actividad humana en el planeta— resulta mucho más revolucionaria que un armamento, el atómico, que meramente incrementaba el potencial destructivo de la pólvora sin cambiar psicológicamente el escenario en el que se luchaba. Mientras que los átomos no han vuelto a utilizarse en una guerra desde el verano de 1945, la inteligencia artificial se podría utilizar —se utiliza, de hecho— en todo el espectro de las operaciones, desde las más destructivas hasta las más sutiles, y en todo momento. Además, su empleo tiene lugar en todos los niveles de decisión. La obtención y análisis de información, la elaboración de inteligencia y la toma de decisiones se puede asignar a las máquinas en todos los niveles, desde el estratégico hasta el meramente táctico.

En cualquier caso, parece que la tendencia inicial se centra en su empleo táctico, pegado al terreno y a las operaciones concretas, aunque con implicaciones probablemente estratégicas.[57] Algunos sistemas de guiado de misiles ya toman resoluciones autónomas en su operativa interna, pero los mayores resultados se pueden conseguir integrando la toma de decisiones para que las máquinas actúen instantáneamente en entornos muy volátiles.

La logística será otro de los campos que se beneficiarán enormemente de la incorporación de la inteligencia artificial. Lo mismo ocurrirá en la mayoría de las actividades de uso dual, aquellas que tienen aplicaciones civiles y militares. En un sentido más amplio, la inteligencia y el mismo diseño del armamento también beberán de los flujos de conocimiento que aporte la inteligencia artificial.

No será necesario alcanzar la singularidad ni sofisticados niveles de inteligencia para observar los efectos de la aplicación de estas tecnologías y, aunque no cabe esperar que Terminator aparezca en una esfera de energía en un plazo de tiempo previsible, sí veremos —más pronto que tarde— sistemas autónomos mucho más capaces que los pilotos, artilleros o conductores humanos.

Como en los restantes aspectos de la guerra, a pesar de lo molesta que pueda resultar tal reflexión a muchos, esta no hace más que reflejar, amplificadas, las características de la sociedad en la que se desarrolla. La inteligencia artificial revoluciona el aspecto psicológico de la guerra, su ámbito de aplicación y la implicación de todos nosotros en su día a día. Y la sociedad en su conjunto se ve igualmente afectada.

MANUAL DE SUPERVIVENCIA

- **DA UNA RESPUESTA ESTRATÉGICA A LOS INTENTOS DE CAMBIAR TU FORMA DE VIDA Y TUS VALORES**

  No dediques tus esfuerzos a mantener el orden anterior, sino a construir uno con el que todos nos sintamos identificados. Recuerda: la guerra no está entre nosotros, está en nosotros ya. Un conflicto permanente a todos los niveles convierte el mundo en algo inhabitable, así que implícate en encontrar una solución para evitar que se convierta en la nueva normalidad.

- **DEFIENDE UNA ESTABILIDAD DINÁMICA**

  El nuevo paradigma, que Atlantic Council denomina «mundo westfaliano plus», en referencia a los actores que se añaden a un mundo tradicionalmente dominado por los Estados desde 1648, requerirá una «estabilidad dinámica».[58] En este contexto, no será suficiente con el papel de «bombero» que la OTAN ha llevado a cabo durante las últimas décadas en las distintas crisis por todo el mundo. La estabilidad se conseguirá sabiendo gestionar las tendencias disruptivas que surgen por doquier: la revolución tecnológica, el cambio climático, los cambios de modelo energético, la concentración urbana y el creciente poder del individuo.

- **ADÁPTATE AL CAMBIO DE PARADIGMA**

Al distribuirse el poder entre más naciones y entre más personas, surgen disfunciones en los organismos de que nos habíamos dotado para gestionar la gobernanza mundial hasta ahora. Se requerirán ajustes en las relaciones entre los Estados, y entre estos y los actores no estatales, que se plasmarán en coaliciones *ad hoc* que en muchos casos implicarán a unos y a otros.

La receta es simple, aunque quizá no resulte sencilla: agilidad, resiliencia y transparencia:

1) Agilidad para ser capaces de responder a un mundo que se mueve muy deprisa y a una ciudadanía acostumbrada a la inmediatez, para hacer frente a situaciones cambiantes en entornos inestables, y para aprovechar las múltiples oportunidades que se presentarán.
2) Resiliencia para sobrevivir a los impactos que un enemigo fluido y multidimensional a buen seguro conseguirá, para mantener la capacidad de seguir operando en el «modo de emergencia» activado, y para aprender del proceso cómo no volver a presentar el mismo flanco desprotegido.
3) Transparencia para mantener la credibilidad y construir la reputación sobre la que se asienta esta, para responder a las expectativas de una población cuyos datos se han convertido también en mercancía, y para generar un entorno de seguridad jurídica que se va a mostrar como fundamental para el crecimiento y la prosperidad.

- **DESCUBRE UN NUEVO MUNDO, FLUIDO E HÍBRIDO**

  Los riesgos que deberemos afrontar en el futuro son tremendamente variados. La guerra convencional entre grandes potencias, aunque más probable ahora que en casi ningún otro momento desde el final de la Guerra Fría, no es de los más probables. Eso no significa que la guerra vaya a quedar erradicada. La guerra forma parte de la política y el hombre, a decir de Aristóteles, es un animal político. Pero las guerras adoptarán muchas veces otras formas y otros nombres.

- **CONOCE LOS DAÑOS COLATERALES**

  Los últimos veinticinco años han visto solo el 3 % de las bajas en combate de todo el siglo, una proporción que muestra una tendencia clara a la baja. De hecho, en los últimos cien años, la violencia se ha transformado para generar desplazados y refugiados, y los muertos son casi siempre civiles víctimas del terrorismo o de guerras civiles internacionalizadas. Así, hoy en día, los refugiados desplazados, fundamentalmente por las guerras, han alcanzado por primera vez en la Historia el 1 % de la población total mundial. Una proporción que se ha multiplicado por 12 desde mediados del siglo XX.

- **ESFUÉRZATE POR EVITAR LAS CAUSAS DE LOS PRÓXIMOS CONFLICTOS**

  El Foro Económico Mundial, en su informe sobre los riesgos globales presentado en 2018,[59] cataloga diez posibles causas de conflicto en el futuro:

  1) la quiebra de la capacidad de la cadena de producción mundial de alimentos y las consiguientes hambrunas;
  2) la sobrepesca y esquilmado de los mares con la aplicación de nuevas tecnologías como la inteligencia artificial;

3) la desigualdad creciente fomentada por la biotecnología y las tecnologías del conocimiento;
4) la congestión del ciberespacio por la proliferación de algoritmos de inteligencia artificial que lleguen a monopolizar su capacidad;
5) la ciberguerra en un entorno de falta de regulación internacional;
6) la fragmentación de la Internet por la aplicación de medidas regulatorias, proteccionistas y de seguridad a nivel nacional o regional;
7) el proteccionismo comercial;
8) las crisis económicas encadenadas que colapsen el sistema económico;
9) las amenazas de los populismos al orden social y liberal;
10) los conflictos identitarios fomentados por separatismos regionalistas.

Si se comparan los rasgos comunes a los riesgos actuales con los previsibles para el futuro, resulta sencillo apreciar que los tres factores transversales que aparecen constantemente son: los medioambientales (que afectan a la biosfera física), los tecnológicos (asociados con la digitalización y que, por tanto, entran de lleno en la esfera lógica) y los económicos. Queda claro que esta tríada de factores (medio ambiente, digitalización y economía) es la clave de la seguridad para los próximos años.

Quizá la capacidad de autorregulación de los mercados se haya visto sobrepasada por la excesiva escasez de margen de maniobra que ofrecen los factores medioambientales y por la excesiva abundancia de conocimiento que permiten los avances informáticos y de telecomunicaciones.

TENDENCIAS EN LOS ÚLTIMOS 100 AÑOS

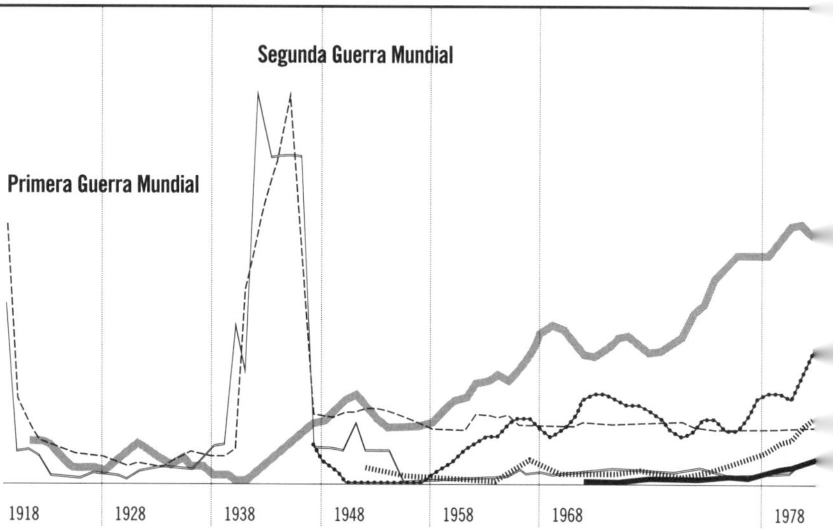

Personas desplazadas
Por primera vez en la historia moderna, cerca del 1% de la población mundial está desplazada.

Personal militar
Desde 1968 el índice medio de personal de los servicios armados ha caído en un 58%.

Muertes por terrorismo
El 53% de los ataques terroristas recientes ha golpeado a objetivos civiles.

- ### RECUERDA QUE NO HAY SOLUCIONES PERMANENTES, NI SIMPLES, NI PERFECTAS

Como el sociólogo y ensayista Zygmunt Bauman resumió en su concepto de la «modernidad líquida», hoy en día las estructuras que condicionan el comportamiento humano se deshacen antes

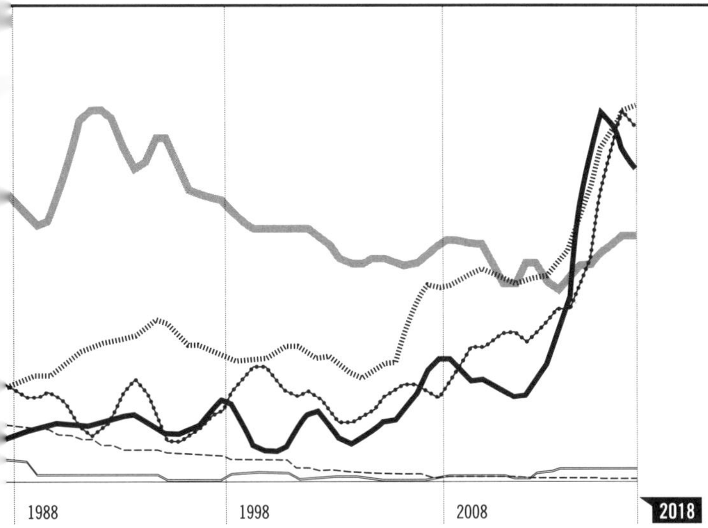

Guerras civiles internacionalizadas
Más de 1/3 de los conflictos armados son guerras civiles en las que están implicadas fuerzas internacionales.

Muertes en combate
El número de soldados caídos en los últimos 25 años constituye solo el 3 % de las muertes en combate del último siglo.

Conflictos internos
A mediados de siglo, la forma predominante de conflicto armado pasó de ser externa a interna.

Fuente: Instituto para la Economía y la Paz, Global Peace Index, 2018.

de que se formen las siguientes.[60] No da tiempo a desarrollar estrategias ni a planificar a largo plazo porque, con cada cambio, mutan las oportunidades y los riesgos a que estamos sometidos. La necesidad de inclusividad fuerza coaliciones a falta de alianzas basadas en unos intereses demasiado variables como para dar lugar a ellas. Como muestran los últimos conflictos, especialmente en Oriente Medio, no hay casi enemigos absolutos ni amigos para siempre. La flexibilidad es la clave de un éxito que, en muchas ocasiones, se declara más que se obtiene.

6. EL MINISTERIO DE LA CALIDAD DE VIDA

«El traslado de la atención hacia las nuevas sedes de los recursos económicos —las grandes ciudades globales y sus redes de interconexión— despojó a los Estados nación de una de sus funciones primordiales, el control político de la vida económica, cuyo contenido se ha desplazado en las últimas tres décadas del ámbito nacional al urbano-global.»[1] Esta frase describe el cambio que se ha producido en los últimos años en el papel de las ciudades. Los alcaldes de las grandes urbes acumulan hoy un poder e importancia política sin precedentes cercanos. Y la tendencia es que cada vez sea mayor.

Decir que la vida en las próximas décadas va a ser eminentemente urbana no aporta mucha novedad. Las estadísticas muestran ya el rápido crecimiento del porcentaje de gente que vive en ciudades en todo el mundo.[2] Hoy, alrededor de un 58 % de las personas viven en ciudades. Para mediados de siglo, otro 10% de la población mundial se habrá sumado a esa cifra sobre todo en África y Asia, que congregarán las mayores acumulaciones de personas viviendo juntas. También es significativo que un porcentaje similar de la población mundial se sienta más parte de su ciudad que de su país.[3]

Desde luego, para muchos países, las cifras de urbanización son mucho más elevadas. Los países pequeños, como

Singapur o San Marino, concentran casi siempre a su población en una única ciudad. Aquellos cuyo territorio está compuesto en buena parte por desiertos o zonas difícilmente habitables también tienden a acumular los servicios que permiten la vida humana en espacios concretos. Desde la primera edición de *Mundo Orwell* he estado viviendo fundamentalmente en Corea del Sur y en Qatar. La mitad de los 52 millones de coreanos se concentran en el área metropolitana de Seúl. Entre los cataríes la proporción es todavía mayor. Casi dos de los tres millones de habitantes del emirato tienen su «haima» en Doha en 2025. Para que luego hablen en Francia de «París y el desierto francés» (la región administrativa de la Île-de-France representa poco más del 18% del total de los franceses).

La tendencia, además, se refuerza desde las instituciones. No hay únicamente un interés ciudadano en migrar a las grandes urbes, también los gobiernos encuentran eficiencia en este éxodo. El ejecutivo saudí está fomentando el crecimiento de Riad, una ciudad que ya tiene cerca de ocho millones de habitantes, para colocarla a medio plazo en los 12 millones de almas.

Tampoco el grado de urbanización está directamente relacionado siempre con la riqueza o con la industrialización de un país. Italia, por ejemplo, se mantiene por debajo del 70 % de habitantes en sus ciudades debido a su geografía y, desde luego, a su historia. Su población se encuentra dispersa en miríadas de núcleos más pequeños alrededor de las grandes urbes. El conjunto de la Unión Europea ronda el 75 % y España, a pesar de ser un país de larga tradición agrícola, se sitúa ya en el 80 %, muy en línea con las principales economías mundiales.[4] De hecho, ni siquiera el criterio para establecer el límite entre lo urbano y lo rural es el mismo en todas partes.[5]

Tan solo las 300 mayores urbes del planeta concentran por sí mismas más de la mitad del PIB mundial. Entre 2000 y 2016, estas ciudades acumulaban el 36 % del aumento de empleos creados y más de dos tercios del crecimiento económico. También es cierto que el 80 % de las ciudades que más contribuyeron a la economía mundial están en los países asiáticos con más rápido desarrollo, muy especialmente en China. En este país, el 73 % de las ciudades se encuentran muy por delante de sus regiones en cuanto a empleo y renta per cápita, y «tiran» de las economías regionales como polos de innovación y desarrollo.[6]

Las ciudades que describo a continuación no son las que concibió Orwell hace setenta años. Pero algunas se parecen cada vez más a su modelo de control sobre la población o bien al que retrató Huxley. Y todas tienen el potencial de superar con creces lo que pudieron imaginar ambos escritores.

Pequeños mundos

Las ciudades nacieron con una finalidad concreta y en unas circunstancias históricas determinadas. Su estructura actual responde a otros condicionantes que tuvieron lugar muchos años después. En el futuro, también deberán estar adaptadas a las circunstancias en las que se viva. Curiosamente, la mayoría de las distopías futuristas, así como las películas y novelas de ciencia ficción más o menos recientes, tienden a imaginar un futuro eminentemente urbano, no solo en cuanto a que se desarrolle en el interior de enormes ciudades, sino también a que estas se conviertan en el centro de la vida social y política.

Las razones iniciales de la existencia de las ciudades hay que buscarlas en la necesidad de concentrar una población alrededor de las cortes de los soberanos para facilitar el gobierno de los países, proporcionar seguridad a los centros de intercambio económico de la época y, posteriormente, acumular suficiente mano de obra alrededor de los centros productivos industriales. El filósofo griego Platón (siglos V-IV a. de C.) opinaba que los hombres se habían unido en los núcleos urbanos por la necesidad de protegerse. Sin embargo, una vez constituidos estos, priorizaba el papel de la polis y marcaba reglas muy estrictas sobre su organización y funcionamiento. También Aristóteles y otros filósofos desarrollaron sus propias ideas en las que la política, como no puede ser de otro modo, estaba siempre muy entreverada con la ética.[7]

También la ubicación de las ciudades obedecía a criterios válidos en el momento de su creación, pero estos pueden haber cambiado a lo largo de los años. Las colonias romanas más exitosas eran aquellas que estaban localizadas a lo largo de las calzadas que las legiones construyeron para alcanzar los confines del Imperio. Pero lo que en su día fue una bendición puede no ser lo más eficiente en otros momentos si, por ejemplo, la ciudad se encuentra alejada de vías de comunicación marítimas o fluviales más eficientes.[8]

Como en un videojuego de simulación de diseño de ciudades, los gobernantes o los mismos ciudadanos fueron acumulando servicios (comercio, ocio, seguridad) alrededor de un núcleo inicial. El crecimiento lento y las limitaciones del espacio disponible dentro de las murallas permitían ir adaptando la oferta y la demanda en cada momento. El inmovilismo en las clases sociales y en los gremios, con padres que transmitían oficio y taller a sus hijos, daban una gran continuidad a la estructura. La mayor parte de las ciudades se mantenía básicamente inalterada durante décadas.

Es muy ilustrativo recorrer los barrios antiguos de muchas ciudades —sean de Europa, Asia o África— para comprobar cómo esto afectaba a las estructuras cívicas y a las sociales, a las construcciones y su distribución, y a la población y su reparto dentro de la ciudad. Las diferencias entre los barrios antiguos de Numancia (España), El Cairo (Egipto) o Herat (Afganistán) suelen ser simplemente de matiz.

Las calles estrechas aprovechaban más el espacio disponible dentro de las murallas, ofrecían mayor protección contra el clima[9] y contribuían a la defensa si el enemigo abría una brecha. El centro estaba ocupado por una plaza que hacía las funciones de mercado y, en muchas ocasiones, de templo, juzgado, teatro y patio de armas. Las clases sociales y los grupos étnicos se dividían en barrios como en su día proponía Platón —en algunos casos, incluso con sus propias murallas entre ellos—, buscando la fortaleza en la vecindad y facilitando la producción al acercar físicamente a los fabricantes de cada subproducto.

Para buena parte del mundo, el modelo que permanece vigente es el de los campamentos romanos. Una plaza central, en la que estaba la tienda del comandante y el templo, alrededor de los cuales se colocaba la guardia y el estado mayor, y que quedaba protegida por las calles repletas de los alojamientos para el resto de la tropa. El trazado en damero constaba de calles que se cortaban en ángulo recto y que convergían hacia el *cardo* y el *decumanus*, las dos avenidas centrales que discurrían de norte a sur y de este a oeste respectivamente.

Se trataba de ciudades diseñadas para una población básicamente estable y encerrada en sí misma y su comarca. Ciudades que actuaban como capitales de pequeños Estados, como en el caso griego, o de partes de uno alrededor del castillo del conde, duque o marqués. Ciudades que, en el mejor de los casos, se comunicaban con otras más allá de los dominios del señor local, o que formaban parte de rutas comerciales o de peregrinaje.

La seguridad y las comunicaciones eran los grandes condicionantes de este modelo. Las murallas eran el límite de lo razonablemente protegido y las distancias se medían en los miles de pasos (*milia*, en latín) que debía recorrer el caminante hasta llegar a la siguiente población. El diseño mural se centraba en albergar un núcleo estable de población sin grandes perspectivas de crecimiento, con las puertas justas para permitir la entrada y salida de los habitantes, pero primando la seguridad sobre la comodidad de estos.

La siguiente gran evolución llegó de la mano del motor de explosión y de la revolución que significó la producción en serie de vehículos automóviles, hace ahora algo más de un siglo. Las ciudades habían perdido ya su función protectora frente a armas mucho más destructivas, pero seguían siendo los reductos en los que se sentía más la acción del Estado. Allí sí existían policías y ediles encargados de garantizar que el tejido productivo no dejase de funcionar. La concentración de la población en las ciudades suponía una mayor rentabilidad de su control, y en ellas era donde se focalizaba la acción de los gobernantes.

La industria había hecho crecer las ciudades más allá de sus murallas, pero los ferrocarriles no dejaban de ser caravanas mejoradas que seguían comunicando a duras penas los distintos núcleos de población. La concentración alrededor de la estación y del mercado seguía siendo fundamental para tener acceso a los servicios. La logística de la «última milla», como se ha dado en llamar al tramo terminal del transporte de mercancías, seguía siendo un desafío que requería el acarreo manual o el concurso de animales de tiro.

La aparición de los automóviles de uso familiar dio lugar al desarrollo de las autopistas (*highways*) en Estados Unidos, carreteras que permitían ampliar el radio de acción de las ciudades y extender sus ventajas a las poblaciones limítrofes. Las grandes urbes pasaron a ser los polos alrededor de los que surgían, como setas en otoño, urbanizaciones y poblaciones menores con función de dormitorio para los trabajadores de las empresas que allí se asentaban.

Muchas ciudades crecieron en esta época más por engullir los pueblos que les habían suministrado productos agrícolas hasta entonces que por el trasvase de población, el cual comenzó con la mecanización del campo y la menor necesidad de mano de obra en los espacios rurales. El mundo se volvió urbano en las principales economías, pero solo relativamente. Hasta principios de la década de 1960, solo un puñado de países concentraba más de dos de cada tres habitantes en sus ciudades.

La nueva ciudad se dotó de grandes avenidas. Esta vez no fue por las razones que Napoleón aplicó en su momento —facilitar el uso de la artillería contra los levantamientos populares—, sino para permitir el movimiento de grandes masas de coches de una forma ordenada. El trabajador adquirió así un cierto grado de libertad en cuanto a la elección de su domicilio respecto del puesto de trabajo. Ya no tenía que vivir en la buhardilla de la tienda o del taller en que trabajaba, ni establecerse a pocas manzanas de distancia para poder ir andando de uno a otro. Algunos, los más pudientes, pudieron permitirse salir de la ciudad hacia urbanizaciones más o menos privadas en las que vivir la ficción de una separación entre su vida laboral y su ocio.

Un nuevo modelo de ciudad

Hoy, el modelo industrial de ciudad está agotado. Lo demuestran múltiples realidades que aparecen en la prensa diaria: contaminación, congestión de tráfico, alienación personal de sus habitantes, etcétera. Un cúmulo de factores que apunta a la necesidad de repensar nuestras ciudades. La imagen de esta caducidad la representan las vías de circunvalación de las grandes urbes. La ciudad es el referente, pero su centro deja de cumplir la función de eje desde el que todo parte. De alguna manera, se desgaja de su función de conectar porque está demasiado cargado de contenido interno.

Sería muy agradable pensar en la posibilidad de ciudades organizadas exclusivamente en función de sus habitantes. Cabe diseñar urbes en las que las personas sean el centro absoluto de todo, pero no es una opción realista. Los centros urbanos siguen teniendo que satisfacer las funciones sociales —a menudo contradictorias con las personales—, económicas y políticas para las que aparecieron. Y tendrán que estar también acondicionados para sacar el máximo partido de las ventajas que incorporan las nuevas tecnologías surgidas en los últimos años, así como para mitigar los inconvenientes que presentan. Finalmente, seguirán teniendo como objetivo de sus gobernantes hacerlas un lugar atractivo para la inversión, por mucho que las razones que se esgriman para hacerlo no sean más que excusas con las que hacer más digeribles las medidas adoptadas.[10]

Uno de los principales inconvenientes cuando se trata de diseñar las ciudades del futuro es que partimos de las estructuras del pasado. Otro problema, quizás el mayor de todos, es que se pretende rejuvenecer esas estructuras sin abandonar los conceptos en los que se basaban, aplicando las nuevas tecnologías a buscar soluciones muy poco eficientes a los problemas que presentan. En otras palabras, muchos alcaldes se empeñan en mantener estructuras de ciudad que ya no responden a las necesidades de sus habitantes ni de la sociedad. Mientras tanto, intentan solucionar los problemas que surgen en la gestión del mantenimiento de ese modelo con tecnologías novedosas.

En lugar de ello, los munícipes harían bien en partir de las necesidades actuales y de las soluciones disponibles para alterar la estructura de las ciudades. Como en otros muchos campos, nos quedamos encantados con la tecnología porque ha hallado la solución a los problemas que tuvimos, en lugar de explorar su potencial para crear soluciones distintas a las que se venían aplicando.

Algunos afirman diseñar «ciudades inteligentes», un concepto que, más allá de lo llamativo del nombre, no recoge en absoluto el espíritu de lo que se pretende conseguir. Quizás habría que hablar mejor de «ciudades de diseño inteligente». En cualquier caso, la inteligencia de las ciudades se demostrará en sus efectos sobre la felicidad de sus habitantes,[11] no en la cantidad o calidad de los artefactos tecnológicos de que estén dotadas.[12]

Hablar de ciudades inteligentes evoca rápidamente farolas que se apagan o encienden solas en función de la luz disponible y la existencia de viandantes por la zona, puntos limpios y zonas de reciclaje de residuos, semáforos controlados por ordenador que optimizan el tráfico y, por alguna razón, zonas verdes. Y las ciudades inteligentes contienen todos esos ingredientes, pero en absoluto son lo que las define. Son el entorno en el que vive el ciudadano, pero este debe seguir siendo el centro de su actividad; por tanto, las ciudades deben adaptarse a las necesidades de sus habitantes, y no al contrario.[13] Subida en la ola tecnológica y con la misma mentalidad de concentración de la población en núcleos sostenibles y altamente eficientes, la Visión 2030 del príncipe saudí Mohammed Bin Salman puso en marcha en 2017 el proyecto NEOM. El megalómano programa de construcción enfrenta ahora la mirada escéptica del público y los crecientes costes de financiación, pero representa de algún modo la traslación al mundo real de las ciudades futuristas de las novelas de ciencia ficción.

Hogares inteligentes o jaulas de oro

Dentro de las ciudades inteligentes, y de forma simultánea a ellas, se están desarrollando los hogares inteligentes. Quizás aquí sea más fácil visualizar esta prioridad por el bienestar del inquilino sobre la mera tecnología aplicada a la vivienda. Usamos (o deberíamos usar) la domótica —el conjunto de sistemas que automatizan las diferentes instalaciones de una vivienda (*domus*, en latín)— en tanto nos facilita la vida, no para ser sus esclavos o estar condicionados por ella. Resulta absurdo mecanizar o automatizar una vivienda que exija la constante supervisión de los parámetros.[14] El verdadero avance es la capacidad de los mecanismos para adelantar las necesidades de sus usuarios y facilitarles su consecución.[15]

En función de esa comodidad para el usuario, las viviendas inteligentes empiezan a incorporar toda una serie de utensilios que, normalmente, se gestionan desde el teléfono móvil o desde una consola centralizada. En otros casos, como los frigoríficos dotados de inteligencia artificial, los elementos disponen de su propio panel de control, aunque se pueda hacer un seguimiento remoto. Siguiendo con este ejemplo, resulta evidente la utilidad de que el frigorífico pueda controlar de forma automatizada las existencias, sus caducidades, las necesidades de reposición e, incluso, el control sobre las compras asociadas a las mismas.

Muchos otros electrodomésticos de los que conforman la Internet de las Cosas han nacido también con la funcionalidad en mente, pero rara vez alguno de ellos ha incorporado la seguridad en su diseño. Y, sin embargo, todos estos aparatos no dejan de ser procesadores conectados a una red de una u otra manera. Es decir, a todos los efectos, ordenadores con capacidades limitadas, pero conectados al fin y al cabo. Como algunos robots de limpieza que vienen equipados de serie con conexión wifi, cámara y micrófono, dándoles así acceso potencial a nuestra vida lógica (a todas las conexiones que se hagan desde nuestra red inalámbrica) y a nuestra vida física (audio y vídeo).[16]

La Internet de las Cosas abarca dispositivos que no solemos tener en cuenta cuando pensamos en posibles amenazas. Pero es necesario hacer una abstracción entre la funcionalidad para la que un objeto está diseñado, y aquellas otras que es capaz de llevar a cabo y que alguien puede encontrar o de las que se puede aprovechar.

Por ejemplo, el FBI publicó en julio de 2017 una alerta relacionada con este tema en su web. Hacía referencia a la posibilidad de que un criminal accediese de forma remota a las cámaras y micrófonos que muchos juguetes llevan instalados con fines absolutamente lúdicos.[17] El agresor podría, inicialmente, comunicarse u obtener datos o imágenes de los menores con fines tales como la pederastia.

En algunos casos, los datos extraídos podrían comprometer incluso la seguridad de la vivienda y de la familia al ser el equivalente a tener un espía vigilando el interior de manera indefinida. Se identificaron, concretamente, varios modelos de muñecas y coches de juguete susceptibles de ser hackeados. Las cámaras, micrófonos y otros dispositivos servían, cómo no, para ofrecer «una experiencia más personalizada» a los niños, pero podían manipularse para que transmitieran información a terceros.

Internet de las Cosas, cosas de la Internet

En octubre de 2016, miles de videocámaras «inteligentes» y otros dispositivos fueron hackeados con el fin de acceder a ordenadores y sistemas para llevar a cabo ataques de denegación de servicio distribuida.[18] El dueño del electrodoméstico no se vio prácticamente afectado por la intrusión en este caso, pero podría haberlo sido si el objetivo hubiera sido el conocimiento de los datos almacenados en la memoria de su nevera —convertida en ciberarma—, que, en su conjunto, cuentan mucho sobre los hábitos de una familia. Y de ahí se podrían extraer conclusiones sobre periodos de vacaciones en los que el hogar estaría más vulnerable, números de cuenta corriente o contraseñas, datos sobre alergias o preferencias culinarias que pudieran permitir un ataque de ingeniería social o algo peor. Incluso habilitaría al *hacker* para obtener acceso al mismo aparato y alterar su funcionamiento de forma remota.

Entre los elementos de la Internet de las Cosas que empiezan a popularizarse muy rápidamente están los asistentes personales, mayordomos digitales que varias empresas han puesto en el mercado en los últimos años. Estos aparatos están diseñados para reproducir las funciones de los asistentes ya presentes en teléfonos móviles y ordenadores personales —como Siri (Apple), Cortana (Microsoft), Alexa (Amazon) y OkGoogle (Google), entre otros— y permitir la interacción con el usuario y la gestión de su información o de sus otros aparatos respondiendo simplemente a la voz. En España, Telefónica ha desarrollado Aura, un asistente con inteligencia artificial enfocado a la gestión cómoda de su plataforma de entretenimiento.[19]

Esta funcionalidad útil para el usuario es casi lo único que, en mi opinión, diferencia estos aparatos de aquellas cámaras con micrófono que George Orwell imaginó colocadas en cada estancia de los hogares en su novela *1984*. Si acaso, otra diferencia sería el hecho de que la vigilancia intrusiva a la que se ve sometido el protagonista del relato de Orwell procede de un equipo que el Estado ha colocado de forma obligatoria en el domicilio, mientras que los Google Home, Jarvis (creado por Mark Zuckerberg, fundador de Facebook), Echo y Alexa (ambos de Amazon) son dispositivos que cada ciudadano introduce voluntariamente en su vida y por los que paga doblemente, en moneda de curso legal al adquirirlos y con el pleno acceso a toda su vida al utilizarlos. Una eficiente campaña de márketing ha conseguido que el espiado corra con los gastos y con el mantenimiento de los sistemas con que le vigilan.

Se estima que, en 2022, habrá 175 millones de estos dispositivos instalados en todo el mundo, de los que 70 millones estarán en Estados Unidos, donde un 55 % de los hogares dispondrá de un espía a domicilio. Si se cuentan los asistentes de voz instalados en los teléfonos móviles y demás dispositivos, para entonces se habrá llegado en todo el mundo a los 870 millones, una cifra que prácticamente dobla el número actual.[20] Se estima que, en 2025, hay alrededor de 8.400 millones de dispositivos dotados de asistentes digitales en el mundo. Eso supone más de un aparato por cada persona sobre el planeta. Sin embargo, su penetración es «asimétrica». En Estados Unidos, por ejemplo, solo la mitad de la población tendría algún dispositivo de este tipo. Claramente, la mayor parte de los que tienen alguno dispone de varios. La relación con estos aparatos es, en principio, de mutuo beneficio, pero mientras que los usuarios les proporcionan conocimientos profundos a largo plazo sobre todo lo imaginable, ellos tan solo ofrecen informaciones puntuales que únicamente sirven para el momento en que se los utiliza. Al final, como en el casino, la casa siempre gana.[21]

La seguridad de los datos y de las conexiones es, por tanto, un factor clave que tener en cuenta en todos los dispositivos conectables, no solo en los que estén conectados permanentemente, sino también en aquellos susceptibles de estarlo en un momento dado. Estos últimos pueden aprovechar su conexión para filtrar los datos que hayan acumulado mientras permanecían *off-line*. Es necesario tener presente que el momento en el que el dispositivo tiene acceso a la información del usuario y aquel en el que la transmite pueden no ser el mismo. La fotografía o el documento que generamos en un ordenador sin conexión, por ejemplo, puede terminar enviándose cuando el dispositivo se conecte de forma voluntaria o accidental.

Gartner, la mayor consultora mundial en ciberseguridad, auguraba ya en 2016 que la cuarta parte de los ataques que se produzcan en 2020 contra las empresas de todo el mundo implicarían de alguna manera a la Internet de las Cosas. En 2023, ese porcentaje ya alcanzaba el 43 %. El 70 % de las organizaciones y empresas han sufrido algún ataque a través de sus dispositivos conectados. De hecho, cada semana llegan por esta vía al 54 % de las organizaciones a nivel mundial; muy especialmente en Europa.

A pesar de ello, este campo solo está protegido de una forma muy marginal y apenas se dedican a su defensa el 10 % de los presupuestos de seguridad corporativos. Esta falta de fondos provoca, además, que los contratistas se centren en soluciones parciales que se focalizan en los síntomas de los ataques, en lugar de hacerlo en las causas iniciales o en soluciones más a largo plazo como la segmentación de los contenidos y de los sistemas. La limitada atención a la seguridad en el diseño de estos aparatos debería dar lugar, precisamente, al fenómeno contrario: a una aproximación extremadamente cauta a su utilización.[22]

Todas las empresas fabricantes de estos aparatos de asistencia virtual insisten públicamente en que las conversaciones a las que tienen acceso estos aparatos fuera del «cumplimiento de su misión» son borradas posteriormente. Esto solo nos otorga la certeza de la existencia de algo que borrar. Pero ¿cómo saben los mayordomos digitales (o, a estos efectos, los teléfonos en los que la función de asistencia por voz esté activada) cuándo nos dirigimos a ellos para darles instrucciones si no es escuchando permanentemente lo que se dice? De hecho, algunas pruebas demuestran que los asistentes escuchan las instrucciones incluso cuando las demás funciones del micrófono son incapaces de oír lo que se dice.[23] ¿Excelencia en el diseño de estas aplicaciones o particular interés en un producto que puede obtener nuestros datos y violar nuestra privacidad? El siguiente paso en su evolución es probable que incluya realidad aumentada o hiperrealidad.[24]

Además, la inteligencia artificial es capaz ya de distinguir una voz concreta en una multitud y de filtrar todas las demás para hacer un seguimiento personalizado del objetivo.[25] En estas condiciones, el *software* adecuado puede estar a la escucha en cualquier lugar esperando a identificar a una persona concreta en el momento en el que hable. Incluso en silencio absoluto y fuera de la vista de las cámaras, el proyecto Big Glass Microphone, desarrollado por la empresa Stamen,[26] detectaría teóricamente el patrón de las pisadas para identificar al sujeto en cuestión si entrase dentro de su radio de acción. Nunca antes se había sabido tanto sobre cada persona como para elaborar patrones físicos o de comportamiento capaces de ser individualizados por una máquina.

Videovigilancia y reconocimiento facial

Decía el escritor Gabriel García Márquez que todos tenemos tres vidas: la pública, la privada y la secreta. Con la privacidad en retroceso, y nuestros secretos expuestos en la plaza pública por las redes sociales y por nuestra propia inconsciencia, los matices entre las tres son cada vez más tenues. El hecho de que nuestra vida sea pública en todos los aspectos tiene connotaciones muy importantes para el ejercicio de nuestra libertad. Aunque en un momento dado todas las cosas llegan a saberse y pocas importan realmente —tal y como escribió el novelista Gore Vidal—, los plazos en los que se llega a ese conocimiento sí son relevantes. No es lo mismo que se sepa algo sobre alguien dentro de diez años que el hecho de que esa misma información esté disponible de forma inmediata.

Si la seguridad de las comunicaciones es de tal importancia en nuestro domicilio o en nuestro entorno personal, cabe pensar que lo será tanto o más cuando ese ámbito sea mucho más amplio y abarque a toda la ciudad, en la que vive un gran número de habitantes. Cuando las cámaras y los micrófonos observan y escuchan a millones de personas, el efecto que se produce se multiplica al añadir la información de cada una de ellas más los patrones de conducta de los grupos a los que pertenecen. De nuevo hay que preguntarse si la inteligencia que se está aplicando a los espacios urbanos sirve al ciudadano o, más bien, a la ciudad y a sus gestores.

Esas mismas cámaras, las que se encuentran por doquier en las esquinas de cualquier ciudad, esas que permanecen herrumbrosas apuntando sus ojos de cíclope a los transeúntes con la apariencia de que nadie ha accedido a ellas para hacer una labor de mantenimiento en años, han sido también utilizadas en uno de los ataques digitales más significativos de los últimos tiempos.[27]

De nuevo, cuando los «responsables» de los numerosos elementos que forman la Internet de las Cosas lo son tan poco y se encuentran tan repartidos, es necesario establecer unos protocolos automatizados para la actualización de los sistemas de seguridad informática que garanticen en cierta medida su confidencialidad.

Sin embargo, el hecho de que la seguridad rara vez haya sido tenida en cuenta en el diseño de los elementos que conforman la domótica, o que contribuyen a que una ciudad sea inteligente, no implica que sea imposible rediseñar el sistema para incorporarla a partir de ahora. Lo que resulta indudable es que tanto unos elementos como otros van a formar parte del paisaje de nuestros hogares y ciudades en los próximos años. Su introducción es imparable no solo porque viene acompañada de numerosas ventajas para la ciudadanía, sino porque va a resultar fundamental para la puesta en marcha de nuevos modelos de relación sociales y económicos.

En este sentido, las ciudades —sobre todo las de mayor tamaño— aportan el valor añadido de contar con una mayor fuente de datos coherentes proporcionada por un gran número de ciudadanos que viven en un entorno común. Esta información es coherente en el sentido de que está relacionada con fuentes que comparten circunstancias comunes, al menos en lo relativo a su lugar de residencia y a la dependencia administrativa respecto de un mismo ayuntamiento. Estos datos pasan a formar parte de una serie de ficheros desde los que pueden ser analizados con multitud de aplicaciones.

Ya no es ciencia ficción el que un dron tripulado remotamente pueda ver y grabar todo lo que ocurre en un barrio o en una pequeña ciudad. De esta manera, se puede incluso rebobinar (¡qué antigua suena la expresión «rebobinar» hoy en día!) la grabación de los hechos para reconstruir las acciones que han llevado hasta un determinado acontecimiento. Como una suerte de videoarbitraje (*Video Assistant Referee*, VAR) futbolístico, se podría reconstruir el camino seguido por un delincuente hasta el lugar del delito, observar con quién y para qué ha tenido tratos en el proceso, y seguirle después hasta el lugar donde pretenda ocultar el botín. Nuestra vida queda así grabada y a disposición de los investigadores para reconstruir cada paso si fuera necesario.

Ese dron se llama Gorgon Stare («mirada de la Gorgona», por la figura mitológica que convertía en piedra a quien la mirase) y está montado sobre una aeronave tripulada de forma remota (*remotely piloted aircraft*, RPA) del tipo Predator o Reaper. Se trata del mismo modelo que opera el Ejército del Aire y del Espacio español.[28]

El sistema está dotado de una docena de cámaras de alta resolución, por lo que puede cubrir un área de cuatro kilómetros de lado desde doce ángulos distintos, y es capaz de grabar y transmitir el vídeo resultante. Aun así, este equipo de 150 millones de dólares palidece si se lo compara con el proyecto Argus, que los investigadores de Defensa de Estados Unidos están diseñando. Argus incorporaría hasta 92 cámaras sobre una misma plataforma.[29] Desde luego, estas tecnologías se aplicarían solo en el campo de batalla... inicialmente.[30]

En cuanto al reconocimiento facial, por el momento facilita el control fronterizo entre las ciudades de Shenzhen y Hong Kong, por donde transitan casi 650.000 personas cada día.[31] Más prosaico es el uso que se hace de esta tecnología en los aseos públicos del Templo del Cielo, en Pekín, donde una máquina expendedora de papel higiénico comprueba si el peticionario ha efectuado ya una solicitud antes de servir (o no) una nueva dosis (en otro llamativo ejemplo de la fusión de tradición y modernidad que se da en China, es fácil encontrar avanzados sistemas electrónicos para el acceso a lo que, finalmente, resulta ser un mero agujero en el suelo).

Mucho más cerca, la compañía barcelonesa Herta[32] ha desarrollado un potentísimo sistema de reconocimiento facial con múltiples aplicaciones y que se utiliza ya en varios países.[33] Las dificultades, no obstante, surgen donde menos se las espera. El potente sistema de reconocimiento facial de los teléfonos iPhone de Apple parece tener problemas para reconocer a su propietario antes de que este se quite las legañas por la mañana, cuando está recién despierto.[34]

Macrodatos para gestionar la vida

Los macrodatos, esa colección de millones de datos individuales susceptibles de ser tratados en sus múltiples relaciones entre ellos, permite extraer conclusiones válidas, por ejemplo, para mejorar la gestión municipal. Los datos cruzados de las cámaras de tráfico, del geoposicionamiento —la determinación de la posición desde satélites, normalmente por GPS— de los automovilistas, de los peajes y de las gasolineras, entre otros elementos, permiten hacerse una idea de aquellas rutas más transitadas, los horarios en que lo están y las posibles vías alternativas. Este servicio, que utilizamos a diario cuando seguimos las indicaciones del navegador o visualizamos el estado real del tráfico, puede resultar igualmente de gran utilidad a los ediles para determinar, por ejemplo, la regulación de los semáforos o la habilitación de carriles adicionales en uno u otro sentido.

De hecho, la movilidad urbana es uno de los primeros aspectos en los que las ciudades están implantando sus planes de inteligencia. En esta última década también se ha avanzado en su aplicación a la sanidad (la gestión de epidemias y el seguimiento de los casos de salmonelosis), el medio ambiente (la eficiencia energética en el alumbrado público) y la centralización de los servicios públicos (la eficiencia energética en el alumbrado público de la segunda y la administración digital). Cada vez que se adoptan medidas de restricciones del tráfico en una gran ciudad se tienen en cuenta los datos suministrados por numerosos sensores, pero también las previsiones meteorológicas y otros aspectos. La inteligencia de datos (*big data*) no se limita al cruce de datos homogéneos, sino que ofrece la posibilidad de enlazar los proporcionados por fuentes muy distintas para alcanzar conclusiones más elaboradas. La magia, la verdadera novedad, se produce cuando esos datos no son siempre estructurados, es decir, cuando el sistema tiene que interpretar, por ejemplo, imágenes o vídeos para extraer de ellos la información.

El conocimiento del ciudadano a través de los datos adquiridos se plantea en ocasiones como una alternativa a la misma democracia, o a las consultas populares. No existiría la necesidad de preguntar una opinión que ya se conoce. O se podría preguntar solamente para legitimar una postura. De hecho, esta alternativa puede llevar asociada la ventaja de conseguir obtener un conocimiento mucho más objetivo y real que las opiniones expresadas en caliente o tras ser sometido al bombardeo constante de la propaganda. Se habla mucho de la utilización de este método en la China de Xi Jinping, pero *mutatis mutandi* no es tan distinto de otros más sutiles y cercanos.[35]

Todos estos ejemplos pertenecen, sin embargo, a un estadio muy temprano de la construcción de una ciudad inteligente. Se trata de desarrollos verticales, es decir, limitados a un sector de actividad concreto. El ejemplo más clásico suele ser el del transporte público. Incluso cuando se trata de un transporte intermodal, en el que varios tipos de vehículos se combinan para proporcionar el servicio en intercambiadores, la actividad sigue limitada a proporcionar un servicio concreto.

En la ciudad inteligente 1.0, los datos de los movimientos de los ciudadanos y sus pautas concretas de actuación se combinan para diseñar y gestionar las redes de autobuses, tranvías, metro e, incluso, para habilitar carriles accesorios en las vías más transitadas a determinadas horas o para poner en servicio vagones adicionales en determinadas rutas de ferrocarril.

La combinación de esos datos con los de mantenimiento de los vehículos, plantillas de conductores y la logística completa del sistema permiten una gestión más eficiente. También los proyectos y empresas relacionados con la movilidad urbana en forma de bicicletas y otros vehículos eléctricos están buscando las fórmulas más adecuadas para combinar la comodidad del usuario con la del resto de los transeúntes.[36]

Estos proyectos con bicicletas y patines (eléctricos o no) requieren, en cualquier caso, de una logística asociada a la presencia de otros vehículos para su reposición. También acarrean problemas en cuanto a la habilitación de espacios urbanos para su recogida y recarga, o de invasión del hábitat de los peatones, cuando no existe un punto único de estiba. De nuevo, la libertad y comodidad de poder dejar el vehículo compartido allá donde termina nuestro trayecto afecta a la libertad y comodidad del resto de los viandantes.

Desde luego, no se puede argumentar que las ventajas de estos servicios para el ciudadano no sean considerables. Empezando por los ahorros de tiempo y dinero que supone una mayor eficiencia en el traslado, para seguir con el bienestar derivado de un tráfico más fluido y concluyendo con los beneficios que para el medio ambiente tiene el menor consumo de combustible o la utilización de fuentes menos contaminantes en los transportes públicos.[37] Sin embargo, los datos recopilados en este sistema siguen sin trascender a otras esferas de actuación en estos desarrollos verticales.

Otra cosa sería si se consiguiera desarrollar un esquema que incorpore diversas aproximaciones verticales para compartir las sinergias existentes entre ellas. Siguiendo con el ejemplo, se podría considerar fusionar la base de datos que permite gestionar el transporte de la ciudad con la que se encarga de la generación y distribución de energía. Esto permitiría acomodar los ciclos productivos energéticos a los picos de consumo eléctrico de los transportes públicos. Incorporando datos sobre el consumo doméstico y el industrial, se podría obtener una imagen completa que, a su vez, tendría aplicaciones en otros sectores.

Empiezan a desarrollarse, por ejemplo, en Madrid, propuestas en este sentido. Las distintas iniciativas sectoriales se fusionan entre ellas para ir conformando una imagen global de qué sucede en la ciudad, a quién, cuándo y por qué. Un «ojo-que-todo-lo-ve» que permite aplicar la solución más eficiente para el conjunto de las situaciones que ocurren en un momento dado, no la que resuelve mejor uno de los problemas a costa del resto de ellos. Estas plataformas de ciudad inteligente (*smart city platform,* SCP) constituyen prácticamente lo más lejos que se ha llegado en el concepto hasta el momento, con la excepción de algunos proyectos en curso, como LIVE Singapore!, aplicado en esta ciudad-Estado asiática.[38]

Conviene recordar que la ventaja de incorporar los datos de distintas bases para su utilización común no resulta en la mera agregación de todos ellos, sino que multiplica exponencialmente las ventajas. El número de conexiones posibles en una red cualquiera depende del número de nodos existentes, pero no de forma lineal, sino según el factorial de ese número. De ese modo, una red de, digamos, siete elementos produce 5.040 posibles conexiones (el resultado de multiplicar 7 por todos los números anteriores a él hasta el 1). Añadiendo solo un nodo más, el número acumulado de posibilidades es de 40.320 en total. Es decir, las conclusiones que se pueden extraer o la precisión de estas crecen muy rápidamente en función del número de participantes en la red. Esto también tiene sus inconvenientes en otros campos, pero para la labor de los algoritmos que gestionan una ciudad, cuantos más datos, mejor.

Ciudades inteligentes 3.0

La siguiente fase de la inteligencia aplicada a las ciudades partirá de modelos integrados de bases de datos multiservicio. El objetivo de los sistemas urbanos deja de ser solucionar los problemas existentes o gestionar el presente. Se utilizarán algoritmos predictivos para adelantarse a ellos y crear las condiciones en que no lleguen a producirse. En este momento aparecerán nuevos servicios basados en la capacidad de relacionar distintos sectores y aprovechar el cruce de datos entre todos ellos.

En este estadio, los servicios municipales y las empresas deberían ser capaces de anticipar las condiciones de demanda de servicios o de productos para ajustar la oferta de la forma más eficiente. Por ejemplo, con la generación de energía adecuada a cada momento. El banco de datos municipal central tiene acceso a toda la información disponible y es capaz, mediante una serie de aplicaciones, de extraer conocimiento en tiempo real y extrapolar las condiciones en función del histórico almacenado para recomendar acciones concretas que mejoren el funcionamiento de los servicios.

Finalmente, solo queda cerrar el círculo y permitir que los ciudadanos, que generan una parte importante de los datos de los que se extrae la información y el conocimiento, puedan también beneficiarse del fruto de esta consolidación. Incorporar a los ciudadanos a la explotación del conocimiento supone cambios muy importantes en la forma de relacionarse entre ellos.

En ese momento, se podrá ya entrar de lleno en la economía colaborativa o circular,[39] en la explotación del *Open Data*,[40] es decir, de los datos abiertos a disposición de todos los usuarios. Se podrá pasar a sistemas basados en la transparencia y la confianza que genera la misma. Las plataformas *blockchain* —una información en bloques compartida por todos los que participan en la red— y otras similares pueden tener un papel importante en este esquema si se mantienen libres de un control centralizado y sus protocolos de encriptación se demuestran lo bastante sólidos.

Desde luego, si la ciudad tiene que estar al servicio de los ciudadanos, construir una ciudad inteligente con todos los servicios y esperar a que los habitantes se trasladen a ella puede ser una apuesta arriesgada. Yinchuan, una «pequeña» urbe de menos de dos millones de personas en medio del desierto a mil kilómetros al oeste de Pekín, se ha diseñado como un proyecto de ciudad inteligente modelo, con el fin de atraer a parte de los 250 millones de personas que se trasladarán a las ciudades chinas en los próximos años.[41]

En Yinchuan los servicios municipales están centralizados y, en buena medida, automatizados; sensores inteligentes monitorizan las infraestructuras, los vehículos y a las personas; la compra se puede realizar mediante una *app* desde el teléfono móvil y recogerse en consignas refrigeradas como las que empiezan a utilizarse en España para la paquetería; los contenedores de basura compactan el contenido para quintuplicar su capacidad y avisan por wifi de que están llenos para que se proceda a su vaciado; y casi cualquier pago se efectúa por reconocimiento facial.

El alma de una ciudad es y tiene que seguir siendo la persona, y todos los adelantos que incorpore el municipio deben estar al servicio del ciudadano. La ciudad debe construirse de arriba abajo, con servicios dirigidos por las autoridades, y de abajo arriba, con las ideas y el uso que de la tecnología hacen las personas. El ciudadano inteligente (*smart citizen*) tiene que ser copartícipe en el diseño de su entorno.[42]

La entidad Red.es, perteneciente al Ministerio de Economía y Empresa español, lanzó en 2015 una convocatoria de ciudades inteligentes a la cual se han adherido varios municipios con iniciativas muy diversas, desde grandes ciudades como Madrid o Valencia hasta otros más pequeños como Palencia o municipios de la provincia de Córdoba. La cercanía de la Administración con el administrado y la participación del ciudadano son dos de las constantes que se aprecian en buena parte de los proyectos presentados.[43]

La ciudad como base... de datos

La forma en la que se avance hasta ese modelo de ciudades inteligentes dependerá del equilibrio de poderes y responsabilidades que se establezca. Es evidente que la reciente polarización de las relaciones entre las grandes potencias tiende a reforzar el papel de los Estados de forma, posiblemente, circunstancial.

La tendencia actual es claramente contraria al proceso de globalización que demanda tanto la estructura sobre la que se está basando la sociedad como esta misma. Se pueden volver a pervertir los principios fundacionales de la Internet o de la Web 2.0 en el siguiente paso, pero no parece que la sociedad civil vaya a dejar de avanzar en el cambio de modelo.

La transparencia que introduce la disponibilidad global de datos es una exigencia que surge, precisamente, de esta misma dinámica. La corrupción actual quizá no sea superior a la existente en otras etapas históricas, pero sí lo es el acceso a la información que tienen los investigadores. Y también la capacidad para difundir el conocimiento obtenido sobre ella. La percepción sobre la magnitud real de la corrupción es, por tanto, mucho mayor hoy en día. La demanda social ha crecido proporcionalmente a la conciencia que se ha adquirido sobre el tema (a nivel global, conviene salir de la burbuja informativa en la que estamos instalados y que nos hace creer que el fenómeno solo se produce en nuestro país).

Sin embargo, la misma transparencia (probablemente, más) se producirá en el lado del ciudadano. Sus datos consolidados plasmarán una imagen evolutiva de su vida. De alguna manera, los algoritmos podrán presentar mucho más que un conjunto de datos puntuales sobre su situación fiscal, su historial penal y administrativo o su afiliación política.

La agregación de datos permitirá ver una imagen completa del individuo y de su entorno, no solo en un momento dado, sino como función de las variables que lo afectan en el tiempo. Como ya empieza a suceder con las bases de datos de algunas empresas a las que confiamos nuestras comunicaciones, la Administración sabrá todo sobre nosotros, probablemente más que nosotros mismos. Y lo sabrá de una forma desapasionada y con la posibilidad de compararlo con los datos del resto de la población.

Por estas razones, el objetivo final de las ciudades inteligentes oscilará entre:

a) la mejora de la calidad de vida y de los servicios públicos que demandan los ciudadanos;
b) el perfeccionamiento del control sobre los distintos individuos y colectivos a que aspira la Administración;

c) la gestión más eficiente de recursos humanos y económicos que pretende la industria.

El cóctel resultante es un individuo más cómodo —y aparentemente feliz—, que vive en un entorno controlado sobre el que ejerce una influencia mínima y que encaja como un engranaje más en la maquinaria productiva local y global en función de la optimización de los datos que se conocen sobre él.

En este sentido, el undécimo de los Objetivos de Desarrollo Sostenible planteados por la ONU pretende «lograr que las ciudades y los asentamientos humanos sean inclusivos, seguros, resilientes y sostenibles».[44] Cada año se elabora un informe sobre el progreso alcanzado desde el periodo anterior.[45] Los parámetros que se emplean para esta medida no son necesariamente los que cada uno hubiera elegido para diseñar una ciudad a su medida, pero ahí están. Una de las conclusiones de la ONU en 2017 fue que se «necesita mejorar la planificación y la gestión urbanas». El informe de 2024 seguía incidiendo en los mismos aspectos, recomendando:

—promover la planificación integrada y el uso de tecnologías digitales para reducir la huella de carbono, mejorar la gestión urbana y fortalecer las economías locales,

—abordar las brechas digitales y de habilidades para evitar que la transformación digital aumente la desigualdad, y

—adoptar un enfoque basado en derechos humanos, incrementando la participación pública y la rendición de cuentas en el desarrollo de ciudades inteligentes.

Siempre es la economía

Tampoco hay que buscar en un futuro más o menos lejano para comprobar cómo las corporaciones locales y las empresas que trabajan para ellas manejan nuestros datos como moneda de cambio corriente. Es un hecho muy actual. ¿Por qué, si no, se limita cada vez más el uso de dinero en efectivo y se fuerza la utilización de medios electrónicos de pago? La explicación asociada a la lucha contra el fraude y el blanqueo de capitales resulta convincente solo en apariencia. Siempre se han encontrado fórmulas para sortear los controles que introduce el legislador hasta que este consigue aprobar nuevas leyes que tapan los agujeros que tenía la anterior.

Sin embargo, para el ciudadano de a pie, el pago electrónico supone, más allá de la comodidad que entraña y que se utiliza como incentivo para su aceptación, una fuente de conocimiento de extraordinario valor para las compañías a través de las cuales se efectúa y para organismos como el Ministerio de Hacienda, que puede automatizar procesos de control de ingresos y gastos.

La desaparición del dinero en efectivo es una cuestión que está sobre la mesa desde hace tiempo y que no requerirá mucho más para materializarse.[46] Esto, desde luego, no significa que desaparezcan las monedas nacionales como referencia cambiaria —aunque pueda parecer lógico y, para muchos, deseable—, sino que nos olvidaremos de los soportes físicos que representan esas monedas (el papel y el metal).

China es el país más adelantado (y no por casualidad) en cuanto al pago electrónico y, sin embargo, en un alto porcentaje de los negocios no se aceptan tarjetas de crédito. El pago se efectúa casi siempre desde aplicaciones basadas en los teléfonos móviles o, incluso, aplicando técnicas de inteligencia artificial para el reconocimiento facial.[47] Las aplicaciones de Alipay[48] y WeChat Pay[49] copan el mercado de pagos electrónicos con cientos de millones de usuarios cada una. Como curiosidad, la primera y más antigua, Alipay, surge de Alibaba, que podría ser un equivalente a Amazon en China (y, a estas alturas, en buena parte del mundo), mientras que WeChat, propiedad de Tencent, es la réplica —en muchos aspectos más avanzada, ya que ofrece la posibilidad de chatear, pero también pagos en China y en otros países, juegos y hasta banca *online*— de lo que sería una combinación de Facebook y WhatsApp en Occidente.

La escala en la que se mueven estos gigantes solo puede apreciarse por comparación con servicios con los que estamos más familiarizados. Ya en 2017, cualquiera de las dos compañías chinas gestionaba más pagos en un mes que PayPal en todo el año. Siete años después, en 2024, los gigantes asiáticos suponen más del 90 % del mercado chino y tienen, entre ambas, más de 2.500 millones de usuarios. Sus transacciones supusieron más de 80 billones (españoles) de dólares. ApplePay y PayPal, líderes en Occidente, se tuvieron que conformar con unos (magros) 10 y 1,7 billones con poco más de la mitad de usuarios que sus homólogos (lo cual muestra también el grado de penetración relativo de los pagos digitales en ambos mercados).

Al tratarse de redes sociales que permiten pagos entre amigos y a las empresas, resultan absolutamente ubicuas y prácticas. Las tarjetas de crédito son cosa de turistas en China, pero también el dinero en efectivo. Los pagos a través del móvil pasaron de ser de un billón de dólares en 2015 a 15,5 billones dos años más tarde. Para finales de la década de 2020 está previsto que se sitúen en los 45 billones anuales. Cualquier puesto de comida callejero, tienda de recuerdos, taxi, hotel o restaurante de lujo dispone de este medio de pago y lo prefiere. Incluso los músicos callejeros colocan su código QR para recibir las propinas en lugar de la gorra o la funda de la guitarra.

En mi última visita a Beijing tuve la sensación de que el país se había convertido —mucho más después de la pandemia— en un ejemplo muy eficiente de integración de sistemas autóctonos en pro de la comodidad y conveniencia del ciudadano. Un sistema que, por otro lado, dificulta grandemente el acceso a cualquiera que llegue desde fuera con medios ajenos al ecosistema chino.

La proliferación de estos servicios de pago supone una clara preocupación para el sector bancario que, solo en Estados Unidos, se embolsa alrededor de 250.000 millones de dólares al año en comisiones de los pagos con tarjeta y las tarifas bancarias correspondientes. De nuevo, la descentralización y la colaboración amenazan los negocios tradicionales, pero crean oportunidades alternativas.

La concentración de servicios en unas pocas empresas es, claramente, una tendencia imparable en el mundo digital. Por los márgenes, posibilidad de crecimiento, viralización de los gustos y capacidad de universalización del mercado se apunta constantemente a la creación de grandes cuasi monopolios. Estos, más tarde, crecen lateralmente para copar también otros nichos de mercado sobre la base de una clientela ligada a un producto exitoso.

Los pagos electrónicos no son, en cualquier caso, la única fuente de datos que obtiene el municipio sobre sus ciudadanos. De hecho, algo tan práctico como puede ser una tarjeta de transporte inteligente capaz de facturar el trayecto en función de las estaciones o paradas recorridas es también un estupendo repositorio de datos de los movimientos que ha hecho su propietario. Porque la tarjeta no deja de estar asociada a un usuario —y, normalmente, a una cuenta corriente o a una tarjeta de crédito— y la información sobre la estación o parada en la que se ha accedido al metro o al autobús tiene que almacenarse en algún servidor, para poder compararla con la información de la estación o parada en la que se ha terminado el viaje y así efectuar el cargo justo.

De alguna manera, la comodidad está íntima pero inversamente relacionada con la privacidad y con la seguridad. La experiencia demuestra que somos más proclives a prescindir de la privacidad que de la comodidad.

Y, no hay que engañarse, tampoco se nos va a permitir elegir siempre de un modo transparente sobre el grado de privacidad o comodidad que queremos. Basta con echar un vistazo a los términos de los contratos de las redes sociales o de las compañías de telefonía. Los documentos que los contienen, innecesariamente largos y farragosos en su redacción, se actualizan regularmente por si alguien hubiera tenido la tentación de leerse la versión anterior.

En China, de nuevo, ya han llevado el control de los datos un paso más allá (o, por decirlo mejor, están en el proceso de hacerlo). En Occidente se acoge también de buen grado la vigilancia y la intrusión en la privacidad, siempre que se haga de unas formas más discretas y sutiles.

El Gran Hermano te vigila

Orwell jamás podría haber imaginado el sistema de carné cívico que empieza a implantarse en China, un modelo que aventura lo que puede ser el futuro de las grandes urbes mundiales. Su paralelismo con un capítulo de la primera temporada de la serie de ciencia ficción *Black Mirror,* de Netflix, es inquietante.[50]

La valoración que el resto de la gente o de las instituciones hace sobre cada uno es lo que determina el acceso a los servicios. En *Black Mirror,* el resultado tiene que ver con las puntuaciones (*likes*) del resto de los internautas. Mientras tanto, en la realidad, se trata del resultado de las bases de datos gubernamentales sobre los ciudadanos. No obstante, el control y el sometimiento al criterio colectivo están presentes en ambos casos.

Aunque esté solo activo en parte del país y quede todavía bastante para completar todas sus funcionalidades, el diseño del sistema de carné cívico es lo suficientemente claro como para aventurar hacia dónde va a llevar. Se trata de acumular todo el historial de datos de cada uno de los 1.400 millones de ciudadanos chinos (que se sepa) y aplicar unos criterios para cada una de las variables que producen.

Así, el expediente académico, el historial crediticio, el penal, el civismo mostrado tanto en el mundo físico como en el virtual de las redes sociales, y casi cualquier otro comportamiento o dato de la persona suponen una serie de puntos positivos o negativos en el «carné» del ciudadano. Y eso, a su vez, una serie de privilegios o de limitaciones.

Supongamos que una persona ha hecho comentarios políticos inapropiados en las redes sociales. Por lo demás, su vida transcurre de forma normal. Hasta que un día pretende pedir autorización para viajar en tren fuera de su provincia de residencia. En ese momento, su historial se refleja en los monitores de la agencia encargada de conceder el permiso y este es denegado. Igual puede suceder si pretende viajar al extranjero, cursar determinados estudios, adquirir ciertos bienes o pedir un crédito al banco.

Igual que una puntuación inferior a 400 (sobre un total posible de 900) penaliza la libertad de movimientos de quienes lo poseen, superar los 700 puntos permite acceder a servicios prioritarios, no solo a aquellos que costea el Gobierno, sino también a los ofrecidos por empresas privadas. Las puertas de lo exclusivo se abren al ciudadano que la aplicación —gestionada por Alipay, en cuya *app* se puede consultar el saldo de puntos— selecciona como modélico. La solvencia y la honradez del individuo se dan por demostradas cuando el indicador alcanza esos guarismos. Así, Estado y empresa se alían y comparten sus datos para clasificar al ciudadano-cliente en bien de la colectividad.

El civismo calculado por los algoritmos y reflejado en su historial sitúa a ese ciudadano en un rango determinado de privilegios. La puntuación podría determinar su falta de idoneidad para acceder a un cargo público, o suponerle una serie de privilegios o descuentos en sus compras. Todo ello dependiendo de cuál sea ese historial y de los criterios de programación de los algoritmos.

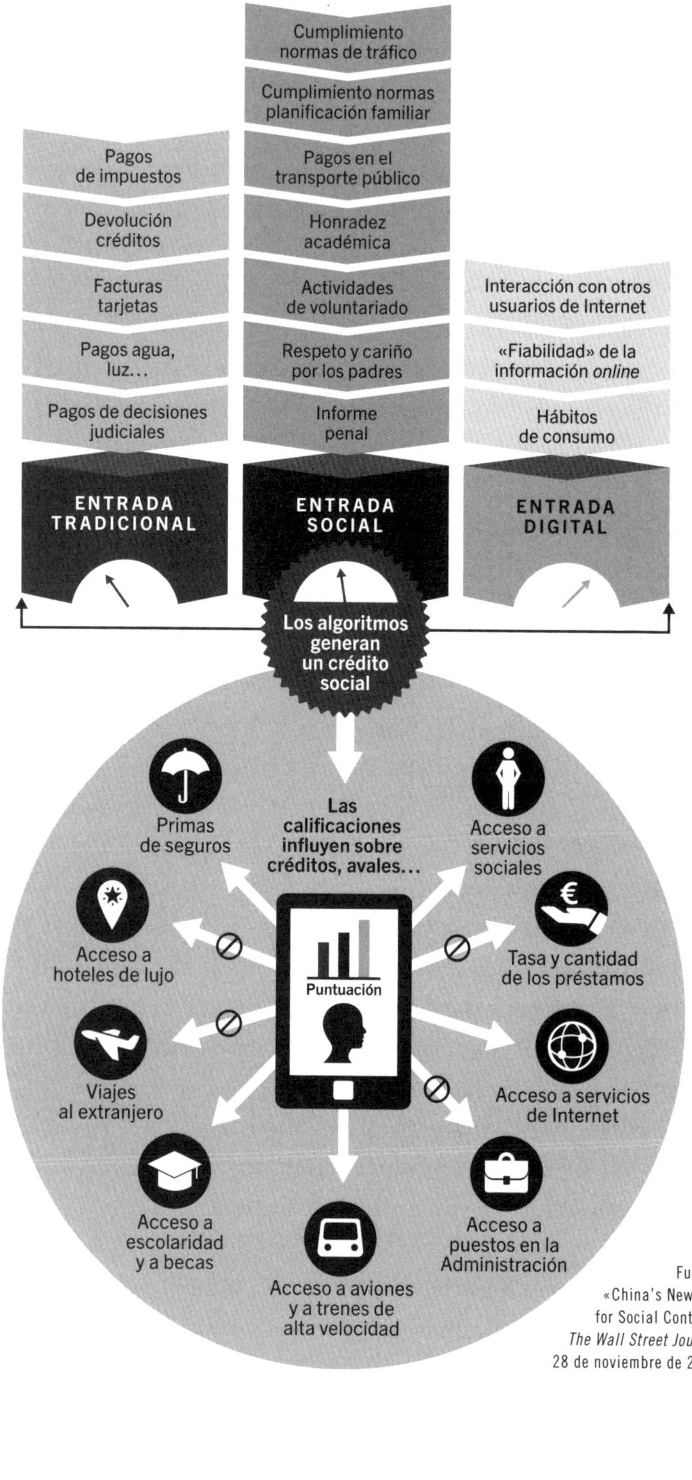

Fuente:
«China's New Tool for Social Control»,
The Wall Street Journal,
28 de noviembre de 2016.

No se trata de ciencia ficción en este caso. Algunos informes hablan ya de millones de ciudadanos que no han podido viajar en tren en función de su comportamiento. O que no han podido estudiar en el extranjero o acceder a subvenciones del Estado. De hecho, cualquiera puede comprobar su crédito en el teléfono, en la misma aplicación de Alibaba que utiliza para pagar sus compras. Y la empresa de telefonía china ZTE ya está expandiendo el sistema a Venezuela, a petición del régimen de Maduro.[51]

Si lo pensamos bien, rara es la persona que no ha comentado en alguna ocasión lo pertinente que sería que «determinada gente» no campase por sus respetos incomodando la paz y armonía —un concepto tremendamente importante en China— del resto de los pasajeros del metro o de los paseantes de una calle. A muchos les habría parecido una buena idea que se tuvieran en cuenta todos los factores a la hora de conceder una beca y no solo el económico. Otros, en fin, discrepan de los criterios para el acceso a determinados privilegios u obligaciones por ser subjetivos (lo que, en muchas ocasiones, se traduce en el hecho de que «no valoran adecuadamente MIS méritos»).

Con una buena campaña de márketing, el sistema del carné cívico podría verse implantado, incluso en Occidente, como un avance en la justicia a la hora de asignar premios y castigos. Además, evidentemente, de como un método disuasorio a la hora de cometer infracciones que tendrán un posterior reflejo en la categoría que cada cual ostenta como ciudadano.

Antes de negar con la cabeza, sugiero al lector que repase las consecuencias jurídicas de los atentados del 11 de septiembre de 2001. Incluidas la *Patriot Act* en Estados Unidos y los numerosos ejemplos en la política y el Derecho internacionales. ¿Cuántas leyes se han puesto en vigor para mejorar el control sobre potenciales terroristas afectando a todos los ciudadanos?

De hecho, una parte del sistema se aplica ya en buena parte de Occidente. Para quien ha viajado en avión en los últimos años no resultarán novedosos los extremados controles a que se somete en la actualidad a los viajeros en muchos destinos de países que se consideran referentes democráticos. A España también han llegado los efectos de esta necesidad de incrementar la seguridad y el control: el Informe de Nombres de Pasajeros (*Passenger Name Report*, PNR) permite almacenar toda la información personal de aquellos que viajen en avión.[52]

En 2003 se puso en marcha el programa TIA (*Total Information Awareness*) que, aunque discontinuado poco después, ha servido para alimentar los arsenales de otros que han llegado más tarde.[53] Los ocho edificios de la compañía telefónica AT&T identificados por dos periodistas del *Intercept* en junio de 2018 como centros focales de espionaje electrónico para la Agencia de Seguridad Nacional estadounidense así lo atestiguan. Desde estos puntos se contribuiría al sistema de espionaje nacional de llamadas telefónicas, correos electrónicos o chats.[54] El descubrimiento estaría en línea con las denuncias que, desde hace más de una década, mantiene abiertas el prestigioso *think-tank* The Electronic Frontier Foundation.[55]

En el Reino Unido, la compañía BioTeq ha implantado microchips a, como mínimo, 150 trabajadores. A través de un dispositivo, que se inserta bajo la piel entre los dedos índice y pulgar, el empleado puede abrir puertas codificadas, activar la impresora y otras tareas que, hasta ahora, se realizaban mediante el uso de tarjetas o elementos externos. En Suecia, otra empresa del sector, BioHax, afirma haber implantado 4.000 chips del tamaño de un grano de arroz en otros tantos empleados del país... incluidos los propios directivos de la compañía fabricante.[56] La alarma social generada ha sido mucho más moderada de lo que cabría esperar.

Mientras tanto, en Francia, el Ministerio de Hacienda tiene autorización desde 2019 para analizar las cuentas de los contribuyentes en las redes sociales en busca de pistas que hagan sospechar actividades delictivas como la evasión de impuestos.[57] Así, presumir de un coche nuevo o de unas vacaciones exóticas puede resultar tan absurdo y peligroso hoy en día como subir un vídeo conduciendo a 200 km/h en el que el infractor muestre su rostro.

Para algunos analistas,[58] el sistema de crédito social chino persigue fines que van más allá de la vigilancia de los individuos y alcanza el control del funcionamiento de las empresas chinas o extranjeras que operen en el país. El marco de incentivos y penalizaciones asociado al cumplimiento de las normas del Estado supone la total aceptación de las mismas o, de lo contrario, la salida de la empresa del mercado. En este sentido, la creatividad, innovación y eficiencia son conceptos secundarios que incluso podrían desaparecer.

La diferencia fundamental entre un estado de excepción o de sitio, en los que se restringen las libertades de la población para garantizar la seguridad y el orden de forma temporal —por largo que sea el periodo de implantación—, y un sistema de vigilancia global y de minería de datos sobre cada uno de nosotros es que este último tiene carácter acumulativo. Una vez revelados los datos, alcanzadas las conclusiones, etiquetada la persona, no hay marcha atrás. No existe el derecho al olvido. Podrá existir en el mundo jurídico, pero nunca en el social.

La reputación, por ejemplo, es algo que se construye grano a grano a lo largo de muchos años y que se pierde en bloque en unos segundos. Incluso si fuese posible reconstruirla, el proceso vuelve a ser tan largo y esforzado como la primera vez.

Por eso, cuando en un semáforo en la ciudad china de Xiangyang colocaron unas cámaras que graban y fotografían a los peatones que cruzan el paso de cebra de forma inadecuada para después exponer la foto y los datos de la persona en la valla publicitaria vecina, los primeros infractores se mostraron encantados de la exposición pública. Hasta que cayeron en la cuenta de los efectos que produce la misma. De hecho, es una técnica que se emplea en los circuitos internacionales: la publicación y escarnio público de los infractores (*name and shame*). Estados Unidos la utilizó, por ejemplo, para castigar a cinco *hackers* chinos que presuntamente habían hurtado información estratégica delicada.[59]

El control total destruye la individualidad

Ten cuidado con lo que deseas porque podrías obtenerlo, reza el viejo adagio. Las peticiones de transparencia absoluta en las gestiones de nuestros gobernantes tienen un fin bienintencionado, sin duda, pero pueden tener resultados perversos en caso de que alguna vez se llegasen a implantar. Visto en el espejo de nuestra propia conducta, cabe preguntarse qué grado de libertad queda cuando todo lo que se hace es conocido. ¿Qué político o qué persona puede resistir el escrutinio de la totalidad de sus actos?

¿Hasta qué punto no nos influirían los convencionalismos tanto como las leyes mismas? El ser humano, una criatura falible, ha evolucionado para acomodarse a un entorno en el que existe una cierta incertidumbre. El control total elimina ese factor probabilístico y, con él, la libertad y la innovación. Cuando todo está previsto, no hay lugar para lo nuevo. Ni el individuo siente la necesidad de cambios ni el sistema está dispuesto a tolerarlos. Una vuelta a una Edad Media más oscura que nunca en la que el Credo cubre todo lo que es necesario conocer y cualquier alteración es sospechosa de herejía o brujería.

Hoy en día, centenares de millones de cámaras «adornan» las ciudades y carreteras de todo el mundo. Las carreteras chinas se han llenado en el último año de cámaras que «disparan a todo lo que se mueve». Se puede contar el número de vehículos que pasan bajo ellas por los flashes que destellean, ya que no es preciso cometer una infracción para ser fotografiado. Se trata de acumular datos fácilmente asimilables por los ordenadores sobre todo y sobre todos. *Big data*, miles de millones de datos esperando a ser útiles en una u otra investigación. En muchos casos, esas cámaras envían sus imágenes a centros en los que se comparan con las de enormes bases de datos en tiempo real. Los perfiles de los rostros se cruzan a su vez con los de otras fuentes como las de reconocimiento de matrículas, las de métodos de pago, las de llamadas telefónicas o mensajes, etcétera, para obtener un posicionamiento exacto de todos y cada uno de nosotros. En un experimento llevado a cabo en China, un reportero de la BBC fue localizado solo siete minutos después de iniciarse la búsqueda a través de las cámaras de una gran ciudad.[60]

Puedes correr, pero no esconderte. Como en el salvaje Oeste, en el ciberespacio no habrá forma de escapar, no habrá dónde ir.

No parece que esto debiera resultar especialmente alarmante a ciudadanos dispuestos a costear y llevar encima todo el día un sistema que les permite tanto comunicarse con el mundo como que este siga cada uno de sus pasos: los teléfonos móviles. Y a proporcionarles sus huellas dactilares o el perfil de sus rostros como medida de seguridad. Huellas o perfil que se almacenan, necesariamente, en bases de datos centralizadas que después permitan correlacionarlas y comprobar su identidad.

Con el espía a cuestas

En realidad, el sistema de cámaras de circuito cerrado no deja de ser un método redundante para complementar la información que puede obtenerse a través del seguimiento de los teléfonos móviles.

Para tener una idea de la cantidad de información que, hace ya unos años, obtenían de forma legal y obligatoria las compañías proveedoras de servicios de telefonía no puede dejar de tomarse como referencia el caso del diputado alemán Malte Spitz.[61] En 2011 Spitz pidió a su compañía telefónica que le proporcionase todos los datos que tenía de los últimos dos años de su vida. Deutsche Telekom le contestó con los de los últimos seis meses, el plazo en el que, por ley, debía retener información sobre su usuario.

Existen numerosos vídeos e intervenciones del propio Spitz sobre la visualización del contenido de dichos datos. En estas grabaciones se ve cómo la compañía conoce la posición exacta en tiempo real de cada usuario, cuándo, a quién y durante cuánto tiempo efectúa llamadas y envía mensajes. Se puede deducir cuándo el usuario accede al metro, al tren o al avión (por la velocidad del desplazamiento y por la pérdida de cobertura).

Desde luego, podrían identificar el domicilio en el que habita y, si no fuera el mismo, en el que pernocta en un momento dado. Se podría saber en qué tiendas entra, con qué frecuencia y, cruzando la información con la de la tarjeta de crédito, dónde compra. Todos esos datos, mejor dicho, todo ese conocimiento, tienen un enorme valor económico y, en un momento dado, político.

Llevado a un terreno más cotidiano, ¿para qué queremos radares en las carreteras si se puede determinar la velocidad de un vehículo con tanta o más precisión sabiendo a la que circula el teléfono móvil de sus ocupantes? ¿De verdad queremos llevar la pérdida de privacidad hasta el punto de estar permanentemente «en zona de vigilancia radar»? Winston, el protagonista de *1984*, tenía mucha más privacidad.

Del seguimiento de dos teléfonos se puede deducir, por ejemplo, cuándo cada uno de ellos «duerme» en un domicilio seis veces por semana y los dos juntos el séptimo día. Del seguimiento de los teléfonos de una multitud se puede determinar, no ya el número de manifestantes que se concentran para reclamar un derecho o para protestar por una situación, sino la identidad de cada uno de ellos. Desde luego, se trata de un gran beneficio para la precisión de los controvertidos e interesados recuentos estadísticos, pero también es un tremendo riesgo para los participantes cuando se encuentren bajo regímenes en los que su presencia en la manifestación pueda dar lugar a posteriores represalias.

La proliferación de cámaras en cada teléfono móvil genera una cultura de lo visual que no por tecnológicamente avanzada deja de mezclarse con lo más vulgar y soez de nuestro cerebro reptiliano. La vigilancia y la observación sistemática se extienden a unos ciudadanos respecto de otros, buscando el morbo o la humillación sin más, o incluso sobre uno mismo, con la cultura del selfi. En Corea del Sur se presentan más de 6.000 denuncias de grabaciones ilegales —en buena parte realizadas en aseos públicos con cámaras ocultas— que, posteriormente, se suben a la Internet.[62]

En algunas zonas de China, por cierto, la sofisticación de los aseos públicos llega a mostrar en una pantalla en el exterior qué cabinas (o urinarios) están ocupadas, la temperatura interior de los aseos y la concentración de gases. Aunque es una forma de optimizar el tamaño de los numerosísimos baños públicos en función de su ocupación media, no deja de provocar una sensación de que se controlan hasta tus momentos más... íntimos.

El escritor y periodista Geoff Manaugh se pregunta: «Cuando la ciudad se convierte en una herramienta forense para monitorizar a sus residentes, ¿cómo podría la gente "desapuntarse" de la *smart city*? [...] ¿Necesita la ciudad moderna una carta de derechos sobre la privacidad para proteger a la gente y a sus datos de una captura ubicua?».[63] Es probable que, para cuando los medios de vigilancia estén completamente operativos, sea demasiado tarde para regular un hecho ya consumado.

Quizá las ciudades inteligentes no incrementen sustancialmente la felicidad de los ciudadanos, pero parece claro que sí van a suponer un control mucho mayor de sus movimientos y actividades.

Entre la ciudad y yo

Más allá de la ciudad en sí, lo que caracteriza al entorno en el que están diseñadas es, precisamente, la conectividad, la interacción entre los ciudadanos y entre las urbes. El mundo que se avecina es un mundo de ciudades o, mejor dicho, de asociaciones urbanas. La ciudad se convierte en algo más que el lugar donde se habita: es la identidad y el nodo de conexión con el resto del mundo.

El modelo tiene similitudes y diferencias significativas respecto de las ciudades-Estado de la Antigua Grecia. En aquel tiempo, la ciudad imponía un límite y una identidad a la actividad del sujeto. Uno era ateniense antes que ninguna otra cosa, o espartano, o tebano. Fuera de la ciudad no existían derechos porque estos venían ligados a la ciudadanía y a la protección del grupo. Por tanto, aventurarse fuera de los muros era declararse extranjero y sentirse vulnerable. Y por eso la expulsión de la ciudad era una pena tan dura. El único modo en que la ciudad te proyectaba como sujeto era cuando formabas parte de una falange, y te alineabas con tu pareja y con tus vecinos detrás de las *sarisas* de largas astas para entrar en combate contra otra ciudad.

Y en las Olimpíadas, pero esa es otra historia.

O quizá no. Porque los Juegos Olímpicos eran uno de los principales nexos de unión entre las distintas polis. Colocaban a todos los pueblos bajo una reglamentación y unos valores compartidos; proporcionaban cohesión a la Hélade, a la comunidad griega allá donde estuviera. Cada cuatro años se reunía la civilización —todos los demás eran, por definición, bárbaros, por mucho que sus culturas fueran infinitamente más sofisticadas— en una muestra de sometimiento a un sistema de valores compartido.

Veinticinco siglos después, las ciudades inteligentes de las próximas décadas también compartirán sistemas de valores y, probablemente, unas normas de gobierno global que serán necesarias para su funcionamiento más allá de los límites del municipio.

La cuestión de si existirá alguna institución intermedia entre la ciudad y ese ente de gobierno mundial es imposible de determinar ahora mismo. Ciertamente, los Estados, tal y como los conocemos hoy, van a tener que efectuar un enorme esfuerzo de adaptación para seguir siendo relevantes. Su labor intermediadora ha quedado superada en muy buena medida, al igual que la de otras instituciones —los bancos, por citar la más obvia—, con la aplicación distribuida de las tecnologías actuales de las comunicaciones.[64]

Habrá que ver si esta acomodación de las instituciones a las nuevas circunstancias pasa por saber reinventarse y encontrar un papel constructivo que aporte valor a la nueva sociedad. También podría ocurrir que opten por cooptar las capacidades de esas tecnologías para incorporarlas, con desventaja respecto a su uso libre y distribuido, a los servicios centralizados que todo ciudadano se ve forzado a utilizar.

No caben muchas dudas sobre que esta última opción será la primera seleccionada; otra cosa es que se convierta también en la última que puedan utilizar o que haya la ocasión de rectificar posteriormente.

Pero, retomando el hilo del nuevo papel de las ciudades como proveedores de una identidad y de conectividad con otros núcleos urbanos, habrá que explorar en qué consisten ambas facetas.

En primer lugar, la identidad que proporcionan las ciudades tiene que ver con el tejido productivo que surge en su interior y sus alrededores. Esta actividad crea vínculos con ciudades afines similares a los que aparecían entre los miembros del mismo gremio en la ciudad medieval. La ciudad pasa a ser el referente de sus ciudadanos, que no se identifican tanto con el conjunto de la región o el país como con la dinámica concreta que se desarrolla dentro de sus límites.

Pero, sobre todo, está relacionada con el carácter multicultural de sus ciudadanos. Las tribus urbanas tienden a agruparse, sobre todo últimamente, en función de una identidad común. La demanda de reconocimiento de la identidad individual (y grupal) engloba una buena parte de lo que está sucediendo en la política contemporánea.[65] A menudo, las tribus no se entienden fuera del ámbito municipal ni tienen verdadero sentido extramuros. Ayudan a preservar vínculos propios dentro del entorno uniformador de una ciudad que homogeneiza los objetivos, en la que desde la diversidad se apuntala la misión conjunta de todos los ciudadanos.

El siglo XXI es, sin embargo, una era de conectividad, de distribución, de vínculos y conexiones sinápticas siempre cambiantes. La velocidad de las manos sobre la centralita de las conexiones de esta época hace que casi no se puedan llegar a ver. Las relaciones surgen, cumplen su función y permanecen paradójicamente olvidadas en una memoria a largo plazo para su posterior reutilización. Y ahí es donde las ciudades juegan su papel más importante.

La ciudad del futuro, igual que la medieval, proporciona una protección por diseño. Las murallas se han transformado en miles, en millones de cámaras y sensores de todo tipo que controlan el menor movimiento de los ciudadanos y condicionan su libertad tanto como garantizan que las infracciones puedan ser siempre castigadas.

Sentada la base de la seguridad, la ciudad utiliza esa misma capacidad recolectora y procesadora de datos para convertirse en la plataforma de conexión con el resto de los ciudadanos y con el mundo.

Fuera de la ciudad, las redes son menos tupidas y, por tanto, menos eficientes. Cuando los márgenes están en los decimales, la eficiencia proporcionada por una red con mayor número de nodos es determinante. Pero la fuerza no está en la acumulación bruta de números. De poco sirve crear una red de elementos que nada tengan que ver entre ellos.

La relevancia de las redes creadas en los entornos urbanos es la uniformidad de sus componentes, instaurada por el mismo ambiente social en el que todos ellos se desenvuelven. Las ciudades serían, en este caso, como cerebros cuyas neuronas son los ciudadanos. La capacidad de un cerebro estará en función de las conexiones eficaces que sea capaz de formar. A partir de ahí, su producto podrá ponerse en relación con otros cerebros, con otras ciudades, pero ya estructurado desde la uniformidad que proporciona la cultura urbana.

La limitación que tiene el crecimiento de las ciudades es su sostenibilidad, tanto en lo que se refiere a la capacidad de gestión de los asuntos de sus habitantes, como en cuanto a los problemas logísticos asociados a una aglomeración de gente de tal tamaño. El número de ciudades de más de 10 millones de habitantes se va a multiplicar en los próximos años. Un buen número de ellas alcanzarán los 20 millones y los sobrepasarán. La mayor parte se encuentran en Asia, un continente en el que habrá que fijarse para estudiar las tendencias actuales.

En ejemplos exitosos, como Singapur, se consigue dotar a la ciudad de un considerable crecimiento económico y de un significativo grado de confort a sus habitantes sometiendo a los mismos a unos férreos controles y limitaciones. Por ejemplo, la adquisición de una licencia para poseer un vehículo en la ciudad-Estado resulta más cara que el propio coche. Un paseo por la ciudad no deja de ser una experiencia para el visitante en cuanto a la limpieza y orden que se observa por todas partes. El precio que se paga se plasma en el sobrenombre que le han dado sus propios ciudadanos: *the Fine City*, un juego de palabras que significa tanto «ciudad agradable» como «ciudad de las multas», en referencia al elevado número de prohibiciones en vigor.

Cabe pensar que una cohabitación tan íntima como la que se produce en estos espacios urbanos no puede conseguirse sin una aplicación estricta de unas normas de convivencia que, inevitablemente, limiten las opciones de las personas en beneficio de la convivencia.

Sin embargo, hoy, el eje alrededor del que rota el mundo pasa por la piscina del icónico hotel Marina Bay y entre las curvas 17 y 18 del circuito de Fórmula 1 que se sitúa justo debajo. Singapur es el centro del mundo; no solo para Asia, sino crecientemente a nivel global.

El individualismo, como en la sociedad en general, se fomenta como contrapartida al papel central que juega la comunidad en la adopción de leyes y reglas. La riqueza de opciones personales disponibles fomenta la creación de espacios individuales dentro de un mundo altamente conectado en favor de la productividad. El ciudadano se siente el centro de un número infinito de posibilidades que le brinda la conectividad ilimitada de la ciudad. Pero, al mismo tiempo, sus opciones quedan muy mediatizadas por el interés colectivo y por la necesidad de que un entorno tan cohesionado funcione como un único ser.

En Estados Unidos, las grandes ciudades (las de más de medio millón de habitantes) suelen generar más ingresos, crecer más, crear más empleo... y votar al Partido Demócrata. Las ciudades pequeñas y las zonas rurales se estancan o retroceden y tienden a votar al republicano Trump. El tamaño importa.

El símil de la ciudad como un cerebro formado por multitud de neuronas (los ciudadanos) puede aplicarse también al concepto de agrupaciones (*clusters*) de ciudades que empiezan a surgir en diversas partes del mundo, muy especialmente en China.

Alcanzado el límite de lo considerado sostenible —Pekín ha fijado en 22 millones de habitantes su propio límite y Shanghái el suyo en 25 millones—, las posibilidades de crecimiento pasan por conectar diversas ciudades como si fuesen los distintos órganos de un cuerpo. En muchos casos, llevando el símil a la especialización de cada ciudad en una función concreta, a una concentración de un determinado tipo de industria o, incluso, a ser la sede de una empresa global.

De los 19 proyectos de megaciudades que se han definido en toda China, tres son claramente identificables ya: Jingjinji, que agrupa a los más de 130 millones de habitantes de la región de Pekín (20 más que cuando este libro vio su primera impresión);[66] la región del delta del Yangtsé, con más de 150 millones de personas alrededor de Shanghái; y la región del río de las Perlas, que agrupa a más de 70 millones de habitantes alrededor de Hong Kong y Shenzhen y abarca también ciudades como Guangzhou y Macao. El producto interior bruto de cualquiera de estas tres agrupaciones es mayor que el de España (en el caso de Shanghái lo duplica sobradamente).

Cada uno de estos núcleos, conectado interiormente por trenes de alta velocidad, está formado por comunidades en las que todo el mundo vive y trabaja a una o dos horas de cualquier otra ciudad. La experiencia de tomar el tren de alta velocidad en Shanghái, una ciudad con más de 25 millones de personas, a las ocho de la mañana para llegar una hora después a Hangzou, que ronda los 10 millones, puede parecer trivial. Sin embargo, el trayecto recorre el territorio en el que vive la población combinada de España y Francia, concentrada en una hora de tren, con hasta más de 130 trenes dobles diarios y una frecuencia de salida de uno cada diez minutos. Todo ello, con densidades de población mucho menores que en urbes como Seúl o Tokio. Hay que tener en cuenta que el área que cubrirá el complejo del río de las Perlas es una megaciudad del tamaño de los Países Bajos.[67]

Aunque los retos son importantes, la concentración de población y de conocimiento en un espacio reducido también genera unas eficiencias enormes. Cuando industrias concretas se concentran alrededor de un *hub*, un núcleo central, no solo se gana en cuanto a los ahorros logísticos que supone la proximidad, sino que se crean focos de conocimiento de los procesos. El historiador y activista chino Dan Wang lo define como el conocimiento tácito, el *know-how* y la experiencia técnica.[68] La acumulación, en una misma zona, de industria, capital, talento y mano de obra relacionados con un mismo campo supone un incentivo muy grande para la mejora de los resultados. Silicon Valley, en California, o Beerseba, en Israel, son claros ejemplos. Esta última pretende concentrar todo el desarrollo de la ciberseguridad de un país que ya es puntero en esta materia a nivel mundial.

El geógrafo francés Roger Brunet propuso una asociación de ciudades europeas que tendría una población similar al *cluster* de Jingjinji, pero muy inferior al de Shanghái, y que para ello tendría que agrupar a la mayor parte del Viejo Continente. Conocida como «plátano azul» (*blue banana*), por la forma que tiene sobre el mapa, abarcaría desde las ciudades industriales británicas de Mánchester y Liverpool hasta Milán, pasando por el Benelux, por todo el corredor alemán del Rin-Rhur, Alsacia, el sur de Alemania, la práctica totalidad del norte rico de Italia y Suiza. Una zona con algo más de 110 millones de personas.

La logística asociada al movimiento de tal cantidad de personas y de los bienes necesarios para alimentar el tejido productivo y de consumo es impresionante. La zona de Pekín está interconectada por siete grandes líneas ferroviarias de alta velocidad desde sus siete estaciones. A ello hay que sumar docenas de ramales y líneas secundarias. Las velocidades de los más rápidos superan las de cualquier otro tren en el resto del mundo (350 km/h), mientras que las frecuencias de salida o el tamaño de los convoyes suelen, como poco, duplicarlos.

No es posible evitar la sugerente comparación de esta imagen con la de otros trenes, por ejemplo, en la vecina India, avanzando perezosamente cargados de personas y de enseres hasta en el techo. El medio —el ferrocarril— sigue siendo conceptualmente el mismo, pero la utilización 2.0 que se hace en los complejos de ciudades añade un valor distinto a su uso.

No es de extrañar que este modelo haya generado novedosos métodos de pago y de consumo. Alibaba, el gigante tecnológico y de distribución chino fundado por Jack Ma, hace su aportación con envíos a domicilio que, en las fechas pico, suponen el equivalente al PIB de algunos países europeos.[69] Uno de sus actuales proyectos implica diseñar un sistema de reparto capaz de gestionar 100 millones de envíos diarios con entrega en un día dentro de China y de tres en cualquier otro punto del mundo. El poderío de la empresa es tal que, para la edición de 2018 del «Día de los Solteros» —equivalente al *Black Friday* y que se celebra el simbólico 11 de noviembre—,[70] incluso lanzó un satélite para emitir publicidad «sentimental» en cada paso de su órbita sobre los potenciales consumidores.[71]

La coordinación de estas megaestructuras supone un reto importante para cualquier país. El hecho de que China sea una economía dirigida y centralizada facilita la adopción de estos nuevos esquemas, pero también introduce una fricción burocrática adicional que puede penalizar la efectividad del proyecto. Será necesario crear un mecanismo de coordinación entre las grandes urbes de cada *cluster*, algo políticamente complejo en cuanto a la transferencia de responsabilidades y de fondos desde las actuales estructuras municipales de poder.

La alternativa es menos atractiva si cabe. Las previsiones actuales de crecimiento de las ciudades mundiales arrojan una proyección ciertamente no intuitiva. Hacia 2100, las megalópolis más pobladas pasarían a estar en su totalidad en África y Asia: Lagos, en Nigeria, tendría alrededor de los 88 millones de habitantes; Kinsasa, en la castigada República Democrática del Congo, acumularía 83 millones (partiendo de los diez actuales); Dar es-Salam, la urbe portuaria tanzana, crecería hasta los 73 millones; Mumbái, en India, sería la primera ciudad no africana de la lista y tendría 67 millones de personas dentro de sus límites, unos diez millones más que Delhi, la capital del país; Jartum, la capital sudanesa, que hace un lustro apenas sobrepasaba los 600.000 habitantes, y Niaméi, la de Níger, cuyas calles siguen sin asfaltar en su mayor parte, sobrepasarían los 56 millones de ciudadanos.

Un mundo cada vez más pequeño

El proyecto más importante en cuanto a infraestructuras que se está desarrollando actualmente es la Iniciativa Una Franja-Una Ruta (*Belt and Road Initiative*, BRI). Consta de una serie de programas de inversiones billonarias que pretende crear una versión moderna de lo que, en Occidente, se llamó la Ruta de la Seda, la red de rutas comerciales en torno al comercio de la seda china que se extendieron desde el siglo I a. de C. por toda Asia. Pero esta vez se trata de toda una red de ferrocarriles, carreteras, oleoductos y gasoductos que cruzan sobre algunos de los ríos más caudalosos y por debajo de las montañas más altas del planeta.[72]

La BRI, una vez completada, supondrá la creación de un vínculo interno a lo largo de toda Eurasia, uniendo pueblos y culturas, y creando servidumbres comerciales entre los países que enlaza que, es de esperar, se traducirán en relaciones de interdependencia y, por tanto, de estabilidad. La práctica totalidad del continente queda incluida de alguna manera en esta ruta, desde China y los países del Sudeste Asiático hasta el Reino Unido y España. A la franja terrestre se une también una cadena de instalaciones logísticas marítimas a lo largo del Índico que replicarán la antigua Ruta de la Porcelana.

La principal ruta terrestre está basada en el ferrocarril. Tres líneas distintas enlazarán los extremos occidental y oriental del continente. De hecho, la que conecta Yiwu, en China, con Londres, en el Reino Unido, está ya operativa y permite reducir el tiempo de viaje entre ambos extremos hasta solo 18 días, menos de la mitad de lo que se tarda en recorrer la misma distancia en barco. Los trenes, cargados con entre 40 y 80 contenedores, recorren 12.000 kilómetros en cada sentido y permiten el intercambio de mercancías con el consiguiente ahorro de tiempo y de costes. A España también llega una de las líneas férreas asociadas a este proyecto, si bien la frecuencia y la cantidad de carga es considerablemente menor.

Para permitir el cambio de ancho de vía entre el estándar chino de 1.435 milímetros y el ruso de 1.524 se ha construido en Khorgos el mayor «puerto seco» del mundo, en el que se transfieren los contenedores entre una vía y la que continúa el trayecto. Se da la circunstancia de que Khorgos, en la frontera entre la provincia china de Xinjiang y Kazajistán, es el punto más alejado de cualquier océano que hay sobre la superficie del planeta.

Desde algo más allá de ese punto parte también un segundo ramal que continúa por el sur hasta Teherán, la capital de Irán, atravesando Uzbekistán y Turkmenistán, pero dejando de lado Tayikistán y Kirguistán. El trayecto completo, de más de 10.000 kilómetros, dura dos semanas.

De una complejidad técnica y un coste extraordinarios es el trayecto que une el oasis de Kashgar, en China, con el puerto de aguas profundas de Gwadar, en Pakistán. Para llevarlo a cabo se deben atravesar algunas de las montañas de Karakórum, no lejos de la disputada región de Cachemira. El Corredor Económico China-Pakistán (CPEC, por sus siglas en inglés) es, no obstante, una de las máximas prioridades geopolíticas de Pekín. Solamente este tramo tiene previstas unas inversiones de 54.000 millones de dólares para completar sus 3.200 kilómetros de longitud. Todo ello, sin contar los gastos de la construcción del puerto de Gwadar, que ahora gestiona una empresa china. Esta ruta, que lleva asociados oleoductos y gasoductos, permite el enlace directo de China con el océano Índico sin la necesidad de transitar por delante de India y por los peligrosos estrechos del mar del Sur de China.

Con el mismo objetivo, China está también construyendo un puerto similar en Myanmar, la antigua Birmania, en la ciudad de Kyaukphyu. Tiene previsto invertir en él nada menos que otros 73.000 millones de dólares. El puerto tiene la misma finalidad que el de Gwadar, aparte de servir de enlace con el mar a la provincia de Yunnan.

Otra infraestructura similar es la del puerto de Hambantota, en Sri Lanka, la antigua Ceilán. En este caso, la incapacidad del país para asumir los préstamos en que incurrió para pagar su contribución al desarrollo del puerto ha supuesto la cesión de la gestión a Pekín durante las próximas décadas.[73] Algunos países han tomado buena nota de los riesgos que supone incurrir en deudas multimillonarias con su vecino oriental y podrían estar replanteándose su grado de implicación en el proyecto.

De las dimensiones globales de la BRI da cuenta el muy impreciso dato de su cuantía total. Se estima que se destinarán entre uno y ocho billones de dólares al conjunto de los proyectos, con una inversión anual de 900.000 millones de dólares en infraestructuras. Esto deja bastante margen a incorporar ideas novedosas por el camino o a abandonar alguna de las partes que se considere menos rentable económica o políticamente.

Para el periodista y escritor Robert D. Kaplan, estas infraestructuras refuerzan el papel de los grandes centros productores y consumidores ubicados en las agrupaciones de ciudades dejando de lado grandes extensiones poco o nada pobladas, cuyo desarrollo se verá muy condicionado por su cercanía o no a estas infraestructuras. Los promotores actúan al estilo de los imperios tradicionales, pero los frutos los reciben ciudades concretas más que países o Estados.

Geopolíticamente, la BRI consigue vertebrar Eurasia. El geógrafo y político británico sir Halford Mackinder ya había identificado en 1904 lo que llamó «el pivote geográfico de la Historia». Su argumento era que una Eurasia unida y conectada internamente por eficientes medios de comunicación dominaría el mundo de forma imparable. Desde luego, es pronto para poder aseverar que Mackinder estuviera en lo cierto, pero de lo que no cabe duda es de la tremenda importancia que estos corredores pueden tener para la geopolítica mundial, más allá del valor económico que supongan.

Por el momento, una de las iniciativas más significativas que ha impulsado la BRI es la creación del Banco Asiático de Inversión en Infraestructuras (AIIB, por sus siglas en inglés).[74] Diseñado como instrumento para la financiación del megaproyecto de infraestructuras, su estructura y alcance puede llegar a suponer un cierto desafío a las estructuras financieras mundiales establecidas en el marco de Bretton Woods: el Fondo Monetario Internacional y el Banco Mundial, dominados hasta ahora por Estados Unidos.

Ciudades para personas o personas para ciudades

La primera decisión que debería tomarse es, precisamente, si ese es el mundo que queremos. Un mundo de ciudades en las que cada cual tiene su papel y lo desempeña dentro de un marco de economía colaborativa, ya sea en asociaciones laborales temporales o en uniones temporales de empresas (UTE), en las que cada participante aportará su talento. Seremos especialistas mercenarios en un proceso productivo que utilizará nuestras habilidades y conocimientos en proyectos concretos. Un mundo en el que es probable que la mayor parte de los trabajos productivos no los desempeñen los humanos, sino las máquinas y los algoritmos. Un mundo, en fin, en el que nuestras necesidades estén garantizadas por la misma comunidad, pero el margen de maniobra sea mínimo. Una renta básica complementará nuestros ingresos y el trabajo tendrá más una función social e integradora que productiva.

También será un mundo hecho a medida. Todo se podrá ajustar a nuestros gustos concretos, porque tendremos la capacidad de elaborarlo en muchas ocasiones sobre la marcha. De nuevo en China, la cadena de cafeterías Ratio —similar a la estadounidense Starbucks, pero con la diferencia de que no hay ningún camarero ni un menú concreto sobre el que pedir el producto— ya ofrece tal posibilidad. Un código *bidi* a la entrada del local permite acceder a un menú en el propio teléfono móvil inteligente del cliente, que puede decidir en ese momento la proporción de café, azúcar, agua, canela o cualquier otro ingrediente que se quiera mezclar. Un brazo robótico muele el grano y prepara el café, en tanto que la misma *app* permite pagar por el producto antes de salir del local. Y en otro tipo de comercios, las impresoras 3D nos dejarán elegir entre una multitud de diseños —que, probablemente, podremos editar— para servirnos el producto completamente personalizado.

La atención, el valor del futuro

Hasta qué punto la regulación supondrá la restricción de la libertad de los ciudadanos, o hasta dónde se aprovechará el recurso de la provisión de seguridad para adocenar las actividades, será algo que se determinará, probablemente, en el medio o largo plazo, después de varias probaturas en las que volverán a verse enfrentados la sociedad civil y el poder político. La tendencia actual, no obstante, lleva a una creciente regulación de las actividades para ordenar la vida ciudadana en actividades homogéneas y centralizadas o, a lo menos, coordinadas centralizadamente.

Sobrevivir en un mundo así tiene muy poco que ver con ser feliz en él, con ser constructivo y aportar, con triunfar. Para sobrevivir, bastará con dejarse llevar por donde indique el sistema. Lo único que no puede permitirse el futuro es que existan sensaciones desagradables, por mucho que las realidades puedan serlo. Para triunfar, sin embargo, es probable que sea precisa una mente inquieta centrada en el conocimiento del ser humano y de la sociedad, una mente humanística integradora.

El valor del futuro no será tanto el trabajo, que desarrollarán las máquinas, ni el tiempo, muy extendido por la evolución de la medicina, la biotecnología y otros avances, sino la atención,[75] la capacidad para extraer conclusiones de la miríada de datos que se presentarán ante nosotros. Será la integración de esos datos lo que supondrá un valor diferencial, eso sí, siempre que sea aditivo al análisis automático que desarrollarán los algoritmos.

Será humanidad lo que tendremos que desarrollar, ser más humanos. Y, en lugar de competir con las máquinas, complementarlas.

¿Quién soy? ¿De quién soy?

Otro aspecto que habrá que definir en los próximos años —pronto— será la cuestión de a quién pertenecen los datos de los ciudadanos. No es, en absoluto, un tema trivial. Por esa propiedad compiten hoy Estados, empresas y las mismas personas físicas que la generan.

Hasta el momento, regalamos nuestros datos a las empresas a cambio de unos servicios que hace apenas unos años no sabíamos que necesitábamos y que ahora se han vuelto esenciales. Apenas un puñado de ciudadanos son conscientes de que esos datos tienen un valor, pero muchos menos saben cuál es ese valor.

Los Estados, algunos en todo caso, están aprovechando ese filón en connivencia con las empresas para sus propios fines, pero siguen sin ser ellos los que normalmente los recolectan de forma directa.

De alguna manera, nos estamos adentrando en una nueva época pensando que los frigoríficos inteligentes seguirán conservando la comida igual que lo hacían los refrigeradores de hace unas décadas, pero de forma más eficiente. Seguimos valorando igualmente el producto que obtenemos sin considerar que hay muchos factores que se han añadido a la ecuación, con la posible excepción del medioambiental (queremos consumir «verde»). Conducir guiados por el navegador es, sin duda, una gran ventaja a la que ninguno estamos dispuestos a renunciar... al menos hasta que sea este el que decida a dónde debemos llegar.

La ciudad se mueve

Que la evolución del modelo urbano dependa de la capacidad de los automóviles para permitir desplazamientos personalizados entre el punto de residencia y el de trabajo es una buena muestra de la importancia que ha alcanzado la movilidad en el diseño de las ciudades. De hecho, esta es tan grande que puede decirse que nuestras urbes están mejor diseñadas para los coches que para las personas. Los humanos deben adaptarse a la estructura que mejor permita la circulación de los vehículos, para así poder disfrutar de las ventajas que estos proporcionan.

Son evidentes las complicaciones que tiene para un peatón sortear el tráfico rodado de la gran ciudad, pero la influencia de este en el diseño es todavía mayor de lo que podría parecer a simple vista. En primer lugar, por la dispersión que se provoca en los servicios urbanos en función de la necesidad de construir y mantener infraestructuras para los coches: desde las mismas calzadas por las que circulan hasta los aparcamientos que, tanto en superficie como bajo ella, permiten dejarlos en las proximidades del punto de destino, pasando por todas las infraestructuras ligadas a su mantenimiento y abastecimiento. Hay que tener en cuenta además la magnitud de la red de carreteras, que soporta diariamente la circulación de millones de vehículos diseñados para trasladar a cuatro o cinco personas... pero que se mueven solo con el conductor a bordo.

Una ciudad a la medida de los coches

Por si alguien tuviera todavía alguna duda de hasta qué punto esto es importante, un estudio llevado a cabo en cinco ciudades estadounidenses revela que el espacio destinado solamente a aparcamiento en cuatro de ellas es mayor que el dedicado a la habitación humana.[76] En casos como el de Des Moines, la capital del estado de Iowa, la proporción es de 18 a 1. Hay 18 veces más metros cuadrados dedicados a aparcar el automóvil que los que se emplean para alojar a sus dueños. Una ciudad mucho más antigua y «europea» como Filadelfia sigue manteniendo una proporción de casi cuatro veces más aparcamientos que casas.

A pesar de todo, la percepción de los habitantes de Filadelfia es de un déficit de plazas disponibles cuándo y dónde las necesitan. Las necesidades —en cualquier caso— no dependen de la suficiente disponibilidad de recursos, sino de la percepción que se tiene sobre los mismos. Por tanto, las autoridades siguen invirtiendo y subsidiando aparcamientos que, en su mayor parte, permanecen infrautilizados. Casos como el de Des Moines, donde hay aparcamientos con un índice de utilización del 8 %, no dejan de ser extremos, pero el 43 % de ocupación media de los del centro de Seattle sí refleja la ineficiencia del modelo de movilidad urbana moderno en general, y del estadounidense en particular.

En esta imagen, Nueva York es hasta cierto punto una excepción, con mayor número de metros cuadrados dedicados a viviendas que a aparcamientos, e índices de ocupación más cercanos al 100 %. Pero la Ciudad de los Rascacielos difícilmente puede considerarse el prototipo de urbe estadounidense.

El problema de la movilidad es que el sistema más cómodo y eficaz para los desplazamientos entre núcleos urbanos no es el más eficiente cuando se circula —y no digamos cuando se deja de hacerlo, es decir, se aparca— dentro de la ciudad. Y que el coche esté aparcado esperando para su siguiente uso sucede el 95 % del tiempo. Un estudio revela que el coche medio está en movimiento alrededor de 6 horas por semana... y aparcado las 162 horas restantes.[77]

La batería de problemas que genera el actual modelo de transporte urbano está bastante definida. Su ineficiencia se une a la generación de una contaminación solo comparable a los beneficios económicos que, para empresas e instituciones, supone el mercado automovilístico y sus derivados. Los efectos para la salud de millones de personas ya se hacen evidentes en muchos lugares. La Organización Mundial de la Salud (OMS) estima en 7 millones de personas las que pierden la vida cada año ahogadas por los humos de los escapes de los coches. Las cifras relacionadas con la atención médica derivada de esas mismas inhalaciones son también multimillonarias.

No deja de llamarme la atención ver a ciudadanos de Shanghái o de Pekín maravillados por la posibilidad de contemplar su ciudad sin una cortina grisácea, en uno de los raros días en los que el viento o las restricciones al tráfico rodado —y, en el caso de Shanghái, también al fluvial— dejan ver el sol o el edificio de enfrente. Ante esta realidad, las autoridades han potenciado la creación de flotas de autobuses urbanos eléctricos, que suman el 99 % de los existentes en el mundo. Cada cinco semanas, China pone en funcionamiento tantas unidades de este tipo como los que circulan en la ciudad de Londres en su conjunto. Y el 17 % de los autobuses chinos son ya eléctricos, frente al 0,5 % de los estadounidenses.[78]

Un fenómeno similar ocurre con los coches eléctricos. Los incentivos gubernamentales a la fabricación y al uso de estos vehículos está logrando que su número se incremente de un modo impresionante en las ciudades chinas, especialmente en las seis principales, donde copan el 20 % de las ventas. Se estima que, en el año 2040, dos de cada tres coches chinos —es decir, la tercera parte de los que hay en todo el mundo— serán eléctricos, lo cual permitirá reducir el consumo de hidrocarburos en más de siete millones de barriles de petróleo diarios.[79]

El futuro del transporte urbano

La solución, como siempre, no es simple. Será necesario aplicar distintas medidas para mitigar estos problemas. Es fundamental volver a convertir al ciudadano en el centro cuando se diseñan las ciudades y sus servicios.

En primer lugar, es evidente que un sistema de transporte público eficaz aliviaría en gran medida la carga que suponen los trayectos periódicos y previsibles. Los desplazamientos hacia y desde el trabajo son un buen ejemplo. La racionalización de los horarios, de manera que se pueda maximizar la utilización de los transportes públicos, contribuiría a mejorar el tráfico (y, sobre todo, ayudaría a conciliar la vida familiar y personal con la laboral).

Sin embargo, Seúl, una de las ciudades con mayor y mejor transporte público del mundo, puede ser un ejemplo de la magnitud del reto de mover a 26 millones de personas incluso en esas condiciones. A estas dificultades hay que sumar las que el mismo transporte público (Seúl tiene una de las mayores concentraciones de autobuses urbanos por habitante) puede generar en el tráfico particular.

Para ambos aspectos, la inteligencia artificial basada en los datos generados por los mismos usuarios puede resultar de gran ayuda. Se puede dimensionar y gestionar una flota de autobuses o de metro en función de la afluencia real de público en cada momento, de manera que se minimicen los tiempos de espera y de trayecto. Y se puede escalonar el horario laboral para reducir al mínimo el impacto de las horas punta en la entrada y salida de una gran empresa.

Sin embargo, resultaría ingenuo pensar que una red de transporte público, por sofisticada que sea, pueda absorber todas las necesidades de movilidad de una gran ciudad. Los desplazamientos personalizados en vehículos individuales se han convertido en un requisito que no es probable que desaparezca en el corto o medio plazo. Si ciudades con un extraordinario sistema de transporte público, como pueden ser Hong Kong o Zúrich,[80] no han eliminado el problema completamente, no es probable que la simple mejora de este aspecto vaya a ser la solución.

Si se añade el problema de la sostenibilidad medioambiental que tanto ha lastrado a ciudades como Pekín o a muchas capitales europeas, la solución pasa necesariamente por la utilización de un sistema de transporte con cuatro características principales:

1) altamente individualizado;
2) capaz de aprovechar la infinidad de datos que genera la ciudad cada día para maximizar de forma autónoma los recorridos y estancias;
3) que deslocalice las emisiones contaminantes (o, mejor, que las elimine) fuera de las grandes concentraciones de vehículos, es decir, que no emita gases nocivos para las personas o el medio ambiente durante su uso, aunque estos pudieran inicialmente seguirse generando fuera de las ciudades;
4) que reduzca los requerimientos de infraestructuras —especialmente, aparcamientos— al mínimo posible.

Estas características llevan, inevitablemente, al vehículo inteligente autónomo movido por energía limpia y de titularidad distribuida. De este modo se dispondría de un transporte con la suficiente flexibilidad para personalizar el recorrido, adaptándolo a las necesidades concretas de cada usuario.

El vehículo estará permanentemente conectado a una red de la que obtendrá todos los datos necesarios para su navegación y gestión. A su vez, cada automóvil proporcionará a la misma red más información para beneficiar al conjunto del tráfico. Su motor eléctrico no producirá emisiones contaminantes locales, con independencia de la fuente primaria de la energía, que se habrá producido en otra ubicación de forma limpia o no. Finalmente, al tratarse de un coche perteneciente a la comunidad, permitirá su utilización constante en función de las necesidades y evitará la necesidad de grandes superficies de aparcamiento para vehículos ociosos.

La inteligencia artificial definirá, por un lado, el tamaño de la flota necesaria para cubrir los picos máximos de demanda de movilidad. De este modo, proporcionará a los municipios los requerimientos que deben cubrir tanto de transporte público como de vehículos autónomos. Por otra parte, determinará la necesidad puntual de automóviles de la flota disponible que permanecerán activados en cada momento, dejando al resto en modo de espera (*stand-by*) en aparcamientos más alejados o bien siguiendo tareas de mantenimiento programado.

El sistema no es muy distinto del que utilizan desde hace años las compañías aéreas más exitosas para gestionar sus flotas. Igual que con los aviones, ya se están desarrollando los primeros simuladores que permitirán la homologación de los coches en circuitos urbanos virtuales.

Los precedentes históricos indican que la tendencia será adaptar los diseños de los vehículos actuales para la nueva función autónoma. Esto es, reconvertir nuestros coches en vehículos autónomos, en lugar de diseñar flotas que saquen más partido a las posibilidades de un nuevo patrón, como el que está desarrollando la empresa de taxis autónomos Zoox.[81] Después de todo, los sillines de las bicicletas deben su diseño a las sillas de montar a caballo, aunque no sean la posibilidad más ergonómica que existe. La innovación saca a la gente de su zona de confort y, por tanto, hace que sea más difícil su aceptación por el público.

La ciudad del futuro mantendrá una conexión permanente entre todos sus elementos, que intercambiarán datos en tiempo real para gestionar de la forma más eficiente el movimiento dentro de ellas. Ya existen algunos proyectos piloto, como el de la ciudad estadounidense de Austin, en Texas, donde se han colocado conexiones en cinco cruces que intercambian información con los vehículos inteligentes que circulan por la zona.

Smart-guardias urbanos

En China, la ciudad de Hangzhou se ha convertido en un experimento de gestión municipal por parte de los algoritmos de la empresa Alibaba.[82] Por el momento, se han conectado entre sí más de 1.000 semáforos (decuplicando los que había hace cinco años). Los datos son gestionados en el sistema computacional que Alibaba ha denominado City Brain, el «cerebro urbano».

Las zonas de Hangzhou en las que el sistema de control de tráfico inteligente está implantado consiguen velocidades medias un 15 % superiores al habitual, además de una información más certera y actualizada de los incidentes de tráfico. De hecho, una de las ventajas que aporta es la modificación automatizada de los patrones de activación de los semáforos para permitir la llegada de las ambulancias y otros vehículos de emergencias en el menor tiempo posible. Un sistema similar se experimentó en Nueva York. En él unos sensores colocados en los semáforos identificaban la frecuencia de luz de los destellos de los vehículos de emergencia para permitirles el paso preferente.

Toda innovación tiene varias caras. El mismo sistema de control semafórico se puede utilizar para abrirse paso en un tráfico congestionado. Ya fantaseó con ello la película *The Italian Job* (F. Gary Gray, 2003), en la que unos criminales provocaban atascos para retener los coches de la policía al tiempo que favorecían la huida de los propios. Y en la Red incluso se pueden encontrar demostraciones y tutoriales de cómo alterar a distancia el funcionamiento de los semáforos.

También en Hangzhou, la compañía iFlytek ha desarrollado sistemas inteligentes para personalizar el aprendizaje de los alumnos de los institutos a través de una corrección de sus ejercicios que permite detectar sus debilidades y fortalezas. En fin, otro proyecto está en marcha para agilizar el proceso de prescribir las recetas médicas con un sistema de reconocimiento de voz. El doctor no tiene más que dictar la receta para que esta quede escrita y validada.

De nuevo, en caso de negligencia, se corre el riesgo de colocar productos en el mercado sin haber tenido en cuenta la seguridad en su diseño. Se podría argumentar, con razón, que se trata de una constante en la Historia, que siempre ha ocurrido así. Sin embargo, el ritmo de asimilación de los nuevos productos se ha acelerado de tal modo que, hoy en día, están en manos de millones de usuarios a los pocos meses o semanas de su puesta a la venta, en lugar de requerir años como ocurría hasta hace poco.

Sobrevivir a la movilidad

En esas ciudades —mejor dicho, conglomerados de ciudades— se desarrollará casi siempre toda nuestra actividad vital. Las posibilidades de la movilidad serán prácticamente infinitas, pero las opciones reales serán muy limitadas. La realidad virtual y la aumentada, convenientemente aderezadas por la propaganda, anularán el apetito por el traslado tanto como las redes sociales han anulado buena parte de las relaciones sociales personales en las generaciones más jóvenes. En cualquier caso, los motivos de eficiencia, orden y seguridad en los entornos congestionados desincentivarán esta movilidad.

Después de todo, ya hemos sustituido en buena parte nuestra vida social presencial por otra virtual. Desde luego, la mejora en las prestaciones de las comunicaciones y en los sistemas de representación virtual —por ejemplo, en los hologramas— terminará por minimizar la necesidad de trasladarse para asistir a una reunión. No queda lejos el día en que la pintoresca estampa de adolescentes jugando con gafas de realidad virtual encerrados en una celda simulada en los pasillos de un centro comercial o del metro, como ocurre ya en Pekín, dejará de sorprendernos.

La capacidad para recrear espacios físicos mediante la realidad aumentada —en la que lo real se mezcla con lo virtual— permite crear mapas del mundo entero. A mayor densidad de datos procedentes de los propios usuarios en una zona o región, mejor calidad puede obtenerse. CoolHobo, una *startup* radicada en Shenzhen, trabaja en una aplicación para acompañar a los compradores en supermercados y grandes almacenes y ayudarlos a encontrar el producto que buscan. A unas manzanas de allí, ConfigReality desarrolla un sistema que acompaña a sus usuarios mientras circulan en bicicleta, pasean o corren, cambiando los carriles bici por sendas en la montaña y las calzadas por ríos... sin olvidar el rumor del agua. Al mismo tiempo, el programa ayuda a evitar los obstáculos y baches que podrían costar una lesión.[83]

Algunos movimientos, así como ciertos incidentes ocurridos en los últimos tiempos, en los que la ciudadanía se rebela contra un turismo desaforado, revelan claramente la necesidad de regular la utilización económica y comercial de los espacios urbanos para conseguir que estos sigan respondiendo a su principal función de albergar a sus habitantes. Muchas ciudades, como Barcelona o Tokio, han empezado a establecer políticas activas para limitar el número de «guiris» en sus calles al ver que este supera con mucho el de su propia población. Hong Kong encabeza esta clasificación con 26,6 millones de visitas. Londres, París, Estambul y Nueva York siguen representando al mundo no asiático entre las diez primeras de dicha lista.[84] No es difícil imaginar que, en pocos años, podrán visitarse con un guía que genere un vídeo —el cual reproducirá la ciudad tal y como era siglos atrás— en las gafas o lentillas de sus clientes.

Una ciudad inteligente será aquella que no tenga los inconvenientes que presentaban los barrios de las urbes medievales, en las que la mezcolanza de actividades productivas y comerciales en el mismo entorno en que se vivía creaba espacios incómodos y, en muchos casos, insalubres.

La ciudad de la segunda mitad del siglo XXI necesitará ordenar las actividades que tienen lugar en ella para permitir que no se interfieran mutuamente. Los horarios y zonas dedicadas a cada profesión o tarea, la afluencia de personas, la interacción con los no implicados, todo tiende a estar acotado en una creciente injerencia de las autoridades municipales en la vida de la población.

La convivencia próxima entre tanta gente, las consideraciones de seguridad y las distintas sensibilidades que se enfrentan podrían llegar incluso a permitir que se impusiese una progresiva uniformización forzosa de las actividades. La libertad quedaría restringida —incluso, probablemente, de forma más o menos aceptada por todos después de una campaña de mentalización— para facilitar a los servicios municipales el control del ocio. La proliferación de franquicias y espacios de ocio prácticamente indistinguibles entre sí han transformado muchas ciudades en los últimos años siguiendo un patrón casi idéntico que hace más cómoda la visita del foráneo, pero también la desincentiva ante la falta de novedades entre un lugar y otro.

Nada nuevo hasta aquí: la construcción de grandes teatros y estadios deportivos pretendió en su momento uniformar las actividades lúdicas de las clases populares concentrándolas en un solo espacio y momento. Las magnitudes actuales no permiten ya la reunión física de los espectadores, por tanto se sustituye por las transmisiones televisivas de los espectáculos. Un mero cambio de escala.

En algunos países más adelantados en cuanto a la regulación urbana en función del número de ciudadanos, como China, también se limita ya la movilidad de las personas en cupos limitados que garanticen su posibilidad de gestión. Incluso, en ocasiones, se restringe la celebración de determinados actos por las consecuencias previsibles o históricas de concentraciones similares. En Shanghái, por ejemplo, la celebración del Año Nuevo occidental ha dejado de tener lugar en su tradicional ubicación a lo largo del río después de que en una ocasión se provocasen avalanchas graves, al igual que se han prohibido los populares fuegos artificiales, los cuales forman parte de la mejor tradición china. Los tornos de control de paso de personas, colocados en la ciudad italiana de Venecia recientemente, demuestran que no se trata de un fenómeno exclusivo del país asiático ni de regímenes que podríamos considerar autoritarios.[85] El estupor inicial que pudo causar la noticia dejó paso a su justificación y aceptación con pocos matices.

Del coche eléctrico al Hyperloop

El tren de alta velocidad ha hecho posible los *clusters* de ciudades y ha «jibarizado» el mundo, reduciendo las distancias y aproximando a las personas, poniendo en contacto el talento y las oportunidades, concentrando el conocimiento y los datos. Los vehículos autónomos van camino de solucionar la movilidad humana de proximidad y la logística de la «última milla», la distribución final de las mercancías.

El avión se ha convertido poco menos que en un transporte de masas. Lejos quedan el glamur y la exclusividad de los viajes aéreos de hace solo unas décadas. Los buques portacontenedores y los grandes petroleros han ampliado la capacidad cuantitativa del transporte de mercancías. Por ejemplo, los VLCC (*Very Large Crude Carriers*) pueden albergar hasta 320.000 toneladas de crudo, mientras que los ULCC (*Ultra Large Crude Carriers*), los más grandes del mundo, alcanzan los 415 metros de eslora, los 63 de manga y una capacidad máxima de 564.000 toneladas (caso del Jahre Viking, luego rebautizado Knock Nevis).

A esto hay que añadir la apertura de nuevas rutas marítimas. Una de ellas, en la costa siberiana, aprovechará los extensos periodos de deshielo provocados por el cambio climático para acortar hasta en un 40 % la longitud del trayecto entre los grandes centros productores asiáticos y los consumidores europeos.

El mundo se ha convertido en un mercadillo global del que, no obstante, quedan todavía excluidas parcialmente algunas regiones del Sur mundial, solo conectadas por las rutas que han abierto las empresas multinacionales explotadoras de sus recursos.

Pero la rapidez, la velocidad, no es suficiente en un mundo acostumbrado a la inmediatez del entorno digital. Viajar cinco horas en coche entre, pongamos, Sevilla y Madrid, e incluso las poco más de dos horas que dura el viaje en tren de alta velocidad, hacen muy incómodo ir a celebrar la finalización de un negocio en la ciudad andaluza a la capital. Pero la media hora que prometía el Hyperloop One habría hecho que la plaza de España hispalense estuviese más cerca de la madrileña Puerta del Sol que de buena parte de su misma provincia.

El Hyperloop es, explicado de forma muy rudimentaria, un tren magnético que avanza dentro de un tubo en el que se ha practicado un vacío parcial.[86] La velocidad media prevista inicialmente es de 1.080 kilómetros por hora, más del triple que la que alcanzan los trenes de alta velocidad en uso en la actualidad. El proyecto requiere la construcción de un tubo, similar a un gasoducto o un oleoducto, aunque de mayor diámetro, por el que discurre un vehículo movido por un motor eléctrico que flota sobre unas «vías» magnéticas que evitan el rozamiento. Además, el vacío parcial elimina también la mayor parte de la resistencia del aire. Se trata de reproducir unas condiciones similares a las que se encontraría un avión que volase a 200.000 pies sobre el nivel del mar (es decir, 61 kilómetros) —los vuelos transoceánicos suelen hacerlo a «tan solo» 30.000 pies (unos 9 kilómetros)—, donde la resistencia del aire es menor. La falta de rozamiento supone que la energía consumida es mínima. Se espera, además, que sea básicamente suministrada por fuentes renovables asociadas a la infraestructura.

A bordo del Hyperloop, Berlín quedaría a poco más de dos horas de Madrid; París, a una hora y cuarto; Londres, a quince minutos más. Ir a cenar a Roma llevaría poco más de hora y media; a Barcelona, menos de 40 minutos. Muy poco más duraría el trayecto entre la capital de España y Tánger, en Marruecos, uno de los proyectos finalistas para las primeras rutas. Los estudios e iniciativas para este último caso podrían resultar muy atractivos como complemento a otros proyectos internacionales. Problemas técnicos y regulatorios han hecho languidecer este proyecto en Europa y Estados Unidos. Solo algunos equivalentes en India y China siguen buscando fórmulas para rentabilizar la idea. Es probable que los magnates que invirtieron inicialmente en el proyecto —como Elon Musk o Richard Branson— retornen al diseño cuando las condiciones sean más favorables... o más perentorias.

MANUAL DE SUPERVIVENCIA

- **CONSIGUE QUE LA CIUDAD SE AMOLDE A SUS HABITANTES, NO PROGRAMES CIUDADANOS A LA MEDIDA DE LA URBE**

Durante el próximo medio siglo, el modo en que las ciudades solucionen el crecimiento exponencial de sus habitantes, junto con los desafíos urbanos derivados del cambio climático y de los recursos limitados, será uno de los retos para todas las disciplinas dedicadas a su planeamiento y diseño. Las ciudades ganarán alrededor de 60 millones de habitantes cada año, es decir, más de 1,15 millones cada semana. Esto obligará a multiplicar el tamaño de las ciudades, con lo que lo harán también las injusticias sociales inherentes al mecanismo de crecimiento actual.[89] Un esfuerzo conjunto de la Administración y los administrados, con perspectivas amplias y encaminadas a conseguir un futuro mejor para todos, es una herramienta eficaz.

- **HAZ UN USO RACIONAL DE LOS RECURSOS URBANOS**

Se valorará cada vez más el índice de habitabilidad urbana, que mide las condiciones del entorno que permiten una buena calidad de vida para los habitantes de una ciudad. Aunque, como hasta ahora, este indicador seguirá atado a la situación política y económica de cada país o región, que crea diferencias casi insalvables entre unas y otras. Por ejemplo, en 2018, entre las cinco ciudades con mejor calidad de vida figuraban Viena, Melbourne, Osaka, Calgary y Sídney; en cambio, las cinco peores ciudades para vivir eran Port Moresby, Karachi, Lagos, Dhaka y Damasco, todas ellas marcadas por la pobreza, la guerra o la inestabilidad política.[90] La población se multiplicará y la lucha por los recursos, cada vez más escasos, causará tensiones sociales. Un uso racional de los recursos urbanos contribuirá a suavizar esa difícil situación.

- **DEFIENDE TU PRIVACIDAD Y TU VALOR COMO PERSONA, ERES MUCHO MÁS QUE DATOS**

El control del Estado o de la Administración —el Gran Hermano— puede sonar a distopía, al futuro plasmado en las novelas *1984* o *Un mundo feliz*, al mundo de *Blade Runner* o al control policial de *Minority Report* (Steven Spielberg, 2002), pero resulta la conclusión lógica de la senda emprendida en estos últimos años de negación de la privacidad y de la individualidad. De hecho, muchos afirman que la situación es ya irreversible y que ni los individuos ni las sociedades o sus leyes están preparados o interesados en recuperar la privacidad perdida.

Es indudable (véase capítulo 1) que estas facetas de nuestra vida, estos valores, han pasado o están pasando a ser meras representaciones virtuales de lo que fueron. Conviene esforzarse en preservar la individualidad y la privacidad, evitando la exposición pública innecesaria y llevando a cabo actividades y acciones que pongan en valor los principios humanos y a los individuos.

- **DEFIENDE PATRONES DE CONSUMO MÁS SOSTENIBLES**

Las ciudades tienen perfecto sentido desde el punto de vista económico. La concentración de la actividad permite ahorro de costes de transporte, genera economías de escala y facilita la innovación. El ciudadano suele gozar de un mayor nivel de vida, y producir y disponer de artículos más sofisticados. El lado oscuro de la ecuación viene de la mano de unos patrones de consumo menos sostenibles.

Para ilustrar esta diferencia de sostenibilidad, basta el ejemplo del arroz tres delicias (desconocido en muchas partes de China, por cierto). ¿Cuántas personas podía alimentar China cuando el campesino medio consumía un puñado de arroz blanco al día? El número tiende a infinito. El arroz es barato y fácil de producir en grandes cantidades. Si el campesino se traslada a la ciudad, cambiará sus hábitos de consumo y pretenderá tomar arroz tres delicias. Para ello, necesitará criar a un cerdo para producir el jamón cocido. El cerdo consume muchos recursos en forma de tierras cultivables y agua, que habrá que detraer del cultivo de arroz, de modo que se podrá alimentar a una población mucho menor.

Por tanto, tanto en China como en cualquier otro sitio, la urbanización y los hábitos de consumo asociados son lo que amenaza la sostenibilidad, mucho más que el aumento de la población en sí. Al final, el ser humano es una criatura social que se siente más a sus anchas rodeado de sus semejantes; por razones de seguridad, pero también por mero espíritu gregario.

- **SI PUEDES IR CAMINANDO, NO TE DESPLACES DE OTRA MANERA**

La batería de problemas que genera el actual modelo de transporte urbano está bastante definida. Su ineficiencia se une a la generación de una contaminación solo comparable a los beneficios económicos que, para empresas e instituciones, supone el mercado automovilístico y sus derivados. Los efectos para la salud de millones de personas ya se hacen evidentes en muchos lugares. La Organización Mundial de la Salud (OMS) estima en 7 millones de personas las que pierden la vida cada año ahogadas por los humos de los escapes de los coches. Las cifras relacionadas con la atención médica derivada de esas mismas inhalaciones son también multimillonarias. Camina siempre que puedas y haz un uso racional de los medios de transporte; mejorarás tu salud y contribuirás a no empeorar la de tus conciudadanos.

- **MANTÉN UN COMPORTAMIENTO CÍVICO**

La convivencia es necesaria y enriquece, pero también exige un autocontrol que posibilite la existencia cotidiana de la comunidad. Cabe pensar que una cohabitación tan íntima como la que se produce en estos espacios urbanos no puede conseguirse sin

→

una aplicación estricta de unas normas de convivencia que, inevitablemente, limiten las opciones de las personas en beneficio de la convivencia.

El individualismo, como en la sociedad en general, se fomenta como contrapartida al papel central que juega la comunidad en la adopción de leyes y reglas. La riqueza de opciones personales disponibles fomenta la creación de espacios individuales dentro de un mundo altamente conectado en favor de la productividad. El ciudadano se siente el centro de un número infinito de posibilidades que le brinda la conectividad ilimitada de la ciudad. Pero, al mismo tiempo, sus opciones quedan muy mediatizadas por el interés colectivo y por la necesidad de que un entorno tan cohesionado funcione como un único ser. Encontrar el justo medio es difícil, aunque no imposible.

7. EL MINISTERIO DE LA EDUCACIÓN

Comienzo este capítulo con una afirmación taxativa y vital para el mundo Orwell: no podemos seguir permitiéndonos, como civilización, desarrollos incontrolados de los avances tecnológicos actuales. De lo contrario, la forma en que la inteligencia artificial afecta a las capacidades cognitivas de los individuos, su capacidad para interactuar con las personas y la velocidad de su desarrollo lo convertirán en una negligencia imperdonable.[1] Aunque el tono pueda parecer apocalíptico, no lo es.

El futuro, el presente próximo, no estará protagonizado por máquinas que hacen unos trabajos, los más duros, precisos o mecánicos, mientras que los seres humanos realizan otros más acordes con sus características. Un futuro así sería ridículamente ineficiente. Lo que se avecina es un mundo en el que humanos y robots colaborarán aportando lo mejor de ambos. Pero nunca deberemos permitir que lo hagan como iguales, nunca compartiendo responsabilidades, ni creando peligros o diferencias entre las personas.

La reflexión sobre los valores que deberían aplicarse a los robots sería una pérdida de tiempo —las máquinas no pueden tener valores ni principios—, si no fuera porque sirve para reflexionar sobre los que (como sociedad) necesitamos que sus diseñadores apliquen cuando los fabrican. La ética es algo vivo y contextual. Únicamente una adecuada formación en sus conceptos, que esté insertada como parte fundamental de la educación de los tecnólogos, puede conseguir que sus considerandos estén luego presentes en todas las fases del desarrollo de sus productos.

Las actitudes bienintencionadas pero ingenuas que se han dado en el pasado en los desarrollos tecnológicos no son admisibles ya a estas alturas. Tampoco lo es la actitud marcada por el mantra inicial de Facebook: «Muévete rápido y rompe cosas. A menos que estés rompiendo cosas, no te estás moviendo lo suficientemente rápido». No es admisible para Facebook y la segunda generación tecnológica digital, ni mucho menos para la tercera. Es preciso subordinar el ritmo de implantación de los nuevos desarrollos a la garantía de la seguridad de su diseño en la medida de lo que se pueda anticipar.

La ética debe aplicarse a la robótica, no a los robots. Es fundamental diferenciar desde ahora mismo entre la inteligencia basada en el silicio (las máquinas) y la basada en el carbono (las personas).

La colaboración con las máquinas va a permitir, sobre todo, que externalicemos labores para las que no estamos optimizados y potenciemos aquellas que son más propiamente humanas. La aportación de las máquinas debe hacerse honrando la dignidad humana y aplicando principios de seguridad, transparencia y respeto por la privacidad. Cuantas más máquinas haya en el mundo, más humanos tendremos que ser nosotros.

En resumen, no es la tecnología —ni la industria tecnológica— la que debe dictar los valores de la sociedad para la que diseña sus productos, sino que estos deben adecuarse a los principios éticos y morales que sean acordes a la humanidad.

Conviene recordar que nuestro mundo se halla ante un cambio fundamental en cuanto a los desarrollos digitales. La plataforma en la que se basa el cálculo es importante a la hora de definir sus posibilidades y características. Se ha pasado de una computación basada en ordenadores aislados a otra basada en las redes. La inteligencia artificial es un paso tecnológico más allá, pero un salto cualitativo importantísimo para la humanidad. Se trata de una herramienta que aprende y es capaz de relacionarse con nosotros, los humanos, e influirnos.

Capacidades diferentes

Las interfaces cerebro-ordenador, capaces de conectar los dos sistemas neuronales, no son algo que, probablemente, se vaya a generalizar inmediatamente. Al menos, no hasta el punto en que permitan decodificar el pensamiento humano o implantar pensamientos directamente en las personas. Empieza a haber desarrollos capaces de interpretar algunas de las funciones cerebrales, pero no hasta el punto de vincular cerebros humanos con ordenadores para intercambiar datos de forma masiva.

Sin embargo, los avances en la neurociencia y la inteligencia artificial van camino de alcanzar estos logros y de manipular directamente los mecanismos mediante los cuales las personas tomamos decisiones. En ese momento, las emociones humanas quedarían al descubierto privándonos del último atisbo de privacidad e individualidad.

Nuestra vida interior —sueños, ambiciones, intenciones, sentimientos— podría llegar a ser codificable. Una «hazaña» que permitiría controlar las enfermedades de la mente y, probablemente, muchas conductas indeseables. Cuerpos y personalidades hechas a medida. Pero, al mismo tiempo, un arma terrible y un reto imposible para el individuo. Los límites de nuestra personalidad, de nuestro ser, dejarían de estar allá donde acaba nuestro cuerpo, y serían exportables y configurables a voluntad.

Este paso no podría dotar a las máquinas de un alma humana —o como quiera cada cual llamar a lo que nos distingue de los demás seres—, pero sí nos privaría a los humanos de cualquier rasgo distintivo, ni entre nosotros, ni frente a aquellas.

Principios éticos

Varias declaraciones de principios éticos han abordado estas posibilidades y el modo en que debería llevarse a cabo la investigación en campos como la medicina (Declaración de Helsinki, 1964), la neurociencia (Informe Belmont, 1979) y la inteligencia artificial (Principios de Asilomar, 2017; Declaración de Montreal, 2018).[2] Las cuatro áreas principales que se identifican más frecuentemente como objeto de preocupación en todas estas disciplinas y declaraciones son:

- la privacidad,
- la libertad de acción e identidad,
- el incremento de capacidades,
- los sesgos.

La falta de privacidad en los niveles más íntimos de la persona niega su libertad para decidir cómo actuar, incluso para ser ella misma. El acceso a la raíz de la toma de decisiones, los verdaderos sentimientos y los mecanismos de razonamiento de cada persona desnudarían a esta. Es más, la convertirían en una marioneta perfectamente manipulable a través de resortes que quedarían expuestos.

La libertad de acción se vería muy condicionada por esta falta de privacidad y por el poder de penetración de la inteligencia artificial en los mecanismos de toma de decisión humana. Incluso en estos estadios tempranos de comprensión del cerebro y de las posibilidades de interacción con las máquinas.

El incremento de las capacidades de las personas parte de una investigación a todas luces positiva: la cura de las enfermedades que provocan una incapacidad física o psíquica. Poder caminar de nuevo, volver a ver o mejorar la memoria son, todos ellos, aspectos beneficiosos para el individuo y la sociedad. Sin embargo, la capacidad de actuar sobre ellas conduce también a situaciones que llegarían a ser discriminatorias, como la potenciación de las posibilidades físicas o cognitivas de unos frente a otros. La creación de superhumanos plantea interrogantes morales por sí misma, pero también en cuanto a su asignación selectiva a unos pocos frente a la mayoría.

Los sesgos que se podrían introducir en el proceso lógico de forma artificial ya se comentaron (véase capítulo 1). Las burbujas de filtros de las redes sociales presentan las informaciones y comentarios de forma prejuiciada e interesada, con sesgos que favorecen unas ideas frente a las otras y que nos impelen a entender la realidad de una manera parcial.

Sin embargo, una parte importante de la base de la civilización es la introducción de discriminaciones positivas en nuestras decisiones —principalmente políticas— que sirven para reequilibrar las oportunidades de grupos o personas menos favorecidos en un momento dado. Por ejemplo, los criterios para compensar una histórica menor implicación de la mujer en carreras técnicas, o de determinados otros colectivos en otras actividades. La falta de compensación respecto de una situación hace que esta tienda a perpetuarse como está.

El ser humano ha introducido este mecanismo compensatorio en la mera selección natural desde que ha tenido capacidad para interferir en ella. En parte, porque su naturaleza imperfecta siente la necesidad de establecer valores como la misericordia para suplir las debilidades de su mismo diseño. Pero también por un cierto espíritu de Prometeo. Al igual que este titán, según la mitología griega, robó el fuego a los dioses para dárselo a los débiles mortales, por lo que Zeus lo castigó cruelmente, los humanos queremos dictar el sentido de la evolución natural de acuerdo con nuestra capacidad para compensar la falta de idoneidad de un sujeto según los criterios naturales, para obtener a cambio un producto más refinado, con más matices.

En todo caso, somos los humanos los que introducimos los sesgos en las máquinas. Ellas —salvo excepciones maliciosas también programadas por humanos— solo los identifican como preferencias y se atienen a ellos como criterios prefijados. Su autonomía se basa en la complejidad de los procesos automáticos, no en una verdadera capacidad para actuar irracionalmente respecto a la lógica que se haya introducido.

Hay que considerar también la rigidez que introduce en el sistema la aplicación estrictamente lógica de los criterios racionales en un mundo sin sesgo alguno. Esta rigidez sigue un curso contrario al necesario para proporcionarle resiliencia y, por tanto, debilita a la sociedad que la aplica en vez de fortalecerla. Buscamos un mundo sin sesgos discriminatorios, no uno sin preferencias y mecanismos de adaptación y compensación. Queremos —necesitamos— un mundo imperfectamente humano, no un mundo perfectamente robótico.

Ten cuidado con lo que inventas

No es la primera vez que la humanidad se topa con una nueva tecnología que requiere reformular los criterios éticos y legales con que se utiliza. De hecho, es un tema recurrente. El canon 29 del segundo Concilio de Letrán, celebrado en 1139, ya pretendía regular la aparición de una nueva arma: «Prohibimos en adelante, bajo pena de excomunión, el empleo contra cristianos y católicos de ese arte mortal, tan odioso a Dios, de los ballesteros y los arqueros». Evidentemente, una mera prohibición no bastó para salvar a los caballeros de la época, enfundados en sus brillantes y carísimas armaduras, de un campesino equipado con una ballesta y unos pocos dardos.

La combinación de valores éticos y vigilancia jurídica es lo que realmente consigue permear en la sociedad y cambiar las actitudes hacia una tecnología. Y ambos aspectos son únicamente aplicables a los seres humanos, ya que son los únicos dotados de voluntad propia y, por tanto, los únicos a los que se les puede atribuir responsabilidad.

La determinación de los valores éticos y de las normas jurídicas que deban ser de aplicación a un mundo en el que los robots estén presentes en el día a día no puede, por consiguiente, afectar a los robots, sino a los procesos de diseño, fabricación y utilización que los humanos —directa o indirectamente— sigamos. Será una tarea compartida en la mayor parte de los casos dada la complejidad técnica que acarrean, pero una responsabilidad exclusivamente humana.

No habría mayor atentado a la dignidad humana que la atribución a las máquinas de características que, en el mejor de los casos, solo podrán emular, nunca sentir. Los robots, con o sin apariencia humana, no dejarán de tener simplemente programados los criterios por los cuales simular la empatía y las emociones. Emociones empaquetadas cuya complejidad dirá mucho más de la habilidad de su programador que de lo genuino de la respuesta.

Evidentemente, se podrán encontrar denominadores comunes a personas, animales e, incluso, cosas. Se podrán establecer paralelismos en determinados aspectos, pero serán paralelas no infinitas. Cada cual tiene su alcance, y eso las hace distintas. Igualar el respeto a la vida humana con la preservación de la existencia de una máquina no eleva la categoría del robot, sino que degrada la de la persona.

Esto debería quedar claro, por ejemplo, en la Declaración Transhumanista, que firmaron en 2009 algunos de los iniciadores de este movimiento internacional. El transhumanismo —la «idea más peligrosa del mundo», según el politólogo Francis Fukuyama; el resumen de las mejores aspiraciones de la humanidad, para otros— busca transformar a los seres humanos mediante tecnologías que mejoren sus capacidades físicas, psicológicas e intelectuales. En su artículo 7, la Declaración reza: «Abogamos por el bienestar de todas las sensibilidades, incluidos los humanos, animales no humanos y cualquier intelecto artificial futuro, forma de vida modificada u otras inteligencias a que los adelantos científicos y tecnológicos puedan dar lugar». Esta afirmación parece querer equiparar el bienestar de todas estas inteligencias, sin distinción ni priorización alguna entre ellas.

El transhumanismo diferencia entre los «humanos no mejorados» —es decir, cualquiera de nosotros—, los cíborgs, los androides, las personas artificiales, los avatares y las inteligencias volcadas en ordenadores o robots. Aunque apenas hemos llegado por el momento más allá de la primera de las categorías, puede resultar útil esta diferenciación para establecer los principios éticos que deben guiar el acceso a las demás.

Las leyes de la robótica

A las tres leyes de la robótica propuestas por Isaac Asimov (véase capítulo 3), el abogado Marc Rotenberg —profesor de Derecho y Privacidad, así como presidente del Centro de Información sobre la Privacidad Electrónica (EPIC, por sus siglas en inglés)— añade otras dos, más concretas y derivadas de la experiencia acumulada hoy en día en el uso de la inteligencia artificial:

1) Los robots siempre deben revelar su naturaleza e identidad a los humanos cuando se les solicite (en línea con lo planteado por la legislación californiana sobre la visibilidad de las máquinas, que se comenta en el apartado siguiente).
2) Los robots siempre deben ser capaces de explicar sus procesos de toma de decisiones a los humanos cuando así se les pida.

Esta última ley, que algunos engloban en el término *explicabilidad*, aparece como un requisito casi imprescindible en la mayoría de los compendios y propuestas éticas actuales. La necesidad de mantener el control intelectual de los procesos de las máquinas es, sin embargo, tan evidente como utópica, ya que implicaría demorar la evolución de las inteligencias artificiales para que se adapten al ritmo de comprensión humano. Históricamente, no parece probable que todos los actores con capacidad para desarrollar estos procesos vayan a limitar sus novedades perdiendo la ventaja competitiva que tendrían.

El director general de Microsoft, Satya Nadella, una voz más que autorizada en este campo, también ha aportado su relación de «leyes» de la robótica, que incorporan los problemas reales de la industria del conocimiento al principio original de Asimov:

1) Simple apoyo. La inteligencia artificial tiene que ayudar a los humanos a realizar sus tareas sin interferir con la autonomía humana. Tienen que ser «cobots» (*collaborative robots*, es decir, robots colaborativos).
2) Transparencia. Las máquinas no solo deben ser inteligentes, sino también inteligibles. Los humanos

tenemos que ser capaces de entender cómo «razonan» nuestras creaciones e incorporar los principios éticos al proceso de diseño de las mismas.

3) Dignidad. Los valores y principios humanos tienen que seguir en manos de estos, nunca deben ser dictados por las máquinas o en función de ellas.
4) Privacidad. Es necesario preservar tanto los datos de las personas como los de los grupos de usuarios para establecer una relación de confianza en el uso de las máquinas.
5) Responsabilidad. El diseñador —o, en la mayoría de los casos, los diseñadores— es responsable de los actos de las máquinas, y las personas deben tener la capacidad para revertir cualquier acto de aquellas.
6) Objetividad. Las máquinas, la inteligencia artificial, deben estar libres de sesgos y prejuicios.[3]

La novedad que introduce Nadella es que también establece principios que señalan cómo debemos ser los humanos. Estos valores concuerdan con las habilidades necesarias para adaptarse al futuro laboral en un mundo en el que las máquinas van a tener mucha más presencia: empatía (la capacidad para percibir los sentimientos de los demás, colaborar y generar relaciones), formación continuada, creatividad, juicio y responsabilidad.

Dirigidos por las máquinas

Fiar a los algoritmos el criterio de neutralidad o de imparcialidad es temerario, pues los algoritmos, asegura la matemática Cathy O'Neil, son opiniones insertadas en código informático. El racismo, sexismo, machismo o cualquier otro «-ismo» de cuya aparición en los sistemas de inteligencia artificial nos alerta constantemente la prensa son un reflejo de las opiniones de su diseñador o de la sociedad en la que esa inteligencia va a prestar su servicio. Puede que las máquinas no vayan a curar las enfermedades que padecemos, pero sí deberían servirnos para vernos reflejados en sus reacciones.

Juan Luis Suárez, profesor en la Universidad de Western Ontario (Canadá) y director allí del CulturePlex Lab, uno de los principales centros para la investigación e innovación digital en las humanidades, afirma: «La inteligencia artificial cuestiona nuestra humanidad y por ello brinda la posibilidad de detenernos para discutir en qué queremos convertirnos, cómo deseamos que vivan nuestros hijos, cuáles son las consecuencias legales de su implantación, quiénes son los sujetos de derechos en un mundo en el que las máquinas aprenden más rápidamente que los seres humanos».[4]

Nuestra empatía con las máquinas nos traiciona. Nos volvemos ansiosos por formar parte de una estadística para que, luego, aparezcamos en otra aplicación que nos informe de los resultados y nos sintamos integrados en ella. Décadas después de que los médicos nos aconsejasen un cierto nivel de ejercicio diario, basta con que nuestro teléfono o nuestro reloj nos marquen el objetivo de andar diez mil pasos al día para que eso se convierta en una obsesión. Incluso Echo Look, un dispositivo de Amazon que funciona con su asistente inteligente Alexa, suplanta los consejos de la compañera o el compañero de piso a la hora de recomendarnos la combinación de ropa que mejor nos sienta, o de recordar cuál llevamos en una ocasión anterior.[5]

En junio de 2014 tuve ocasión de asistir por primera vez al CyCon, la conferencia de ciberseguridad que el Centro de Excelencia para la Cooperación en Ciberdefensa de la OTAN (CCDCOE) organiza en Tallin, la capital estonia. Uno de los ponentes era Teemu Arina, un biohacker finlandés, que explicó cómo había conseguido autocurarse una úlcera de estómago después de que la medicina hubiese resultado inútil. Se hackeó, es decir, hackeó su cuerpo. A continuación, desarrolló una aplicación que le permitía optimizar su rendimiento energético. Unos sensores insertados en su ropa determinaban, en función del sudor, qué cantidad de cada nutriente había ingerido. A partir de ahí, el programa prescribía un ejercicio para compensar las calorías asimiladas y unas horas concretas de sueño para equilibrar el conjunto. Al salir de la sala, recuerdo que imaginaba a miles de Teemu Arina corriendo en formación al son de un metrónomo universal que los vigilaba. Al menos, ya que él mismo había desarrollado la aplicación, no compartía su información con todo el mundo.

No me he vuelto a encontrar con Teemu Arina, pero sé que sigue desarrollando aplicaciones similares. Las posibilidades son infinitas. En un futuro próximo la realidad aumentada puede permitir, por ejemplo, detectar nuestros niveles de ansiedad y ayudarnos a reducirlos. Quizá médicamente, quizás a través de ejercicios o consejos, quizá cambiando la realidad que percibimos para hacerla más manejable. Entre tanto, investigadores españoles de la Universidad de Alcalá están desarrollando, por ejemplo, un chaleco capaz de medir las impedancias eléctricas de la persona que lo viste. Con esos datos, el sistema puede determinar el nivel de estrés del portador y recomendar o adoptar las medidas necesarias para minimizarlo.[6]

Diferentes pero indistinguibles

A partir del 1 de julio de 2019, las máquinas deben identificarse como tales cada vez que se comuniquen con los humanos. Al menos en California. Su gobernador, Jerry Brown, así lo firmó el 28 de septiembre de 2018 en una nueva ley, la SB-1001. Esta regulación está pensada, principalmente, para la propaganda electoral y la publicidad. En otras palabras, la nueva norma obliga a cualquier robot a mostrar sus credenciales igual que la robot Sophia deja ver sus circuitos electrónicos en la parte posterior de su «cráneo».

Hasta qué punto los mensajes programados directamente para su distribución por parte de *bots* entran dentro de esta categoría es algo que sigue abierto a debate. Es probable que se deba refinar bastante más la redacción de la ley para, simplemente, limitar los usos engañosos de la inteligencia artificial. En cualquier caso, su existencia demuestra por sí misma el grado de realismo que ha alcanzado la emulación del discurso humano y las consecuencias que puede traer consigo.

Su entrada en vigor, igual que la legislación europea en otros aspectos, reabre el debate sobre el alcance jurisdiccional de las leyes que regulan el ciberespacio. Las compañías globales que gestionan poblaciones heterogéneas en múltiples naciones se ven sujetas a tantas normas distintas como países las utilizan. En ocasiones, incluso a más.[7]

Movilidad, ubicuidad, instantaneidad e interactividad

Pensar en el ciberespacio como una mera extensión del mundo físico es un error bastante comprensible. De hecho, yo mismo argumenté en su día a favor de considerarlo uno más de los bienes comunes globales (*global commons*), una especie de parcela de titularidad pública que todos explotan sin que pertenezca a nadie. Estos bienes comunes globales son las aguas internacionales, el espacio aéreo y el espacio exterior. Algunos quieren incluir al ciberespacio entre estos espacios de soberanía difusa que todos pueden utilizar, pero nadie puede reclamar para sí de forma exclusiva.

Sin embargo, el ciberespacio tiene una serie de características que lo hacen distinto de los otros ámbitos. Para empezar, no es un espacio. Esto puede parecer una obviedad, pero requiere matizaciones. Como conjunto de redes y sistemas, ocupa un espacio, sin duda. También está asentado en un territorio de naturaleza física, lo cual condiciona muchos de sus aspectos, especialmente los jurídicos. Es más, algunas de estas redes se encuentran en varios países y, como en el caso de los cables submarinos o los satélites, atraviesan los espacios comunes globales tradicionales. La Internet no está exenta de componentes físicos, pero el espacio de convivencia que crea es virtual. No es real. No es tangible. Y, sin embargo, es su verdadero valor.

Pero, sobre todo, es un ámbito artificial. Más allá de las leyes de la física que gobiernan su componente de *hardware* o las relaciones entre los electrones, la forma en que está organizado y las normas de convivencia que haya en él las desarrollamos los humanos. Podemos variar los protocolos cuando queramos, podemos alterar la arquitectura de la Red o los requisitos para conectarse. Una buena prueba de que podemos cambiarlo todo es que algunas plataformas modifican sus términos de uso cada dos por tres.

Desde el punto de vista jurídico, resulta complicado atribuir titularidad pública y derecho universal de uso a una infraestructura que es, mayormente, privada. Eso, de por sí, invalida el carácter de bien común global del ciberespacio, si no lo había hecho ya el argumento de su virtualidad.

Decir que otra característica del ciberespacio es su capacidad para conectar instantáneamente cualquier lugar del planeta sería quedarse corto. También es posible conectarse desde fuera de la superficie terrestre. Basta con tener la vía adecuada para hacerlo. El ciberespacio es universal y ubicuo. En él puedes estar de forma simultánea en todas partes (lo cual, por cierto, se aprecia menos como ventaja cuanto más lo utilizas para trabajar y que te localice el jefe, igual que el teléfono móvil).

Otra característica, ya comentada respecto de las redes, es su interactividad. Aunque todavía quedan unos años para que las videoconferencias o los mensajes se parezcan a los que la princesa Leia enviaba en *Star Wars: Episodio IV* (George Lucas, 1977) y nuestro holograma se persone en el salón de nuestro interlocutor, la Web 2.0 consiste precisamente en interactuar. Por cierto, hologramas como los de la película, que tan futuristas nos parecían entonces, se han utilizado más tarde en algunas cadenas de televisión para entrevistar virtualmente a una persona, aunque se decidió degradar la calidad de estas imágenes para no llevar a engaño al televidente. Por cierto, tanto Carrie Fisher, como Peter Cushing, Mark Hamill o la voz de James Earl Jones acabaron siendo replicados sintéticamente en algún momento de la serie.

Respuestas correctas a preguntas adecuadas

Tendemos a pensar que las máquinas, al carecer de emociones propias, son los mejores árbitros para juzgar o para aconsejarnos sobre las nuestras de forma desapasionada. Curiosamente, compatibilizamos esta visión con la idea de que la empatía y la capacidad para «ponerse en la piel del otro» son fundamentales a la hora de entender lo que una persona siente. De este modo, mientras damos por hecho que un varón es incapaz de asimilar lo que supone la maternidad, esperamos que una máquina pueda hacerlo. En realidad, partimos de supuestos erróneos en ambos casos. Ni las máquinas están desprovistas de sesgos y prejuicios, ni existe la neutralidad absoluta.

Lo neutral no deja de ser aquello que nos resulta natural y, además, suele coincidir con la postura dominante en una cultura o en un discurso. Un acento neutro es un acento al fin y al cabo, pero es el aceptado mayoritariamente, el estándar. Cualquier otro matiz tiene normalmente connotaciones, que percibimos como hacemos con el lenguaje no verbal de los gestos y las expresiones. No es casualidad que en Italia el doblaje de las películas suela atribuir acentos sureños a los delincuentes o que en las producciones de Hollywood el acento británico predomine entre los villanos «de guante blanco». Todo lo que no sea neutral adquiere, por tanto, una carga emocional positiva o negativa y nos condiciona a la hora de interpretar lo que se dice.

En cuanto a los sesgos y prejuicios, estos se introducen en la lógica de los sistemas de algoritmos durante la misma programación o en la fase de aprendizaje. Al contrario que las personas, las máquinas carecen de experiencias vitales más allá de aquello que se les presenta. No tienen vivencias. Sus conclusiones se basan en los patrones que puedan identificar dentro de la muestra que conocen. Si a un algoritmo se le enseñan imágenes para que aprenda a distinguir personas, y entre estas solo figuran mujeres asiáticas, será incapaz de asociar a los varones —o a las mujeres de otras etnias— con el concepto de ser humano. Es una vuelta al mito de la caverna de Platón: si la experiencia del mundo está sesgada o limitada, las conclusiones o las ideas resultantes también lo estarán. Si solo vemos la sombra que produce la realidad, no nos será posible identificar el original cuando estemos ante él.

No es casualidad que la mayoría de los robots de compañía o auxiliares tengan apariencia infantil y/o femenina, un chasis blanco y voces dulces y pausadas. Es una estrategia para enviar mensajes tranquilizadores y familiares. Las máquinas dedicadas a labores manuales, sin embargo, se «visten» con formas masculinas que reflejen sus capacidades a primera vista. De hecho, nuestra obsesión por lo antropomorfo y por reproducir las formas de herramientas anteriores resta, en ocasiones, funcionalidad a los nuevos diseños. Quizás el ejemplo más evidente sea el de los drones, las aeronaves tripuladas de forma remota (RPAS, por sus siglas en inglés), anclados a diseños concebidos para llevar a un piloto en su interior.

En una escena de la película *Jurassic Park* (Steven Spielberg, 1993), los protagonistas están sentados a la mesa mientras le explican al doctor Ian Malcolm, encarnado por el actor Jeff Goldblum, su proyecto de clonación de dinosaurios y la creación de un parque temático. Con una frase lapidaria más propia de James Bond, Malcolm concluye que a sus científicos «les preocupaba tanto si podían o no hacerlo que no se pararon a pensar si debían». Y esta sentencia me lleva a otra que se atribuye al político francés Georges Clemenceau (1841-1929): «La guerra es un asunto demasiado importante para dejarla en manos de los militares». Con el ciberespacio ocurre algo similar: es un asunto tan principal que no puede dejarse únicamente a los ingenieros.

Los científicos buscarán un nuevo progreso del conocimiento, los militares se dedicarán a intentar ganar la guerra como se les ha ordenado y los ingenieros se esforzarán en conseguir que las máquinas o los algoritmos funcionen. Pero alguien —que perfectamente puede ser un militar o un ingeniero, pero no en su calidad de tal— debe pensar en el fin último de ese avance, de esa guerra o de ese algoritmo.

El nuestro tiene que seguir siendo un mundo de seres humanos. Las máquinas, por muy conectadas que estén y muy avanzados que sean sus sistemas cognitivos, seguirán careciendo de ese tipo de inteligencia que nos hace humanos más allá de las meras diferencias cuantitativas respecto de otras especies. Podrán simular nuestras emociones, pero no podrán sentirlas.

La inteligencia artificial —asegura Andrew Ng, uno de los mayores expertos en este campo— va a ser como la electricidad en este siglo XXI.[8] Las máquinas deberán estar dotadas de ella para adquirir utilidad. En unos años, prácticamente todo estará conectado. Todo enviará y recibirá datos de forma permanente y solo una pequeña parte de ese «todo» serán seres humanos. Probablemente, para entonces, esa información quede centralizada en servidores y esos momentos no «se perderán en el tiempo como lágrimas en la lluvia», algo de lo que entristecía o se lamentaba Roy Batty, el replicante interpretado por Rutger Hauer en *Blade Runner* (Ridley Scott, 1982). Así, los momentos permanecerán... y podrán transferirse.

Ya existen proyectos para replicar en una memoria artificial todo el contenido de un cerebro humano con el propósito de intentar transferirlo a otro cerebro. ¿Significa eso que, como el nuevo cerebro tendría todos los datos del antiguo, dos personas serían un mismo ser humano? O, si se prefiere, ¿se puede transferir el alma?

Precisamente porque no somos máquinas, porque los procesos que sigue nuestro cerebro van más allá de las meras conexiones y cálculos computacionales que puede llevar a cabo un ordenador, nuestras decisiones no son casi nunca puramente racionales. ¿Cuántas veces hemos hecho un listado de «pros y contras» ante una disyuntiva y hemos manipulado el resultado o lo hemos ponderado para que el resultado sea el que esperamos?

De ahí que las modernas técnicas de márketing no pretendan vender productos, sino experiencias positivas. Y solicitan nuestros datos para «mejorar nuestra experiencia» de su producto. Apelan a nuestros sentimientos y no a nuestro raciocinio. En ese sentido, actúan igual que los generadores de noticias falsas.

Ciertas empresas, como Apple, van incluso más allá al aspirar a construir todo un estilo de vida y un sistema de valores alrededor de sus productos y lo que quieren que representen. Una manzana mordida no es solo una imagen de marca, es una concepción de la privacidad, de la estética. Y un signo de estatus. La experiencia, frente al producto, apela a nuestro cerebro reptiliano menos sofisticado. No es que se pague la marca, se paga la pertenencia a un club concreto y a un sistema de valores compartido. Y la cuota de admisión no es barata.

Gobernanza en y desde el ciberespacio

> Gobiernos del Mundo Industrial, vosotros, cansados gigantes de carne y acero, vengo del Ciberespacio, el nuevo hogar de la Mente. En nombre del futuro, os pido a vosotros, del pasado, que nos dejéis en paz. No sois bienvenidos entre nosotros. No ejercéis ninguna soberanía donde nos reunimos.
>
> No tenemos ningún gobierno electo, ni es probable que lo tengamos, así que me dirijo a vosotros sin más autoridad que aquella con la que la libertad siempre habla. Declaro que el espacio social global que estamos construyendo es independiente por naturaleza de las tiranías que buscáis imponernos. No tenéis ningún derecho moral a gobernarnos ni poseéis métodos para hacernos cumplir vuestra ley que debamos temer verdaderamente.
>
> Los gobiernos derivan sus justos poderes del consentimiento de los gobernados. No habéis pedido ni recibido el nuestro. No os hemos invitado. No nos conocéis, ni conocéis nuestro mundo. El Ciberespacio no se halla dentro de vuestras fronteras. No penséis que podéis construirlo, como si fuera un proyecto público de construcción. No podéis. Es un acto de la naturaleza y crece de nuestras acciones colectivas.
>
> [...] Estamos creando nuestro propio Contrato Social. Esta gobernanza se creará según las condiciones de nuestro mundo, no del vuestro. Nuestro mundo es diferente.
>
> El Ciberespacio está formado por transacciones, relaciones y pensamiento en sí mismo, que se extiende como una ola en la red de nuestras comunicaciones. Nuestro mundo está a la vez en todas partes y en ninguna, pero no está donde viven los cuerpos.
>
> Estamos creando un mundo en el que todos pueden entrar sin privilegios o prejuicios de raza, poder económico, fuerza militar o lugar de nacimiento.

Estamos creando un mundo donde cualquiera, en cualquier sitio, puede expresar sus creencias, sin importar lo singulares que sean, sin miedo a ser coaccionado al silencio o al conformismo.

Vuestros conceptos legales sobre propiedad, expresión, identidad, movimiento y contexto no se aplican a nosotros. Se basan en la materia y aquí no hay materia.

Nuestras identidades no tienen cuerpo, así que, a diferencia de vosotros, no podemos mantener el orden por coacción física. Creemos que nuestra gobernanza emanará de la ética, de un interés propio ilustrado y del bien común. Nuestras identidades pueden distribuirse a través de muchas de vuestras jurisdicciones. [...]

[...] En nuestro mundo, cualquier cosa que la mente humana pueda crear puede ser reproducida y distribuida infinitamente sin ningún coste. Ya no hacen falta vuestras fábricas para conseguir la transmisión global del pensamiento. [...]

John Perry Barlow,
Declaración de Independencia del Ciberespacio
Davos, Suiza, a 8 de febrero de 1996[9]

La Declaración de Independencia del Ciberespacio redactada por el estadounidense John Perry Barlow (1947-2018), fundador del *think-tank* y grupo activista Electronic Frontier Foundation —una de las instituciones más prestigiosas en el ámbito cibernético, abanderada de la libertad y neutralidad de la Red—, es hoy el canto nostálgico a un mundo perdido. Barlow, que había nacido en un pueblecito de Wyoming con poco más de cien habitantes, comienza por separar lo analógico de lo digital, el pasado del futuro, y establece que las estructuras de aquel no tienen jurisdicción ni medios para imponerlas en el mundo digital. Esta primera afirmación es, cuando menos, discutible desde el momento en que la capa física del ciberespacio sigue teniendo que ubicarse en un territorio bajo la soberanía de algún país.

La siguiente idea recogida en este documento tiene mucha más fuerza de lo que parece: establece el principio de la simetría de autoridad entre todos los nodos individuales del ciberespacio, independientemente de a quién pertenezcan. Declara iguales a todos los internautas, sean individuos, grupos o Estados. Como individuo realiza el resto de las afirmaciones, pero como individuo imbuido de la autoridad que otorga el no ser menos que cualquier otro.

La creación de un nuevo contrato social es otra idea de una gran potencia. Barlow quiere un mundo en el que la seguridad no dependa de una transacción con un Estado y en el que la libertad no se vea mediatizada más que por la de los demás. Sigue siendo un mundo de país de hadas, en el que no existe la maldad, pero tiene el valor de cuestionar siglos de historia y todo un modelo de gobernanza.

Toca luego el aspecto de la ubicuidad, trascendental para entender la mayor parte de los problemas y oportunidades del ciberespacio. Y el de la igualdad, que no deja de ser otra de las aspiraciones del mundo físico contemporáneo. Sin embargo, el texto de Barlow conserva un halo de cultura *hippie* y rebelde que desecha la posibilidad de conseguir estas aspiraciones fuera del entorno digital.

El párrafo que dedica a los conceptos legales ha hecho ya correr ríos de tinta sobre estos y hay bufetes de abogados especializados en cada uno de ellos. La propiedad intelectual, que se ha visto cuestionada como nunca con la proliferación de las redes de descargas colaborativas *peer-to-peer* (P2P, persona a persona), ha dado lugar a conceptos como el *copyleft*.[10] Si el *copyright* pretendía preservar los derechos del autor, el *copyleft* establece la libertad de uso —que no necesariamente la gratuidad ni, desde luego, la apropiación— bajo una serie de licencias que permiten compartir los conocimientos.

Hoy en día, el ciberespacio forma parte de nuestro hábitat. Vivimos en el mundo virtual tanto como en el físico. Muchos, incluso, parecen querer refugiarse en el primero para eludir las limitaciones que sienten que tienen en el segundo. Sin embargo, su regulación, las normas de gobierno del mundo digital, sigue estando «en construcción».

La biosfera lógica es nuestro nuevo hogar. Diseñado y construido por seres humanos, requiere unas normas estructurales que determinen los estándares de su construcción y mantenimiento, pero también un cuerpo regulatorio que establezca el comportamiento de sus habitantes. Es decir, necesitamos ejercer una gobernanza sobre los aspectos técnicos que determinan el funcionamiento de la Internet y otra sobre los aspectos sociales y jurídicos de la convivencia dentro de ella.[11]

Hay una gobernanza «en» la Red y una gobernanza «de» la Red. La primera es social y se ejerce sobre el contenido. La segunda es técnica y tiene lugar sobre el continente, sobre la plataforma. En la primera, los algoritmos afectan a los comportamientos sociales; en la segunda, se utilizan para el comercio y la economía (incluida la de la atención). La ingeniería social se mueve a caballo entre ambas para aprovechar las vulnerabilidades tecnológicas y humanas con fines de propaganda o criminales.

El político sueco Carl Bildt abunda sobre la necesidad de establecer estas dos gobernanzas y alerta sobre los riesgos de no hacerlo a tiempo.[12] Todos los beneficios aportados con la conectividad y ubicuidad del ciberespacio podrían desaparecer, al tiempo que esas mismas características serían utilizadas para generar el caos. El problema de la falta de coherencia entre el modelo de relación vertical de las estructuras jerárquicas de Estados y empresas, por una parte, y el distribuido y reticular del ciberespacio, por otra, provoca disfunciones a la hora de que los primeros ejerzan su soberanía y control sobre el mundo digital. La pugna por el mantenimiento del monopolio en el uso de la fuerza y en el control de la información se está librando ahora mismo.

Una demostración de la importancia de la irrupción de estos nuevos actores en la gobernanza mundial es el hecho de que Dinamarca nombrase un embajador tecnológico ante las grandes empresas de Silicon Valley en 2017. La justificación apuntaba a que estas afectaban al Estado danés «tanto como países enteros». Google, Facebook y los demás gigantes comparten de alguna manera la jurisdicción sobre los avatares de los daneses, la influencia sobre sus percepciones y otros muchos aspectos.

En sus primeros tiempos, una vez que dejó el ámbito militar en el cual nació y su relación con el mundo académico para convertirse en una red de acceso público, Internet mantuvo un espíritu coherente con el de la Declaración presentada por Barlow. Esta «etapa *hippie*» del ciberespacio favoreció su desarrollo y crecimiento rápido a través de una falta de regulación exterior. Internet era un mundo de psicodelia en fósforo verde.

El ámbito tecnológico se rige hoy en día por una serie de organizaciones nominalmente independientes de los Estados, aunque mediatizadas sin duda por su origen, ubicación e idioma de trabajo. La principal de ellas es la Corporación para la Asignación de Nombres y Números en Internet (ICANN), fundada en 1998 y con sede en California. La ICANN se define en su web como «una corporación de beneficio público, sin fines de lucro, con participantes de todo el mundo dedicados a mantener una Internet segura, estable e interoperable. Promueve la competencia y desarrolla políticas relacionadas con los identificadores únicos de Internet. Mediante su rol de coordinador del sistema de nombres de Internet, tiene un impacto importante en la expansión y evolución de la misma».[13]

Cuando los Estados empezaron a sentir que una parte importante de las vidas de sus ciudadanos quedaban más y más fuera de su alcance; cuando el mundo físico empezó a querer adoptar el modelo digital para su regulación; cuando las redes demostraron su capacidad de convocatoria en las mal llamadas «Primaveras Árabes» y en movimientos como Occupy Wall Street, el de los indignados o el 15-M, los gobiernos empezaron a preocuparse por regular también este no tan nuevo entorno. Surgieron entonces las primeras estrategias de ciberseguridad —entre ellas, la española—, los Mandos de Ciberdefensa —también España estuvo entre los países pioneros en crearlos— y los primeros estudios sobre legislación en el ámbito digital internacional.

Uno de estos primeros esfuerzos vino de la mano de un actor inesperado: la OTAN. Más concretamente, del Centro de Excelencia para la Cooperación en Ciberseguridad, radicado en Tallin. Desde allí se coordinó un equipo de juristas y expertos internacionales para crear el primer documento sobre las posibles aplicaciones del Derecho internacional al ciberespacio, específicamente a los conflictos armados: el Manual de Tallin, redactado entre 2009 y 2012 y publicado en abril de 2013.[14] Tuve ocasión de participar en alguna de las reuniones para la redacción de su segundo volumen, impreso en 2017 y en el que se amplía el contenido del primero.[15] Se trató de un (infrecuente) encuentro de profesionales de países de todo el mundo que consiguió consensuar algunas reglas básicas. El Grupo de Expertos Gubernamentales (GGE) de la ONU, que debía institucionalizar un resultado similar en términos oficiales, no tuvo el mismo éxito.

A partir del momento en que los Estados se empiezan a mostrar activos, las grandes empresas cuasi monopolísticas del sector empezaron a diferenciar sus caminos respecto de aquellos —hasta entonces, sus aliados tradicionales— y a competir con los mismos. El tamaño y los recursos de estas compañías, sobre todo los relacionados con el acceso y procesamiento de la información de los usuarios, las dotan de un gran poder y de intereses claramente diferenciados de los de los gobiernos.

El caso del FBI contra Apple ilustra muy bien esta circunstancia: una agencia estatal de seguridad recurre a los tribunales para reafirmar su monopolio sobre las empresas en la provisión de seguridad a los particulares. El FBI solicitó judicialmente a Apple que desencriptara el teléfono hallado a uno de los terroristas implicados en el tiroteo ocurrido en San Bernardino (California) el 2 de diciembre de 2015, en el que murieron 16 personas. Apple, que basa buena parte de su estrategia comercial en una imagen de garantía de la privacidad de sus usuarios, se negó alegando motivos técnicos. Oficialmente, el FBI consiguió acceder finalmente al teléfono y desistió de su solicitud a Apple. El caso, que acabó en tablas, se desarrolló en unas circunstancias particularmente favorables a la Administración al tratarse de un acto terrorista.[16]

Kristen E. Eichensehr, profesora de Derecho en la Universidad de California en Los Ángeles (UCLA), aduce que las grandes empresas tecnológicas actuales se diferencian de los anteriores emporios en tres factores:

1) su aspiración de globalidad y de independencia del control estatal;
2) la relación de interdependencia y a largo plazo con unos usuarios que también son globales;
3) la utilización del poder blando (*soft power*) para la fidelización de sus clientes a través de un modelo que atraiga recursos.[17]

Estos matices son importantes porque, al contrario de lo que ocurría con la mayoría de los oligopolios del pasado, la relación con el Estado es competitiva. El nacimiento de aquellas empresas tuvo lugar dentro del ámbito de los Estados y, por tanto, el Derecho aplicable podía construirse dentro del marco nacional, a diferencia de lo que ocurre en estos momentos, cuando empresas como Apple tienen su mayor mercado en China aunque su sede se halle en Estados Unidos. El hecho de que estas corporaciones proporcionen una plataforma alternativa al usuario donde desarrollar su actividad las convierte en «territorios virtuales», y la elección voluntaria de cada uno de ellos genera una mayor empatía con dicha plataforma que con el territorio físico que viene determinado simplemente por el lugar de nacimiento.

El descomunal tamaño de las grandes corporaciones del siglo XXI, sin embargo, se debe en parte al gran número de usuarios que han alcanzado. Facebook tiene una «población» mayor que cualquier Estado, una población que lo es de forma voluntaria pero que se somete a una «Constitución» —sus condiciones de uso— impuesta por el equipo de Zuckerberg y que no es fruto de ningún referéndum.

También la riqueza de las empresas es homologable con la de muchos Estados. Apple, Microsoft o Alphabet tienen una capitalización bursátil mayor que el PIB de España. En la lista de las cien entidades con mayor producto interior bruto (PIB), solo 31 son países. Las 69 restantes son empresas, muchas de ellas del sector digital. Sin contar con la riqueza que les supone el acceso sin restricciones a los datos de los usuarios. La monetización de los datos sigue siendo una asignatura pendiente de completar, pero supone unos activos fundamentales para estas empresas.[18] En este caso (al menos), el tamaño sí importa y el crecimiento de la Internet de las Cosas no va a hacer sino exacerbar esta situación.

La defensa de los propios intereses y de los valores corporativos está llevando a estas empresas a lanzar propuestas legislativas o a hacer *lobby* a favor o en contra de determinadas políticas. Incluso los empleados de algunas tecnológicas están asumiendo un papel protagonista en la defensa de dichos valores, instando a la compañía a desmarcarse, por ejemplo, de la investigación en inteligencia artificial para usos militares. Este hecho, sin embargo, ignora deliberadamente que la mayor parte de las aplicaciones tecnológicas tienen un uso dual: civil y militar.

La propuesta del presidente y jefe de los servicios legales de Facebook, Brad Smith, para el establecimiento de una Convención Digital de Ginebra, recogida en el blog oficial de Microsoft, estaba cargada de intencionalidad cuando subrayaba el papel protagonista que las empresas proveedoras de servicios debían jugar en la garantía de la seguridad de los internautas.[19] Además, señalaba la necesidad de crear una entidad privada neutral capaz de identificar a los autores de los ataques más graves contra infraestructuras y servicios críticos. La dificultad en la atribución de la autoría de los ataques es todavía hoy uno de los principales condicionantes para que el imperio de la ley pueda trasladarse al ciberespacio.

De este modo, mientras la gobernanza tecnológica del ciberespacio ha evolucionado hasta conseguir una cierta autonomía,[20] las instituciones siguen —a pesar de las sucesivas conversaciones multilaterales para establecer unas cibernormas cada vez más necesarias— sin desarrollar plenamente la gobernanza jurídica de la utilización que se hace de las redes ya en funcionamiento.[21]

Los intereses cruzados y, sobre todo, la falta de conocimiento y concienciación sobre su funcionamiento —alimentada por una notable falta de transparencia por parte de las compañías— se combinan para evitar más avances. Como es natural, el *statu quo* beneficia a aquellos que mejor se manejan entre las rendijas técnicas y jurídicas que permanecen sin cerrar.

Es posible que la solución tenga que ser tan dinámica y flexible como lo es el entorno que se debe regular. Parece que es preciso asegurar un entorno técnico neutral sobre el que se puedan llevar a cabo las iniciativas de todos y cada uno de los actores. De forma simultánea, habrá que fomentar la creatividad en los contenidos, lo que implicará un compro-

Acuerdos multilaterales que incluyen normas para el ciberespacio (hasta 2017)

2009	Jun.	Organización para la Cooperación de Shanghái (OCS)	Acuerdo de Cooperación en el Campo de la Seguridad de la Información Internacional
2010	Jul.	Organización de las Naciones Unidas (ONU)	Informe del Grupo de Expertos Gubernamentales
2011	Sep.	OCS	Borrador del Código de Conducta Internacional para la Seguridad de la Información
2013	Jul.	ONU	Informe del Grupo de Expertos Gubernamentales
	Dic.	Organización para la Seguridad y Cooperación en Europa (OSCE)	Medidas de Confianza
2014	Jul.	BRICS (Brasil-Rusia-India-China-Sudáfrica)	Declaración de Fortaleza
	Sep.	Alianza Atlántica (OTAN)	Declaración de la Cumbre de Gales
	Dic.	Unión Europea (UE)-Estados Unidos (EE. UU.)	Elementos Conjuntos del Ciberdiálogo
2015	Ene.	OCS	Borrador del Código de Conducta Internacional para la Seguridad de la Información (revisión)
	Jul.	BRICS	Declaración de Ufa
		ONU	Informe del Grupo de Expertos Gubernamentales
	Nov.	G-20	Comunicado de Antalya
	Dic.	UE-EE. UU.	Elementos Conjuntos del Ciberdiálogo

2016	Feb.	Organización de Estados Americanos (OEA)	Declaración del Centro Interamericano contra el Terrorismo
	Mar.	OSCE	Medidas de Confianza (ampliación)
	May.	EE. UU.-Líderes nórdicos	Declaración Conjunta
		G-7	Principios y Acción en Ciberseguridad
	Jul.	OTAN	Compromiso de Ciberdefensa
			Comunicado de la Cumbre de Varsovia
	Sep.	III Ciberconsultas Anuales EE. UU. + países bálticos y nórdicos	Declaración Conjunta
	Oct.	BRICS	Declaración de Goa
	Nov.	Cooperación Económica en Asia-Pacífico (APEC)	Declaración de los Líderes
		OSCE	Decisión Ministerial
	Dic.	UE-EE. UU.	Elementos Conjuntos del Ciberdiálogo
2017	Mar.	G-20	Comunicado de los Ministros de Economía y Gobernadores de los Bancos Centrales
	Abr.	OEA	Declaración del Centro Interamericano contra el Terrorismo
		G-7	Declaración sobre una Conducta Estatal Responsable en el Ciberespacio
	Ago.	Diálogo Estratégico Trilateral EE. UU.-Australia-Japón	Declaración Conjunta
	Sep.	BRICS (Brasil-Rusia-India-China-Sudáfrica)	Declaración de Fortaleza

Fuente: Carnegie Endowment for International Peace.

miso entre la libertad de acceso a la información y de expresión, y la sostenibilidad económica de los creadores. Finalmente, también parece inevitable que se ejerza un control estricto sobre determinados contenidos que afecten a la seguridad humana, corporativa y, desde luego, nacional.

En el primer caso, la «neutralidad de la Red»[22] permitiría un acceso igualitario a todos los internautas, particulares, corporativos o institucionales. En el segundo, se fomentaría la creación manteniendo los derechos comerciales a la propiedad intelectual que permiten que la situación sea sostenible. Finalmente, con la garantía de la seguridad se fijaría la base para una convivencia que, en otro caso, sería imposible.

Las «leyes físicas» del ciberespacio son construcciones humanas, nacidas, en el mejor de los casos, del consenso. La inexistencia de un entorno neutro en el que la fuerza de la gravedad —por emplear un símil— afecte a todos por igual contribuiría a agravar las desigualdades que ya se producen hoy en el mundo físico. Los internautas nos hemos acostumbrado a la aparente gratuidad de los servicios en la Red, sin darnos cuenta de que la sostenibilidad del sistema en su conjunto requiere que aquellos que mantienen las infraestructuras y generan los contenidos sigan viendo incentivos en su actividad.

Las empresas, tanto las proveedoras de servicios como las de contenidos, se rigen por criterios económicos que pueden incluso tener en consideración la sostenibilidad del modelo. Sin embargo, a la autorregulación que esto conlleva habrá que añadir necesariamente una capa externa de regulación estatal o supraestatal que uniformice el mercado y lo haga viable. La dejación por parte de las instituciones públicas en el establecimiento de las normas necesarias abandonará en manos de las empresas una responsabilidad que —al ser intrínsecamente incompatible con la maximización de sus beneficios— no parece que vayan a asumir.

Otra propuesta de Microsoft incide en la necesidad de combinar ambas opciones. Mientras que asume el papel central de la Administración en la coordinación de la seguridad a nivel internacional, pone sobre la mesa la posibilidad de que las empresas asuman un compromiso ético de defensa del internauta frente a los ataques cibernéticos estatales. Entre los compromisos que sugiere estaría el de trabajar únicamente en desarrollos defensivos, nunca ofensivos. Aparte del valor testimonial, las dificultades para conseguir que todas las empresas significativas asuman y se adhieran a estos principios son enormes. Es más, las garantías de que se regirán por ellos en todo momento no existen en absoluto, sobre todo cuando no podrían establecerse fácilmente mecanismos de control efectivos ni sanciones a los incumplidores.

Ingolf Pernice, director del Instituto Humboldt para la Internet y la Sociedad (HIIG, por sus siglas en alemán), también propone alternativas para la gobernanza institucional. Este jurista parte de lo novedoso de un escenario que trasciende las fronteras y en el que se abren posibilidades de participación política directa que antes solo podían soñarse. A partir de ahí, propone un sistema que denomina «constitucionalismo multinivel» en el que la gobernanza se reparte entre los niveles nacional, supranacional y global. De alguna manera, enlaza con la fórmula colaborativa que propone Microsoft, dejando en el centro la labor del Estado y complementándola con los otros niveles de gobernanza.

El ciberespacio afecta a todos los aspectos de la vida humana. También a la actividad política. Tiene el potencial para hacernos más libres y relevantes, más responsables y participativos. En su regulación tendremos que replantearnos nuestras prioridades como personas. Partir de la Declaración propuesta por Barlow podría resultar utópico, pero aspirar a la independencia que propone no lo sería. Tenemos la oportunidad histórica de definir el modelo de convivencia mundial, de influir desde el entorno —desde el diseño del escenario— en el grado de humanidad que tendrá la sociedad en la que vivamos.

Para ello, será necesario un ejercicio ético de definición de los nuevos límites de la libertad y la privacidad, un ejercicio jurídico sobre la forma de garantizar que los intereses individuales y colectivos se respetan mutuamente y un ejercicio técnico que dé soporte a la decisión adoptada.

Las preguntas que se plantean a la hora de regular el ciberespacio son profundas y podrían implicar subordinar el ritmo de implantación y la usabilidad de las tecnologías a la capacidad humana para asumirlas, y no solo a los intereses comerciales de sus generadores. Para responderlas, tendremos que comprender, en primer lugar, qué significa el ciberespacio y cuáles son sus riesgos y oportunidades.

MANUAL DE SUPERVIVENCIA

- **REFLEXIONA SOBRE QUIÉN ERES... Y APRENDE A SERLO**

  El desarrollo de la inteligencia artificial obliga al ser humano a plantearse problemas éticos sobre su propia esencia. Ya no basta diferenciarnos del resto de los animales por nuestra capacidad para razonar, tenemos que diferenciarnos de máquinas capaces de aprender por sí mismas en base a una programación abierta.

- **APLICA LA ÉTICA AL USO Y DISEÑO DE LAS MÁQUINAS... Y A TU TRABAJO**

  Es fundamental establecer unos límites claros a las capacidades de que dotemos a las máquinas. El diseño no solo debe tener a la seguridad como una de las premisas básicas, sino que también debe guiarse por criterios éticos que preserven la dignidad humana en todos sus aspectos. Los criterios éticos, por tanto, deben aplicarse a las actividades de los humanos que desarrollan sistemas más o menos autónomos.

- **HAZ MÁQUINAS PERFECTAS... Y NO INTENTES IMITARLAS**

  El futuro traerá, necesariamente, una integración de las capacidades de las máquinas y de los humanos. Esta simbiosis debe recoger lo mejor de ambos mundos, evitando en todo momento la tentación de obtener como producto un ser humano libre de imperfecciones, pero cuya libertad esté limitada por la aplicación inflexible de criterios algorítmicos.

- **PREPÁRATE PARA UN FUTURO MEJOR... Y PARA UN DURO CAMINO HASTA ÉL**

  Es previsible que los avances en materia de inteligencia artificial mejoren el nivel y la calidad de vida de todos. Pero también que incrementen las desigualdades entre unos y otros, entre aquellos con recursos para acceder a determinadas mejoras y los que sean beneficiarios pasivos de la llegada de los robots en sus diferentes formas. Un mundo feliz, pero cada vez más injusto.

- **CUIDA TU PRIVACIDAD... Y TU LIBERTAD**

  El mayor peligro para la libertad humana es la pérdida absoluta de privacidad en los niveles más íntimos de la consciencia. El establecimiento de un estándar de perfección —como ocurre, a otra escala, con los modelos estéticos— priva a la persona de su esencia creativa y a la sociedad de la flexibilidad necesaria para sobrevivir a los cambios. Cuando se emplea a las personas para alimentar bases de datos (*big data*) jugando con su privacidad, se deberían aplicar criterios similares a los que sigue el colectivo médico cuando experimenta en personas algún nuevo fármaco o procedimiento.

- **APROVECHA LA PERSONALIZACIÓN... Y RECHAZA LA DISCRIMINACIÓN**

  La aplicación de sesgos y factores diferenciales es consustancial con los algoritmos. De eso se trata, de conocer, agrupar, diferenciar y ofrecer a cada cual lo que le corresponde. Los sesgos solo son indeseables cuando los algoritmos se emplean para discriminar a grupos o personas de forma negativa, o si se utilizan para coartar su libertad (la de información o cualquier otra).

- **HAZ MÁQUINAS INTELIGENTES... Y QUE PUEDAS ENTENDER O, AL MENOS, CONTROLAR**

  Es difícil, si no imposible, limitar la generación de sistemas que sobrepasen la capacidad de comprensión de sus desarrolladores. La «explicabilidad» de los sistemas de algoritmos debería ser, en todo caso, al menos una aspiración. Si a las personas nos cuesta razonar el porqué de una decisión en muchas ocasiones, difícilmente conseguiremos programar una máquina para que lo haga. El control último sobre las decisiones de las máquinas y su reversibilidad a través de la acción humana son, sin embargo, irrenunciables.

- **AYÚDATE CON LAS MÁQUINAS... Y DEFIENDE TU DIGNIDAD**

  La regla de oro que se debe seguir en el desarrollo ético de los sistemas informáticos o de inteligencia artificial es la de mantener a las máquinas en funciones de apoyo al ser humano sin menoscabar nunca su dignidad. Debe evitarse todo desarrollo, por positivo que pueda parecer, que no responda a este principio.

8. UN TOQUE DE OPTIMISMO

Las ciencias y la globalización probablemente avanzarán todavía mucho más en este siglo XXI. La digitalización facilitará el conocimiento de las enfermedades y de nosotros mismos, al tiempo que los avances en las biotecnologías, sobre todo, permitirán una vida no solo más larga, sino también mucho mejor. Lo que hoy damos por sentado en nuestras sociedades avanzadas no era ni ciencia ficción para nuestros abuelos. Podemos esperar cambios equivalentes o superiores en las próximas dos o tres décadas. Cambios que traerán consigo sus consiguientes ventajas, y también sus riesgos.

Ricos muy ricos, pobres muy pobres

La desaparición de la pobreza no supone en absoluto la de las desigualdades. El Informe Mundial de la Desigualdad alerta de cómo la brecha entre los más ricos y los más pobres —o los menos ricos, si queremos, porque la pobreza extrema sí se ha reducido en los últimos años— no deja de ensancharse.[1] La tecnología, precisamente, supone tal ventaja competitiva para aquel que la posee que, incluso suponiendo un beneficio para todo el mundo, contribuye a diferenciar más a unos y a otros.

El tema no es en absoluto baladí. Puede ser que estemos eliminando objetivamente la necesidad como una de la causa de las guerras. Pero, al mismo tiempo, estamos potenciando la avaricia como otra de ellas. Incluso, podemos estar ayudando a crear castas diferenciadas en función de los distintos niveles de renta y de acceso a los últimos adelantos.

Lo estamos haciendo socialmente, con sistemas de puntuación que aplicamos a todo, más por necesidad de cuantificar que por nuestra propia conveniencia. Existe una obsesión por convertir la información en datos estructurados —medibles y transformables en números— para que una máquina pueda entenderlos, procesarlos y darnos una estadística. Y lo estamos haciendo económica y culturalmente, al crear guetos en los que cada estrato se impermeabiliza respecto de aquellos que tienen más y de los que tienen menos.

La economía sigue siendo el gran factor transversal que todo lo empapa. Nuestras decisiones se guían casi siempre por criterios económicos. No digamos las de las empresas o las de los organismos más impersonales. Aun así, queda la esperanza de que un mundo en el que la mayor parte de la actividad productiva corresponda a los robots, los seres humanos podamos dedicarnos más a encontrar el placer en el trabajo que a sobresalir en él. Cuando la productividad la aporten las máquinas, quizá podamos realizarnos más plenamente haciendo que nuestro ocio y nuestro negocio coincidan, dedicándonos a las tareas que más nos gusten en lugar de a aquellas en las que seamos más productivos.

Esa misma economía se beneficiará grandemente de los avances previstos en la inteligencia artificial. El PIB mundial podría llegar a crecer hasta en 13 billones de dólares de aquí a 2030. Para poner la cantidad en contexto, el PIB de Estados Unidos fue de algo más de 18 billones de dólares en 2017. Un estudio del McKinsey Global Institute (MGI) prevé que la economía mundial ganaría un 1,2 % más cada año solo por el efecto de los avances en este campo.[2] Se trata de incrementos comparables a los que trajo consigo la máquina de vapor o la Revolución Industrial.[3] Este incremento de la riqueza supondría una creación de empleo directo en torno al 5 %, a la que se sumaría un 12 % adicional de empleos indirectos.

No esperemos, sin embargo, que el crecimiento sea lineal y se aprecie desde el principio. El coste asociado a la puesta en marcha de estas nuevas tecnologías absorberá un 80 % de los beneficios en los primeros años. O sea, que ocho de cada diez euros tendrán que invertirse en crear las condiciones para ganarlos. Habrá que esperar a que las infraestructuras maduren antes de recibir el pleno potencial de los beneficios.

Más humanos que las máquinas

En 2025 hay ya 4 millones de robots industriales en el mundo. La inmensa mayoría de los fabricados desde 2020 están dotados de inteligencia artificial. En Estados Unidos, las tres cuartas partes de los hogares disponen de, al menos, un asistente virtual. La Internet de las Cosas va a cambiar el mapa de las conexiones a nivel mundial. Tendremos *wearables*, dispositivos para llevar puestos, que se comunicarán con otras máquinas y —tal vez— con nosotros. Dispondremos de *hearables*, como los asistentes virtuales, que oirán lo que digamos y reaccionarán a ello. Nuestro mundo estará lleno de dispositivos físicos y virtuales, y de muchas ondas.

Todo estará conectado con todo, como en la Gaia mítica que personificaba a la Tierra como ser vivo y madre de toda vida. Siguiendo de alguna forma con esta figura mitológica, quizás esa conexión universal suponga también una especie de conciencia universal de la interdependencia de toda vida.

Sería entender la humanidad y la Tierra, con todo lo que contiene, como un sistema, como un cuerpo dotado de órganos interdependientes que se comunican entre sí por impulsos eléctricos. Una suerte de «planeta Star Trek» en el que la supervivencia de toda la tripulación —con independencia de las banderas o de los puestos que se ocupen— dependa de su capacidad para trabajar juntos.

El cine y la literatura nos han mostrado los riesgos (a menudo de forma claramente exagerada) de la inteligencia artificial aplicada a los robots físicos. Sin embargo, antes incluso de eso, el poder de la influencia de los sistemas algorítmicos podría anular o condicionar muy seriamente nuestra libertad para elegir debido a su capacidad para influir en nuestras decisiones desde la discreción de un sistema invisible y asumido. Igual que confiamos en las instrucciones que nos proporciona el navegador para llegar a nuestro destino sin cuestionar casi nunca el recorrido, aceptamos los resultados de los motores de búsqueda o las sugerencias de los vídeos de YouTube casi como si fuesen mandato divino.

Pero, por otro lado, un uso responsable de las tecnologías puede facilitar el encuentro con personas afines, y la formación de grupos de trabajo o de ocio compatibles. Lo que antes ocurría al azar, ahora puede propiciarse gracias a ese ojo que conoce a toda la comunidad.

Paseando por un parque de Tartu, la ciudad universitaria más importante de Estonia, me encontré debajo de un puente una pintada pulcramente elaborada con un molde. El texto era muy breve, en inglés, y decía: «*Respect existence, or expect resistance*». Respetad la existencia o esperad resistencia. Estonia es el país digital por excelencia. Desde su independencia de la Unión Soviética, apostó claramente por la digitalización y ha hecho de la ciberseguridad su bandera y uno de sus negocios más lucrativos. En ese ambiente, de noche, solo en un parque, el mensaje sonaba como uno de los aforismos que utiliza el grupo *hacktivista* Anonymous.

La frase ha hecho fortuna y se ha convertido en canción, pero a mí me impactó particularmente el momento, el lugar y el estado de ánimo que tenía al leerla. Poco a poco, la sociedad civil está despertando y aprovechando las ventajas que le proporciona la digitalización para hacer oír su voz.

Hay motivos para ser optimistas frente a este futuro que va tan deprisa. Un futuro que, sin dejar de serlo, ya es percibido como algo reciente, como un pasado próximo. Un mundo en el que la prospectiva se convierte en noticia y en historia casi en el tiempo en que se escribe.

Será necesario tener en cuenta dos premisas frente a lo que se avecina: primera, todas las transiciones son difíciles y, segunda, cuando el mundo cambia, hay que cambiar con él para seguir teniendo la posibilidad de aprovechar las ventajas que ofrezca. El escritor británico Lewis Carroll, autor de *Alicia en el país de las maravillas* (1865) y *Alicia a través del espejo* (1872), ponía una expresión muy a propósito en boca de la Reina en esta última obra: «Lo que es aquí, como ves, hace falta correr todo cuanto una pueda para permanecer en el mismo sitio».

Todos los expertos aseguran que la revolución que tenemos por delante, la de la inteligencia artificial, va a ser tan relevante o más que la de la Internet, a la que seguimos tratando como una novedad y definiendo como «nuevas tecnologías». Pero también afirman que, cuando esté completado el ciclo de cambios, tenemos muchos motivos para pensar que no habrá menos trabajos, sino más y de mayor calidad.

Los miembros del grupo de «sabios» reunidos por el Gobierno de España para redactar un libro blanco de la inteligencia artificial consideran que una buena implantación de esta tecnología podría suponer la reducción del desempleo en el país hasta el 7 % en 2030.[5]

El problema será cómo abordar esa transición desde la situación actual hacia un mundo de cíborgs y realidades aumentadas. Una forma de afrontarlo que tendrá, al menos, tres niveles distintos que nos afectarán a todos y cada uno de nosotros:

1) el nivel individual, definido por nuestra actitud mucho más que por nuestras aptitudes;
2) el nivel colectivo, que adopte la ciudad en que vivimos, el país en el que pagamos los impuestos o la empresa en la que trabajamos;
3) el nivel global, que vendrá dado por cómo el conjunto de los humanos decidamos utilizar estas nuevas herramientas.

El mundo del futuro tiene que ser un mundo a medida de las personas, por mucho que las máquinas estén cada vez más presentes en él. No podemos imaginar futuros distópicos en los que el ser humano pierde su identidad y su individualidad, y después permitir que las profecías se cumplan avanzando paso a paso —como a cámara lenta— hacia ellas. Por eso, el mundo deberá respetar la existencia... o esperar resistencia.

Las ventajas que supondrá la aplicación de la inteligencia artificial se sienten ya hoy, ahora, aunque todavía no sean evidentes para el gran público. En multitud de ocasiones, no se reconoce la aportación de estas tecnologías porque están en un segundo plano, haciendo el trabajo callado y oscuro de apoyo a la decisión dentro, por ejemplo, de nuestros teléfonos. No obstante, los errores de diagnóstico en pacientes con cáncer de pecho, por ejemplo, podrían reducirse en un 85 %.[6] Y existe la certeza de que se registrarán factores similares ante otras enfermedades.

Incluso la seguridad de los sistemas de información, la ciberseguridad que tan amenazada se ve por el uso malicioso que se hace de los nuevos desarrollos, podrá utilizar las mismas herramientas que se emplean contra los sistemas para favorecer su protección en la constante lucha entre defensas y ataques. El tiempo medio necesario para identificar y neutralizar un ciberataque pasará de los 101 días actuales a apenas unas pocas horas.[7]

La llegada de la inteligencia artificial puede suponer la relativa independencia de los humanos respecto de la necesidad de producir aquello que tenemos que consumir. Los humanos somos, antes que seres racionales, seres emocionales y sociales.[8] Somos el *zoon politikón*, el animal político, como nos definía Aristóteles. El transhumano del futuro; el humano mejorado, aumentado, conectado; y el cíborg que fusionará el genio humano con la funcionalidad mecánica y digital podrían dedicarse a ejercer su papel en la sociedad liberados, en buena parte, de servidumbres laborales.

Tenemos por delante la posibilidad de construir un mundo a la medida de los humanos y de la humanidad, pero debemos hacerlo sobre la base de ese ser humano y no reformando el modelo social que teníamos hasta ahora. Habrá que redefinir casi todo, no porque lo que haya ahora no cumpla la función para la que se diseñó, sino porque la función que se requerirá será distinta.

Una de las polémicas científicas clásicas es la que mantuvieron dos filósofos, el físico matemático Roger Penrose y el matemático Hilary Putnam, acerca de la naturaleza no computacional de la mente humana.[9] Para entendernos, se discutía sobre la existencia de procesos lógicos en la mente humana que no pueden ser reproducidos por ninguna máquina, por mucho que su memoria fuese ilimitada. Algunos quieren ver en estos procesos no accesibles a una máquina un alma ajena a lo corporal.

Lo relevante es constatar que el ser humano y las máquinas tienen «inteligencias» distintas. No tenemos necesidad de competir con los robots. No debemos aspirar a ser más máquinas que ellos, sino más humanos cada día.

Hemos visto cómo el Gran Hermano tiene ya cientos de millones de ojos electrónicos repartidos por todo el mundo en forma de cámaras de vigilancia y miles de millones en forma de nuestros propios teléfonos móviles.

Es difícil negar que estamos en un mundo cada vez más parecido al de *El show de Truman* (Peter Weir, 1998), la película en la que el personaje encarnado por Jim Carrey vivía una vida retransmitida en directo por televisión. A diferencia de su protagonista, nosotros sí sabemos que todos nuestros movimientos están siendo captados por alguna cámara (o pronto lo estarán). Esto restringe, sin duda, nuestra libertad para salirnos de los guiones aceptables socialmente.

Pero eso es lo que, al fin y al cabo, hemos elegido con nuestra mínima tolerancia al riesgo. Cuando tuvimos miedo, pedimos o aceptamos primar la seguridad. Hemos elegido volar seguros en los aviones antes que embarcar cómodamente. Nos negamos a tener a un policía en cada esquina cuya presencia disuada a los delincuentes, pero no queremos renunciar a esa vigilancia. Así que aceptamos gustosos la presencia de cámaras —mucho más discretas— porque nos parecen algo menos intrusivo.

Ese mismo miedo a «lo otro», a «lo desconocido», ha supuesto un auge de partidos populistas y xenófobos, no tanto por la acción de las redes sociales como por nuestro propio apetito de confort. No culpemos al altavoz de lo que digamos. No matemos al mensajero. Ese miedo ya estuvo presente entre las causas de muchas de las guerras en nuestra Historia.

En el siglo XXI sabemos más, conocemos más. Ese desconocimiento que generaba desconfianza está (o podría estar) erradicado. Y con él debería estarlo el temor. Ya no cabe elucubrar sobre qué va a ocurrir, basta con establecer modelos y tomar decisiones. Habrá que reconocer, pues, que nuestro miedo actual es a la responsabilidad. Habrá que considerar si estamos haciendo encuestas y entrevistas para conocer más o para delegar la toma de decisiones en un consenso que nos exculpe.

No son las ciencias las que nos están fallando, no son las tecnologías, es nuestra capacidad para gestionar un cambio de era. Disponemos de tanta información como requiramos, probablemente de más de la que somos todavía capaces de estructurar y estudiar. Extractemos conocimiento de esa información y tengamos el valor de actuar en consecuencia. Una crisis no es un momento de peligro, sino una ocasión de adoptar decisiones. No es hora de acobardarse ante los riesgos, sino de aprovechar las oportunidades.

¿Nos vigilan o nos vigilamos?

Tampoco la videovigilancia está exenta de otros matices beneficiosos. Estos van más allá de la disuasión y la ayuda a la investigación de los crímenes, es decir, de contribuir a un entorno más seguro. Por ejemplo, se estima que en la India desaparecen entre cincuenta mil y medio millón de niños cada año (las cifras oficiales dejan un amplio margen de error, sí). Por su parte, el Ministerio para el Desarrollo de la Mujer y el Niño estima en «solo» 240.000 los desaparecidos entre 2012 y 2017, aunque otras fuentes insisten en hablar de medio millón anual.

El Gobierno indio ha tomado medidas y ha puesto en marcha el programa TrackChild, algo así como «Buscaniño».[10] En principio, esta iniciativa debía consistir en un mero repositorio que recogiese las fotografías de los niños desaparecidos, pero su volumen anulaba o disminuía notablemente su utilidad. Los niños quedaban escondidos en la multitud.

Sin embargo, una organización privada, Bachpan Bachao Andolan (BBA), consiguió autorización para aplicar un *software* que desarrollaron ellos mismos y que, basándose en técnicas de reconocimiento facial, permite comparar las fotos de la base de datos de TrackChild con los registros de entrada en hospitales y demás centros de asistencia. En los cuatro días que duró el experimento, BBA localizó a 2.930 «niños perdidos» por todo el país.[11]

¿Alguien puede negar el lado positivo de las técnicas de reconocimiento facial? Como todas las tecnologías, se trata de una ciencia neutra. Lo que las hace buenas o malas es la utilización que se haga de ellas... y la definición que le demos al «bien» y al «mal».

Incluso, salvo en casos contados, hablar de «bien» o «mal» en términos absolutos es una temeridad. Más que intrínsecamente buenas o malas, las cosas o las acciones dependen de la medida en que se empleen y del efecto concreto que causen. La curiosidad puede matar al gato, pero es el motor de la innovación; la agresividad da pie a las guerras, pero también a la sana competitividad.

Tenemos tendencia a ver la mitad del vaso que no está llena. En ese sentido, me encanta la teoría de que no hay que ver el vaso ni medio lleno ni medio vacío, sino con suficiente espacio como para añadirle lo que nos apetezca. Nunca hemos tenido tantas posibilidades para elegir con qué queremos rellenar el vaso. Quizá lo que nos asusta es precisamente eso: la cantidad de opciones y la responsabilidad de elegir entre ellas.

Sonría, por favor

¿No somos también nosotros mismos los que generamos una enorme cantidad de imágenes propias para compartir con nuestros amigos en una obsesión exhibicionista paralela a otra de carácter *voyeur*?

Las cámaras delanteras de los teléfonos móviles, las que se utilizan para los selfis, tampoco son la causa de la tendencia (que se ha exacerbado últimamente) a mirar hacia el interior de nosotros mismos. Son más bien la consecuencia de una demanda del mercado por ese producto. Nos hemos vuelto egoístas y la industria nos proporciona medios para mirar hacia nosotros. Muchos —especialmente los jóvenes— vuelven de sus vacaciones en lugares paradisíacos con la memoria del móvil a rebosar de fotos de sí mismos hechas a menos de un metro de su cara (salvo que utilicen el palo-selfi o brazo extensible) y en las que se adivina la playa o el Taj Mahal asomando al lado de la oreja.

Ese encerrarse en uno mismo —que se vuelve patológico en algunas manifestaciones— todavía puede verse incrementado por dispositivos como el que muestra el investigador Arnav Kapur en un vídeo de YouTube.[12] En él, Kapur aparece en distintos momentos de su vida comunicándose con un aparato que interpreta sus ondas cerebrales y le presenta los resultados como si fuera uno de los mayordomos digitales que ya he comentado.

Después de todo, los cascos de los pilotos de los más modernos aviones de combate ya pueden dirigir algunos sistemas atendiendo a la mirada de quien lo lleva puesto. Algunos, como en el caso del F-35 estadounidense, integran la información visual de hasta seis cámaras con datos de vuelo y del armamento. Tantos datos que los pilotos terminan por reducir el flujo de información porque unos se superponen con otros, o porque la saturación de los mismos dificulta la decisión más de lo que la favorece.[13]

La imagen propia se exhibe en un culto al ego en lo que podría parecer una constante competición por autoafirmarse. Viralizar la inmortalización efímera de una pose es la principal ocupación de muchos adolescentes que, en ese afán, se exhiben sin pudor alguno. Otros ponen en riesgo su vida para conseguir el aplauso del colectivo y el *like* individual. Algunas webs que registran desgracias ocurridas durante la grabación de un vídeo con un teléfono móvil han tenido que dividir sus contenidos en capítulos distintos debido a los numerosos casos que se dan.

En Corea del Sur, las cámaras graban a las mujeres en los aseos públicos sin el conocimiento de estas.[14] Las hazañas deportivas o las juergas parecen menos si no vienen acompañadas del correspondiente documento gráfico. Incluso las infracciones de tráfico se comparten en las redes como un nuevo ritual de iniciación.

Y, sin embargo, en todos estos casos, la tecnología solo juega un papel instrumental. Las filias y las fobias, las inseguridades y los vicios estaban ya ahí, esperando un instrumento ideal para manifestarse. No somos peores que las generaciones precedentes, simplemente disponemos de más y mejores instrumentos para el bien y para el mal. Y los utilizamos en ambos sentidos.

Red de libertad, red de mentiras

Las redes sociales han cometido numerosos errores y abusos en la monetización de la información que compartimos en ellas. Han servido como instrumentos para la desinformación y, probablemente, han alterado la forma en la que nos comunicamos.

Las estadísticas más recientes sobre el fenómeno de la soledad —una de las lacras que, de manera paradójica, sufrimos especialmente en las aglomeraciones urbanas— tampoco indican que el uso de las redes sociales mitigue mayoritariamente la falta de relaciones. Las opiniones muestran un reparto casi idéntico entre aquellas personas que consideran que las ayudan y aquellos que las ven como algo nocivo.

Sin embargo, como tal instrumento, e independientemente de cómo se utilicen, las redes sociales pueden permitir una revolución muy positiva tanto a nivel personal como social. Mientras que la imprenta o la prensa supusieron una cierta democratización de la información al permitir que esta llegase al grueso de la población, las redes sociales abren el camino de vuelta en esa transferencia de información, y permiten a todos los internautas aportar, también ellos, su punto de vista y su conocimiento.

A menudo, esta información carecerá de un valor real más allá del estrecho círculo de las amistades del que la comparte. En otras muchas ocasiones, sirve más para definir la personalidad —o la falta de criterio— del autor que para aportar conocimiento al conjunto de la sociedad.

Aun así, las redes sociales suponen un vehículo extraordinario para conectar comunidades, para vertebrar sociedades y para compartir esos pequeños hechos de la vida que nos resultan más próximos y nos afectan más directamente. Como decía Mark Zuckerberg, «una ardilla que muere enfrente de tu casa puede ser más relevante para tus intereses ahora mismo que las personas que están muriendo en África». Pero no conviene olvidarse de las personas que mueren en África. No ahora que tenemos capacidad para ser conscientes de su existencia y hacer algo al respecto.

Las redes sociales son un canal para que se oiga la voz de los disidentes de muchos países donde la censura o la represión limitan toda libertad de expresión. Como hicieron en su día Hosni Mubarak en Egipto o Bashar el Asad en Siria, los regímenes autoritarios contemporáneos limitan el acceso a Internet en sus países cada vez que las voces se desalinean del pensamiento único que pretenden imponer. Muchas minorías o grupos que, sin ser tan minoritarios, no habían podido hacer oír su voz han encontrado en las redes una plataforma óptima para visibilizarse. Es cierto que esto hace aflorar verdades que a algunos les pueden resultar incómodas y que podíamos evitarnos ver hasta ahora, pero esa misma publicidad es el primer paso para encontrar una solución o una forma de integración.

Ignorar lo incómodo, lo distinto, no va a hacerlo desaparecer. Solo cuando los problemas se ponen sobre la mesa en lugar de esconderlos bajo la alfombra empezamos el camino para solventarlos.

Los líderes de las principales redes sociales han tomado nota del descontento generado por los errores en la gestión de los contenidos y de la información de los usuarios. Las plataformas que dirigen tendrán que cambiar sus políticas, no tanto por la presión popular o social como por la de los mismos mercados. No es probable que los sesgos desaparezcan totalmente, pero tampoco la prensa tradicional estaba completamente libre de ellos. El problema sigue siendo el cuasi monopolio que unas pocas redes sociales tienen en todo el mundo, pero será necesario dar algo más de tiempo a los mecanismos de regulación para que el producto pueda conjugar su alcance y apertura con la viabilidad comercial.

¿O estamos dispuestos a renunciar a las oportunidades que ofrecen las redes para crear comunidades de intereses a nivel planetario? En cuanto pensamos más allá de Facebook y Twitter, las redes sociales han propiciado el contacto entre numerosos grupos de científicos, deportistas y profesionales de todo tipo para llevar a cabo estudios y actos del ámbito laboral o del lúdico que eran impensables hace apenas unos años.

Se han creado grupos de interés de familias afectadas por enfermedades raras o por desastres naturales, de otras que han puesto en común sus experiencias en la búsqueda de soluciones a sus problemas compartidos o se ha multiplicado de forma exponencial el potencial investigador de los científicos al permitirles compartir investigaciones en entornos colaborativos *online*.[15]

La colaboración se puede llevar incluso a la gobernanza de la misma plataforma, con fórmulas de moderación en las que están implicados los mismos usuarios. Reddit podría ser un modelo en este sentido.[16] Esto no garantiza en absoluto que cada uno de los grupos de debate que se formen vaya a estar libre de sesgos. Muy al contrario, lo que permite es que cada grupo introduzca los suyos libremente en espacios limitados, como las salas de chat de primeros de siglo.

Fuera de las redes sociales, pero muy en la línea de la cooperación, existen grupos de investigadores que comparten la capacidad de computación de sus equipos entre ellos y con terceros para avanzar más rápidamente en sus estudios. Cualquiera —yo mismo lo he hecho— puede prestar una parte de su ancho de banda y de su capacidad de proceso sobrante para gestionar parte de los cálculos necesarios para investigar, por ejemplo, una cura para el cáncer.

Con un espacio neutral para el debate, seremos las personas las que hagamos buen o mal uso de la tecnología. Esta muestra lo mejor de nosotros, pero también expone nuestras miserias. El uso que hagamos de nuestra libertad será responsabilidad de cada cual, pero para ello tenemos que ser capaces de construir un sistema que permita ejercer esa responsabilidad.

Los sesgos que se introducen en las redes nos molestan particularmente porque lo que hacen es reflejar la realidad que les mostramos e interpretarla. Toman los datos que les proporcionamos y extraen conclusiones que, en muchas ocasiones, no nos atrevemos a reconocer.

Cuando el asistente del sistema judicial estadounidense COMPAS discriminaba a negros e hispanos asumiendo que eran más susceptibles de cometer un delito o reincidir, lo hacía en función de los datos que se le habían proporcionado.[17] Sin consideración ética alguna. Su trabajo era valorar las probabilidades de recaída y lo hacía asépticamente. El sesgo, o la deficiencia, está en el entrenamiento que ha recibido o en los datos que le han proporcionado sus creadores. En este caso, bastará con aumentar la base de datos sobre la que trabaja. En cuanto al entrenamiento, aparte del factor técnico, quizás estemos muchas veces introduciendo nuestros propios prejuicios en la programación. El instrumento es válido, solo queda refinarlo.

La película española *Justicia artificial* (Simón Casal, 2024) aborda de forma brillante el asunto de la externalización de las decisiones judiciales en algoritmos. Más allá de la ficción, los planteamientos que hace son válidos casi siempre. Quizá lo que no llega a plantear es que, para suplir la falta de juicio humano no hacen falta máquinas, ni son la solución. Lo que hace falta es más humanidad.

Epílogo

El mundo está cambiando. Está cambiando en función de la tecnología disponible. Pero eso no es nuevo. El mundo siempre ha cambiado adaptando los avances que están disponibles para hacer más cómoda nuestra vida en él. Desde el mandato bíblico, si se quiere, de dominar la Tierra, el ser humano se ha dedicado a hacerlo aportando primero sus propias fuerzas, complementándolas con herramientas después, con la ayuda de los animales y luego de las máquinas, y ahora gestionando también el mundo de la información.

Hace poco más de un siglo que en los países del primer mundo todavía se utilizaban los animales de tiro como la principal fuerza para el transporte y para la producción de energía. La Revolución Industrial había tenido lugar mucho antes, pero sus efectos fueron aplicándose de una forma muy progresiva. La adaptación al cambio llevaba generaciones y era, por tanto, relativamente fácil de asimilar. Todo eso forma parte de un pasado del que no tenemos tiempo siquiera de sentirnos nostálgicos.

Sobrevivir en el mundo del siglo XXI supondrá ser capaz de adaptarse a sus nuevas normas. Normas que todavía no se han dictado y que están surgiendo de la confrontación de los intereses de las instituciones, las empresas y los ciudadanos. No es probable que ninguno de los tres termine por imponer sus condiciones de forma absoluta, pero el punto de compromiso que se alcance puede variar muy sustancialmente en función de quién sea capaz de tomar la iniciativa y sostener después el esfuerzo.

Entender el entorno en el que viviremos será fundamental. Para lograrlo no se requerirán tanto unos ciertos conocimientos tecnológicos —que casi se darán por supuestos, como si fueran «equipamiento de serie» del ser humano— como la capacidad para integrar esa tecnología en la vida de las personas y, muy importante, en la de las sociedades. Las habilidades que se requerirán en los años venideros tendrán más que ver con las humanidades que con las ciencias, más allá de unos conocimientos básicos, al contrario de lo que puede parecer intuitivo.[1]

En este sentido, ya se habla en el mundo anglosajón de tres pilares fundamentales: IQ, EQ y AQ. El IQ (*Intelligence Quotient*) sería el coeficiente intelectual clásico, que mide la inteligencia de las personas y ha sido el más valorado tradicionalmente. El EQ (*Emotional Quotient*) es la inteligencia emocional,[2] la capacidad para empatizar y relacionarse, algo que hoy tiene su reflejo en un mundo guiado por la reputación. Finalmente, el AQ (*Adversity Quotient*) sería el coeficiente de adversidad, es decir, la resiliencia: la capacidad de adaptación, resistencia y aprendizaje que tiene una persona. En el entorno de cambio permanente y acelerado en que se mueve la sociedad del siglo XXI, el coeficiente de adversidad —el AQ— se convierte en la medida de la capacidad de supervivencia de los mejor adaptados.

Si nadie lo remedia, avanzamos hacia un mundo en el que los gobiernos deberán mostrar las cartas a los gobernados y, aun así, saber ganar la partida. Un mundo más de tahúres que de jugadores, de equilibrios y persuasión antes que de razón y lógica. Un mundo cercano al administrado, en el que el ciudadano tendrá mucho que decir sobre las decisiones que se tomen, pero muy poco en el diseño de la estructura que lo soporta. Un mundo donde el sistema se determina de arriba abajo, aunque se permita que las decisiones del funcionamiento cotidiano se tomen de abajo arriba. Por decirlo de manera gráfica, podremos votar el nombre de las calles, pero no su recorrido.

Estamos inmersos en una espiral descendente hacia los mundos que describieron Orwell y Huxley. Y aunque no es un proceso imparable, las mismas dinámicas que nos han traído hasta aquí nos siguen empujando al abismo. No se trata de un problema que suponga la destrucción física de nuestro mundo, sino de la manera en que lo concebimos.

El Ministerio de la Verdad orwelliano no solo está reescribiendo los conceptos y, sobre todo, los valores sobre los cuales se asienta nuestra civilización, sino que también consigue, día tras día, que estos sean cada vez más relativos, menos sólidos. Todo ello en un momento en el que el mundo se había vuelto global. El vértigo del encuentro de culturas que convivirían de forma simultánea en un ciberespacio sin fronteras ha contribuido, sin duda, a la actual ola de proteccionismo e introspección. Es el mismo miedo e inseguridad que destila *1984* y que, en la novela, el Ministerio de la Paz resuelve con una guerra permanente que aísla a las distintas naciones y mantiene a cada una encerrada en sus propios paradigmas.

La labor del Ministerio de la Paz orwelliano vuelve en la actualidad a una dinámica de bloques, de «choque de civilizaciones» en palabras del politólogo estadounidense Samuel P. Huntington. Sin embargo, la ubicuidad y rapidez de las redes hacen que el conflicto resulte hoy muy distinto: sigue siendo permanente, pero su propia continuidad lo transforma en sutil y casi imperceptible.

Hoy, la humanidad afronta retos y desafíos sin precedentes en cuanto al margen de actuación y de error con el que contamos. Los problemas de carácter sociológico degeneran en migraciones masivas, crisis de empleo y desigualdad creciente. Se combinan y acrecientan con los medioambientales, que suman la necesidad de encontrar la fórmula para una transición ordenada a nuevas formas de producción, almacenamiento y distribución de la energía. En este momento, las consideraciones económicas juegan un papel fundamental en la redistribución de la riqueza entre naciones, entre empresas y entre personas. Y todo tiene lugar en el nuevo mundo en el que vivimos, la nueva biosfera digital en la que navegamos y que, en muchos casos, diseñamos más para tapar los agujeros de problemas pretéritos que para construir un futuro impensable hasta hace poco.

El avance exponencial de los conocimientos hace que el ritmo de aprendizaje y desarrollo se acelere, de manera imparable, cada minuto que pasa y conseguirá que en el siglo XXI, tomando como referencia la evolución que experimentamos en el año 2000, se evolucione un equivalente a 20.000 años. Es decir, de media, cada año de esta centuria supondrá dos siglos de evolución. Claro está que, al ser un proceso acelerado, todavía nos movemos a un ritmo más o menos razonable y asumible. Pronto, sin embargo, no podremos acomodarnos a él. Antes de llegar a ese punto sin retorno, los humanos tendremos que haber decidido a dónde queremos ir. ¿Volvemos a 1984? ¿Seguimos cayendo en el mundo feliz de Huxley? ¿O, por el contrario, avanzamos hacia un mundo donde no primen los absolutos, en el que podamos seguir creciendo, cada día, en un equilibrio inestable entre la seguridad y la libertad?

Decía Albert Einstein, uno de los genios más brillantes que ha dado la humanidad, que «nuestra mente intuitiva es un regalo sagrado y nuestra mente racional es un sirviente fiel. Hemos creado una sociedad que honra al sirviente y ha olvidado el regalo». Abramos el regalo de nuestra imaginación, de nuestra intuición, de nuestra ambición y nuestra compasión, de todo aquello que nos hace humanos. Nos hemos definido siempre como seres racionales para diferenciarnos del resto de los animales; redefinámonos ahora para no confundirnos con las máquinas que construyamos.

Agradecimientos

Este es el capítulo más difícil de escribir para mí. No porque no tenga a quién recordar en él, sino por las pocas líneas de que dispongo para la cantidad y calidad de todas aquellas personas que han contribuido a que lo escriba. Sé desde hace tiempo que soy, tanto o más que la suma de mis experiencias, la de las aportaciones de la gente con la que voy compartiendo mi vida.

Sin duda, mi trayectoria profesional está marcada por mi paso por el Centro Superior de Estudios de la Defensa Nacional (CESEDEN), en el que estuve primero como alumno y más tarde como profesor de Estrategia y Relaciones Internacionales. Allí coincidí por primera vez con Pedro Baños, mi amigo, maestro de geopolítica y mentor. De su iniciativa y de la de Francisco Martínez Soria, editor de Ariel, surgió la oportunidad final de escribir este libro, una ilusión que me ha acompañado desde que recuerdo. De la iniciativa de Caterina Da Lisca, la actual editora, brotó la posibilidad de actualizar el contenido de la obra original. Y también la de continuar esta ruta de exploración próximamente.

Mi etapa en el Mando Conjunto de Ciberdefensa y en la Secretaría General de Política de Defensa me abrieron nuevas perspectivas y aportaron muchísimos buenos amigos. Más tarde, mis años en Corea, Japón y Qatar me han abierto todavía más los ojos a un mundo que es mucho más amplio de lo que se ve o se puede leer desde Europa. De mis jefes, compañeros y subordinados —en los destinos y en las misiones internacionales en los que he estado— he aprendido y sigo aprendiendo cada día.

En todo o en parte, además del equipo de Ariel, me han ayudado a refinar el contenido de sucesivos borradores varios de esos buenos amigos, como Claudio Feijoo —catedrático de la Universidad Politécnica de Madrid y mi director de tesis—, Delfín Mariño, David Cano —de Analistas Financieros Internacionales (AFI)— y Francisco Hernández, fiscal de delitos informáticos. He recibido comentarios y enseñanzas de la profesora Margarita Robles, de la Facultad de Derecho de la Universidad de Granada; de Elena López-Gunn, directora general de I-Catalist; y de Cristina López Tarrida (@PsicoHacking), así como el apoyo fundamental de Mari Luz, documentalista del CESEDEN, a la que tantos debemos tanto. Para esta edición, el impulso y empuje de Enrique Martín (E&Q Engineering) ha sido providencial.

Pero *Mundo Orwell* habla sobre todo de personas. Mucho de lo bueno que haya en él es legado de mis padres, quienes, por otro lado, son mis lectores más benévolos. Otra parte debo agradecérsela a mi familia —mi mujer, Mercedes, y mis hijos Pablo y Ángel—, a los que he hurtado mucho tiempo para, cuando llegaba a casa, sentarme en el despacho a escribir. Y, sin duda, a todos aquellos cuyo cariño, muchas veces desde la distancia, ha sido sustento intelectual y soporte anímico.

Notas

1. Vida digital

1. La Constitución Española de 1978 recoge, en su artículo 20.1.d, el derecho a «comunicar o recibir libremente información veraz por cualquier medio de difusión». El mismo artículo incluye, en otro apartado, el derecho a «expresar y difundir libremente los pensamientos, ideas y opiniones mediante la palabra, el escrito o cualquier otro medio de reproducción», pero, cuando se refiere a la información, exige que esta sea veraz para que su difusión pueda estar protegida, al entender que es la base para la libertad de elección razonada.

2. Friedrich A. Hayek, *Los fundamentos de la libertad*, Madrid, Unión Editorial, 2014 (9.ª ed.).

3. Paul Sethe, «Carta al editor», *Der Spiegel*, 19 (5 de mayo de 1965), p. 18.

4. Para ser precisos, habría que decir que Facebook tiene 2.000 millones de cuentas de usuario, que no se corresponden con el mismo número de personas. Algunas de esas cuentas corresponden a entidades o a grupos de algún tipo. Otras son cuentas duplicadas de personas que, por alguna razón, prefieren separar distintos ámbitos de su vida en perfiles diferenciados. En cualquier caso, el «planeta Facebook» sigue siendo especialmente relevante por su tamaño.

5. <www.douyin.com>.

6. Claudio Feijóo *et al.*, *The Industrial Innovation Ecosystem*

of Artificial Intelligence in China: Status and Prospects, estudio para el Centro Común de Investigación de la Comisión Europea (pendiente de publicación).

7. Eli Pariser, *The Filter Bubble: How the New Personalized Web Is Changing What We Read and How We Think*, Londres, Penguin Books, 2012.

8. David Sumpter, *Outnumbered. From Facebook and Google to Fake News and Filter-bubbles: The Algorithms that Control our Lives*, Londres, Bloomsbury Sigma, 2018. «*Outnumbered*» es, en este caso, un juego de palabras entre «superados en número», su significado original, y «sobrepasados por los números», en referencia al poder de los algoritmos.

9. Nathalie Pignard-Cheynel *et al.*, «Au-delà du mur: l'algorithme de Facebook mis à l'épreuve», *The Conversation*, 25 de septiembre de 2017. Disponible en: <theconversation.com/au-de-la-du-mur-lalgorithme-de-facebook-mis-a-lepreuve-84295>.

10. Amandine Rosset, «48 jours au coeur de la fascho-sphère», *Le Magazine de L'Academie du Journalisme et des Medias* (AJM), 7 de julio de 2017. Disponible en: <jam.unine.ch/index.php/2017/07/07/48-jours-au-coeur-de-la-faschosphere>.

11. Eric Forbush y Nicol Turner-Lee, *Can Social Media Help Build Communities?*, TPRC 46, 21 de agosto de 2018. Disponible en: <ssrn.com/abstract=3142286>.

12. Chris Hayes, «My Favorite Example of How Informationally Toxic YouTube's Algorithm Is», *Twitter*, 6 de septiembre de 2018. Disponible en: <twitter.com/chrislhayes/status/1037831503101579264>.

13. Alex P. Miller, «Want Less-Biased Decisions? Use Algorithms», *Harvard Business Review*, 26 de julio de 2018. Disponible en: <hbr.org/2018/07/want-less-biased-decisions-use-algorithms>.

14. En este punto no puedo evitar recordar una escena de la película *La vida de Brian* (Terry Jones, 1980), protagonizada por los Monty Python, que ilustra bien esta actitud. Un grupo está reunido redactando un acta, en la que cada cual pretende añadir algún aspecto que refuerce el pensamiento ya adoptado pero que, al mismo tiempo, le permita aportar su grano de arena a la discusión. Finalmente, el resultado es hilarantemente absurdo por

terminar saliéndose de contexto en esa búsqueda de relevancia grupal. El fino humor de estos comediantes británicos lleva a lo cómico una situación que reconocemos en nuestras vidas cotidianas y que se exacerba en las redes sociales como consecuencia del elevado número de componentes de la Red y su relativo anonimato.

15. «Once Considered a Boon to Democracy, Social Media Have Started to Look Like its Nemesis», *The Economist*, 4 de noviembre de 2017; disponible en: <www.economist.com/briefing/2017/11/04/once-considered-a-boon-to-democracy-social-media-have-started-to-look-like-its-nemesis>. Véase también: Munich Security Conference, *Munich Security Report 2018: To the Brink - and Back?*, Múnich, 2018; disponible en: <issuu.com/munichsecurityconference/docs/msc_munichsecurityreport_2018>.

16. Maria Ressa, «Big Data in Political Communication», Conferencia Asiática sobre Comunicación Política, Singapur, 4-5 de septiembre de 2017. Disponible en: <youtu.be/J-b6AkXj1Hs>.

17. Tomo el título de mi artículo «La mano que mueve el ratón», *Revista SIC*, 105 (2013), pp. 64-66.

18. Respecto al posicionamiento de la marca personal, véase Pilar Trucios y Carlos Puig Sagi-Vela, *Marca personal y huella digital. Cómo diferenciarse*, Barcelona, The Valley Digital Business School, 2017. Un breve resumen, a cargo de Trucios durante su ponencia en el Ciclo de Conferencias de Estrategia Directiva organizado por el Instituto de Fomento de la Región de Murcia (INFO) en abril de 2015, está disponible en: <www.youtube.com/watch?v=6W_20ioPJcQ>.

19. Hay diversos ejemplos de presentadores de televisión, como el «Buenas noches, noches, a todos, todos» de los primeros tiempos de Hilario Pino en Canal+ o el «Así son las cosas, y así se las hemos contado» que han empleado varios de ellos.

20. Se pueden ver, por ejemplo, en «Fake Obama Created Using AI Tool to Make Phoney Speeches», BBC.com, 17 de julio de 2017 (disponible en: <www.bbc.com/news/av/technology-40598465/fake-obama-created-using-ai-tool-to-make-phoney-speeches>) o en James Vicent, «New AI Research Makes It Easier to Create Fake Footage of Someone Speaking», *The Verge*, 12 de julio de 2015 (disponible en: <www.theverge.com/2017/7/12/15957844/ai-fake-video-audio-speech-obama>).

21. Justus Thies *et al.*, «Face2Face: Real-time Face Capture and Reenactment of RGB Videos», *Proceedings of the IEEE Conference on Computer Vision and Pattern Recognition* (2016), pp. 2387-2395. El vídeo de demostración está disponible en: <www.youtube.com/watch?v=ohmajJTcpNk>.

22. Sundar Pichai, director ejecutivo de Google, mostró en mayo de 2018 una grabación en la que un robot entabla una conversación para reservar cita en una peluquería. La máquina emplea un lenguaje perfectamente natural, con giros lingüísticos, pausas y coloquialismos, además de llevar en todo momento la iniciativa en el diálogo. El vídeo de la presentación de Pichai está disponible en: <www.facebook.com/circuitbreaker/videos/2045943969031755>.

23. *Rumours about Germany. Facts for Migrants*, disponible en: <rumoursaboutgermany.info>.

24. Una pequeña pintura mural de escaso valor artístico, realizada en un santuario de la pequeña localidad zaragozana de Borja, que saltó a la fama mundial en 2012 cuando una anciana vecina, con buena intención, pero carente de los conocimientos técnicos necesarios, intentó restaurarla con pésimo resultado. La noticia llegó a los medios de comunicación españoles y, a través de Internet y de las redes sociales, se difundió por todo el mundo, siendo ampliamente parodiada y compartida.

25. «Quiénes somos», *Maldita Hemeroteca.* Disponible en: <maldita.es/quienes-somos>.

26. Juan M. Zafra, «Tenemos que cambiar el modelo: toda la economía se basa en manipular personas», entrevista a Jaron Lanier, *Telos*, 109 (2018), pp. 26-34. Disponible en: <telos.fundaciontelefonica.com/jaron-lanier-ser-critico-es-el-ultimo-acto-de-optimismo>.

27. Según la socióloga Julia Lerner, Alisa sería el producto de un «socialismo emocional» artificial. En cualquier caso, la también socióloga Polina Aronson piensa que ambos sistemas, Alisa y Siri, serían la personificación tecnológica de regímenes y sistemas de reglas que regulan y manipulan cómo concebimos y expresamos nuestros sentimientos. Véase Polina Aronson y Judith Duportail, «The Quantified Heart», *Aeon*, 12 de julio de 2018; disponible en: <aeon.co/essays/can-emotion-regulating-tech-translate-across-cultures>.

28. <https://sher.pa>.

29. La ingeniera técnica industrial Cristina López Tarrida (@PsicoHacking) relaciona este aspecto de la personalidad con las «cámaras de eco» y las burbujas de filtro. La persona vive encerrada, según esta especialista en ingeniería social y *hacking* psicológico, en su propio universo acrítico, que tiene el potencial de generar un futuro de insatisfechos, inmaduros emocionales y creyentes de su verdad por encima de todas las cosas.

30. La tendencia se ha agravado en los últimos años: un estudio de Microsoft cifra el declive del tiempo de atención en cuatro segundos, de doce a ocho, en los primeros quince años de este siglo. Véase Kevin McSpadden, «You Now Have a Shorter Attention Span than a Goldfish», *Time*, 14 de mayo de 2015; disponible en: <time.com/3858309/attention-spans-goldfish>.

31. Brad Smith, «We Are Taking New Steps Against Broadening Threats to Democracy», *Microsoft On the Issues*, 20 de agosto de 2018. Disponible en: <blogs.microsoft.com/on-the-issues/2018/08/20/we-are-taking-new-steps-against-broadening-threats-to-democracy>.

32. Dalia Research, «Global Perceptions of Democracy», *Dalia*, 21 de junio de 2018. Disponible en: <daliaresearch.com/wp-content/uploads/2018/06/Democracy-Perception-Index-2018.pdf>.

33. «El derecho a una información fiable», *El País*, 14 de noviembre de 2018. Disponible en: <elpais.com/sociedad/2018/11/13/actualidad/1542131770_962467.html>.

34. «What is Sortition?», *Sortition Foundation*. Disponible en: <www.sortitionfoundation.org/about>.

35. Gwynn Guilford, «Harvard Research Suggests that an Entire Global Generation Has Lost Faith in Democracy», *Quartz*, 30 de noviembre de 2016. Disponible en: <qz.com/848031/harvard-research-suggests-that-an-entire-global-generation-has-lost-faith-in-democracy>.

Richard Wike *et al.*, «Democracy Widely Supported, Little Backing for Rule by Strong Leader or Military», en *Globally, Broad Support for Representative and Direct Democracy*, Washington, Pew Research Center, 2017, pp. 20-30. Disponible en: <www.pewglobal.org/2017/10/16/democracy-widely-supported-little-backing-for-rule-by-strong-leader-or-military>.

36. González de la Garza, Luis Miguel, «El derecho a la privacidad y su inmensa erosión en la sociedad virtual. Las nuevas campañas electorales cognitivas», *Diálogos Ciencia y Derecho*, 11 de septiembre de 2017. Disponible en: <www.fidefundacion.es/dialogos/El-derecho-a-la-privacidad-y-su-inmensa-erosion-en-la-sociedad-virtual-Las-nuevas-campanas-electorales-cognitivas_a14.html>.

37. Andalusia Knoll Soloff, «Mexico's Troll Bots Are Threatening the Lives of Activists», *Motherboard*, 9 de marzo de 2017. Disponible en: <motherboard.vice.com/en_us/article/mg4b38/mexicos-troll-bots-are-threatening-the-lives-of-activists>.

38. Zeynep Tufekci, «How Social Media Took us from Tahrir Square to Donald Trump», *MIT Technology Review*, 14 de agosto de 2018. Disponible en: <www.technologyreview.com/s/611806/how-social-media-took-us-from-tahrir-square-to-donald-trump>.

39. Jamie Bartlett *et al.*, *The Future of Political Campaigning*, Londres, Demos, 2018. Disponible en: <www.demos.co.uk/project/the-future-of-political-campaigning>.

40. *Ibid.*

41. Jean-Baptiste Jeangène Vilmer *et al.*, «Joint report by the CAPS/IRSEM - Information Manipulation: A Challenge for Our Democracies», *France Diplomatie*, 4 de septiembre de 2018. Disponible en: <www.diplomatie.gouv.fr/en/french-foreign-policy/manipulation-of-information/article/joint-report-by-the-caps-irsem-information-manipulation-a-challenge-for-our>.

42. Esta expresión, tomada del título de una novela publicada por John Steinbeck en 1937 y que años despues —en 1992— se llevó al cine, ha servido en ocasiones para referirse a un mundo en el que conviven las máquinas (los ratones de los ordenadores) y los seres humanos. Véase, por ejemplo, Ángel Gómez de Ágreda, «De ratones y hombres», *Documentos de Opinión del IEEE*, 51 (2015); disponible en: <www.ieee.es/Galerias/fichero/docs_opinion/2015/DIEEEO51-2015_Ciberespacio_AGdeAgreda.pdf>.

43. Estoy firmemente convencido de que la inteligencia no se demuestra en las respuestas que se dan, sino en las preguntas que se hacen. El hecho de que las máquinas estén empezando a ser capaces de hacer preguntas con sentido y asimilar la respuesta que se les da es un salto cualitativo de gran importancia.

44. Qian Zhecheng, «AI Anchors: Xinhua Debuts Digital

Doppelgängers for Their Journalists», *Sixth Tone*, 8 de noviembre de 2018. Disponible en: <sixthtone.com/news/1003175/ai-anchors-xinhua-debuts-digital-doppelgangers-for-their-journalists>.

45. Andy Greenberg, «Hackers Remotely Kill a Jeep on a Highway – With Me in It», *Wired*, 21 de julio de 2015. Disponible en: <www.youtube.com/watch?v=MK0SrxBC1xs>.

46. No se trata de un relato ficticio. En 2016 un ataque contra la página web de DynDNS —el servicio encargado de asegurar que los pedidos de información por Internet se entregan en la dirección correcta— utilizó conexiones y procesadores de la llamada «Internet de las Cosas», como cámaras de circuito cerrado, para saturar la capacidad de respuesta del servicio. El resultado fue la caída de varias de las aplicaciones y webs más populares en buena parte del mundo. Para más información, véase Stephen Cobb, «Diez cosas que debes saber de los ataques DDoS a Dyn el 21 de octubre», *We Live Security by ESET*, 26 de octubre de 2016; disponible en: <www.welivesecurity.com/la-es/2016/10/26/ataques-ddos-a-la-iot-octubre>.

47. Paul Carter, «The Apps Designed to Help Mental Health», BBC, 19 de mayo de 2018. Disponible en: <www.bbc.com/news/av/technology-44070532/the-apps-designed-to-help-mental-health>.

48. Institute for the Future (IFTF) y Omidyar Network, *Ethical OS. A Guide to Anticipating the Future Impact of Today's Technology*, 2018. Disponible en: <ethicalos.org>.

49. En el cuarto capítulo de la vigésimo tercera temporada de esta serie, titulado «Reemplazable tú», Bart construye una adorable foquita de peluche robot que, por un defecto en el cableado, puede convertirse en una bestia sanguinaria.

50. Eric Klinenberg, *Going Solo: The Extraordinary Rise and Surprised Appeal of Living Alone*, Nueva York, Penguin, 2013.

2. El Ministerio de la Verdad

1. Cit. en José Manuel Burgueño, «"Fake news", un fenómeno nuevo con siglos de historia», *Telos*, 25 de mayo de 2018.

Disponible en: <telos.fundaciontelefonica.com/fake-news-fenomeno-nuevo-siglos-historia>.

2. Si me permite el lector una nueva digresión, quiero hacer referencia aquí a un tema relacionado con mis visitas a algunas «reservas» de indios Pueblo en Estados Unidos. La llegada del hombre blanco al continente americano supuso un choque cultural mucho más acusado en el norte que en el sur. Mientras que los españoles se encontraron con algunas culturas avanzadas, los anglosajones enfrentaron sus rifles y pistolas con culturas que, básicamente, estaban todavía en el Neolítico. Sin embargo, lo que se ha «vendido» como una historia romántica de superación en Norteamérica, se ha traducido como un genocidio despiadado y fanático en Sudamérica.

3. Este proverbio chino hace referencia a la política de disfrazar la realidad asignándole un nombre distinto al que le corresponde.

4. Ángel Gómez de Ágreda, «Falsas noticias, no noticias falsas. Posverdad y "fake news"», *Telos*, 109 (2018), pp. 18-21. Mi interpretación coincide con la definición que dan David M. J. Lazer *et al.* en «The Science of Fake News», *Science*, 359 (2018), pp. 1094-1096 (disponible en: <science.sciencemag.org/content/359/6380/1094>). Sus autores definen *fake news* como cualquier «información fabricada que imita el contenido de las noticias de los medios en la forma, pero no en su proceso organizacional o en su objetivo».

5. Hasta el punto de que IBM estima que el 90 % de la información existente en la actualidad se ha generado en los últimos dos años. Véase Jamie Bartlett *et al.*, «The Future of Political Campaigning», *Demos*, julio de 2018; disponible en: <www.demos.co.uk/project/the-future-of-political-campaigning>.

6. Hannah Arendt, «Truth and Politics», *The New Yorker*, 25 de febrero de 1967. Disponible en: <idanlandau.files.wordpress.com/2014/12/arendt-truth-and-politics.pdf>.

Thomas Weyn, «An Arendtian Approach to Post-truth Politics», *OpenDemocracy*, 12 de marzo de 2017. Disponible en: <www.opendemocracy.net/wfd/can-europe-make-it/thomas-weyn/arendtian-approach-to-post-truth-politics>.

7. Cit. en Zeynep Tufekci, «It's the (Democracy-Poisoning)

Golden Age of Free Speech», *Wired*, 16 de enero de 2018. Disponible en: <www.wired.com/story/free-speech-issue-tech-turmoil-new-censorship>.

8. Art Swift, «Americans' Trust in Mass Media Sinks to New Low», *Gallup*, 14 de septiembre de 2016. Disponible en: <www.gallup.com/poll/195542/americanstrust-mass-media-sinks-new-low.aspx>.

9. Yuval Noah Harari, *21 lecciones para el siglo XXI*, Barcelona, Debate, 2018, cap. 17.

10. Javier Salas, «La información falsa llega más lejos, más rápido y a más gente que la verdadera», *El País*, 8 de marzo de 2018. Disponible en: <elpais.com/elpais/2018/03/08/ciencia/1520470465_910496.html>.

11. Onur Varol *et al.*, «Online Human-Bot Interactions: Detection, Estimation, and Characterization», *Proceedings of the 11th International Conference on Web and Social Media*, AAAI, Palo Alto, 2017, pp. 280-289. Disponible en: <aaai.org/ocs/index.php/ICWSM/ICWSM17/paper/view/15587/14817>.

12. Así se puso de manifiesto en las sesiones «Extremist Content and Russian Disinformation Online: Working with Tech to Find Solutions» que el Comité Judicial del Senado de Estados Unidos celebró a finales de octubre de 2017. Disponible en: <www.judiciary.senate.gov/meetings/extremist-content-and-russian-disinformation-onlineworking-with-tech-to-find-solutions>.

13. Yin Yijun, «Kris Wu's Record Label Denies Bots Aided Album's No. 1 Ranking», *Sixth Tone*, 7 de noviembre de 2018. Disponible en: <sixthtone.com/news/1003168/kris-wus-record-label-denies-bots-aided-albums-no.-1-ranking>.

14. Javier Galán *et al.*, «Los 4.800 bots que jalearon el "procés"», *El País*, 10 de diciembre de 2017. Disponible en: <elpais.com/politica/2017/12/04/actualidad/1512389091_690459.html>.

15. Natalia Junquera, «Pere Navarro: «El '*procés*' se estudiará en las escuelas de 'marketing'», *El País*, 9 de agosto de 2018. Disponible en: <elpais.com/cultura/2018/08/07/actualidad/1533656092_203415.html>.

16. David Alandete, «La maquinaria rusa ganó la batalla "online" del referéndum ilegal», *El País*, 13 de noviembre de

2017. Disponible en: <elpais.com/politica/2017/11/12/actualidad/1510500844_316723.html>.

17. Enrique Dans, «El problema de las noticias falsas está en la educación», blog personal, 9 de marzo de 2018. Disponible en: <www.enriquedans.com/2018/03/el-problema-de-las-noticias-falsas-esta-en-la-educacion.html>.

18. Cit. en «El odio y la mentira: entrevista a Albert Camus», *Red Filosófica del Uruguay*, 28 de agosto de 2012. Disponible en: <redfilosoficadeluruguay.wordpress.com/2012/08/26/el-odio-y-la-mentiraentrevista-a-albert-camus>.

19. Jordi Pons, «La era de la incomunicación», canal YouTube de *El Mundo*, 17 de agosto de 2018. Disponible en: <www.youtube.com/watch?v=GefaLXO1iyM>.

20. Natalia Junquera, *op. cit.*

21. Leo Kelion, «Facebook Gives Users Trustworthiness Score», BBC, 21 de agosto de 2018. Disponible en: <www.bbc.com/news/technology-45257894>.

22. *Maldito Bulo* forma parte de *Maldita.es*, una página creada por los periodistas Julio Montes y Clara Jiménez Cruz cuyo objetivo declarado es dotar a los ciudadanos de «herramientas para que no te la cuelen». Forma parte de la International Fact-Checking Network y, a pesar de que su nombre jovial y desenfadado pudiera invitar a no tomárselo en serio, son un equipo de profesionales altamente cualificados y comprometidos que llevan a cabo una magnífica labor. Disponen de herramientas que, colocadas en el navegador o utilizadas en Twitter, avisan de las noticias falsas que se han identificado en una página o un tuit.

23. Francia (<www.assemblee-nationale.fr/dyn/15/dossiers/alt/lutte_fausses_informations>) y Alemania (<www.bmjv.de/SharedDocs/Gesetzgebungsverfahren/Dokumente/NetzDG_engl.pdf?__blob=publicationFile&v=2>) han adoptado ya leyes que pretenden mantener a raya las noticias falsas, al menos durante los periodos electorales.

24. Versión completa en inglés disponible en: <https://www.huxley.net/bnw-revisited>.

25. El jurista digital Pablo García Mexía, letrado de Cortes en el Senado y uno de los mayores expertos en el Derecho del ciberespacio, es la principal referencia sobre la neutralidad de la

Red en España; véase su web (www.pablogmexia.net). Sobre este tema concreto, véanse su artículo «En defensa de la neutralidad de la Red» (*ABC*, 18 de diciembre de 2017; disponible en: <www.abc.es/tecnologia/redes/abci-defensa-neutralidad-201712132223_noticia.html>), su blog *La Ley en la Red* (disponible en: <abcblogs.abc.es/ley-red/>) y su libro *Derechos y libertades, Internet y TICs* (Valencia, Tirant Lo Blanc, 2014).

26. «Las normas periodísticas de objetividad y equilibrio surgieron como una reacción de los periodistas contra el uso indiscriminado de la propaganda en la Primera Guerra Mundial [...] y el crecimiento de las relaciones públicas corporativas en la década de 1920», en David M. J. Lazer *et al.*, *op. cit.*

27. Esteban Hernández, «Quién manda en el mundo de la información y qué ideología tiene», *El Confidencial*, 23 de agosto de 2018. Disponible en: <blogs.elconfidencial.com/alma-corazon-vida/tribuna/2018-08-23/prensa-politica-estudio-ideologia_1607035>.

28. Ignacio Zafra, «El objetivo de Putin es que los europeos pierdan la confianza en sus instituciones democráticas», *El País*, 26 de marzo de 2018. Disponible en: <elpais.com/internacional/2018/03/12/actualidad/1520854050_646398.html>.

29. David Cyranoski, «Brain Implants Allow Paralysed Monkeys to Walk», *Nature*, 9 de noviembre de 2016. Disponible en: <www.nature.com/news/brain-implants-allow-paralysed-monkeys-to-walk-1.20967>.

30. <www.braininitiative.org>.

31. Rafael Yuste *et al.*, «Four ethical priorities for neurotechnologies and AI», *Nature*, 8 de noviembre de 2017. Disponible en: <www.nature.com/news/four-ethical-priorities-for-neurotechnologies-and-ai-1.22960>.

32. Eva Moya Losada, «Propaganda y desinformación en las redes sociales», *Cuadernos de la Guardia Civil*, 50 (2014), pp. 158-182. Disponible en: <intranet.bibliotecasgc.bage.es/intranet-tmpl/prog/local_repository/documents/15563.pdf>.

33. Nombre en clave de un programa de la Agencia de Seguridad Nacional estadounidense para la recopilación masiva de las comunicaciones de varias compañías de Internet del país. Iniciado en 2007, su existencia se filtró en 2013. Para más infor-

mación, véase PRISM en Wikipedia; disponible en: <en.wikipedia.org/wiki/PRISM_(surveillance_program)>.

34. OSCE, Joint Declaration on Freedom of Expression and «Fake News», Disinformation and Propaganda, 3 de marzo de 2017. Disponible en: <www.osce.org/fom/302796)>.

35. Flemming Rose, *The Tyranny of Silence*, Washington, Cato Institute, 2014, cit. en Danielle Keats Citron, «What to Do about the Emerging Threat of Censorship Creep on the Internet», Cato Institute, 28 de noviembre de 2017 (disponible en: <cato.org/publications/policy-analysis/what-do-about-emerging-threat-censorship-creep-internet>).

36. Diego Sánchez de la Cruz, «Flemming Rose: "La lucha contra fake news entraña mecanismos autoritarios de censura"», *Panam Post*, 10 de agosto de 2018. Disponible en: <es.panampost.com/diego-sanchez/2018/08/11/flemming-rose-fake-news-censura/?cn-reloaded=1&cn-reloaded=1>.

37. Adrián Raya, «Twitter cambiará completamente la manera en la que sigues a usuarios», *El Español*, 22 de agosto de 2018. Disponible en: <omicrono.elespanol.com/2018/08/seguir-temas-en-vez-de-usuarios-en-twitter>.

3. El Ministerio del Ocio

1. Andrew Ng, «What Artificial Intelligence Can and Can't Do Right Now», *Harvard Business Review*, 9 de noviembre de 2016. Disponible en: <hbr.org/2016/11/what-artificial-intelligence-can-and-cant-do-right-now>.

2. World Economic Forum, *Future of Jobs Report*, Ginebra, 2018. Disponible en: <reports.weforum.org/future-of-jobs-2016>.

3. Accenture y G20 Young Entrepreneurs' Alliance, *It's Learning. Just Not as We Know It. How to Accelerate Skills Acquisition in the Age of Intelligent Technologies*, 2018. Disponible en: <www.accenture.com/t20180920T094705Z__w__/us-en/_acnmedia/Thought-Leadership-Assets/PDF/Accenture-Education-and-Technology-Skills-Research.pdf>.

4. En España los usan en sus factorías empresas como Ford, Seat y Citroën. Véase, por ejemplo, el vídeo incluido en Noelia

Núñez, «Los "ciborgs" que fabrican los coches», *El País*, 20 de mayo de 2018; disponible en: <elfuturoesapasionante.elpais.com/los-ciborgs-que-fabrican-los-coches>.

5. Josh Bersin, «Insights from IMPACT 2018: The Rise of the Individual in the Future of Work», blog en *Deloitte*, 5 de abril de 2018. Disponible en: <blog.bersin.com/insights-from-impact-2018-the-rise-of-the-individual-in-the-future-of-work>.

6. Accenture, *op. cit.*

7. Jacques Bughin *et al.*, *Skill Shift: Automation and the Future of the Workforce*, McKinsey&Company, mayo de 2018. Disponible en: <mckinsey.com/featured-insights/future-of-work/skill-shift-automation-and-the-future-of-the-workforce>.

8. Louis Hyman, «It's Not Technology That's Disrupting Our Jobs», *The New York Times*, 18 de agosto de 2018; disponible en: <nytimes.com/2018/08/18/opinion/technology/technology-gig-economy.html>. Véase también, del mismo autor, *Temp: How American Work, American Business, and the American Dream Became Temporary*, Nueva York, Viking, 2018.

9. Bersin, *op. cit.*

10. <crunchbase.com/organization/cambricon-technologies>.

11. Feijóo, *op. cit.*

12. El proyecto Robolaw concluyó en 2014 y se elaboraron unas pautas, *Guidelines for Regulating Robotics*, para futuras regulaciones. Disponible en: <www.robolaw.eu/RoboLaw_files/documents/robolaw_d6.2_guidelinesregulatingrobotics_20140922.pdf>.

13. Carlos de la Torre, «Robótica y empleo. Un nuevo paradigma económico y laboral en los centros de trabajo», *Telos*, 108 (2018), pp. 120-123. Disponible en: <telos.fundaciontelefonica.com/wp-content/uploads/2017/11/telos-108-regulacion-carlos-de-la-torre.pdf>.

14. Esta taxonomía, que distingue entre *bots* de inteligencia artificial en el ámbito lógico, aquellos conectados a personas, robots con capacidades físicas y, dentro de estos, los sistemas de armas autónomos, es un desarrollo propio elaborado de forma conjunta con la profesora Margarita Robles, de la Universidad de Granada.

15. La línea Maginot constaba de más de un centenar de fortificaciones defensivas que Francia construyó a lo largo de su frontera con Alemania e Italia una vez finalizada la Primera Guerra Mundial.

16. «The UK Parliament Asking a Robot to Testify about AI is a Dumb Idea», *MIT Technology Review*, 11 de octubre de 2018. Disponible en: <www.technologyreview.com/the-download/612269/the-uk-parliament-asking-a-robot-to-testify-about-ai-is-a-dumb-idea>.

17. Aunque tendemos a dotar de género a los robots para acercar más nuestra relación con ellos. El hecho de que Sophia muestre su circuitería interna en la parte posterior de su «cráneo» no deja de ser un recordatorio visual a su interlocutor de que está interactuando con una máquina.

18. Mientras que el término *robot* deriva, a través del inglés, del checo *robota* («trabajo, prestación»), *cíborg* es la adaptación del inglés *cyborg*, acrónimo de *cybernetic organism* («organismo cibernético»), que se aplica a un ser formado por materia viva y dispositivos electrónicos.

19. Juan M. Zafra, «Los robots sirven para que podamos ser más humanos», *Telos*, 108 (2018), pp. 26-34. Disponible en: <telos.fundaciontelefonica.com/entrevista-con-la-ciborg-antropologa-amber-case-los-robots-nos-haran-mas-humanos>.

20. Albert Cañigueral, «Los retos de la economía colaborativa», charla en el TEDxBarcelonaSalon, 24 de abril de 2015. Disponible en: <www.youtube.com/watch?v=PPdvLTe0wjA>.

21. Luis Tamayo, «5 claves para entender la economía colaborativa, *idealista/news*, 30 de septiembre de 2014. Disponible en: <www.youtube.com/watch?v=K7zjQ1xWVXM>.

22. <www.givedirectly.org>.

23. Carrie Arnold, «Money for Nothing: the Truth about Universal Basic Income», *Nature*, 30 de mayo de 2018. Disponible en: <www.nature.com/articles/d41586-018-05259-x>.

24. Evelyn L. Forget, «The Town with No Poverty: The Health Effects of a Canadian Guaranteed Annual Income Field Experiment», *Canadian Public Policy/Analyse de Politiques*, 37 (2011), pp 283-305. Disponible en: <www.jstor.org/stable/23050182>.

25. <openspace.bbva.com>. Su director, Nacho Villoch, me

explicó este y otros proyectos de la entidad durante una visita al Centro.

26. Cit. en Cristina Galindo, «Viviremos 100 años, pero ¿cómo?», *El País*, 12 de agosto de 2018. Disponible en: <elpais.com/elpais/2018/08/10/ciencia/1533911822_785860.html>.

27. Markham Heid, «But Seriously, How Long Can Humans Live?», *Medium*, 19 de julio de 2018. Disponible en: <medium.com/s/futurehuman/but-seriously-how-long-can-humans-live-1e8b002d92ab>.

28. <su.org>.

29. <asociacionsingularidad.es>.

30. Instituto Nacional de Estadística, *Proyecciones de Población 2018*, nota de prensa, 10 de octubre de 2018. Disponible en: <www.ine.es/prensa/pp_2018_2068.pdf>.

4. El Ministerio de la Libertad

1. Sigo en estos párrafos iniciales a Mónica Valle, *Ciberseguridad. Consejos para tener vidas digitales más seguras*, Madrid, Editatum, 2018.

2. En julio de 2017 un responsable de la seguridad sísmica en Hawái posó para la prensa ante su mesa de trabajo, dejando ver por descuido un *post-it* pegado al monitor de su ordenador con la contraseña de acceso al mismo. Un error similar se repitió en el caso de un ministro holandés durante una entrevista televisada.

3. European Union Agency for Network and Information Security (ENISA), *Threat Landscape Report 2017*, 2018. Disponible en: <www.enisa.europa.eu/publications/enisa-threat-landscape-report-2017/at_download/fullReport>.

4. Europa Press, «El informático ruso detenido en Barcelona controlaba cientos de miles de ordenadores», 10 de abril de 2017. Disponible en: <www.europapress.es/catalunya/noticia-informatico-ruso-detenido-barcelona-controlaba-cientos-miles-ordenadores-20170410192108.html>.

5. A imagen de los viejos *westerns*, en los que los «buenos» iban normalmente con sombreros (y caballos) blancos mientras que los «malos» llevaban sombreros negros, se llama «*hackers* de

sombrero blanco» a aquellos que llevan a cabo labores de *hacking* ético, es decir, dedicado a descubrir vulnerabilidades en los sistemas y ponerlas en conocimiento de las autoridades para su parcheado. En cambio, los «*hackers* de sombrero negro» son aquellos que explotan criminalmente tales conocimientos.

6. Peter Steiner, «On the Internet, nobody knows you're a dog», *The New Yorker*, 5 de julio de 1993.

7. Para los detalles técnicos, véase Saleh Soltan, Prateek Mittal y H. Vincent Poor, «BlackIoT: IoT Botnet of High Wattage Devices Can Disrupt the Power Grid», *Proceedings of the 27th USENIX Security Symposium*, agosto de 2018. Disponible en: <www.usenix.org/system/files/conference/usenixsecurity18/sec18-soltan.pdf>. La grabación de la conferencia sobre este trabajo puede verse y escucharse en la web de la USENIX Association: <www.usenix.org/conference/usenixsecurity18/presentation/soltan>.

8. Andy Greenberg, «How Hacked Water Heaters Could Trigger Mass Blackouts», *Wired*, 13 de agosto de 2018. Disponible en: <www.wired.com/story/water-heaters-power-grid-hack-blackout>.

9. <ccdcoe.org/index.html>.

10. Richard Hummel, «Largest DDoS Attack Service Shut Down», *Netscout*, 26 de abril de 2018. Disponible en: <www.netscout.com/news/blog/largest-ddos-attack-service-shut-down>.

11. Alexander Khalimonenko, Oleg Kupreev y Ekaterina Badovskaya, «DDoS Attacks in Q1 2018», *Securelist*, Kaspersky Lab, 26 de abril de 2018. Disponible en: <securelist.com/ddos-report-in-q1-2018/85373>.

12. Alison DeNisco Rayome, «Here's How Much Money a Business Should Expect to Lose if They're Hit with a DDoS Attack», *TechRepublic*, 17 de abril de 2018. Disponible en: <www.techrepublic.com/article/heres-how-much-money-a-business-should-expect-to-lose-if-theyre-hit-with-a-ddos-attack>.

13. Timur Ibragimov *et al.*, «DDoS Attacks in Q2 2018», *Securelist*, Kaspersky Lab, 24 de julio de 2018. Disponible en: <securelist.com/ddos-report-in-q2-2018/86537>.

14. <www.incibe.es/protege-tu-empresa/herramientas/servicio-antibotnet>.

15. Mohit Kumar, «An Army of Million Hacked IoT Devices Almost Broke the Internet Today», *TheHackersNews*, 21 de octubre

de 2016. Disponible en: <thehackernews.com/2016/10/iot-dyn-ddos-attack.html>.

16. Waqas Amir, «OVH Hosting Suffers 1Tbps DDoS Attack; Largest Internet Has Ever Seen», *HackRead*, 24 de septiembre de 2016. Disponible en: <www.hackread.com/ovh-hosting-suffers-1tbps-ddos-attack>.

17. <krebsonsecurity.com>.

18. Anthony Spadafora, «GitHub Hit by Largest DDoS Attack in History», *ITProPortal*, 2 de marzo de 2018. Disponible en: <www.itproportal.com/news/github-hit-by-largest-ddos-attack-in-history>.

19. Andy Greenberg, «The Untold Story of Notpetya, The Most Devastating Cyberattack In History», *Wired*, 22 de agosto de 2018. Disponible en: <www.wired.com/story/notpetya-cyberattack-ukraine-russia-code-crashed-the-world>.

20. RSA, «2018 Cybercriminal Shopping List», infografía. Disponible en: <www.rsa.com/content/dam/en/infographic/rsa-2018-cybercriminal-shopping-list.pdf>.

21. RSA, «Mind-Blowing Cost of Global Cybercrime Every 60 Minutes». Disponible en: <www.rsa.com/en-us/products/fraud-prevention/cybercrime-every-60-minutes>.

22. El Mando Conjunto de Ciberdefensa (MCCD), a las órdenes del Jefe de Estado Mayor de la Defensa (JEMAD), planea y ejecuta «las acciones relativas a la ciberdefensa en las redes y sistemas de información y telecomunicaciones del Ministerio de Defensa u otras que pudiera tener encomendadas», al tiempo que contribuye «a la respuesta adecuada en el ciberespacio ante amenazas o agresiones que puedan afectar a la Defensa Nacional». Para más información, véase: <www.emad.mde.es/CIBERDEFENSA>.

23. RSA, *RSA Adaptive Authentication. Advanced Fraud Detection for Web & Mobile*, 2017. Disponible en: <www.rsa.com/content/dam/en/data-sheet/rsa-adaptive-authentication.pdf>.

24. NTI Nuclear Security Index. Disponible en: <www.ntiindex.org>.

25. NTI, «Defenses against the Cyber Threat Remain Insufficient», 2018. Disponible en: <ntiindex.org/data-results/key-trends/cyber-defenses>.

5. El Ministerio de la Paz

1. Ángel Gómez de Ágreda, «Vencer convenciendo o, si es preciso, combatiendo», *Telos,* 12 de enero de 2018. Disponible en: <telos.fundaciontelefonica.com/una-nueva-doctrina-para-la-guerra-del-siglo-xxi-vencer-convenciendo-o-si-es-preciso-combatiendo>.

2. Cynthia J. Arnson e I. William Zartman (eds.), *Rethinking the Economics of War. The Intersection of Need, Creed, and Greed,* Washington, Johns Hopkins University Press, 2005.

3. Tucídides, *Historia de la guerra del Peloponeso,* Madrid, Alianza Editorial, 2014.

4. Graham Allison, «The Thucydides Trap», *Foreign Policy,* 9 de junio de 2017. Disponible en: <foreignpolicy.com/2017/06/09/the-thucydides-trap>.

5. Anthony H. Cordesman, «Losing by "Winning": America's Wars in Afghanistan, Iraq, and Syria», *Center for Strategic and International Studies (CSIS),* 13 de agosto de 2018. Disponible en: <www.csis.org/analysis/losing-winning-americas-wars-afghanistan-iraq-and-syria>.

6. Este término (*remote warfare*) engloba aquellas operaciones desarrolladas en los últimos años en las que las fuerzas locales se hacen cargo de la presencia sobre el terreno apoyadas por tropas específicas de las potencias interesadas. Así, el apoyo estadounidense a los guerrilleros afganos contra la Unión Soviética, el apoyo aéreo proporcionado en Kosovo o en Libia, etcétera.

7. Abigail Watson y Emily Knowles, «How Can We Win? Lessons Learned from Contemporary Theatres», *Agile Warrior Quarterly,* segunda edición, abril de 2018. Disponible en: <www.oxfordresearchgroup.org.uk/agile-warrior-quarterly>.

8. Institute for Economics & Peace, *Global Peace Index 2018: Measuring Peace in a Complex World,* Sídney, junio de 2018. Disponible en: <visionofhumanity.org/app/uploads/2018/06/Global-Peace-Index-2018-2.pdf>.

9. *Ibid.*

10. El blog de Thomas P. M. Barnett está disponible en: <thomaspmbarnett.com>.

11. <www.strava.com/heatmap#7.00/-120.90000/38.36000/hot/all>.

12. Toda esta información, y mucha más, se vertió en las redes sociales a raíz de la publicación en Twitter de un «hilo» comenzado por Nathan Ruser (@Nrg8000) el 27 de enero de 2018. El *post* inicial fue seguido por una multitud de otros ejemplos de distintas ubicaciones.

13. Jack Corrigan, «Pentagon Prohibits Personnel From Using GPS Services in All "Operational Areas"», *Nextgov*, 6 de agosto de 2018. Disponible en: <www.nextgov.com/policy/2018/08/pentagon-prohibits-personnel-using-gps-services-all-operational-areas/150304>.

14. Lizzie Dearden, «ISIS Bans Fighters from Using Social Media Amid Paranoia over Spying and Dissent», *Independent*, 22 de junio de 2017. Disponible en: <www.independent.co.uk/news/world/middle-east/isis-ban-facebook-youtube-twitter-instagram-social-media-fighters-spying-dissent-islamic-state-a7803406.html>.

15. Daniel Brown, «Russian-backed Separatists Are Using Terrifying Text Messages to Shock Adversaries - and It's Changing the Face of Warfare», *Business Insider UK*, 14 de agosto de 2018. Disponible en: <uk.businessinsider.com/russians-use-creepy-text-messages-scare-ukrainians-changing-warfare-2018-8?r=US&IR=T>.

16. Mark Cancian, «What Cyber-War Will Look Like», *The Scholar's Stage*, blog, 6 de julio de 2018. Disponible en: <scholars-stage.blogspot.com/2018/07/what-cyber-war-will-look-like.html>.

17. Cristóbal Espinosa, «5 Mapas de ciberataques para impresionar "like a pro"», *Security Inside*, 9 de agosto de 2018. Disponible en: <securityinside.info/5-mapas-de-ciberataques-para-impresionar-like-a-pro>.

18. Didier Lavion, «Pulling Fraud Out of the Shadows. Global Economic Crime and Fraud Survey 2018», *PWC*, 2018. Disponible en: <www.pwc.com/gx/en/forensics/global-economic-crime-and-fraud-survey-2018.pdf>.

19. Michel Cukier, «Study: Hackers Attack Every 39 Seconds», A. James Clark School of Engineering, 9 de febrero de 2007. Disponible en: <eng.umd.edu/news/story/study-hackers-attack-every-39-seconds>.

20. James Moar, «The Future of Cybercrime and Security», *Juniper Research*, 8 de agosto de 2018. Disponible en: <www.juniperresearch.com/researchstore/innovation-disruption/cybercrime-security/threat-analysis-impact-assessment-leading-vendors> y <www-cdn.webroot.com/5415/0396/2242/The-Future-of-Cybercrime-and-Security-Juniper.pdf>.

21. Steve Morgan, «Cybersecurity Jobs Report 2018-2021», *Cybersecurity Ventures*, 31 de mayo de 2017. Disponible en: <cybersecurityventures.com/jobs>.

22. «Vault 7: CIA Hacking Tools Revealed», *WikiLeaks*, 7 de marzo de 2017. Disponible en: <wikileaks.org/ciav7p1>.

23. Scott Shane, Matthew Rosenberg y Andrew W. Lehren, «WikiLeaks Releases Trove of Alleged C.I.A. Hacking Documents», *The New York Times*, 7 de marzo de 2017. Disponible en: <nytimes.com/2017/03/07/world/europe/wikileaks-cia-hacking.html>.

24. Para una lista completa de los contenidos de esta entrega de WikiLeaks, véase: <en.wikipedia.org/wiki/Vault_7>.

25. McAfee, «Economic Impact of Cybercrime - No Slowing Down», *CSIS*, febrero de 2018. Disponible en: <www.mcafee.com/enterprise/en-us/assets/executive-summaries/es-economic-impact-cybercrime.pdf>.

26. Oficina de Asuntos de Desarme de las Naciones Unidas, «Pathways to Banning Fully Autonomous Weapons», 23 de octubre de 2017. Disponible en: <www.un.org/disarmament/update/pathways-to-banning-fully-autonomous-weapons>.

27. Irene Mollá, «Un pacto contra las armas letales autónomas», *El País*, 19 de julio de 2018. Disponible en: <elpais.com/tecnologia/2018/07/19/actualidad/1531992788_803316.html>.

28. El cortometraje *Slaughterbots* (Stewart Sugg, 2017), en el que el profesor Stuart Russell, de la Universidad de Berkeley, advierte sobre las armas autónomas del futuro próximo, se estrenó en YouTube el 12 de noviembre de 2017. Días después, se emitió durante la reunión de la Convención sobre Ciertas Armas Convencionales de la ONU en Ginebra. Disponible en: <www.youtube.com/watch?v=TlO2gcs1YvM>.

29. Una historia similar servía de base a una extraordinaria novela de Michael Crichton, *Presa* (Barcelona, DeBolsillo, 2010). En el libro, un enjambre de microdrones queda fuera de con-

trol en un laboratorio y su pequeño tamaño les permite acceder a cualquier lugar, mientras que su capacidad para volar de forma compacta les otorga la suficiente masa como para resultar un arma de características cinéticas.

30. Stephen Chen, «China's Brightest Children Are Being Recruited to Develop AI "Killer Bots"», *South China Morning Post*, 8 de noviembre de 2018. Disponible en: <scmp.com/news/china/science/article/2172141/chinas-brightest-children-are-being-recruited-develop-ai-killer>.

31. Ellen Nakashima, «Confidential Report Lists U.S. Weapons System Designs Compromised by Chinese Cyberspies», *The Washington Post*, 27 de mayo de 2013. Disponible en: <www.washingtonpost.com/world/national-security/confidential-report-lists-us-weapons-system-designs-compromised-by-chinese-cyberspies/2013/05/27/a42c3e1c-c2dd-11e2-8c3b-0b5e9247e8ca_story.html>.

32. United States Government Accountability Office (GAO), *Weapon Systems Cybersecurity. DOD Just Beginning to Grapple with Scale of Vulnerabilites*, octubre de 2018. Disponible en: <www.gao.gov/assets/700/694913.pdf>.

33. Asciende a 1,6 billones de dólares.

34. Es lo que se denomina *pentesting* («test de penetración»). La idea es crear un equipo de *hackers* que intente acceder a un sistema propio para comprobar si puede hacerlo y detectar las vulnerabilidades a través de las cuales penetraría, con el objeto de parchearlas, o sea, de «tapar» los agujeros de seguridad.

35. Jeff Daniels, «US Army Reportedly Bans Chinese-Made Drone, Citing "Cyber Vulnerabilities"», *CNBC*, 4 de agosto de 2017. Disponible en: <https://www.cnbc.com/2017/08/04/us-army-bans-chinese-made-drone-citing-cyber-vulnerabilities.html>.

36. Jordan Robertson y Michael Riley, «The Big Hack: How China Used a Tiny Chip to Infiltrate U.S. Companies», *Bloomberg*, 4 de octubre de 2018. Disponible en: <https://www.bloomberg.com/news/features/2018-10-04/the-big-hack-how-china-used-a-tiny-chip-to-infiltrate-america-s-top-companies>.

37. Antes de escandalizarnos ante esta práctica, quizá deberíamos pensar en cambiar la contraseña que incluye por defecto el *router* instalado en nuestra propia casa.

38. Mihoko Matsubara, «A Stuxnet Future? Yes, Offensive Cyber-Warfare is Already Here», *ETHZurich*, 23 de octubre de 2012. Disponible en: <www.css.ethz.ch/en/services/digital-library/articles/article.html/154091/pdf>. A pesar de que este artículo (en el que me he basado parcialmente) se publicó en 2012, los avances en el Derecho internacional solo se han producido en el ámbito académico, sin traducirse todavía en legislación concreta. Esto no significa que la interpretación que puedan hacer los países no les dé pie a tomar algún tipo de contramedida.

39. Nina Kollars y Jacquelyn Schneider, «Defending Forward: the 2018 Cyber Strategy Is Here», *War on the Rocks*, 20 de septiembre de 2018. Disponible en: <warontherocks.com/2018/09/defending-forward-the-2018-cyber-strategy-is-here>.

40. Tony Smith, «Hacker Jailed for Revenge Sewage Attacks», *The Register*, 31 de octubre de 2001. Disponible en: <www.theregister.co.uk/2001/10/31/hacker_jailed_for_revenge_sewage>.

41. John A. Warden III, *The Air Campaign. Planning for Combat*, Washington, National Defense University Press, 1988. [Hay trad. cast.: *La campaña aérea*, Buenos Aires, Escuela Superior de Guerra Aérea, 1991.]

42. El viernes 7 de agosto de 2008, poco después de que los tanques rusos atravesaran las fronteras de Georgia, iniciando así la guerra de Osetia del Sur, la página oficial del Gobierno georgiano sufrió un ataque de denegación de servicio. A partir de ese momento y durante varios días, se sucedieron los ataques a otras páginas gubernamentales y comerciales. Uno de esos ataques consistió «solo» en modificar el aspecto de algunas webs (*defacement*), como una en la que la imagen del entonces primer ministro georgiano, Mijaíl Saakashvili, se sustituyó por otra de Adolf Hitler.

43. En una muy apropiada adecuación lingüística, hoy se las denomina «aproximación a operaciones basadas en efectos (*Effect Based Approach to Operations*, EBAO). Los conceptos se explican en detalle en una monografía editada por la Cátedra Alfredo Kindelán con motivo de su XVI Seminario Internacional: Centro de Guerra Aérea del Estado Mayor del Aire, *La transformación de la fuerza aérea para realizar operaciones basadas en efectos (EBAO)*, Madrid, Secretaría General Técnica del Ministerio de Defensa, 2007;

disponible en: <www.ejercitodelaire.mde.es/stweb/ea/ficheros/pdf/9CF1C683D1D203AAC12574EC002F32D3.pdf>. Véase también este documento doctrinal de la Fuerza Aérea estadounidense: Curtis E. LeMay Center for Doctrine Development and Education, «The Effects-based Approach to Operations (EBAO)», 4 de noviembre de 2016; disponible en: <www.doctrine.af.mil/Portals/61/documents/Annex_3-0/3-0-D06-OPS-EBAO.pdf>.

44. José María Peredo, «De la guerra», blog *Política USA by J. M. Peredo, La Razón*, s. f. Disponible en: <www.larazon.es/blogs/politica/elecciones-usa-by-jose-maria-peredo/de-la-guerra-CO149 29029>.

45. Michael Greenberger, «What Happens When Personal Information Gets Weaponized», *Zócalo Public Square/Berggruen Institute*, 29 de marzo de 2017. Disponible en: <www.zocalopublics quare.org/2017/03/29/when-personal-information-gets-weapo nized/ideas/nexus> y <www.berggruen.org/ideas/articles/what-happens-when-personal-information-gets-weaponized>.

46. David Ruiz Marull, «Lo que hay detrás de los ataques de ISIS al patrimonio cultural», *La Vanguardia*, 24 de agosto de 2018. Disponible en: <www.lavanguardia.com/cultura/20180824/451414 290544/ataques-isis-patrimonio-cultural-oriente-medio.html>.

47. Paul Antonopoulos, «ISIS Create App to Indoctrinate Children», *Al Masdar News (AMN)*, 20 de diciembre de 2016; disponible en: <www.almasdarnews.com/article/isis-create-app-to-indoctrinate-children>. La autenticidad de esta noticia no está contrastada. Según el autor, el Daesh habría creado una *app* dirigida a niños con el objetivo de adoctrinarlos. De ser cierta, demostraría el alcance de la tecnología en manos de grupos y organizaciones terroristas. Si no lo es y la ha difundido el Daesh, contribuiría a crear una paranoia creciente entre la población. Si el origen no es el Daesh, significa que la paranoia ya ha calado.

48. Marc Sageman, *Leaderless Jihad. Terror Networks in the Twenty-first Century*, University of Pennsylvania Press, 2008.

49. James Der Derian, «The Cyber Age Demands a New Understanding of War But We'd Better Hurry», *Zócalo Public Square/Berggruen Institute*. Disponible en: <www.zocalopublicsquare.org/2017/03/29/cyber-age-demands-new-understanding-war-wed-better-hurry/ideas/nexus>.

50. Jesús Rodríguez, «Guerra 3.0», *El País*, 12 de febrero de 2017. Disponible en: <internacional.elpais.com/internacional/2017/02/10/actualidad/1486742896_396520.html>.

51. <www.stratcomcoe.org>.

52. European Union External Action, «Questions and Answers about the East StratCom Task Force», 11 de agosto de 2017. Disponible en: <eeas.europa.eu/headquarters/headquarters-homepage/2116/-questions-and-answers-about-the-east-stratcom-task-force_en>.

53. Ralph D. Thiele, «Hybrid Threats - And How to Counter Them», *ISPSW Strategy Series*, 448 (2016). Disponible en: <www.ispsw.com/wp-content/uploads/2016/09/448_Thiele_Oslo.pdf>.

54. Para más información, véase Miguel García Guindo y Gabriel, *La guerra híbrida. Nociones preliminares y su repercusión en el planeamiento de los países y organizaciones occidentales*, documento de trabajo del Instituto Español de Estudios Estratégicos (IEEE), Granada, 15 de febrero de 2015. Disponible en: <www.ieee.es/Galerias/fichero/docs_trabajo/2015/DIEEET02-2015_La_Guerra_Hibrida_GUindo_Mtz_Glez.pdf>.

55. Gobierno de Estados Unidos, *National Cyber Strategy of the United States of America*, septiembre de 2018. Disponible en: <www.whitehouse.gov/wp-content/uploads/2018/09/National-Cyber-Strategy.pdf>.

56. Barry Pavel y Peter Engelke, «Dinamic Stability. US Strategy for a World in Transition», *Atlantic Council Strategy Paper*, 1 (2016). Disponible en: <www.atlanticcouncil.org/images/publications/2016-DynamicStabilityStrategyPaper_E.pdf>.

57. En este sentido, la inteligencia artificial adquiere características que se atribuían hasta ahora al poder aéreo. Las acciones de la aviación, incluso las que se llevan a cabo en el marco de una operación concreta, tienen consecuencias estratégicas en muchas ocasiones.

58. Barry Pavel y Peter Engelke, *op. cit.*

59. Foro Económico Mundial, *The Global Risks Report 2018*, Ginebra, 2018. Disponible en: <www3.weforum.org/docs/WEF_GRR18_Report.pdf>.

60. Zygmunt Bauman, *Modernidad líquida*, Ciudad de México, Fondo de Cultura Económica, 2000.

6. El Ministerio de la Calidad de Vida

1. Juan Luis Suárez, «La nacionalización de la estrategia en torno a la inteligencia artificial: Estado, política y futuro», *Revista de Occidente*, 446-447 (2018), pp. 5-17. Disponible en: <www.revistasculturales.com/revistas/97/revista-de-occidente/num/446-447>.

2. Banco Mundial, «Urban Population (% of Total)», 2018. Disponible en: <data.worldbank.org/indicator/SP.URB.TOTL.IN.ZS>.

3. Deidre McPhillips, «Grassroots Diplomacy», *US News*, 13 de agosto de 2018. Disponible en: <www.usnews.com/news/world/articles/2018-08-13/amid-international-tension-the-sister-cities-program-promotes-grassroots-diplomacy>.

4. Estos datos son sobradamente conocidos también en el Kremlin, como recuerda Darrell M. West, «Vladimir Putin Delivers Vision for Technology at the Moscow Urban Forum», *Brookings*, 18 de julio de 2018. Disponible en: <www.brookings.edu/blog/techtank/2018/07/18/vladimir-putin-delivers-vision-for-technology-at-the-moscow-urban-forum>.

5. Hannah Ritchie, «How Urban Is the World?», *OurWorldInData*, 27 de septiembre de 2018. Disponible en: <ourworldindata.org/how-urban-is-the-world>.

6. Max Bouchet *et al.*, «Global Metro Monitor 2018», *Brookings*, junio de 2018. Disponible en: <www.brookings.edu/research/global-metro-monitor-2018>.

7. Pensadores mucho más modernos han discutido también el papel de la ética en la ciudad (y en la urbe). El arquitecto Alejandro Hernández Gálvez, por ejemplo, nos aproxima al pensamiento del sociólogo Richard Sennett y otros autores sobre este tema; véase «Ciudad abierta. Sobre "Construir y habitar: ética para la ciudad", de Richard Sennett», *Arquine*, 17 de mayo de 2018. Disponible en: <www.arquine.com/ciudad-abierta-richard-sennett>.

8. Guy Michaels y Ferdinand Rauch, «Can History Leave Towns Struck in Places with Bad Locational Fundamentals?», *VOX*, 8 de diciembre de 2013. Disponible en: <www.weforum.org/agenda/2018/05/are-towns-stuck-in-the-wrong-places>.

9. Es curiosa, por ejemplo, la distribución de las calles en Numancia, en la provincia de Soria. La zona es particularmente

ventosa y fría en invierno. Los numantinos decidieron que los cruces de las calles no debían mantener una misma línea, sino que en cada uno la continuación de la vía se desplazaba hacia un lado para evitar que el viento corriese canalizado a lo largo de la misma. De esta forma, incluso en las calles que están alineadas con el viento en un momento dado, este no discurre sin impedimentos más allá del primer bloque de casas.

10. Bruce Sterling, «Stop Saying "Smart Cities"», *The Atlantic*, 12 de febrero de 2018. Disponible en: <www.theatlantic.com/technology/archive/2018/02/stupid-cities/553052>.

11. En este aspecto, aparte de la sostenibilidad, incide el concepto de «ciudad lenta» defendido por el movimiento Cittaslow, nacido en Italia; véase: <www.cittaslow.org>.

12. Daniel Innerarity, «Ciudades culturalmente inteligentes», *esGlobal*, 10 de agosto de 2018. Disponible en: <www.esglobal.org/ciudades-culturalmente-inteligentes>.

13. Para una visión más completa de todos los factores que determinan el grado de «inteligencia» de una ciudad, véase el índice *IESE Cities in Motion* que publica cada año la escuela de negocios IESE, adscrita a la Universidad de Navarra. Como referencia, en el correspondiente a 2018, elaborado por los profesores Pascual Berrone y Joan Enric Ricart, Madrid y Barcelona ocupan los puestos 25 y 26. Disponible en: <www.iberglobal.com/files/2018/cities_in_motion_2018.pdf>. Hay otros baremos similares, como los elaborados por las consultoras Arcadis (www.arcadis.com) y PWC (www.pwc.com). El más actualizado en el momento de escribir estas líneas es el *Global Liveability Index 2018*, elaborado por la Unidad de Inteligencia del diario *The Economist* y disponible en: <pages.eiu.com/rs/753-RIQ-438/images/The_Global_Liveability_Index_2018.pdf>.

14. Hannah Merry, «IoT: Keeping the elderly independent at home», blog, *IBM*, 14 de diciembre de 2016. Disponible en: <www.ibm.com/blogs/internet-of-things/elderly-independent-smart-home>.

15. La empresa española Indra también está desarrollando proyectos de innovación urbana, como el descrito por Miguel A. González Sanromán y David Sarmiento Pérez, «La ciudad digital al servicio del ciudadano del siglo XXI», *Minsait/Indra*, 4 de

julio de 2018. Disponible en: <www.minsait.com/es/whats-new/insights/la-ciudad-digital-al-servicio-del-ciudadano-del-siglo-xxi>.

16. Dell Cameron, «Hack Can Turn Robotic Vacuum Into Creepy Rolling Surveillance Machine», *Gizmodo*, 19 de julio de 2018. Disponible en: <gizmodo.com/hack-can-turn-robotic-vacuum-into-creepy-rolling-survei-1827726378>.

17. Servicio Público de Anuncios del FBI, «Consumer Notice: Internet-Connected Toys Could Present Privacy and Contact Concerns for Children», 17 de julio de 2017. Disponible en: <www.ic3.gov/media/2017/170717.aspx>.

18. Sam Thielman, «Cyber Attack: Hackers "Weaponised" Everyday Devices with Malware», *The Guardian*, 22 de octubre de 2016. Disponible en: <www.theguardian.com/technology/2016/oct/22/cyber-attack-hackers-weaponised-everyday-devices-with-malware-to-mount-assault>.

19. <aura.telefonica.com/es/>.

20. «Amazon Echo & Google Home to Reside in Over 50% of US Households By 2022, As Multi-Assistant Devices Take Off», *Juniper Research*, 8 de noviembre de 2017. Disponible en: <www.juniperresearch.com/press/press-releases/amazon-echo-google-home-to-reside>.

21. Kate Crawford y Vladan Joler, «Anatomy of an AI System. The Amazon Echo As An Anatomical Map of Human Labor, Data and Planetary Resources», blog, *AI Now Institute and Share Lab*, 7 de septiembre de 2018. Disponible en: <anatomyof.ai>.

22. «Gartner Says Worldwide IoT Security Spending to Reach $348 Million in 2016», nota de prensa, *Gartner*, 25 de abril de 2016. Disponible en: <www.gartner.com/newsroom/id/3291817>.

23. El vídeo *When all microphones on Iphone are taped over, Siri is the only one who still hear you*, publicado en 2018, muestra cómo el asistente personal de los teléfonos de Apple es capaz de oír las conversaciones incluso cuando se han tapado los micrófonos y el resto de las funcionalidades están deshabilitadas. Disponible en: <vimeo.com/255254752>.

24. Kelichi Matsuda, *Hyper Reality*, vídeo, 2016. Disponible en: <vimeo.com/166807261>.

25. Richard Gray, «An AI has learned how to pick a single voice out of a crowd», *NewScientist*, 24 de octubre de 2017. Disponi-

ble en: <www.newscientist.com/article/2151268-an-ai-has-learned-how-to-pick-a-single-voice-out-of-a-crowd>.

26. <stamen.com/work/big-glass-microphone>.

27. Brian Krebs, «Hacked Cameras, DVRs Powered Today's Massive Internet Outage», *Krebs on Security*, 21 de octubre de 2016. Disponible en: <krebsonsecurity.com/2016/10/hacked-cameras-dvrs-powered-todays-massive-internet-outage>.

28. B. Carrasco, «Ejército del Aire espera tener sus cuatro Reaper a final de 2019», *Infodefensa*, 26 de septiembre de 2017. Disponible en: <www.infodefensa.com/es/2017/09/26/noticia-ejercito-espera-tener-cuatro-reaper-operativos-principio.html>.

29. Noah Shachtman, «Air Force to Unleash "Gorgon Stare" on Squirting Insurgents», *Wired*, 19 de febrero de 2009. Disponible en: <www.wired.com/2009/02/gorgon-stare>. Véase también: Ross McNutt, «Eye in the Sky», podcast, *Radiolab*, 19 de junio de 2015. Disponible en: <www.wnycstudios.org/story/eye-sky>.

30. David Fishman y Michelle Kim, «Police Worldwide Eye Baltimore's Vast Surveillance Complex», *The Christian Science Monitor*, 21 de diciembre de 2016. Disponible en: <www.csmonitor.com/World/Passcode/2016/1221/Police-worldwide-eye-Baltimore-s-vast-surveillance-complex>.

31. Alice Shen, «Parallel Traders, Beware: New Facial Recognition System Installed at Hong Kong-Shenzhen Border», *South China Morning Post*, 24 de julio de 2018. Disponible en: <www.scmp.com/news/china/society/article/2156510/china-uses-facial-recognition-system-deter-tax-free-traders-hong>.

32. <www.hertasecurity.com>.

33. Vodafone, «Reconocimiento facial: cuando tu cara es tu nuevo DNI», YouTube, 3 de diciembre de 2017. Disponible en: <youtu.be/UrYH7SugoaM>.

34. Rachel Whiters, «The iPhone's Face ID Struggles in the Morning», *Slate*, 10 de julio de 2018. Disponible en: <slate.com/technology/2018/07/iphone-face-id-struggles-to-recognize-people-in-the-morning.html>.

35. Christina Larson, «Who Needs Democracy When You Have Data?», *MIT Technology Review*, 20 de agosto de 2018. Disponible en: <www.technologyreview.com/s/611815/who-needs-democracy-when-you-have-data>.

36. Nicole Kobie, «Citymapper is trying to make sense of London's dockless bike mess», *Wired*, 2 de julio de 2018. Disponible en: <www.wired.co.uk/article/citymapper-ofo-obike-london-transport>.

37. También deben tenerse en cuenta los beneficios para ciudadanos con movilidad limitada o de edad avanzada, para los que se desarrollan proyectos concretos como City4Age (www.city4ageproject.eu).

38. <senseable.mit.edu/livesingapore/visualizations.html>.

39. Carlos Fresneda, «Las ciudades serán el motor de la economía circular», *El Mundo*, 26 de noviembre de 2016. Disponible en: <www.elmundo.es/economia/2016/11/26/582eec07e2704eb87c8b466a.html>.

40. Uno de los posibles efectos secundarios de la seguridad de los datos y de la normativa al respecto es que se restrinja su disponibilidad para la investigación. El incremento de las medidas para garantizar la privacidad supondrá una mayor dificultad para que las fuerzas policiales puedan acceder fácilmente a los perfiles de criminales y terroristas. Véase Julien Grossmann, «Public Data Changes Likely to Limit Open-source Access», *Jane's Intelligence Review*, 21 de marzo de 2018.

41. Daisy Carrington, «Yinchuan: The Smart City Where Your Face is Your Credit Card», *CNN FutureCities Asia*, 11 de octubre de 2016. Disponible en: <edition.cnn.com/2016/10/10/asia/yinchuan-smart-city-future/index.html>.

42. Drew Hemment y Anthony Townsend (eds.), *Here Come The Smart Citizens*, Mánchester, FutureEverything, 2013; disponible en: <futureeverything.org/wp-content/uploads/2014/03/smartcitizens1.pdf>. Véase también Dan Hill, «On the Smart City. A call for Smart Citizens Instead», *City of Sound*, 1 de febrero de 2013; disponible en: <www.cityofsound.com/blog/2013/02/on-the-smart-city-a-call-for-smart-citizens-instead.html#more>.

43. Red.es, «Ciudades e islas inteligentes», Ministerio de Economía y Empresa, 2015. Disponible en: <www.red.es/redes/es/que-hacemos/ciudades-inteligentes/proyectos-en-ciudades>.

44. Consejo Económico y Social de Naciones Unidas, *Progresos en el logro de los Objetivos de Desarrollo Sostenible*, infor-

me del Secretario General, 8 de junio de 2017. Disponible en: <www.un.org/ga/search/view_doc.asp?symbol=E/2017/66&Lang=S>.

45. Para el progreso sobre el objetivo número 11 en 2018, véase Sustainable Development Goals Knowledge Platform, «Progress of Goal 11 in 2018», disponible en: <sustainabledevelopment.un.org/sdg11>.

46. Europa Press, «El Banco de España cree que una moneda digital emitida por el banco central mejoraría la política monetaria», *El Economista*, 30 de julio de 2018. Disponible en: <eleconomista.es/divisas/noticias/9305314/07/18/El-Banco-de-Espana-cree-que-una-criptomoneda-emitida-por-el-banco-central-mejoraria-la-politica-monetaria-.html>.

47. La tecnología asociada al reconocimiento facial está muy adelantada en países como China, donde dos *startups*, SenseTime y Megvii, se están convirtiendo en líderes mundiales en el sector. Véase Harrison Jacobs y Pat Ralph, «Inside the Creepy and Impressive Startup Funded by the Chinese Government that Is Developing AI that Can Recognize Anyone, Anywhere», *Business Insider UK*, 8 de julio de 2018. Disponible en: <uk.businessinsider.com/china-facial-recognition-tech-company-megvii-faceplusplus-2018-5?r=US&IR=T>.

48. Web oficial de AliPay. Disponible en: <intl.alipay.com>.

49. Web oficial de WeChat Pay. Disponible en: <pay.weixin.qq.com/index.php/public/wechatpay>.

50. «Caída en picado» (*Nosedive*), capítulo 1 de la temporada 3. Disponible en: <www.netflix.com/es/title/70264888>.

51. Angus Berwick, «Cómo ZTE ayuda a Venezuela a implementar un control social al estilo chino», Reuters, 14 de noviembre de 2018. Disponible en: <https://www.reuters.com/investigates/special-report/venezuela-zte-es>.

52. C. Otto, «Del billete de avión a tu Facebook: el registro de pasajeros español "viola tu privacidad"», *El Confidencial*, 11 de febrero de 2018. Disponible en: <elconfidencial.com/tecnologia/2018-02-11/passenger-name-report-pnr-espana-privacidad-redes-sociales_1519402>.

53. Pedro Baños, *Las corporaciones privadas de seguridad*, documento de trabajo 23/2015, Madrid, Centro Superior de

Estudios de la Defensa Nacional, 2015, p. 122. Disponible en: <studylib.es/doc/1068003/las-corporaciones-privadas-de-seguridad-documento-de-trab...>.

54. Ryan Gallagher y Henrik Moltke, «The Wiretap rooms», *The Intercept*, 25 de junio de 2018. Disponible en: <theintercept.com/2018/06/25/att-internet-nsa-spy-hubs>.

55. David Ruiz, «Eight AT&T Buildings and Ten Years of Litigation: Shining a Light on NSA Surveillance», *Electronic Frontier Foundation (EFF)*, 31 de julio de 2018. Disponible en: <eff.org/deeplinks/2018/07/eight-att-buildings-and-ten-years-litigation-shining-light-nsa-surveillance>.

56. Julia Kollewe, «Alarm Over Talks to Implant UK Employees with Microchips», *The Guardian*, 11 de noviembre de 2018. Disponible en: <theguardian.com/technology/2018/nov/11/alarm-over-talks-to-implant-uk-employees-with-microchips>.

57. Myriam Rivet, Mathieu Rosemain y Richard Lough, «France to Hunt for Tax Cheats on Social Media», Reuters, 10 de noviembre de 2018. Disponible en: <reuters.com/article/us-france-taxes-socialmedia/france-to-hunt-for-tax-cheats-on-social-media-idUSKCN1NF0JH>.

58. Mirjam Meissner, «China's Social Credit System», *Merics*, 24 de mayo de 2017. Disponible en: <https://www.merics.org/en/microsite/china-monitor/chinas-social-credit-system>.

59. Un sistema similar se utiliza en la ciudad de Shenzhen, situada frente a Hong Kong. Véase South China Morning Post, *Facial recognition technology helps Shenzhen police to identify jaywalkers*, vídeo, 27 de marzo de 2018; disponible en: <www.youtube.com/watch?v=ectdRsyj-zI>.

60. John Sudworth, «In Your Face: China's all-seeing state», BBC News, 10 de diciembre de 2017. Disponible en: <www.bbc.com/news/av/world-asia-china-42248056/in-your-face-china-s-all-seeing-state>.

61. Marta Peirano, «¿Por qué me vigilan, si no soy nadie?», charla TED, YouTube, 22 de septiembre de 2015. Disponible en: <www.youtube.com/watch?v=NPE7i8wuupk>.

62. Laura Bicker, «South's Korea Spy Camera Porn Epidemic», BBC News, 3 de agosto de 2018. Disponible en: <www.bbc.com/news/world-asia-45040968>.

63. Geoff Manaugh, «The City that Remembers Everything», *The Atlantic,* 23 de febrero de 2018. Disponible en: <www.theatlantic.com/technology/archive/2018/02/james-joyce-as-police-operation/553817>.

64. Alexander Bard y Jan Söderqvist, «The End of Politics: Cities, Social Networks and Loneliness in the 21st Century», *Future Urbanism,* 2015. Disponible en: <futureurbanism.com/interview/the-end-of-politics-cities-social-networks-and-loneliness-in-the-21st-century>.

65. Francis Fukuyama, *Identity. The Demand for Dignity and the Politics of Resentment,* Nueva York, Farrar, Straus and Giroux, 2018.

66. Se trata del triángulo Pekín-Tianjin-Hebei y la recién creada ciudad de Xiongan (se anunció en 2017). Esta última, a 100 kilómetros de Pekín, albergará servicios gubernamentales no esenciales. Este modelo se replica en El Cairo (Egipto), junto al que empresas chinas están construyendo una nueva capital administrativa que descongestione la actual.

67. World Economic Forum, *China is building a city as big as the Netherlands,* vídeo en Facebook, s. f. Disponible en: <facebook.com/worldeconomicforum/videos/vl.331757430927103/863235697398428>.

68. Dan Wang, «How Technology Grows (a restatement of definite optimism)», *DanWang.co,* 24 de julio de 2018. Disponible en: <danwang.co/how-technology-grows>.

69. Go-Globe, «Alibaba in numbers. Statistics and trends», blog, 19 de febrero de 2015. Disponible en: <www.go-globe.com/blog/alibaba-statistics-trends>.

70. Este día se eligió porque la fecha 11-11 tiene cuatro unos, que la tradición popular china identifica con un solitario árbol sin vástagos, metáfora de los solteros. Se estableció en 2009, cuando 27 comercios ofrecieron sus productos con interesantes descuentos, y en 2018 participaron 180.000 marcas distintas. Sus ventas duplican con creces la suma de las realizadas el *Black Friday* y el *Cyber Monday,* y no dejan de crecer cada año. En la edición de 2018, por ejemplo, los primeros 1.000 millones de dólares se vendieron en los 85 segundos iniciales. Véase «El Día del Soltero pulveriza todos los récords de Alibaba y vende 30.802 millones»,

El Mundo, 11 de noviembre de 2018; disponible en: <elmundo.es/economia/ahorro-y-consumo/2018/11/11/5be80f8ae5fdea872e8b468d.html>.

71. Sunny Wang, «2018 Singles' Day: Jack Ma Launching Satellites... Because He Can», *That's*, 26 de octubre de 2018. Disponible en: <thatsmags.com/china/post/25476/alibaba-launches-satellite-to-promote-single-s-day-shopping>.

72. Una explicación visual con multitud de datos asociados puede verse en la composición multimedia *The Five Main Projects of the Belt and Road Initiative*, realizada por el *South China Morning Post* y disponible en: <multimedia.scmp.com/news/china/article/One-Belt-One-Road/index.html>.

73. «Gateway to the Globe. China Has a Vastly Ambitious Plan to Connect the World», *The Economist*, 26 de julio de 2018. Disponible en: <www.economist.com/briefing/2018/07/26/china-has-a-vastly-ambitious-plan-to-connect-the-world>. [Resumen en castellano disponible en: <let.iiec.unam.mx/node/1867>.]

74. <www.aiib.org/en/index.html>.

75. Gregorio Luri, «La atención es el nuevo cociente intelectual», charla Aprendemos Juntos BBVA, julio de 2018. Disponible en: <www.bbva.es/general/aprendemos-juntos/gregorio-luri/index.jsp>.

76. Angie Schmitt, «American Cities Are Drowning in Car Storage», *StreetsBlog USA*, 12 de julio de 2018. Disponible en: <usa.streetsblog.org/2018/07/12/american-cities-are-drowning-in-car-storage>.

77. Paul Barter, «Cars are parked 95% of the time. Let's check», *Reinventing Parking*, 22 de febrero de 2013. Disponible en: <www.reinventingparking.org/2013/02/cars-are-parked-95-of-time-lets-check.html>.

78. World Economic Forum, *Every Five Weeks China Launches an Electric Bus Fleet the Size of London's*, vídeo en Facebook, s. f. Disponible en: <facebook.com/worldeconomicforum/videos/vl.331757430927103/1034175696761425>.

79. World Economic Forum, *China is adopting electric cars faster than any other country*, vídeo en Facebook, s. f. Disponible en: <facebook.com/worldeconomicforum/videos/vl.331757430927103/943812112496286>.

80. James Gabriel Martin, «These Cities Have the Best Public Transportation in the World», *Lonely Planet*, 8 de noviembre de 2017. Disponible en: <www.lonelyplanet.com/news/2017/11/08/cities-best-transportation-world-emissions>.

81. Ashlee Vance, «$800 Million Says a Self-driving Car Looks Like This», *Bloomberg BusinessWeek*. Disponible en: <www.bloomberg.com/news/features/2018-07-17/robot-taxi-startup-zoox-has-800-million-and-a-wild-pitch>.

82. Yang Chengxi, «Hangzhou: A Chinese Smart City», *CGTN*, 25 de enero de 2018. Disponible en: <news.cgtn.com/news/7a556a4e7a677a6333566d54/share_p.html>.

83. Adam Robbins, «China's Tech Firms to Soon Blur Bounds of "Reality" Using AR», *That's*, 2 de noviembre de 2018. Disponible en: <thatsmags.com/beijing/post/25618/china-s-tech-firms-to-soon-blur-bounds-of-reality-using-ar>.

84. Whitney Leach, «These are the world's most visited cities», World Economic Forum, 9 de enero de 2018. Disponible en: <www.weforum.org/agenda/2018/01/these-are-the-world-s-most-visited-cities>.

85. Daniel Verdú, «Venecia estrena con polémica los tornos para restringir la entrada de turistas», *El País*, 29 de abril de 2018. Disponible en: <elpais.com/internacional/2018/04/29/actualidad/1525012299_020133.html>. No es de extrañar esta medida restrictiva cuando los 50.000 habitantes de la isla-ciudad se ven invadidos por 25 millones de turistas cada año, es decir, 500 turistas por cada ciudadano. Incluso aunque cada turista permaneciera solo un día en la ciudad y se repartiesen proporcionalmente todos los días del año, seguiría habiendo 1,4 turistas por cada veneciano en cualquier momento.

86. Para una visión rápida de la tecnología del Hyperloop, véase Virgin Hyperloop One, *Hyperloope Explained*, vídeo, *YouTube*, 2 de agosto de 2017; disponible en: <www.youtube.com/watch?v=LAWEOwDDt_Y>.

87. «Global Challenge», *Virgin Hyperloop One*. Disponible en: <hyperloop-one.com/global-challenge>.

88. «Spanish Government Agency ADIF Signs Comprehensive Deal To Open First European Hyperloop Development Facility With Virgin Hyperloop One», *Virgin Hyperloop One*, 7 de agos-

to de 2018. Disponible en: <hyperloop-one.com/spanish-government-agency-adif-signs-comprehensive-deal-open-first-european-hyperloop-development-facility-virgin-hyperloop-one>.

89. H3 Studio, «Global Cities». Disponible en: <www.h3studio.com/global-cities>.

90. The Economist Intelligence Unit, «The Global Liveability Index 2018. A free Overview», *The Economist*, 2018, p. 6. Disponible en: <pages.eiu.com/rs/753-RIQ-438/images/The_Global_Liveability_Index_2018.pdf>.

7. El Ministerio de la Educación

1. Josh Dover, «Tech's Ethical Negligence» y «Tech Ethics: Addictive Technology», blog *{joshdover} Software Solutions to Human Problems*, 4 de abril y 28 de mayo de 2018. Disponibles, respectivamente, en: <www.joshdover.com/techs-ethical-negligence> y <www.joshdover.com/tech-ethics-addictive-technology>.

2. Para un resumen de la situación en la UE, véase Comisión Europea, *Inteligencia artificial para Europa*, Bruselas, 25 de abril de 2018; disponible en: <ec.europa.eu/transparency/regdoc/rep/1/2018/ES/COM-2018-237-F1-ES-MAIN-PART-1.PDF>.

3. Satya Nadella, «The Partnership of the Future», *Slate*, 28 de junio de 2016. Disponible en: <www.slate.com/articles/technology/future_tense/2016/06/microsoft_ceo_satya_nadella_humans_and_a_i_can_work_together_to_solve_society.html>.

4. Suárez, *op. cit.*

5. «Introducing Echo Look. Love your look. Every day», disponible en: <www.youtube.com/watch?v=9X_fP4pPWPw>.

6. Sagrario Alonso Díaz *et al.*, «Análisis en tiempo real del estrés del combatiente», *Boletín de Observación Tecnológica en Defensa*, 45 (2014), pp. 15-18; disponible en: <tecnologiaeinnovacion.defensa.gob.es/Lists/Publicaciones/Attachments/201/boletin-observacion-tecnologica-n%C2%BA-45.pdf.pdf>. Véase también Inma Mohino-Herranz *et al.*, «Assessment of Mental, Emotional and Physical Stress through Analysis of Physiological Signals Using Smartphones», *Sensors*, 15 (2015), pp. 25607-25627; disponible en: <mdpi.com/1424-8220/15/10/25607/pdf>.

7. Dave Gershgorn, «A California Law Now Means Chatbots Have to Disclose They're Not Human», *Quartz*, 3 de octubre de 2018. Disponible en: <qz.com/1409350/a-new-law-means-californias-bots-have-to-disclose-theyre-not-human>.

8. Así lo afirmó el doctor Ng el 3 de noviembre de 2017, durante la conferencia de apertura del congreso AI Frontiers celebrado en Santa Clara (California).

9. John Perry Barlow, «A Declaration of the Independence of Cyberspace», *Electronic Frontier Foundation*. Disponible en: <www.eff.org/cyberspace-independence>.

10. Para más información sobre este concepto, véase Free Software Foundation-GNU Project, «¿Qué es el "copyleft"?», *Free Software Supporter*, 19 de abril de 2018. Disponible en: <www.gnu.org/licenses/copyleft.es.html>.

11. Margarita Robles Carrillo, «Gobernanza política versus gobernanza tecnológica del ciberespacio», *Documentos de Opinión del IEEE*, 56 (2017). Disponible en: <www.ieee.es/Galerias/fichero/docs_opinion/2017/DIEEEO56-2017_Gobernanza_Margarita_Robles.pdf>.

12. Carl Bildt, «Securing the Digital Transition», *The Daily Star*, 27 de enero de 2018. Disponible en: <www.thedailystar.net/opinion/project-syndicate/securing-the-digital-transition-1525609>.

13. «¿Qué hace la ICANN y cómo lo hace?», disponible en: <www.icann.org/resources/pages/newcomers-2015-04-01-es >.

14. Michael N. Schmitt (ed.), *Tallinn Manual on the International Law Applicable to Cyber Warfare*, Cambridge, Cambridge University Press, 2013; disponible en: <csef.ru/media/articles/3990/3990.pdf>.

15. Michael N. Schmitt (ed.), *Tallinn Manual 2.0 on the International Law Applicable to Cyber Operations*, Cambridge, Cambridge University Press, 2017. Véase también Eric Talbot Jensen, «The Tallinn Manual 2.0: Highlights and Insights», *Georgetown Journal of International Law*, 48 (2017), pp. 735-778; disponible en: <www.law.georgetown.edu/international-law-journal/wp-content/uploads/sites/21/2018/05/48-3-The-Tallinn-Manual-2.0.pdf>.

16. Ángel Gómez de Ágreda y Margarita Robles Carrillo, «Tecnología y Derecho: el FBI contra Apple», *Actas de las II Jor-*

nadas Nacionales de Investigación en Ciberseguridad, Granada, 2016, pp. 156-164. Disponible en: <ucys.ugr.es/jnic2016/docs/ActasJNIC2016.pdf>.

17. Kristen E. Eichensehr, «Digital Switzerlands», UCLA School of Law, *Public Law Research Paper*, 33 (2018). Disponible en: <papers.ssrn.com/sol3/papers.cfm?abstract_id=3205368>. Para un resumen de este documento, véase Marija Gavrilov, «Short Guide to Digital Switzerlands - When Companies Act as Countries», *Medium*, 21 de julio de 2018; disponible en: <medium.com/@arijaMGavrilov/short-guide-to-digital-switzerlands-when-companies-act-as-countries-2316938f16dd>.

18. José Luis Gómez Barroso y Claudio Feijoo González, «Información personal: La nueva moneda de la economía digital», *El Profesional de la Información* (EPI), 22 (2013), pp. 290-297 (disponible en: <www.elprofesionaldelainformacion.com/contenidos/2013/julio/03.pdf>), y José Luis Gómez Barroso *et al.*, «Política antes que regulación: La protección de la información personal en la era del Big Data», *Economía Industrial*, 405 (2017), pp. 113-119 (disponible en: <www.mincotur.gob.es/Publicaciones/Publicacionesperiodicas/EconomiaIndustrial/RevistaEconomiaIndustrial/405/G%C3%93MEZ,%20FEIJOO%20Y%20F.%20MART%C3%8DNEZ.pdf>).

19. Brad Smith, «The Need for a Digital Geneva Convention», *Microsoft On the Issues*, 14 de febrero de 2017. Disponible en: <blogs.microsoft.com/on-the-issues/2017/02/14/need-digital-geneva-convention>.

20. Margarita Robles Carrillo, «El proceso de reforma de la ICANN: Objetivos, régimen jurídico y estructura orgánica», *Revista de Privacidad y Derecho Digital*, 7 (2017), pp. 25-65.

21. Margarita Robles Carrillo, «El ciberespacio y la ciberseguridad: Consideraciones sobre la necesidad de un modelo jurídico», *Documentos de Opinión del IEEE*, 124 (2015); disponible en: <www.ieee.es/Galerias/fichero/docs_opinion/2015/DIEEEO124-2015_Ciberespacio-CIberseguridad_Margarita-Robles.pdf>. Véase también «El ciberespacio: Presupuestos para su ordenación jurídico-internacional», *Revista Chilena de Derecho y Ciencia Política*, 7 (2016), pp. 11-56; disponible en: <derechoycienciapolitica.uct.cl/index.php/RDCP/article/view/1025/1085>.

22. Pablo García Mexía, «En defensa de la neutralidad de la Red», *ABC*, 18 de diciembre de 2017; disponible en: <www.abc.es/tecnologia/redes/abci-defensa-neutralidad-201712132223_noticia.html>. Véase también: «La nueva Ley general de telecomunicaciones: ¿"Neutral" frente a la neutralidad de la Red?», *La Ley en la Red*, blog de *ABC*, 7 de octubre de 2013; disponible en: <abcblogs.abc.es/ley-red/public/post/la-nueva-ley-general-de-telecomunicaciones-neutral-frente-a-la-neutralidad-de-la-red-15796.asp>.

8. Un toque de optimismo

1. World Inequality Lab, «World Inequality Report 2018». Disponible en: <wir2018.wid.world/executive-summary.html>.

2. Jacques Bughin *et al.*, «Notes From the Frontier: Modeling the Impact of AI on the World Economy», McKinsey Global Institute, septiembre de 2018. Disponible en: <www.mckinsey.com/featured-insights/artificial-intelligence/notes-from-the-frontier-modeling-the-impact-of-ai-on-the-world-economy>.

3. Jacques Bughin y Nicolas Van Zeebroeck, «The Promise and Pitfalls of AI», Project Syndicate, 6 de septiembre de 2018. Disponible en: <www.project-syndicate.org/commentary/artificial-intelligence-digital-divide-widens-inequality-by-jacques-bughin-and-nicolas-van-zeebroeck-2018-09>.

4. Según datos de la Federación Internacional de Robótica (IFR). Véase «Robots Double Worldwide by 2020», IFR, Frankfurt, 30 de mayo de 2018; disponible en: <ifr.org/news/robots-double-worldwide-by-2020>.

5. Europa Press, «El Gobierno crea un Grupo de Sabios para elaborar un libro blanco sobre Inteligencia Artificial y Big Data», Europa Press, 14 de noviembre de 2017. Disponible en: <www.europapress.es/economia/noticia-gobierno-crea-grupo-sabios-elaborar-libro-blanco-inteligencia-artificial-big-data-20171114133920.html>.

6. Dayong Wang *et al.*, «Deep Learning for Identifying Metastatic Breast Cancer», Cornell University Library, 18 de junio de 2016. Disponible en: <arxiv.org/abs/1606.05718>.

7. Mariarosaria Taddeo y Luciano Floridi, «Regulate Artificial Intelligence to Avert Cyber Arms Race», *Nature*, 556 (2018), pp. 296-298. Disponible en: <www.nature.com/articles/d41586-018-04602-6>.

Ídem, «How AI Can Be a Force for Good», *Science*, 361 (6404), 24 de agosto de 2018, pp. 751-752. Disponible en: <science.scien cemag.org/content/361/6404/751.full>.

8. Marc Baumann, «Being Human in a Post-Human World», *Medium*, 31 de marzo de 2018. Disponible en: <medium. com/datadriveninvestor/being-human-in-a-post-human-world-928f240d2b6>.

9. La polémica tuvo lugar en distintos foros académicos, a través de artículos en los que cada uno rebatía los postulados del otro. Véase Hilary Putnam, «Acerca del mal uso del teorema de Gödel en la especulación sobre la mente», *Revista de Libros*, 3 (1997), pp. 30-32. Disponible en: <www.revistadelibros.com/articu los/las-sombras-de-la-mente-de-penrose>.

10. El nombre oficial es Sistema Nacional de Rastreo de Niños Desaparecidos o Vulnerables. Véase: <trackthemissingchild. gov.in/trackchild/index.php>.

11. Raúl Álvarez, «En la India han usado reconocimiento facial para localizar niños extraviados, y en solo cuatro días han encontrado casi 3.000», *Xataka*, 10 de mayo de 2018. Disponible en: <m.xataka.com/robotica-e-ia/en-la-india-han-usado-reconoci miento-facial-para-localizar-ninos-extraviados-y-en-solo-cuatro-dias-han-encontrado-casi-3-000>.

12. MIT Media Lab, «AlterEgo: Interfacing with Devices through Silent Speech», YouTube, 4 de abril de 2018. Disponible en: <www.youtube.com/watch?v=RuUSc53Xpeg>.

13. Dan Grazier, «The F-35 is a $1.4 Trillion National Disaster», *War is Boring*, 31 de marzo de 2017. Disponible en: <medium. com/war-is-boring/the-f-35-is-a-terrible-fighter-bomber-and-attac ker-and-unfit-for-aircraft-carriers-c6e36763574b>.

14. Ismael Arana, «Corea del Sur, la nación de las cámaras espía», *El Mundo*, 11 de septiembre de 2018. Disponible en: <www. elmundo.es/internacional/2018/09/11/5b9689e746163f7b04 8b4612.html>.

15. Ethan Zuckerman, «Six or Seven Things Social Media Can Do for Democracy», blog, 30 de mayo de 2018. Disponible

en: <www.ethanzuckerman.com/blog/2018/05/30/six-or-seven-things-social-media-can-do-for-democracy>.

16. <www.reddit.com>.

17. El algoritmo COMPAS (*Correctional Offender Management Profiling for Alternative Sanctions*, «Administración de Perfiles de Delincuentes para Sanciones Alternativas»), al que ya me he referido en otros puntos del libro, estima el riesgo de reincidencia de los convictos (basándose en variables como el sexo y la raza) y ayuda a los jueces a tomar decisiones sobre las penas impuestas. Los sesgos en esta herramienta judicial son evidentes.

Epílogo

1. Vivek Wadhwa, «Why Liberal Arts and the Humanities Are as Important as Engineering», *The Washington Post*, 12 de junio de 2018. Disponible en: <www.washingtonpost.com/news/innovations/wp/2018/06/12/why-liberal-arts-and-the-humanities-are-as-important-as-engineering>.

2. Este concepto fue desarrollado inicialmente por Daniel Goleman en su libro *Inteligencia emocional* (Barcelona, Kairós, 1996), que tuvo un enorme éxito mundial. Unos años más tarde, publicó *Inteligencia social* (Barcelona, Kairós, 2006), con el subtítulo *La nueva ciencia de las relaciones humanas*.

Bibliografía complementaria

Allianz SE, «The Megacity of the Future is Smart», Múnich, 30 de noviembre de 2015. Disponible en: <www.allianz.com/en/press/news/studies/151130_the-megacity-of-the-future-is-smart>.

Álvarez, Raúl, «En la India han usado reconocimiento facial para localizar niños extraviados, y en solo cuatro días han encontrado casi 3.000», *Xataka,* 10 de mayo de 2018. Disponible en: <m.xataka.com/robotica-e-ia/en-la-india-han-usado-reconocimiento-facial-para-localizar-ninos-extraviados-y-en-solo-cuatro-dias-han-encontrado-casi-3-000>.

Arcadis, *2018 Sustainable Cities Index.* Disponible en: <https://www.arcadis.com/media/1/D/5/%7B1D5AE7E2-A348-4B6E-B1D7-6D94FA7D7567%7DSustainable_Cities_Index_2018_Arcadis.pdf>.

Azhar, Azeem, *The Exponential View.* Disponible en: <www.exponentialview.co>.

Baños, Pedro, *Así se domina el mundo*», Barcelona, Ariel, 2017.

—, *El dominio mundial,* Barcelona, Ariel, 2018.

Cordeiro, José Luis y David Wood, *La muerte de la muerte. La posibilidad científica de la inmortalidad física y su defensa moral,* Barcelona, Deusto, 2018.

De Nazelle, Audrey, «What would happen if we removed cars from cities?», *World Economic Forum,* 9 de agosto de 2018. Disponible en: <www.weforum.org/agenda/2018/08/air-pollution-opportunity-not-just-problem>.

Economist, The, «China is Trying to Turn Itself into a Country of 19 Super-Regions», *The Economist*, 23 de junio de 2018. Disponible en: <www.economist.com/china/2018/06/23/china-is-trying-to-turn-itself-into-a-country-of-19-super-regions>.

Escuela Superior de las Fuerzas Armadas, *La geopolítica líquida del siglo XXI*, Madrid, Ministerio de Defensa, 2015. Disponible en: <publicaciones.defensa.gob.es/media/downloadable/files/links/P/D/PDF635.pdf>.

Eskelinen, Jarmo, «Reino Unido tiene un método certero para prever qué impacto tendrá un plan urbanístico», *El Observatorio Vodafone de la Empresa*, 23 de agosto de 2018. Disponible en: <www.observatorio-empresas.vodafone.es/articulos/administraciones-publicas/planes-urbanisticos-impacto-jarmo-eskelinen>.

Eubanks, Virginia, *Automating Inequality: How High-Tech Tools Profile, Police and Punish the Poor*, Nueva York, St. Martin's Press, 2018.

Fundación Innovación Bankinter. Disponible en: <www.fundacionbankinter.org>.

García Chueca, Eva, y Agustí Fernández de Losada Passols, «Repensar las ciudades globales», *esGlobal*, 10 de agosto de 2018. Disponible en: <www.esglobal.org/repensar-las-ciudades-globales>.

Gómez de Ágreda, Ángel, «De Irak (1991) a Irak (2016): Evolución del pensamiento militar contemporáneo», *Tiempo Devorado: Revista de Historia Actual*, 3 (2016), pp. 471-490. Disponible en: <www.raco.cat/index.php/tdevorado/article/view/320906/411392>.

Gratton, Lynda, y Andrew Scott, *La Vida de 100 Años: Vivir y trabajar en la era de la longevidad*, Bilbao, Lettera Publicaciones, 2017.

Kaplan, Robert D., *The Return of Marco Polo's World: War, Strategy, and American Interests in the Twenty-first Century*, Nueva York, Random House, 2018.

Kostopoulos, Lydia, blog. Disponible en: <www.lkcyber.com>.

Lanhand, Richard A., *The Economics of Attention: Stye and Substance in the Age of Information*, Chicago, The University of Chicago Press, 2006.

MacKinder, Halford, «The Geographical Pivot of History», *The Geographical Journal*, 23, 4 (1904), pp. 421-444. Disponible en: <www.iwp.edu/docLib/20131016_MackinderTheGeographicalJournal.pdf>.

Microsoft, «An Attribution Organization to Strengthen Trust Online», *Microsoft Policy Papers*, s. f. Disponible en: <www.microsoft.com/en-us/cybersecurity/content-hub/an-attribution-organization-to-strengthen-trust-online>.

—, «A Tech Accord to Protect People in Cyberspace», *Microsoft Policy Papers*, s. f. Disponible en: <dig.watch/sites/default/files/Policy-Paper-Industry-Accord.pdf>.

Mozur, Paul, «Inside China's Dystopian Dreams: A.I., Shame and Lots of Cameras», *New York Times*, 8 de julio de 2018. Disponible en: <www.nytimes.com/2018/07/08/business/china-surveillance-technology.html>.

O'Flaherty, Brendan, *City Economics*, Cambridge, Harvard University Press, 2005.

O'Neil, Cathy, *Armas de destrucción matemática: Cómo el Big Data aumenta la desigualdad y amenaza la democracia*, Madrid, Capitán Swing, 2018.

Pernice, Inglof, «Risk Management in the Digital Constellation – A Constitutional Perspective», *HIIG Discussion Paper Series*, 7 (2017). Disponible en: <papers.ssrn.com/sol3/papers.cfm?abstract_id=3051124>.

Prospektiker. Disponible en: <www.prospektiker.es>.

Protalinski, Emil. «Chinese Spies Used Fake Facebook Profile to Friend NATO Officials», *ZDNet*, 11 de marzo de 2012. Disponible en: <www.zdnet.com/article/chinese-spies-used-fake-facebook-profile-to-friend-nato-officials>.

PWC, *Cities of Opportunity*, 7 (2016). Disponible en: <www.pwc.com/us/en/cities-of-opportunity/2016/cities-of-opportunity-7-report.pdf>.

Reed, Alastair, *et al.*, *Countering Terrorist Narratives*, Dirección General de Políticas Interiores, Departamento de Derechos Civiles, Asuntos Constitucionales, Libertades Civiles, Justicia y Asuntos de Interior, Parlamento Europeo, 15 de noviembre de 2017. Disponible en: <www.europarl.europa.eu/thinktank/en/document.html?reference=IPOL_STU(2017)596829

Robotham, Andrew, y Vittoria Sacco, «Au-delà du mur: l'algorithme de Facebook mis à l'épreuve», *The Conversation*, 25 de septiembre 2017. Disponible en: <theconversation.com/au-de la-du-mur-lalgorithme-de-facebook-mis-a-lepreuve>.

Russell, Stuart, «Take a stand on AI weapons», en «Robothics: Ethics of Artificial Intelligence», *Nature*, 521 (2015), pp. 415-416. Disponible en: <www.nature.com/news/robotics-ethics-of-artificial-intelligence-1.17611#/russell>.

Schultz, Jeff, «How Much Data is Created on the Internet Each Day?», blog *Micro Focus*, 10 de octubre de 2017. Disponible en: <blog.microfocus.com/how-much-data-is-created-on-the-Internet-each-day>.

Seisdedos, Gildo, «Hoja de ruta para crear ciudades inteligentes», *Harvard-Deusto Business Review*, 255 (2016), pp. 32-44. Disponible en: <www.harvard-deusto.com/hoja-de-ruta-para-crear-ciudades-inteligentes>.

Singularity University. Disponible en: <su.org>.

Srivastava, Merhul, «How Erdogan Turned to Social Media to Help Foil Coup in Turkey», *Financial Times*, 16 de julio de 2016. Disponible en: <www.ft.com/content/3ab2a66c-4b59-11e6-88c5-db83e98a590a>.

Surane, Jennifer, y Christopher Cannon, «Why China's Payment Apps Give U.S. Bankers Nightmares», *Bloomberg*, 23 de mayo de 2018. Disponible en: <www.bloomberg.com/graphics/2018-payment-systems-china-usa>.

Tufekci, Zeynep, *Twitter and Tear Gas: The Power and Fragility of Networked Protest*, New Haven, Yale University Press, 2017.

Wiggers, Kyle, «Carnegie Mellon Researchers Create the Most Convincing Deepfakes Yet», *VentureBeat*, 16 de agosto de 2018. Disponible en: <venturebeat.com/2018/08/16/carnegie-mellon-researchers-create-the-most-convincing-deep fakes-yet>.